Paul Rassinier

Le Discours de la
dernière chance

PAUL RASSINIER

LE DISCOURS DE LA DERNIÈRE CHANCE

1953

PUBLIÉ PAR
OMNIA VERITAS LTD

www.omnia-veritas.com

LE DISCOURS DE LA DERNIÈRE CHANCE..................7

EXORDE 9
PREMIÈRE PARTIE : UN MOMENT HISTORIQUE : DE L'AVANT-DERNIÈRE GUERRE À LA PROCHAINE..................30
Chapitre premier : 1919..................30
Chapitre II : Un problème millénaire..................42
I - Histoire de la thalassocratie..................44
II - Histoire de l'Angleterre..................47
III - Le monde après 1919..................52
IV - La rivalité franco-allemande..................53
Chapitre III : La Thalassocratie moderne..................58
DEUXIÈME PARTIE : LES STRUCTURES ÉCONOMIQUES ET SOCIALES..................64
Chapitre IV : Système monétaire, production, circulation et consommation de la richesse..................64
Une expérience significative..................65
Du troc à la monnaie..................67
La stabilisation monétaire..................69
La royauté factice et Éphémère de l'or..................71
Les politiques monétaires..................73
Le calcul des États-Unis..................75
Le cas de la France..................79
La défense de la monnaie..................81
Vanité des slogans..................82
L'expérience Schacht..................84
Quelques idées neuves..................86
Chapitre V : Le déficit budgétaire ou l'Économie de guerre permanente..................91
Les ressources de l'État..................94
L'impôt..................95
Impôts et Économies..................97
La réforme de la fiscalité..................98
Le renversement de la conjoncture..................101
Une Économie de guerre..................103
Chapitre VI : « Lorsque l'enfant parait… »..................106
La politique de la natalité..................108
Les résultats..................109
Incidences Économiques..................110
La ronde infernale..................112
Finale..................114
Chapitre VII : Le petit sottisier de l'Économiste distinguÉ..................118
La productivité..................118
Nous ne manquerons pas d'acier !..................118

    De grappe en cuve... 119
    Angleterre-Allemagne-Japon 120
    La représentation nationale..121
    Payez vos impôts 121
    Malgré cela... 122
    Évolution de la formule de l'impôt 122
    Évolution des dépenses budgétaires 123
    La guerre d'Indochine 123
    Le cercle vicieux 124
    La politique financière 124
    En attendant... 128

Chapitre VIII : Une refonde des structures est-elle possible ? **130**

TROISIÈME PARTIE : LA PHILOSOPHIE DU MALHEUR **145**

Chapitre IX : Slogans ***145***
    La légitime défense 145
    Le droit des peuples 148
    L'honneur national...149
    Mourir debout... 150
    Pour le Socialisme ! 153

Chapitre X : Les paradoxes de la politique de force ***157***
    Paradoxes en chaîne 159
    Le triomphe de l'argutie 162
    Le fond du problème 163
    Au-delà de la polémique...165

PÉRORAISON... **168**

La dernière chance ***168***
    Et d'abord, la guerre est-elle fatale ? 170
    Les antimunichois, leur victoire et sa rançon 173
    Devant la guerre... 175
    Un autre paradoxe 177
    Le premier pas 179
    Le pouvoir, voilà l'ennemi ! 180
    Écueils 181
    Les évènements de Corée 184
    L'Histoire et le moment historique 186
    Supputations...189
    Les pacifistes par le biais...191
    Et maintenant ? 197

Le Discours de la Dernière Chance

> Jamais on ne vit, autant qu'à notre époque, tant de gens se prononcer sur les grands problèmes politiques, avec une arrogance dogmatique établie sur la base solide d'une impénétrable ignorance.
>
> Léon Emery

EXORDE

À un âge et en une saison où tous les espoirs de la vie sont reportés sur le père Noël qui approche, dès leur premier contact avec l'école, les enfants des Français sont mis au fait :

« Il y a deux mille ans, notre Pays s'appelait la Gaule. Ses habitants se nommaient les Gaulois. La Gaule était un pays sauvage et couvert de forêts. Elle était divisée en un grand nombre de petites tribus ennemies les unes des autres et se faisant continuellement la guerre. Les Gaulois, étaient, en effet, un peuple de barbares incultes, superstitieux et très querelleurs. »

On ne sait pas bien le but que poursuit cette évocation sur commande, aujourd'hui banalisée jusqu'à la corde grâce aux efforts inlassables et conjugués d'un certain Ernest Lavisse et d'une impressionnante théorie de ministres de l'Instruction publique. Il est cependant remarquable qu'après trois quarts de siècle de pratique gratuite et obligatoire, elle n'ait encore, de façon notoire, inspiré à personne, le souci de se projeter dans l'avenir et d'imaginer qu'un jour quelque nouveau Lavisse écrirait probablement :

« Il y a deux mille ans, notre Pays s'appelait l'Europe. Ses habitants se nommaient les Européens. L'Europe, défrichée, accédait seulement à la vie industrielle. Elle était divisée en un grand nombre de petits états ennemis les uns des autres et se faisant continuellement la guerre. Les Européens étaient, en effet, un peuple de civilisation élémentaire, encore superstitieux et toujours très querelleurs. »

Dans quelques milliers d'années, les philosophes qui seront alors sans préjugés, ne manqueront pas de s'étonner qu'au siècle de la bombe atomique, l'homme ait été à ce point inapte aux rapprochements et aux transpositions dans le temps. Sans doute diront-ils à sa décharge que, s'il n'avait plus peur que le ciel lui tombât sur la tête[1], il était encore écrasé par l'éternité et qu'étant donné le bilan de ses connaissances, les phénomènes qui là jalonnent ne pouvaient lui apparaître que dans des perspectives restreintes et très cavalières. Rajeunissant la théorie des infiniment grands et des infiniment petits, ils feront à leurs, contemporains le portrait d'un ancêtre prisonnier de sa propre durée et dans l'esprit duquel entre un passé et un futur également abstraits, le présent concret faisait une insurmontable solution de continuité. Bien entendu, ils parleront de lui avec la même condescendance dont nous avons la générosité ou l'immodestie de faire preuve à l'endroit des premiers chefs de lignée que nous nous sommes tout de même reconnus, du côté de Néenderthal et de Cro-Magnon.

Les historiens rejoindront les philosophes. Descendant à portée d'entendement, ils traduiront en langage populaire leurs raisonnements et leurs suppositions. Par exemple, ils parleront d'une échelle et diront que si l'homme n'y reportait ni le passé, ni le présent, c'était qu'il n'en soupçonnait pas l'existence. Soucieux de se faire bien comprendre, peut-être abrégeront-ils, dans cette formule imagée, le portrait qu'ils en feront : ne voyant pas le vaste écran sur lequel se déroule le film, à plus forte raison ne pouvait-il y distinguer les personnages et il était normal que le sens de la comédie lui échappât.

Dressant ce qui sera l'archéologie de notre époque, ou se penchant sur elle, les uns et les autres retiendront tous les documents qui leur seront parvenus et, il ne leur viendra probablement plus à l'idée de les solliciter. Car il faut espérer qu'il n'y aura plus d'Histoire officielle et que la politique s'inspirera des faits au lieu d'en inspirer ou d'en imposer l'interprétation. Dans ce climat de recherche de la vérité pour elle-

---

[1] Contrairement aux idées reçues, cette phrase n'évoque pas la superstition des Gaulois mais leur bravoure. Dans l'*Anabasis* d'Arrien (vers 95-175 ap. J.-C.) qui relate les campagnes d'Alexandre le Grand, c'est la réponse des Gaulois de Galatie à ce conquérant qui s'étonne qu'ils ne le craignent pas : « Nous n'avons peur de rien, si ce n'est que le ciel nous tombe sur la tête », renvoyant Alexandre à ses moutons. Notons qu'Arrien, bien qu'écrivant cinq cents ans environ après la mort d'Alexandre, est un historien qui se réfère à des sources contemporaines de son héros ; il n'appartient pas au mouvement mythographique qui se développe autour de la personne d'Alexandre à son époque.

même, peut-être noteront-ils que Churchill avait perpétuellement un cigare aux lèvres, Hitler, des moustaches à la Charlot, du cynisme et une grande envergure, Staline, un couteau entre les dents, Mussolini, la Pétacci, Truman, un magasin de bretelles et une fille, Herriot, une pipe, et la Chrétienté, une civilisation dite du Droit. Mais le monde ne sera plus en équilibre instable sur le bout du nez de Cléopâtre. Pour intéressantes qu'elles soient, ces précisions n'en iront pas moins au grand magasin de l'humour pour récréations enfantines, rejoindre le casque aux grandes ailes et le patriotisme de Vercingétorix, le cheval d'Attila, les prières de sainte Geneviève qui arrêtèrent les Huns, le Vase de Soissons, Messieurs les Anglais, tirez les premiers, les quarante siècles imprudemment juchés par l'autre au sommet des Pyramides d'Égypte et Vous n'aurez pas l'Alsace et la Lorraine. Dans cette réserve, la postérité des Perrault, Grimm, Andersen, Mark Twain quelques autres, aura toujours la possibilité de puiser des sujets de contes, qui, s'ils n'ont pas la saveur de ceux de *Ma Mère l'Oie* ou des *Fabliaux* de notre moyen âge, auront la même influence sur la vie publique.

Les problèmes sur lesquels on s'interrogera seront d'un autre ordre de grandeur. L'homme qu'on expliquera sera un être essentiellement social, inséparable de son milieu, lui-même inséparable de la planète et du Cosmos. L'arbre ne cachera plus la forêt, l'intérêt qu'on portera au grain de sable ne détournera plus de la dune et du vent qui la provoque. On ne définira plus les imperfections des sociétés par celles des individus qui les composent, mais, à l'inverse, celles des individus par celles des sociétés dont la morale sera, au surplus, fonction d'une tradition à la fois géographique et historique. Ceci veut dire que les noms de Montesquieu et de Rousseau, associés dans la même vénération, franchiront les millénaires.

Les médecins, déjà, dans la plupart des maladies, accordent autant, sinon plus d'importance, à l'état général du patient qu'à celui de l'organe affecté. Les philosophes et les historiens imiteront les médecins. Ils ausculteront les sociétés et, avant de se prononcer sur le cas de l'Homme qui est leur organe affecté, ils dresseront le bilan de leur état général qui est la civilisation. Par quoi on voit qu'ils devront être en même temps des spécialistes de l'anatomie sociale, c'est-à-dire des économistes et des sociologues.

Les difficultés viendront de la Civilisation elle-même. Il n'y a, en effet, pas plusieurs mais une seule civilisation qui essaime en se déplaçant dans le temps et dans l'espace. C'est cette unité qu'on aura le plus de peine à dégager. Fera sensation le premier qui lui donnera pour symbole, couchés sur la boule ronde, les bois d'un grand Janus-cerf, poussant leurs cors dans quatre directions et plus ou moins de part et d'autre de l'Équateur. Mais, ce synopsis une fois admis, les choses seront beaucoup plus simples. Confucius, Jésus-Christ et Karl Marx, le Grand Cyrus, Ramsès II, Napoléon et Hitler, Périclès et François Ier, Phidias et Picasso, les jardins suspendus de Babylonie et ceux du Luxembourg, les abattoirs de chevaux de Solutré et ceux des porcs de Chicago, le Temple de Louqsor et l'Opéra, la Victoire de Samothrace et la statue de la Liberté, les cités lacustres de la Gaule, les buildings de New York, les grottes des Eyzies et les huttes de branchages des Polynésiens ou des nègres bantous de 1951, les tours de Notre-Dame et le clocher de mon pays seront pêle-mêle rejetés dans une préhistoire dont les limites auront reculé sur nous à pas de géant et, dans tous les esprits, aussi contemporaine les uns des autres que le sont, pour nous, l'ichtyosaure, l'iguanodon, le ptérodactyle et de l'archéoptéryx.

Dans la Civilisation ainsi comprise, sur les bois du cerf témoin, les cors, placés sous un éclairage nouveau, seront ce qui retiendra l'attention. À la naissance de chacun d'eux, les spécialistes des maladies sociales débrideront un immense phlegmon boursouflé de cadavres desséchés : ceux de tout un cycle de révolutions impuissantes et de guerres plus ou moins exutoires, mais d'aussi peu de résultats. Ici, penseront-ils en refermant le premier phlegmon après en avoir tiré toute l'horrible substance, une civilisation est morte. En débridant le second, ils s'apercevront qu'elle était seulement tombée pour la première fois, qu'elle avait réussi à se relever, qu'elle était repartie clopin-clopant, à la recherche de cieux plus cléments, qu'elle avait cru les trouver, qu'elle avait refleuri, s'était épanouie, puis, exténuée, était à nouveau tombée sous le fardeau, du même cycle de révolutions impuissantes et de guerres plus ou moins exécutoires, dans les mêmes circonstances et, très probablement pour les mêmes raisons. Poursuivant leurs investigations, de cor en cor, ils reconstitueront, à l'échelle de la planète, un grand chemin de croix qui en fera le tour dans les deux sens.

La première évidence qui surgira de ces travaux, c'est que la Civilisation, une dans sa conception, est cependant multiple et très diverse dans ses formes simultanées ou successives et que chacune d'entre elles, peut-être dans un instinctif et secret espoir de renaître ailleurs et à son gré, se résigne à mourir à l'endroit où elle est née, par refus de se transformer, c'est-à-dire de se plier aux exigences conjuguées de la nature et du progrès.

La seconde, c'est que, des hordes aux empires, pour autant qu'elle se soit nuancée ou diversifiée, il y a deux domaines, au moins, dans lesquels la civilisation est restée rigoureusement semblable à elle-même : la structure des groupes humains, dans ses justifications, les circonstances des révolutions et des guerres. On ne tiendra, en effet, pas pour une réforme fondamentale de l'institution le fait que la famille gauloise ait vécu dans la hutte égalitaire et la famille américaine dans le *cottage* ou le gratte-ciel, ou que la famille islamique ait été polygame et la chrétienne monogame : de même qu'au temps des huttes gauloises il y avait des villes et des palais sur le bord oriental de la Méditerranée, de même, au temps des *cottages* et des gratte-ciel, il y a, de par le vaste monde, des taudis ou des cases et des cahutes qui n'ont rien à envier aux huttes gauloises et, quant à la polygamie et à la monogamie, elles sont de tous les temps.

Pas davantage on ne retiendra la navigation à vapeur, les chemins de fer, l'automobile et l'aviation comme témoins de différences essentielles dans leur origine et leur nature, entre l'État de MM. Roosevelt, Churchill, Hitler, Mussolini ou Staline, et celui de Napoléon, Catherine II, Richelieu, Charles-Quint, Charlemagne, Jules César, Ramsès II, Philippe de Macédoine, Alexandre, Cyrus, Lycurgue et Solon. La notion d'État qui aura traversé les âges — jusqu'à nous, du moins — et qu'on retrouvera intacte, sous toutes les latitudes, est un mélange étudié de Lycurgue et de Solon, à peine teinté de Platon.

Spartacus, les jacqueries, la conjuration des Égaux, la guerre des paysans en Allemagne, la querelle séculaire des Wu et des Chang, en Chine, la guerre de Sécession en Amérique, seront des phénomènes identiques à des échelles différentes tentes.

On admettra sans discussion que l'Empire grec, né de la guerre du Péloponnèse, est mort des guerres médiques au profit de Rome. Les guerres puniques et la conquête des Gaules n'auront d'intérêt que dans la mesure où elles seront considérées comme ayant préparé le terrain à Constantin et à Charlemagne, lesquels s'effaceront, à leur tour, devant le Saint Empire romain et germanique. On dira que les guerres européennes du XVIIe et du XVIIIe siècles ont consacré la mort de ce Saint Empire au profit du *Commonwealth* britannique, lequel sera mort au profit de Washington ou de Moscou, de toutes celles qui auront eu lieu depuis, sur un signal donné par Napoléon.

Personne ne prétendra jamais plus que, dans ce microcosme qu'est la branche hellénistique de la Civilisation, l'heure de Paris ou de Berlin pouvait sonner à l'horloge sidérale. Et personne, non plus, qu'élargie aux dimensions ou élevée au niveau des branches hindoustane, chinoise ou péruvienne, mais ramenée aux groupes humains, à leurs déplacements ou à leur prolifération, cette Civilisation n'apparaît pas comme un cancer géant greffé sur la nature et véhiculé par les guerres.

C'est dire que les guerres seront au centre de tous les débats dans lesquels l'homme des temps futurs se cherchera et essaiera de se représenter à lui-même son devenir collectif au moyen de son passé.

La distance qui nous sépare de cet âge d'or de la pensée ? Précisément, toute la question est là : avant toute chose, il importait donc de procéder à l'inventaire des éléments qui sont susceptibles de constituer une réponse.

À faire figurer au nombre des bons esprits qui se sont essayés à une explication de notre temps et qui l'aient fait avec quelque sérieux ou, du moins, qui en aient conquis une notoriété d'assez bon aloi, on ne voit guère que MM. Gonzague de Reynold, Toynbee et Jacques Pirenne.

Après eux, il n'y a plus que les marxistes dont la promotion reste incertaine, les spécialistes du lieu et du moment historiques, victimes de la déformation professionnelle, et quelques dilettantes qu'on prend volontiers pour des polémologues, mais qui ne sont peut-être que des polémistes au service des politiciens.

Pour réconfortante qu'elle soit quant à ses intentions, l'entreprise des trois premiers n'est cependant pas exempte de certaines réserves quant à sa formule et à ses résultats dans le domaine de l'acquis ou du probable. M. Gonzague de Reynold, qui semble avoir l'intuition la plus sûre du proche avenir de l'humanité, semble bien aussi être trop influencé par le fait russe du XXe siècle pour que son crédit ne souffre pas de discussion. M. Toynbee, emporté par sa foi, ne conçoit, lui, que très peu de choses en dehors de la chrétienté. Et quant à M. Jacques Pirenne, s'il se propose de dégager les grands courants de l'Histoire universelle, il ne se laisse pas moins entraîner en cours de route à un rétrécissement sensible et inattendu de ses horizons. Levant le rideau sur une fresque très bien venue, qui va des Origines à l'Islam, dès son troisième tome, il ne voit plus que ce qui se situe entre les traités de Westphalie et la Révolution française. Au quatrième, il est refoulé entre la Révolution française et celle de 1830 c'est-à-dire dans des limites plus étroites encore. Parti du monde pour expliquer le monde, il a glissé insensiblement, et probablement instinctivement, sur la France, qu'il a fini par prendre pour son centre. Or, dans l'humanité de demain, la France ne comptera pas plus que dans celle d'aujourd'hui, la Franche-Comté, la Lombardie, l'Illinois ou les Cornouailles.

À des degrés divers, selon qu'il s'agit de l'un ou de l'autre, tous trois sont victimes de ne s'être que relativement affranchis des méthodes de l'Histoire historisante, d'avoir sacrifié aux notions, depuis longtemps dépassées, d'État, de Nation ou de Patrie, et de ce que la pureté des intentions, si elle est une circonstance atténuante, ne peut en aucun cas être considérée comme une vertu documentaire ou explicative.

Je passe sur les marxistes. Bourlingués entre leurs origines hégéliennes et leur destinée stalinienne, ils font commencer l'Histoire du monde à Karl Marx et fixent sa fin à Lénine et à ses épigones. Ayant méconnu Bakounine, ils ont laissé Riazanov mourir en disgrâce à Moscou. Ils sont comme loups entre eux et leur conception commune de la dialectique est si capricieuse qu'il n'en est aucun chez lequel on ne puisse relever, sur les principes et les interprétations, des prises de position contradictoires à des intervalles qui varient entre vingt-quatre heures et une année. Qu'ils ils n'aient que peu de crédit s'explique très bien. Qu'il eût pu en être autrement n'est pas douteux et qu'il le puisse encore ne l'est pas moins : le jour où ils s'apercevront que Marx fut lui-même dominé par son temps et que, dans le fatras de ses écrits, la conception matérialiste de l'Histoire, dont il ne fit que poser les jalons, reste à dégager.

Je passe aussi sur les spécialistes du lieu et du moment historiques. Ils sont à l'Histoire ce que l'amateur de tulipes de La Bruyère était au jardinage. Hellénistes, latinistes ou égyptologues passionnés de la reine Elizabeth ou de sa cousine Christine, de Charles XII, de la Révolution française, des Borgia, de Jeanne d'Arc ou de Napoléon, noyés dans les détails, isolés des réalités de leur temps, ils dressent, dans l'ombre et le silence de leur cabinet, de savantes et remarquables monographies qui isolent à leur tour les faits de leur contexte historique et en rendent imperceptibles le sens et la portée. Leurs travaux sont inscrits sous une cote à la Bibliothèque nationale. Le grand public les ignore déjà et, un jour, dans une France réduite aux dimensions d'une province du monde, notre Bibliothèque nationale n'aura ni plus d'importance, ni plus d'intérêt, que n'importe laquelle des bibliothèques de nos Sociétés départementales d'Émulation.

Restent les dilettantes.

À mon sens, ils ne sauraient être mieux représentés ici que par MM. Pierre Gaxotte et Raymond Aron.

M. Pierre Gaxotte nous vient d'Action Française. Pendant des années, il récita la prière quotidienne des habitués de la maison : tout ce qui est national est nôtre. Il la récite toujours et cette fidélité est à son crédit. Mais il est visiblement incommodé par la signature de son auteur et les qualités dont il la faisait suivre : le duc de Guise, héritier légitime des quarante rois qui, en mille ans, firent la France. Fussent-ils rois, quarante hommes échelonnés sur mille ans, M. Pierre Gaxotte a dû penser que ce n'était pas beaucoup pour mettre au point cette œuvre d'art qu'à ses yeux reste la France. Peut-être même a-t-il attribué à la prétention de ces rois la responsabilité d'un livre qui parut il y a quelque quarante ans - l'Histoire de France de Gustave Hervé. Pour répondre à l'un et pour donner aux autres une plus juste notion de leur importance historique, il a donc écrit l'Histoire « des Français qui, tous ensemble, ont fait la France ». Mais Gustave Hervé est mort, et plutôt deux fois qu'une. Quant à M. Maurras, qui n'est pas mort et par qui, seulement, le duc de Guise exista, s'il était en liberté[2] comme il se devrait, il n'en pourrait pas moins être considéré comme ayant donné toute sa mesure et beaucoup plus brillamment qu'efficacement. Cette double circonstance fait déjà que, si cette polémique a un objet, M. Pierre Gaxotte est seul à en connaître.

Mais il y a plus : même si, un jour, ces Français qui ont fait la France ne pouvaient être ramenés aux proportions actuelles des Bourguignons qui ont fait la Bourgogne ou des Arvernes qui ont fait Gergovie, M. Pierre Gaxotte semble bien tenir pour nul qu'ils aient eux-mêmes été conçus par étapes et par des gens nés sur les bords du Gange ou de l'Indus, du Tigre et de l'Euphrate, du Nil, de l'Eurotas, de la Volga et de la Vistule, des oueds nord-africains, du Guadalquivir, du Tibre, du Rhin et du Danube, c'est-à-dire dont aucun n'était français. Enfin, dans son livre, bien que mille critiques de détail soient d'une rare pertinence, rien ne se dégage qui pourrait conduire à supposer qu'après avoir fait la France, ces Français en réduction aient encore à être de ces Européens qui feront l'Europe, puis de ces hommes tout court qui seront capables de s'abstraire de leur milieu et feront l'Humanité. Sans doute parce qu'il pense que les Origines et le Devenir sont l'affaire de la Providence, M. Pierre Gaxotte a cru pouvoir s'en tirer en les ignorant équitablement. Il était donc inévitable que le caractère essentiellement transitoire du phénomène francien ne lui tombât pas sous le sens. Et, de là à lui donner des proportions démesurées, il n'y avait qu'un pas qu'il franchit aisément.

---

[2] Depuis que ce texte a été écrit, M. Maurras a été remis en liberté et Il est mort.

Visiblement, M. Raymond Aron avait d'autres ambitions : on ne jurerait pas qu'influencé par Burnham et hypnotisé par les lauriers de ce brillant théoricien de la *Révolution permanente* que fut Trotski, il n'ait eu la prétention de se hisser à son niveau et, à l'autre extrémité de l'horizon, d'être, lui, le théoricien de la guerre permanente.

Si on tient pour évident que la civilisation est arrivée au terme de son évolution, c'est-à-dire que la structure des sociétés modernes est définitive, il faut bien convenir que, sur cette planète qui a fait son plein d'États dont chacun endigue les besoins vitaux de ses voisins, la guerre est le seul palliatif ou le seul antidote de la révolution.

M. Raymond Aron ne dit certes pas les choses aussi crûment et, probablement, ne les conçoit-il pas aussi clairement. Au centre de son système, si on peut appeler ainsi ce long monologue sur les guerres en chaîne, il n'y a pas la guerre en soi, envisagée comme résultante du jeu d'un certain nombre de facteurs politiques et économiques, moraux et sociaux, abstraction faite du désir ou de la volonté des hommes aveugles qui les font ou les laissent inconsciemment jouer dans un certain sens, mais la guerre qui vient, ou plutôt qui risque chaque jour un peu plus redoutablement d'éclater entre le bloc atlantique et le bloc soviétique. Et ce qui l'effraie, ce n'est pas tant ce conflit lui-même, pris sous le feu des impératifs de la morale, — que, sur le plan pratique, la somme, des horreurs dont il est gros. Si on pouvait le ramener aux dimensions de la guerre de 1870-71, M. Raymond Aron trouverait que tout est pour le mieux dans le meilleur des mondes possibles. Mais cela ne se peut : l'expérience prouve qu'en se répétant, la guerre élargit son champ de développement et multiplie l'horreur. Sous cet angle, le prochain conflit se situe donc dans la progression enregistrée de 1870 à 1914 et de 1914 à 1939 : il sera le plus gigantesque que l'Histoire ait jamais connu, d'où la nécessité de l'éviter. Or, ceci ne paraît possible à M. Raymond Aron qu'à la condition, non pas d'arrêter la guerre froide à tout prix, car cette solution ne se conçoit pas, mais de la prolonger le plus possible et, si besoin était, jusqu'au-delà des limites du pensable.

On voit tout de suite que cette philosophie fait la part du feu, qu'elle est à base, non d'individualisme mais de circonstance, d'expédients et d'accommodements, non de principes ou de postulats, de recherche du moindre mal à un niveau arbitrairement fixé, non du mieux ou du bien.

La guerre froide, en effet, n'est autre chose que la guerre des deux blocs par personnes interposées. Elle relève des mêmes lois que la guerre tout court : aujourd'hui Corée et presque Indochine, elle peut être, demain, Iran, Égypte, Yougoslavie, Grèce ou Turquie, et tout cela ensemble. Il ne paraît toutefois pas qu'elle puisse déborder ces proportions sans se transformer en guerre chaude — et combien ! — c'est-à-dire sans impliquer la participation directe de Moscou et de Washington.

M. Raymond Aron prend bien le soin de nous prévenir que sa guerre froide, aussi longtemps qu'on soit obligé de la prolonger, est tout de même essentiellement, provisoire, le terme en étant, ainsi qu'il saute aux yeux, l'écroulement peut-être lointain, mais fatal, du régime soviétique. Mais c'est justement, et surtout, la formulation de ce pronostic relativement optimiste qui lui donne son caractère de permanence à l'échelle d'une génération au moins, si ce n'est de plusieurs. Car, si on peut tenir pour certain l'écroulement du régime soviétique, celui de ce puzzle mal ajusté qu'est le système atlantique, ne l'est pas moins. D'où la question — lequel s'écroulera le premier ?

Au surplus, même si ce devait être le soviétique, la solution de M. Raymond Aron, qui postule un désaccord irréductible sur la division politique et économique du monde, ouvre la voie à une autre qui serait le résultat d'un accord.

Contrairement à ce qu'un vain peuple semble penser, une telle éventualité n'est pas une pure construction de l'esprit. Dans la mesure où elle n'est pas réglementée, la guerre froide peut évoluer vers la guerre tout court, au gré du hasard et, tout en jouant le jeu, chacun des deux adversaires garde licence de s'assurer sur l'autre un avantage quelconque, à l'occasion. Mais un avantage pour l'un, s'il était appréciable, ce serait la défaite assurée pour l'autre. Il y a donc une première question subsidiaire qui se pose : qui des deux aura le premier l'avantage qui lui permettra de supputer une issue victorieuse à son profit ? Il y en a une autre : le vainqueur lui-même ne sortirait-il pas de l'épreuve dans un état tel qu'il impliquerait sa mort à brève échéance sur le cadavre du vaincu ? L'expérience semble bien prouver que, pour survivre à sa victoire, le vainqueur n'a jamais eu le choix qu'entre deux moyens : modifier ses propres structures sociales ou préparer et faire une nouvelle guerre. Jusqu'à ce jour, il s'en est toujours tiré par le second. Les circonstances continueront-elles longtemps encore à se prêter au jeu ? Et le jour n'est-il pas proche où il n'aura plus d'autre ressource que le premier, c'est-à-dire la mort des classes sociales privilégiées ?

Dès lors que ces classes sociales se sentiraient de part et d'autre condamnées à une mort parallèle ou simultanée et que, réalisant les aléas de la guerre froide du type Raymond Aron, elles auraient aussi, dans un éclair, le sentiment qu'il leur est tout aussi impossible de revenir à la paix que d'affronter la guerre, il est raisonnable de penser qu'elles peuvent en venir à envisager une solution de « sagesse » moyenne : maintenir, d'un commun accord, les hostilités à un niveau d'horreur et de dévastation compris entre le minimum rêvé qui est la Corée ou l'Indochine, ou les deux ensemble, et le maximum redouté, qui est l'embrasement de tout le sud-asiatique, de l'isthme qui relie l'Asie et l'Afrique et du cordon des États sud-européens.

À tant faire que de supposer un accord, autant le supposer parfait. Dans l'ombre traîtresse des repaires diplomatiques, donc, des ambassadeurs des parties pourraient, par exemple, se rencontrer et mettre au point la construction, au-dessus de la Méditerranée ou de l'Atlantique, d'une gigantesque esplanade qui s'inscrirait dans la tradition pharaonique et serait à la mesure de la Tour de Babel. On présenterait ce projet aux peuples émerveillés comme étant le fruit d'un brusque retour à des rapports humains entre les deux blocs et sous les espèces d'une sorte de pont destiné à les faciliter et à leur donner un caractère définitif. En admettant que les possibilités des hommes soient au niveau de leurs aspirations, l'entreprise serait menée à son terme dans la joie et l'enthousiasme de la fraternité retrouvée.

En fait, la réalisation de cet exploit poursuivrait des buts beaucoup moins nobles. Aménagé, sous un prétexte quelconque, à égale distance des deux rives, un ingénieux système télécommandé de bascule permettrait de transformer à volonté le pont en déversoir. Deux trottoirs roulants aux dimensions y aboutiraient, qui feraient s'y rencontrer, pour le grand saut dans les abîmes, l'un venant de Moscou, les populations, l'autre de Washington, les richesses créées par le travail, soit les deux facteurs de perturbation que les impératifs du profit empêchent de se rencontrer sur les marchés pour la consommation.

Aux deux extrémités la presse célébrerait la perfection des échanges culturels et commerciaux et mettrait en évidence, en même temps que leur étonnante rapidité, les beautés du voyage confirmées par des récits apocryphes. On se disputerait les places, soit au titre de simple voyageur, soit à celui de convoyeur des marchandises. Il faudrait des millénaires pour que la tragique supercherie éclatât aux yeux des peuples abusés.

Sur la guerre froide de M. Raymond Aron dont elle n'est que la représentation la plus étudiée, cette solution, qui n'est pas tellement impertinente, aurait cet avantage appréciable que, produisant les mêmes effets bienfaisants, elle les produirait plus proprement et moins bruyamment. Elle supprimerait, en outre, toutes les raisons de guerre — radicalement — et elle garantirait la coexistence pacifique des deux systèmes dans le statu quo, sans qu'il soit possible à l'un de conquérir une quelconque suprématie sur l'autre.

De sa manière de voir, il ne faut point tenir grief à M. Raymond Aron. Formé, lui aussi, à l'école historisante. Il ne peut que raisonner dans le cadre de ses principes et de ses méthodes. S'il en discute parfois les interprétations, ce n'est jamais que sur un détail et seulement pour en reporter l'insuffisance ou la médiocrité, non sur une théorie à remettre en cause, mais sur les hommes qui la représentent plus ou moins officiellement. Et s'il lui arrive de penser qu'il y a aussi une école sociologique, c'est encore par ses faiblesses sur le détail qu'il l'aborde, mais, cette fois, en les grossissant pour en mieux rejeter la conception en bloc. Aussi peut-il se donner les apparences du non-conformisme tout en continuant de penser qu'il y a une solution d'équité dans la structure actuelle du monde; que cette équité, conçue au niveau des

États et dans leurs rapports mutuels, se confond avec celle qu'on est en droit de rêver au niveau des individus que les causes des guerres sont essentiellement d'ordre psychologique et relèvent du patriotisme mal compris, du sentiment national, de questions de dignité, d'honneur, voire de prestige, les problèmes économiques ou sociaux n'étant qu'accessoires ; et que, par conséquent, dans ce domaine, tout est uniquement du ressort des chancelleries. Dans cette singulière philosophie, la guerre de 1914 est la suite logique de celle de 1870, laquelle avait déséquilibré l'Europe au profit de l'Allemagne avide et orgueilleuse, en humiliant, injustement et à l'excès, une France « vêtue de probité candide et de lin blanc ». L'équilibre européen étant indispensable, on ne pouvait donc pas échapper à l'obligation de faire ou de soutenir cette guerre, le malheur étant seulement qu'on ne sut pas la terminer de telle sorte que celle de 1939 fût rendue impossible. Quant à cette dernière, bien que les raisons en fussent contenues dans le traité de Versailles, on eût pu l'éviter ; on ne sut pas, mais cela n'est encore rien : ce qui est grave, c'est qu'on choisit mal son adversaire, qu'on la conduisit mal et qu'on manqua par deux fois l'occasion de la bien terminer, toutes choses qui créent les conditions du prochain conflit et rendent impérieuse la nécessité de prendre en considération la thèse de M. Raymond Aron. Comme on le voit, si la chaîne est courte, ses maillons sont relativement gros et ceci, qui compense cela, propose en même temps le remède qui n'est pas de la briser, mais de la passer au laminoir et de l'étirer dans le fil continu de la guerre froide ou permanente.

Dans le cadre de ce raisonnement, il n'est peut-être pas discutable que M. Raymond Aron soit un non-conformiste, mais il l'est moins encore qu'il soit surtout le théoricien de la situation à usage exclusif de l'un des deux adversaires.

En face, il ne doit pas manquer de maîtres à penser à cette mesure, pour saisir la balle au bond et la renvoyer à l'occasion.

Si on l'entend de cette façon, il résulte assurément de cet inventaire que l'Histoire est impuissante à expliquer notre temps et à en projeter les institutions et les mœurs sur l'avenir. Souvent posée, la question fut souvent résolue dans ce sens. Un peu hâtivement, ont cependant pensé, en se demandant s'il n'y aurait pas lieu d'incriminer seulement la méthode, un certain nombre d'esprits qui, pour n'avoir point encore conquis la notoriété (dans ce monde étrange où elle n'est plus conférée que par la politique en fonction du service rendu) n'en pourraient pas moins être réputés bons. De même qu'il y a deux Testaments, nous avons ainsi, depuis quelque temps, deux méthodes historiques.

L'une, l'ancienne, procède par larges fresques et poursuit la restitution de situations d'ensemble dont elle étudie le développement, qu'elle aligne ou juxtapose au long des siècles jusqu'à les faire s'expliquer les unes par les autres. Dans la situation du peintre paysagiste devant son chevalet, l'opérateur choisit les éléments de la composition et leur assigne une place, leur donne une importance et une couleur qui sont au gré de son inspiration, de son humeur ou de ses convictions. Avec les meilleures intentions et de la meilleure foi, il ne peut jamais s'abstraire de son œuvre et, par là même, il lui donne un sens. Des impondérables seuls peuvent, le déterminer à mettre en valeur, parfois à son insu, Danton plutôt que Robespierre, ou le petit Bara plutôt que Gracchus Baboeuf. Les faits sont à sa merci.

L'autre, au contraire, se place au-dessus de l'Histoire entendue comme une chronologie, une nomenclature ou une fresque. Elle choisit les phénomènes de notre temps qui ont été de tous les temps et, remontant le cours des âges, elle les étudie en les replaçant successivement dans tous leurs contextes historiques. Dans cette méthode, le choix étant résolu, ce sont les faits qui s'imposent à l'opérateur : ils le tiennent à tel point à leur merci qu'à peine d'être taxé d'insuffisance ou de forfaiture, il ne peut dissimuler ou négliger aucun de leurs aspects. On voit que, plus indépendante du facteur humain, elle offre plus de garanties, mais aussi qu'elle ne pourra bénéficier de tout le crédit qu'elle mérite qu'à partir du moment où la sociologie aura elle-même bénéficié d'une promotion sans réticence dans la branche des sciences.

Je ne pense pas qu'à ce jour, cette seconde méthode ait été mieux illustrée que par MM. Gaston Bouthoul et Albert Camus, lesquels ont précisément choisi comme centres d'intérêt l'un la guerre et, l'autre la révolte.

À l'actif de M. Gaston Bouthoul, on note, entre autres, des titres, comme *Huit mille traités de Paix*, *Cent millions de morts* et, tout récemment, *Les guerres*, avec, en sous-titre, *Traité de Polémologie*. Ce sociologue consciencieux se soucie assez peu des bienfaits de la paix ou des horreurs de la guerre. Célébrer les unes et faire du lyrisme sur les autres équivaut, selon lui, à remplacer les recherches, médicales par des odes à la bonne santé et des lamentations. La guerre est un phénomène de laboratoire et il convient de l'examiner aussi froidement que, sur son patient, le médecin suit l'évolution d'une maladie. Prêchant d'exemple, il se livre lui-même à une étude de morphologie comparée des guerres, à la recherche de leurs éléments techniques, démographiques, économiques, politiques, psychologiques. De l'ensemble de ses manipulations, il ressort, que la guerre est la conséquence de la structure interne des sociétés humaines, du déséquilibre que l'atrophie ou l'hypertrophie de l'un quelconque de ces éléments y introduit et des modifications qui en résultent inévitablement dans la nature de leurs rapports entre eux.

Bien qu'il la formule à peu près dans ces termes, cette conclusion importe peu : s'il pense, par exemple, que l'élément démographique est une cause essentielle de conflit, M. Gaston Bouthoul démonte si méticuleusement et si complètement le mécanisme social, qu'il fournit lui-même au lecteur les moyens de penser que le rôle déterminant revient à n'importe lequel des autres — l'élément économique notamment, bien qu'il fasse à son sujet les plus expresses réserves — ou à tous et à aucun. C'est l'avantage du procédé : tandis que la méthode historisante ne propose qu'implicitement, c'est-à-dire insidieusement, et coupe court à toutes les discussions autres que sur la matérialité des faits — et encore ! — la méthode sociologique, au contraire, les appelle sur les problèmes qu'ils posent et peut se permettre de conclure explicitement. M. Gaston Bouthoul est si peu soucieux d'imposer ses interprétations qu'il réclame, depuis fort longtemps, la création d'un Institut de polémologie dont la mission serait d'étudier cette maladie du corps social qu'est la guerre, comme on étudie ailleurs le cancer ou la tuberculose, maladies du corps humain. Dirai-je que la réalisation de ce vœu favoriserait singulièrement, chez l'Homme, une prise de conscience claire de son destin et qu'elle serait la première chance réelle qui lui ait jamais été offerte ?

Le cas de M. Albert Camus est un peu différent : sa voix a des résonances d'autant plus jeunes qu'on la sent muer dans des conditions qui sont celles d'un drame vraiment shakespearien. D'autant plus émouvantes, aussi. Peut-être serait-il injuste d'évoquer *Lady Macbeth* à son propos, mais *Le rocher de Sisyphe*, il sait bien que c'est lui qui le remonte sans cesse au sommet de la montagne. Toute son œuvre traduit une obsession : *Les justes, L'Étranger, Caligula*... C'est qu'Albert Camus a été pris au dépourvu par les événements de la guerre et que, s'il sait que la leçon des exemples est seule valable, il sait ail aussi qu'il a été mêlé à ces événements dans une mesure et dans un sens qu'il ne peut porter à son crédit. Comble de malheur, il n'a pas la désinvolture d'un Renan et il se sent incapable d'écrire tout de go que « la foi que l'on a eue ne doit pas être une chaîne et (que) l'on est quitte envers elle lorsqu'on l'a soigneusement roulée dans le linceul de pourpre où dorment les Dieux morts ». *La prière sur l'Acropole* n'est pas son genre, il a un autre sentiment de sa dignité et, surtout, de sa responsabilité. Qu'il s'en console, c'est là son honneur et son mérite. Sa chance aussi : au royaume de mon Père, il y a toujours plus de place pour un pécheur repenti que pour cent justes qui n'ont jamais péché...

Si donc, Albert Camus, étudiant les réactions possibles de l'homme aux prises avec les structures sociales, conclut au devoir de la révolte, et s'il cherche en même temps à le concilier avec le refus du meurtre, on le conçoit aisément.

Heathcliff, dit-il, dans *Les Hauts de Hurlevent*, tuerait la terre entière pour posséder Cathie, mais il n'aurait pas l'idée de dire que ce meurtre est raisonnable ou justifié par le système. Il l'accomplirait, là s'arrête toute sa croyance... Mais à partir du moment où, faute de caractère, on court se donner une doctrine, dès l'instant où le crime se raisonne, il prolifère comme la raison elle-même, il prend toutes les figures du syllogisme.

Or, le crime qui court se donner une doctrine et qui se raisonne, c'est la guerre, mais c'est aussi — hélas ! — la révolution. Expéditions punitives contre le crime et justifiées par lui, toutes deux deviennent très rapidement le crime qui légifère, si elles sont victorieuses, et elles légitiment à leur tour d'autres guerres ou d'autres révolutions. Gandhi était sorti de ce cercle vicieux en élaborant la doctrine de la non-violence. Il se peut que M. Albert Camus s'oriente dans cette direction mais, s'il n'en était pas ainsi, il n'en resterait pas moins que *L'homme révolté* a défini les principes d'une morale à l'intention de laquelle la création d'une Chaire spéciale serait indiquée, à l'Institut de Polémologie de M. Gaston Bouthoul.

Peut-être le lecteur pensera-t-il qu'avec ces deux noms seulement, le palmarès de l'école sociologique est particulièrement défavorisé. Il en est d'autres qu'on pourrait y ajouter : Paul Louis, Francis Delaisi, Jacques Duboin, Georges Lefranc, Jean Fourastié, Georges Friedman... Ils arrivent aux mêmes conclusions. Mais leurs raisonnements sont centrés sur des problèmes connexes : la condition ouvrière, le salariat, le pouvoir d'achat, les rapports de la production et de la circulation des richesses, le syndicalisme, la monnaie, etc. Et j'ai craint qu'ils n'apparussent point si probants à une opinion, peu familière — hélas ! — de ces questions.

Le moment est maintenant venu de rappeler la mésaventure posthume qui arrive à Victor Hugo.

Commentant l'Exposition universelle qui se tenait à Paris, en 1867, il écrivait, en effet, dans un ouvrage assez peu connu dont le titre était *Paris-Guide* :

> Au XXe siècle, il y aura une nation extraordinaire. Cette nation sera grande, ce qui ne l'empêchera pas d'être libre. Elle sera illustre, riche, pensante, pacifique, cordiale au reste de l'humanité. Elle aura la gravité douce d'une aînée. Elle s'étonnera de la gloire des projectiles coniques, et elle aura quelque peine à faire la différence entre un général d'armée et un boucher ; la pourpre de l'un ne lui

semblera pas très distincte du rouge de l'autre. Une bataille entre Italiens et Allemands, entre Anglais et Russes, entre Prussiens et Français, lui apparaîtra comme nous apparaît une bataille entre Picards et Bourguignons. Elle considérera le gaspillage du sang humain comme inutile. Elle n'éprouvera que médiocrement L'admiration d'un gros chiffre d'hommes tués. Le haussement d'épaules que nous avons devant l'Inquisition, elle l'aura devant la guerre. Elle regardera le champ de bataille de Sadowa de l'air dont nous regarderons le quemadero de Séville. Elle trouvera bête cette oscillation de la victoire aboutissant invariablement à de funèbres remises en équilibre et Austerlitz toujours soldé par Waterloo. Elle aura pour l'autorité à peu près le respect que nous avons pour l'orthodoxie, un procès de presse lui semblera ce que nous semblerait un procès d'hérésie, et elle ne comprendra pas plus Béranger en cellule que Galilée en prison...

Unité de langue, unité de monnaie, unité de mètre, unité de méridien, unité de code ; la circulation financière à son plus haut degré, une incalculable plus-value résultant de l'abolition des parasitismes ; plus d'oisiveté, l'arme au bras ; la gigantesque dépense des guérites supprimée ; les quatre milliards que coûtent annuellement les armées permanentes, laissés dans la poche des citoyens ; les quatre millions de jeunes travailleurs qu'annule honorablement l'uniforme, restitués au commerce, à l'agriculture et à l'industrie ; partout le fer a disparu sous la forme de glaive, et chaîne et reforgé sous la forme charrue ; la paix, déesse à huit mamelles, majestueusement assise au milieu des hommes...

Pour guerre, l'émulation. L'émeute des intelligences, vers l'aurore. L'impatience du bien gourmandant les erreurs et les timidités. Toute autre colère disparue. Un peuple fouillant les flancs de la nuit et opérant, au profit du genre humain, une immense extraction de clarté. Voilà quelle sera cette nation.

Et cette nation s'appellera l'Europe.

Victor Hugo a péché par excès d'optimisme et, depuis, les hommes de bonne volonté qui ont vécu sur ce rêve en ont reporté la réalisation de lustre en lustre sans jamais cesser de la laisser supposer très proche. Même, ils ont accoutumé d'en élargir le champ aux dimensions du monde. Dans l'ombre, cependant, les autres ne cessaient d'en empêcher les conditions à mesure qu'elles se dessinaient.

Le dessein des seconds et leur jeu ont toujours été insoupçonnés des premiers et ce curieux paradoxe n'a encore commencé de frapper, ni dans ses données, ni dans ses effets. Ceci revient à dire qu'on ne saurait reporter les espoirs de Victor Hugo sur le XXIe siècle sans s'exposer à la même mésaventure.

Mais les écarter à tout jamais serait aussi vain — en dépit qu'il soit assez peu encourageant, l'inventaire auquel je viens de me livrer n'en comporte pas moins des éléments qui les autorisent et les justifient. Bien entendu, il faut d'abord que les méthodes sociologiques d'investigation réussissent à s'imposer et qu'elles façonnent de nouvelles élites, ce qui est la seule chance de voir de nouvelles manières de penser et de nouvelles unités d'appréciations des gens et des choses s'introduire dans les usages.

Que cette condition reporte la matérialisation du rêve, assez loin dans l'avenir, est certain, mais ne peut entrer en compte : l'homme qui se veut social doit savoir vivre historiquement. Or, vivre historiquement, c'est espérer et, très souvent, autant, sinon plus, pour sa descendance que pour soi.

Autant que la raison, le devoir commande donc d'espérer. L'expérience aussi.

Dans les siècles, à très peu près indéchiffrés et toujours très obscurs qui ont précédé la naissance du christianisme, les rois mages de l'Orient messianique s'étaient forgé une conception de la vie dans laquelle ils plaçaient tous leurs espoirs et toutes leurs raisons de vivre. Leur préoccupation essentielle était la recherche des signes annonciateurs de son triomphe. En ce temps-là, les signes étaient dans le ciel.

L'objet de cette étude est de montrer que si l'espoir est toujours dans les signes, les signes sont maintenant sur la terre.

« Parmi nous », disait Ramuz.

Mais, œuvre de militant et non de littérateur, cette étude, on l'a déjà deviné, se voulait en même temps prise de position et entreprise de vulgarisation. Elle se présente donc dans la forme d'un commentaire centré sur les quelques aspects les plus essentiels du problème et non dans celle d'un traité classique.

C'est ainsi que, sur le plan de l'Histoire, elle se borne à caractériser un moment historique de l'Humanité et à situer les guerres du XXe siècle, dans la perspective d'une évolution multimillénaire à sens unique.

Sur le plan économique et social, trois problèmes seulement ont été pris en exemple : le système monétaire dans ses rapports avec la production, la circulation et la consommation des richesses créées par le travail des hommes, le budget des sociétés étatisées, et la question des populations. Ils ont été choisis entre tous parce qu'ils rassemblent dans leurs données la presque totalité des dispositions structurales dans le cadre desquelles les facteurs économiques et sociaux se conjuguent et synchronisent d'eux-mêmes un jeu de circonstances qui conduit à la guerre avec un automatisme qui tient de la fatalité.

On a passé rapidement sur les contingences psychologiques : elles ont été considérées comme secondaires. La philosophie du malheur dans laquelle elles se concrétisent n'est qu'un alignement de sophismes dont le dessein est d'escamoter un héritage historique et social accepté, puis imposé, sans autres références morales que l'intérêt de classe lui-même habilement dissimulé derrière l'intérêt général.

Enfin, le ton du discours est celui de la confrontation : il a entraîné à de nombreuses et parfois très abondantes citations.

Le lecteur voudra bien accorder à l'auteur le bénéfice de ces considérations.

Première partie :
Un moment historique :
de l'avant-dernière guerre
à la prochaine

Chapitre premier : 1919

J'accorde bien volontiers qu'il est beaucoup trop tôt pour prétendre à donner, de la dernière guerre, une interprétation qui apparaîtrait d'emblée, d'une indiscutable pertinente. L'entreprise se heurte à une double impossibilité : d'une part, si près de nous, l'événement est encore inconnu dans trop de ses aspects pour ne mettre pas l'opérateur en situation d'infériorité ; de l'autre, l'opinion West manifestement pas en état de réceptivité. Pour s'en convaincre, il n'est d'ailleurs que de s'arrêter un instant aux interprétations déjà proposées et aux réactions qu'elles suscitent.

À très peu près, on ne remet plus en question la légitimité de la guerre comme moyen de régler le différend germano-européen. Si on le fait, c'est seulement dans des cercles très petite, très fermes et sans aucune influence sur la vie publique ou alors, à grand tapage, en l'insérant dans la logique élémentaire et implacable d'un droit archaïque pour conclure, d'un côté comme de l'autre, qu'elle n'est pas à remettre en question. Et si, d'aventure, M. Churchill écrit :

> Le président Roosevelt me dit un jour qu'il allait demander publiquement que lui fût suggéré le nom qu'il convenait de donner à la guerre. Je lui fournis aussitôt cette réponse : la-Guerre-qui-n'était-pas-obligatoire. Car il n'exista jamais de guerre plus facile à éviter que celle qui vient de ravager ce qui subsistait du monde après le conflit précédent. (Mémoires, Tome I.)

Chacun se met en règle avec sa conscience en pensant qu'il n'a pas dépendu de lui qu'elle fût évitée pu non, mais reste insensible à l'énormité du propos sous une telle plume. Il n'y a donc pas lieu de s'étonner que, pour l'immense majorité de l'opinion européenne, le plus grave grief qui soit à faire à la guerre de 1939-45 est celui-ci : on n'était pas prêts. Les Français n'étaient pas prêts, les Allemands n'étaient pas prêts, voilà tout ce à quoi on peut aboutir. Dépouillé de sa rigueur de principe et noyé dans le chaos des faits, le raisonnement est sans issue morale, ni autre Back Street.

Il arrive pourtant que des esprits un peu plus évolués se souviennent qu'un s'est battu pour libérer la Pologne et la Tchécoslovaquie en même temps que pour assurer une paix durable par la victoire des démocraties, et remarquent qu'aucun de ces trois objectifs n'a été atteint. Au plus, ils sont capables de s'offusquer qu'on ait donné aux Russes ce qu'on refusait aux Allemands. Et ils concluent qu'on s'est trompé d'adversaires : la guerre qu'on a faite contre les Allemands, ils eussent admis qu'on la fît aux Russes, ou peut-être aux Anglais...

Une troisième catégorie, enfin, est surtout frappée par la précarité de la paix ainsi retrouvée, et le fait que tous les problèmes qui se posaient avant la guerre, se posent encore après, mais avec plus d'acuité. C'est à ceux-ci que M. Raymond Aron rend hommage de cet argument :

> Il suffisait d'ouvrir les yeux, en 1946[3], pour voir que l'écrasement de l'Allemagne et du Japon ouvrait une nouvelle période de troubles. (*Les guerres en chaînes*, p. 207)

Ils pensent seulement avec lui que nous nous trouvons dans la pénible obligation de nous ingénier « à effacer les conséquences d'une victoire trop totale, ou encore de ramener cette victoire à la mesure compatible avec la résurrection du vaincu », ce qui veut dire que tout eût été pour le mieux si on avait su arrêter cette guerre un peu plus tôt, par exemple « avant l'entrée des troupes soviétiques dans le Reich et en

---

[3] On aurait pu les ouvrir aussi en 1939 ! (Note de l'auteur)

Mandchourie, avant la destruction complète des deux États et des deux armées » (Op. cit., p. 260). Naturellement, ils sont prêts pour la prochaine, à l'issue de laquelle, s'ils survivaient, ils formuleraient des objections de la même valeur...

Tels sont, à mon sens, les trois seuls ordres de réactions dans lesquels l'opinion ait révélé son existence d'une manière sensible. Il est remarquable que, depuis 1945, personne ne lui ait, de façon notoire, proposé de nouveau le système philosophique qui conduisit jadis Bertrand Russell à conclure que, dans tous les cas, « aucun des maux qu'on prétend éviter par la guerre n'est aussi grand que la guerre elle-même » — et même pas Bertrand Russell lui-même — c'est-à-dire que tous ceux qui s'y sont essayés soient toujours si loin d'avoir conquis droit de cité.

Et ceci s'insère dans une tradition.

Car au lendemain de l'autre guerre, le problème ne fut déjà ni pensé, ni, à plus forte raison, résolu à un niveau supérieur. Une unanimité de bonne foi, cependant, s'était réalisée sur la somme des horreurs que représentaient, à la fois, le conflit terminé et celui qui surviendrait si un mauvais sort le voulait[4].

---

[4] Des gens écrivaient, quelques années après : « À l'heure actuelle, Il suffit de cent avions portant chacun une tonne d'obus asphyxiants pour couvrir Paris d'une nappe de gaz de 20 mètres de hauteur. L'opération peut être faite en une heure, et s'il n'y avait pas de vent, Paris serait anéanti » (*Professeur Langevin*) ; « La science dispose d'un moyen de plonger dans un sommeil de vingt-quatre heures, un peuple entier, grâce à des gaz déversés par des avions dont la marche serait fixée par les ondes hertziennes. » (*Général Squier*) ; « Quarante tonnes de diphényloyanorsme suffiraient pour anéantir la population tout entière de Londres. » (*Comte Halzbourg*) ; « Nous n'avons rien vu qui soit comparable aux perspectives probables de destruction des centres industriels, ou du massacre des populations civiles, au cas où un nouveau conflit viendrait à se produire. » (*Professeur Canon*) ; « Dans la guerre future, les grands centres ennemis seront les plus menacés, c'est-à-dire les grandes villes, les régions industrielles, les dépôts de munitions, les services d'eau, de gaz, d'électricité, en un mot tout ce qui constitue l'organisme vital d'un pays. Répandre des gaz asphyxiants sur des contrées entières deviendra une règle générale. La paix et la population d'immenses territoires seront à tous moments menacées d'être anéanties. La prochaine guerre sera beaucoup plus une extermination en masse de la population civile qu'une lutte entre deux armées. » (*Général Von Altrich*) ; « Mille bombes à gaz suffiraient, dans des conditions favorables, à gazer une ville de l'étendue de Londres. La bombe à gaz courante pèse environ 5 livres ; un avion commercial peut transporter six cents de ces bombes.

Le monde ressemblait à un grand bateau en détresse sur une mer en folie, dont les passagers de toutes les classes se seraient précipités sur le pont pour signaler le danger et proclamer leur foi dans un miracle, mais dont aucun, et pas davantage le capitaine, n'eût pensé qu'il était essentiel, d'abord, de colmater les voies d'eau.

À part les communistes qui les désignèrent sur un mode inacceptable, et quelques rares perspicaces qui le firent très raisonnablement, mais qu'on n'entendit point, personne ne vit que les voies d'eau étaient dans les structures traditionnelles. Tout le monde étant sur le pont et l'eau envahissant progressivement par les cales, c'est donc dans le cadre de ces structures et au nom d'un prétendu droit historique aussi peu fondé que le droit divin qu'on se mit à rechercher seulement un équilibre — l'éternel équilibre des forces.

Or, quelle peut être la raison des forces, sinon de s'éprouver mutuellement, jusqu'à finir par s'affronter ?

Les plus avisés eussent voulu que le droit fût fondé non plus historiquement, mais moralement : les socialistes. Ils en appelèrent à

N'importe quel avion commercial peut désormais être utilisé comme avion de guerre. Deux avions seulement suffiraient à gazer un espace aussi grand que Londres et ses environs. » (*Major Nye*) ; « Représentons-nous les conséquences accessoires qu'une attaque par les gaz provoquerait dans une grande ville à population dense, la panique, les formes les plus affreuses des maladies pulmonaires, la terreur latente, les formes les plus multiples d'empoisonnements, les effets capables de se prolonger pendant des jours et même des semaines de certains gaz, tout cela représente des éléments qui ne peuvent manquer d'engendrer des catastrophes que l'imagination est Impuissante à décrire. » (*Lieutenant-colonel Boelke*) ; « Les bombes de gaz toxiques répandent des vapeurs mortelles qui pénètrent chaque masque protecteur et causent la mort au bout de quelques minutes. Des bombes inextinguibles de phosphore carbonisent, dans une demi-minute, la chair jusqu'aux os. Des centaines de tanks, dont chacun peut lancer mille coups mortels à la minute ; des mitrailleuses ; de légers fusils automatiques qui, dans la main, d'un million d'hommes, disperseront des centaines de millions de balles à la minute, sont déchaînés, et sur toute cette épouvante plane le ciel assombri par des milliers d'avions qui déversent sur la terre des averses de terreur. Toutefois, ce n'est pas encore tout le tableau : derrière les lignes, s'écroulent des villes et des villages qui, dans le feu destructeur de l'artillerie et des bombes tombées des aéroplanes, s'effondrent dans les flammes. » (*Maréchal Foch*) ; « La masse est vouée à une destruction certaine car, pour elle, il n'y a pas de sauvegarde possible. » (*Franz-Carl Endress*) ; « La guerre d'avenir, telle que nous l'entrevoyons, entraînerait la ruine de la civilisation et constituerait la folie suprême. » (*P. Bourgoin*) ; Etc...

Ernest Renan qui avait dit :

> Une nation est une grande solidarité constituée par le sentiment des sacrifices qu'on a faits et de ceux qu'on est disposé à faire encore. Elle suppose un passé, elle se résume pourtant dans le présent par un fait intangible : le consentement, le désir clairement exprimé de continuer la vie commune. L'existence d'une nation est un plébiscite de tous les jours, comme l'existence de l'individu est une affirmation perpétuelle de vie. Oui ! je le sais, cela est moins métaphysique que le droit divin, moins brutal que le prétendu droit historique. Dans l'ordre d'idées que je vous soumets, une nation n'a pas plus qu'un roi le droit de dire à une province : « Tu m'appartiens, je te prends ! » Une province, pour nous, ce sont ses habitants ; si quelqu'un, en cette affaire, a le droit d'être consulté, c'est l'habitant. Une nation n'a jamais un véritable intérêt à retenir un pays malgré lui. Le vœu des nations est, en définitive, le seul critérium légitime, celui auquel il faut en revenir[5]. (Cité par Jean Longuet dans son *discours à la Chambre des Députés*, le 18 septembre 1919. Extrait de *Qu'est-ce qu'une Nation*, de Renan.)

Ils en appelèrent à des faits anciens :

> J'ai lu avec un grand intérêt, dans sa langue châtiée et élégante, le rapport clé M. Barthou. Mais j'y trouve, à chaque instant, cette vieille connaissance des droits historiques, cette vieille théorie du droit du plus fort, qui s'affirme en particulier dans sa conception de la frontière du Rhin et de l'unité allemande. Je voudrais y opposer l'enseignement fécond d'un ouvrage que nous aurions tous intérêt à consulter : c'est l'étude des origines diplomatiques de la guerre

---

[5] En 1525, la capture de François Ier par Charles Quint, à l'issue de la bataille de Pavie, déboucha sur le traité de Madrid qui prévoyait, entre autres, la cession de la Bourgogne à l'Espagne par la France. Les états de Bourgogne, s'étant réunis, déclarèrent que la Bourgogne ne serait pas espagnole parce qu'elle ne le voulait pas. C'est ainsi que la Bourgogne resta française. Si on étudie l'histoire de l'ancien régime sans préjugés, on s'aperçoit vite de la somme de contre-vérités, pour ne pas dire de mensonges, sur laquelle repose ce qu'il est convenu d'appeler l'histoire de France mais qui est, en vérité, pure et simple propagande. Le droit des peuples à disposer d'eux-mêmes (que Rassinier aime à attribuer à Wilson !) est sans doute plus ancien que la notion de peuple elle-même — peut-être est-ce l'affirmation de ce droit qui est constitutif du peuple.

franco-allemande faite, dans sa langue admirable, avec cette élévation de pensée et de cœur qui fait que jamais on ne le remplacera ici, notre grand ami Jaurès. Dans son *Histoire de la Guerre de 1870*, Jaurès marque fortement que les prétentions d'un certain nombre de nos diplomates et de nos hommes d'État sur la rive gauche du Rhin furent à l'origine de toute la victoire bismarckienne, et l'ont servie constamment en Allemagne, ont par conséquent contribué à déclencher le conflit. Jaurès analyse et critique. Les différentes démarches, les tractations faites en 1866 par notre ambassadeur à Berlin, M. Bénédetti, réclamant la rive gauche du Rhin : Cologne, Mayence, Bonn. Et, lorsqu'il n'obtenait pas satisfaction de Bismarck, lui proposant un autre traité dans lequel il s'agissait de mettre la main sur la Belgique, avec le concours de l'armée prussienne... (Extrait du même discours)

Ils en appelèrent enfin à des faits nouveaux. L'équilibre recherché posait en principe la destruction du militarisme germain par le démembrement de l'Allemagne et de l'Autriche-Hongrie. Par voie de conséquence, il comportait, en Europe centrale, la reconstitution d'un puzzle qui réalisait à peu près l'unanimité des intéressés contre lui. À ce propos, les protestations se succédèrent :

On ne peut inaugurer l'ère de la démocratie en Europe centrale, en assujettissant, par la force des armes, un peuple de trois millions et demi d'êtres humains à un peuple de 6 800 000 habitants. On ne saurait établir une paix durable en Europe en créant un irrédentisme allemand dont les appels, qui s'adresseraient constamment à Berlin et à Vienne, mettraient la paix en péril. (Note du 30 novembre 1918, adressée au président Wilson par le Comité exécutif de l'Assemblée nationale provisoire autrichienne.)

Le pays des Sudètes, empêché par des mesures de violence de l'état tchécoslovaque d'exercer son droit de vote, adresse à l'Assemblée nationale de l'Autriche allemand, ses saluts fraternels et cordiaux à l'occasion de sa première réunion. En signe de protestation contre l'interdiction des élections, la grève générale est déclenchée aujourd'hui 4 mars dans toute la Bohême allemande et dans le pays des Sudètes.

Conscients des indissolubles liens qui nous unissent à la communauté ethnique allemande, nous sommes aujourd'hui, nous,

Autrichiens allemands, en pensée et de cœur au milieu de vous. Ne nous oubliez pas. Du plus profond de notre âme, nous aspirons au jour où nous serons délivrés de l'insupportable joug que fait peser sur nous la domination étrangère. (Protestation des syndicats en date du 4 mars 1919)

Si la Bohême allemande et le Pays des Sudètes allemands sont livrés à la Tchécoslovaquie, non seulement. 3 millions et demi d'Allemands seront dépouillés de leur droit de libre disposition, non seulement l'Autriche allemande perdra ses charbonnages, presque toute son industrie textile, ses verreries et ses fabriques de porcelaine, non seulement notre capacité de production, notre patrimoine national, notre capacité économique et fiscale, subiront une réduction de plus de 50 %, mais, en même temps, il sera créé en pleine Europe un État qui deviendra le théâtre des plus farouches luttes de nationalités, le foyer de l'irrédentisme allemand, hongrois, et polonais, une source d'hostilité constante entre nations limitrophes, un danger permanent pour la paix. Nous sommes impuissants à l'empêcher, mais, une fois encore, à la dernière minute, nous lançons un cri d'avertissement. (Otto Bauer, *Discours à l'Assemblée nationale autrichienne*, 7 juin 1919)

Les puissances créeraient par-là (en incorporant de force les Allemands des Sudètes à la Tchécoslovaquie), au centre de l'Europe, un foyer de guerre civile dont le brasier pourrait devenir, pour le monde et son essor social, bien plus dangereux encore que ne le fut la fermentation continuelle dans les Balkans. (Chancelier Karl Renner, 15 juin 1919, à St-Germain-en-Laye où il représentait l'Autriche)

Ce traité, qui est né de l'abus le plus scandaleux (il s'agit du traité de Versailles) qui ait jamais été fait de la diplomatie secrète, qui viole ouvertement le droit des peuples à disposer d'eux-mêmes, qui réduit en esclavage des nations entières, qui multiplie les nouveaux risques de guerre, qui s'accompagne enfin de mesures de violence contre tous les mouvements de libération, non seulement en Russie et en Hongrie, mais dans tous les pays de l'ancien Empire habsbourgeois, dans tout l'Orient et en Allemagne, ne peut, à aucun titre, recevoir un suffrage socialiste...

Ainsi, ils (les gouvernements alliés) ont abouti à étendre à toute l'Europe la situation d'instabilité, de rivalité qui existait dans les Balkans, et qui a été l'une des causes du conflit mondial...

La limitation des réparations aux dommages des matériels de la guerre était la condition même d'une aide rapide et efficace pour les populations éprouvées, auxquelles un nationalisme incohérent a fait tort, en poussant jusqu'à l'absurde le chiffre de ses réclamations...

Dans l'ordre économique, le Parti socialiste constate que l'esprit de désordre et de lutte pour le profit a exclusivement dirigé les chefs des États capitalistes alliés...

Devant le Pays, devant l'Internationale, devant l'Histoire, il affirme que le traité de Versailles doit subir, non pas seulement une révision partielle, à laquelle d'ailleurs, le cas échéant, il apporterait son concours, mais une transformation complète. (Extrait de la résolution adoptée par le Conseil national du Parti socialiste français des 13 et 14 juillet 1919)

L'Assemblée nationale proteste solennellement, par devant le monde entier, contre les dispositions du traité de paix qui, sous le prétexte de protéger l'indépendance de l'Autriche allemande, prive le peuple autrichien-allemand de son droit de disposer de lui-même, lui refuse de voir réalisé son ardent désir de réunion avec la terre maternelle de l'Allemagne, désir constituant une nécessité vitale, économique, intellectuelle et politique. L'Assemblée nationale exprime l'espoir que, aussitôt que la paix aura dissipé l'esprit d'animosité et de rancune nationale, provoqué par la guerre, on ne continuera pas, grâce à l'intervention de la S.D.N. ; à refuser au peuple allemand le droit à son unité et à sa liberté nationales, droit accordé à tous les autres peuples.

C'est avec la plus douloureuse amertume que l'Assemblée nationale proteste contre l'arrêt des puissances alliées et associées, arrêt malheureusement irrévocable, en vertu duquel 3 millions et demi d'Allemand des Sudètes sont violemment séparés des Allemands des Alpes, ayant formé avec eux, depuis des siècles, une unité politique et économique. Par ledit arrêt, ils sont privés de leur liberté nationale et soumis à la domination étrangère d'un peuple qui, dans ce même traité de paix, se reconnaît leur ennemi.

Dépourvue de tout pouvoir pour détourner ce désastre et pour épargner à l'Europe les troubles inévitables devant découler de cette offense aux droits les plus sacrés d'une nation, l'Assemblée nationale de l'Autriche allemande charge, par devant l'Histoire, de la responsabilité de cette décision, la conscience des puissances qui, défiant nos l'avis les plus sérieux, la mettent à exécution. (Résolution de l'Assemblée nationale autrichienne, en date du 6 septembre 1919)

Le 18 septembre 1919, dans le discours déjà cité, Jean Longuet reprenait tous ces griefs au nom du Parti socialiste français, à la Chambre des députés :

> Nous ne pouvons pu admettre qu'on nous présente ce traité comme la conclusion logique d'une guerre dont on a dit qu'elle était la guerre du droit. Ce n'est pas la paix du droit qu'on nous apporte, c'est une paix de force, une paix de violence qui rappelle toutes celles qui, dans le passé, à travers les siècles, ont terminé les conflits qui ont jeté les peuples les uns contre les autres...
>
> Je crois surtout qu'on n'a pas assez insisté sur cette idée que, de même que la France avait donné pour tous le sang de ses enfants, il fallait demander en retour, au point de vue économique, qu'on fît peser les charges également sur toutes la nation...
>
> Nous sommes indignés (Jean Longuet cite ici la revue anglaise *La Nation*), qu'un homme ait pu devenir plus riche et qu'un autre ait été ruiné par la guerre. Il est aussi inique que des nations soient devenues plus riches et d'autres plus pauvres à la suite de la guerre, parmi les alliés. Il n'est pas douteux qu'à Meure actuelle nous sommes en présence de cette situation que, tandis que la France et l'Italie sortent de la lutte dans une situation financière désespérée — et c'est une revue anglaise qui écrit cela ! — l'Angleterre en sort debout, forte, et l'Amérique prospère et riche. Avec un sentiment commun de loyauté et d'efforts de tous dans le même but, nous aurions dû éviter un sentiment aussi inique...
>
> Je crois que si l'on avait moins porté l'effort sur les revendications territoriales, si l'on s'était davantage préoccupé de mettre en commun les charges et d'obtenir de l'Angleterre et de l'Amérique qu'elles prissent leur large part des charges d'une victoire dont elles avaient tant bénéficié, on aurait pu obtenir une paix qui, tant du point de vue français que du point de vue humain, eût été meilleure, plus juste et plus durable.

Toutes ces protestations entraient, certes, dans les limites de la définition de la Nation proposée par Renan. Mais la définition de Renan était elle-même très éloignée de celle de Victor Hugo ou, tout au, moins, de son esprit. Si elle cherchait à introduire la notion de minorité nationale dans le droit des gens, elle ne visait nullement les structures traditionnelles. Se lançant en son nom à la poursuite d'un droit moral à substituer au droit historique, les socialistes ne pouvaient donc aboutir qu'à un compromis entre les deux. Aussi bien, la suite a révélé que leurs protestations étaient gratuites. La motion de politique extérieure adoptée en juin 1938, au Congrès de Royan, du Parti socialiste français, disait, en effet :

> Le Socialisme français veut la paix, même avec les impérialismes totalitaires, mais il n'est pas disposé à s'incliner devant toutes leurs entreprises. S'il était réduit à cette extrémité, qu'il essaierait de prévenir par tous les moyens, a saurait défendre l'indépendance nationale et l'indépendance de toutes les nations couvertes par la signature de la France.

Ceci signifierait, en termes très clairs, que les socialistes étaient prêts à défendre le Traité de Versailles contre lequel ils s'insurgeaient vingt années auparavant.

Il est donc sans aucun intérêt de justifier aujourd'hui leurs positions de 1919 — très en deçà desquelles ils se sont eux-mêmes acculés à se replier dans la situation qui est issue de la guerre de 1939-45 — et d'écrire, comme M. Churchill dans ses *Mémoires* :

> Les clauses économiques du traité de Versailles étaient vexatoires et si sottement conçues qu'elles en devenaient manifestement inopérantes. L'Allemagne était condamnée à payer des réparations, s'élevant à un chiffre fabuleux. Ces décisions imposées à l'Allemagne exprimaient la colère des vainqueurs et la conviction de leurs peuples qu'aucun pays, qu'aucune nation vaincue ne pourrait jamais payer un tribut assez lourd pour couvrir les dépenses d'une guerre moderne. Les masses restaient plongées dans l'ignorance des réalités économiques les plus élémentaires, et leurs chefs, ne pensant qu'aux élections, n'osaient pas les détromper. Les journaux, selon leur habitude, se faisaient l'écho fidèle ou amplifié des opinions dominantes. Peu de voix s'élevèrent pour expliquer que le paiement de réparations ne peut être effectué que par des services ou par le transport matériel de marchandises par chemins de fer à travers, les frontières terrestres, ou par bateaux sur la mer ; ou pour faire

remarquer que lesdites marchandises ne manqueraient pas de provoquer, à leur arrivée dans les pays importateurs, un désordre de la production industrielle locale, sauf dans telles sociétés de caractère très primitif ou rigoureusement contrôlé... Et il ne se trouva personne en haut lieu, d'assez influent, d'assez préservé de la bêtise générale, pour dire aux électeurs ces vérités essentielles dans leur brutalité ; et, s'il s'en était trouvé un, personne ne l'aurait cru. Les Alliés triomphants continuaient à prétendre qu'ils presseraient l'Allemagne « Jusqu'à ce que les pépins crissent ». Or, tout cela eut un effet puissant et désastreux sur la prospérité du monde et sur l'attitude de la race germanique. (Tome 1, page 6)

Ou encore,

La seconde tragédie capitale de cette époque fut le complet démembrement de l'Empire austro-hongrois par les traités de St-Germain et de Trianon. Pendant des siècles, cette vivante réincarnation du Saint-Empire romain et germanique avait apporté, dans le cadre d'une vie commune, des avantages, tant d'un point de vue économique que de sécurité, à de nombreux peuples dont aucun n'avait, en notre temps, la puissance ou la vitalité de résister par lui-même à la pression d'une Allemagne ou d'une Russie ressuscitées... Il n'est pas une des nations, pas une des provinces ayant constitué l'empire des Habsbourg, à qui le recouvrement de l'indépendance n'ait fait connaître les tortures que les poètes et les théologiens de jadis réservaient aux damnés. Vienne, la noble capitale, le foyer d'une culture et d'une tradition longuement défendue, le point de rencontre de tant de routes, de cours d'eau et de voies ferrées, Vienne fut laissée en proie à la famine, comme un grand marché vide dans une région appauvrie, dont presque tous les habitants sont partis. (Tome I, pages 8 et 9)

Car, si on avait tenu compte de ces choses à l'époque ce n'eût été, malgré tout, que pour rechercher, dans le cadre de la conception de Renan, un autre équilibre à l'encontre duquel il eût été possible de relever les mêmes défauts en d'autres endroits.

Et toutes ces protestations et spéculations se fussent néanmoins situées d'elles- mêmes en dehors de la véritable question.

Chapitre II : Un problème millénaire

Dans les milieux officiels, personne ne parla de paix absolue. Il ne peut avoir échappé que le plus exigeant de ceux qui eurent à formuler un avis susceptible d'être pris en considération, Jean Longuet lui-même, n'ambitionnait qu'une paix meilleure, plus juste et plus durable[6]. C'était précisément là les qualités que Clemenceau et Tardieu revendiquaient en faveur de leur thèse. À partir du moment où il n'était plus question que d'un degré de justice et de bonté, le meilleur et le plus juste s'identifièrent avec ce qui paraissait le plus durable et, sur le plan de la raison, les deux thèses étaient à égalité de chances. Le ressentiment considéré comme juste, du vainqueur contre le vaincu, fit pencher la balance en faveur de celle de Clemenceau et de Tardieu. Cette thèse prévoyait le recours à la force, c'est-à-dire la guerre à temps que l'autre n'écartait pas. C'est ainsi que, conçue par tout le monde dans le cadre des structures traditionnelles — provisoires pour les uns, définitives pour les autres — la paix de 1919 ne pouvait être que relative.

Il faut dire que cette relativité était inscrite dans les structures traditionnelles que le plan de l'Histoire et que Versailles, Saint-Germain-en-Laye et Trianon ne firent que l'y confirmer. Rien ne le saurait mieux mettre en évidence que la juxtaposition de deux textes publiés à vingt années de distance et empruntés, l'un à L. Emery[7] l'autre au syndicaliste anglais J.-F. Horrabin[8].

Le premier est une hypothèse de travail :

Il semble, dit L. Emery, que l'Europe, depuis plusieurs siècles, ait tendance à se définir par une division tripartite. À l'Ouest, sur les

---

[6] Cf. discours du 18 septembre 1919. Cité ci-dessus.
[7] Victime des tribunaux d'exception. Publiait avant la guerre les célèbres Feuilles libres, périodique pacifiste. Après être resté un temps dans l'ombre, vient de rentrer dans la vie publique avec les Cahiers libres d'où le texte cité, est extrait. N° du 1er octobre 1951)
[8] Fit devant les collèges ouvriers des Trade Unions une série de conférences réunies en un volume sous le titre *Précis de Géographie économique*, par la Révolution prolétarienne en 1933.

rivages atlantiques, il faut qu'existe une puissance maritime formant liaison avec les autres continents ; à son contact et plus à l'Est, on voit se former, mourir, renaître, un empire continental qui cherche son équilibre du Tibre à la Flandre, de la Seine à l'Elbe ; enfin, et plus à l'Est encore, se heurte à un vaste et confus État eurasiatique [qui, en toute rigueur, ne fait pas partie de l'Europe, puisqu'il ne participa point à ses décisives expériences culturelles et ignore, en ses profondeurs, l'essentiel de nos traditions][9].

L'Histoire, familière entre toutes, de Napoléon Ier, permet ici d'abréger. On sait comment il constitua un Empire composite où les États satellites, assimilés par la conquête, formaient ceinture autour de la France, et comment il fut enfin vaincu par la double résistance, de la mer britannique et de la steppe russe. Plus près de nous, l'Empire bismarckien, habilement construit au prix de guerres limitées, et qui se flattait de transférer de Paris à Berlin le centre de gravité de l'Europe, put durer et même s'arroger un rôle arbitral tant qu'il évita soigneusement de se heurter à la Russie et à l'Angleterre, mais, dès que l'Allemagne wilhelmienne voulut se lancer à son tour dans la grande compétition navale et coloniale, elle fit resurgir la conjonction qui avait détruit l'œuvre napoléonienne et, à son tour, succomba. La tentative de Hitler donne au retour des événements un caractère fatidique vraiment hallucinant. Sa signification historique vient, en effet, de ce que Hitler voulut interjeter appel contre les décisions du sort qu'il s'obstinait à expliquer, non par des causes profondes, mais par la trahison et l'impéritie. Il voulut réaliser un miracle de la volonté, violenter les hommes, les choses et le rythme du temps ; il créa, lui aussi, par l'intrigue, la diplomatie et la conquête, un empire médian qui, pour quelques mois, s'étendit de l'Atlantique à la Volga. Mais, après avoir juré qu'il ne retomberait pas dans les erreurs de ses devanciers, il ne put éviter d'être pris et broyé entre les deux mâchoires de l'étau. Assistons-nous donc à une tragédie eschylienne ?

---

[9] J'ai mis moi-même entre crochets ce raisonnement qui affaiblit malheureusement la perspective : le dernier des Ukrainiens ou des Polonais qui se prétendrait européen, pourrait en même temps prétendre que la France ne fait pas partie de l'Europe et pour les mêmes raisons. - P.R.

Cette tragédie eschylienne, que L. Emery ramène à l'échelle de l'Europe, est, à l'échelle du monde, celle des migrations humaines et du déplacement des centres de la Civilisation. C'est le problème éternellement évoqué et toujours obscur, des invasions qui se faisaient, jadis, en ordre dispersé et qui se font maintenant, en ordre concerté, à partir de bases d'appui qui sont des États ou des groupes d'États solidement organisés, suivant une technique minutieusement mise au point...

Le second texte, celui de J.-F. Horrabin, reconstitue, en un abrégé succinct, les conditions de la naissance, du développement et de l'évolution de l'empire européen des mers. Il montre comment l'Angleterre devint rapidement et presque fatalement le centre nerveux de cette sorte de thalassocratie et il dégage les raisons de son comportement, identique à lui-même en toutes circonstances, de tout temps, et devant tous les problèmes européens ou mondiaux. Accessoirement, il met en lumière l'absence de perspectives historiques des responsables de 1919, leur manque de discernement, voire de conscience et, donnant les raisons d'ensemble d'à peu près toutes les guerres, depuis celle de Cent Ans, il caractérise remarquablement le moment qui s'inscrivît dans l'Histoire sous les espèces de la guerre de 1939-45.

Écoutons plutôt J.-F. Horrabin :

I - *Histoire de la thalassocratie*

Pendant des milliers d'années, l'Histoire eut pour axe la Mer Méditerranée. Les pays qui entourent cette mer faisaient alors les progrès les plus considérables dans les domaines technique, économique et social. Aussi longtemps qu'il en fut ainsi, la situation géographique de la Grande-Bretagne fut un désavantage pour ses habitants. Située au-delà des lisières du monde du commerce, très éloignée des routes principales et des centres, elle n'avait pas de place dans le monde connu. Elle resta dans cet état jusqu'à l'arrivée des Phéniciens, puis des Romains. Et lorsque la puissance romaine s'évanouit, la Grande-Bretagne se retrouva pour un autre bail de mille ans, parmi les pays perdus. Mais un moment vint où le commerce des cités méditerranéennes s'étendit vers le Nord par la vallée du Rhin, et où les marchands de la Ligue hanséatique firent de la Mer du Nord et de la Baltique une nouvelle Méditerranée. La Grande-Bretagne, quoique toujours fort loin, se trouva alors en contact plus étroit avec le reste du monde. Elle fut le terminus Nord-Ouest des grandes routes commerciales qui traversaient le continent à partir de la Méditerranée. Mais elle n'était toujours qu'un terminus, elle n'était pas une base pour elle-même. Finalement vint la conquête de l'Atlantique et la découverte du nouveau monde qui est à l'ouest de cet Océan. Alors, les pays du nord-ouest de l'Europe, les pays qui avaient des côtes atlantiques et des côtes méditerranéennes se trouvèrent dans la plus désirable des positions, face aux côtes du nouveau continent.

C'est alors, et seulement alors que la position de la Grande-Bretagne tourne à son avantage. Et c'est de cette époque que date le commencement de la suprématie britannique en Europe et finalement dans le monde. Jusque-là, l'Angleterre s'était trouvée dans une ruelle écartée. Maintenant, elle occupait le plus bel emplacement sur la rue principale.

Les découvertes maritimes déplacèrent les centres de l'Europe. Elles les enlevèrent aux mers fermées pour les porter sur les rives de l'Atlantique. Venise et Gênes firent place à Bristol et à Lagos. L'actif mais étroit commerce de la Baltique qui, du XIIe au XVIe siècle fit la richesse et la prééminence historique des villes hanséatiques, perdit sa relative importance lorsque l'Atlantique devint le champ maritime de l'histoire. La prééminence se déplaça vers l'Ouest, passa de Lubeck et Stralsund à Amsterdam et à Bristol.

L'histoire des trois siècles suivants est l'histoire de la lutte pour la suprématie de ces pays du nord-ouest européen. Déjà, deux siècles avant la fin du chapitre méditerranéen, on trouve un traité commercial portugais, signé en 1291, qui révèle un commerce d'une certaine importance le long des côtes de l'Atlantique. Mais l'Espagne et le Portugal arrivaient bonnes premières dans les grandes découvertes. Et quelques semaines après que Colomb fut revenu de son premier voyage, le pape promulguait une bulle allouant l'hémisphère occidental à l'Espagne et l'oriental au Portugal. C'était envoyer coucher dehors les nations nordiques, surtout la Hollande et l'Angleterre. Les navigateurs de ces deux pays se mirent alors, pendant plusieurs années, à chercher des passages vers les Indes par le Nord-Ouest et le Nord-Est, par le Nord de l'Amérique et le Nord de la Sibérie. L'une et l'autre voies se révélèrent impraticables. Les deux pays ne pouvaient donc prendre leur part de la richesse des Indes et de l'Amérique qu'en rompant avec l'édit papal. Aussi, dès avant le milieu du XVIe siècle, avaient-ils tous deux rompu avec le Pape et tourné au protestantisme. Le pouvoir du Pape était considérable. Mais il ne pouvait pas plus modifier les conditions géographiques que l'emprise de ces conditions sur le cerveau des hommes. À la fin du siècle, les Anglais avaient détruit l'Armada de Philippe d'Espagne. Et les Hollandais, après avoir secoué le joug espagnol, s'établissaient dans les Indes Orientales et Occidentales, en différentes régions arrachées aux Espagnols et aux Portugais. Le pouvoir du pape, seigneur de la Méditerranée, s'évanouissait comme déclinait l'importance de la Méditerranée elle-même.

Le siècle suivant voit la grande rivalité des bourgeoisies anglaise et hollandaise pour la maîtrise des routes océaniques, rivalité dans laquelle un troisième pays du nord-ouest de l'Europe, la France, intervenait, tantôt d'un côté, tantôt de l'autre. Pour réaliser à quel point les quatre coins de la terre étaient à ce moment liés — oui liés, littéralement enchaînés — aux États du nord-ouest de l'Europe, il suffira de lire ce simple passage, avec un atlas à portée de la main.

Au zénith de leur pouvoir, quelques années après, c'est-à-dire vers le milieu du XVIIe siècle, les Hollandais régnaient dans les Antilles. Ils avaient des établissements au Brésil et en Guyane... Ils possédaient des stations commerciales sur les côtes de Guinée. Ils avaient des établissements à Cape Town (le Cap de Bonne-Espérance) sur la route des Indes. Ils possédaient les îles de Ceylan et de Maurice (ainsi nommées du nom du prince hollandais Maurice de Nassau). Ils tenaient enfin les clefs de l'Amérique du Nord par leur ville de New Amsterdam (aujourd'hui New York). (Fairgrive, p. 151)

Mais au commencement du XVIIIe siècle, la Grande-Bretagne avait pris la place de la Hollande comme roulier des mers et comme maîtresse des points cruciaux des grandes routes océaniques mondiales. Selon l'orgueilleuse déclaration d'un écrivain, « l'Angleterre se trouva au sortir des guerres, en mesure d'étendre son commerce maritime avec une vigueur accrue. Elle était prête à continuer, tout autour de toutes les mers, l'œuvre que les Grecs, les Phéniciens et les Vénitiens avaient réalisé le long des côtes de la Méditerranée ». Mais, notons-le ceci n'était pas dû aux bienfaits d'une Providence tirant les Anglais d'une argile supérieure à celle des Français et des Hollandais. Cela résultait en premier lieu de l'avantageuse position géographique de la Grande-Bretagne sur les routes atlantiques ; en second lieu, du fait qu'elle avait, bien plus que ses rivaux, une agriculture et une industrie constituant un substantiel appui pour ses expéditions maritimes. La révolution industrielle avait en effet commencé dès avant la fin du siècle. Et dès lors, ses ressources naturelles de fer et de charbon lui furent une cause durable de préséance sur les autres nations. Elles assurèrent définitivement les bases de sa suprématie mondiale au XIXe siècle.

II - *Histoire de l'Angleterre*

Le groupe britannique comprend l'empire britannique proprement dit et quelques états dépendants. La première observation fondamentale à faire au sujet de ce groupe est qu'il ne constitue pas une unité géographique comme le sont plus ou moins tous les autres groupes Les dominions et dépendances britanniques sont éparpillés sur toutes les mers. Leur seul lien est l'océan. L'empire britannique est ainsi basé sur la puissance navale. Et dans un monde de rivalités impérialistes, il ne pourra demeurer une unité qu'à la condition de conserver la suprématie maritime.

C'est avec l'ouverture des routes océaniques, au XVIe siècle, que l'Angleterre commença à devenir une puissance mondiale... au cours du siècle suivant, elle parvint à s'assurer le monopole des transports commerciaux du monde entier. En chaque partie du monde, elle se mit à établir des comptoirs commerciaux et des ports d'escale. Son but était alors de garantir ses routes commerciales, ses longues lignes maritimes le long desquelles ses navires marchands s'avançaient avec leurs cargaisons. Elle n'avait aucun besoin d'extension territoriale : au contraire... Au XVIIIe siècle, de nombreux membres du monde commercial anglais considéraient que deux petites îles des Petites Antilles, étaient plus importantes que le grand Canada. Ceci venait de ce qu'aux jours de la navigation à voile, ces îles des Antilles commandaient la grande route allant d'Europe aux ports américains. Poussé par les vents alizés, on commençait par faire route du Sud-Ouest jusqu'aux Antilles et, de là, on longeait les côtes, soit vers le nord, soit vers le sud. C'est pourquoi la Jamaïque, les Bermudes et les Barbades furent parmi les premières acquisitions britanniques. Et le cap de Bonne-Espérance, sur une autre route, n'avait d'importance que parce qu'il commandait la route des Indes. Si l'Angleterre acquit, à cette époque, des territoires de quelque étendue, ce fut surtout dans des régions où elle avait besoin de points d'appuis, contre sa rivale la France, comme aux Indes et au Canada, et où pour assurer sa position, elle devait prendre possession de larges espaces. Avec ses colonies nord-américaines — et celles-ci étaient plutôt que des colonies proprement dites, des lieux d'exil pour citoyens indésirables — importantes, car elle en tirait ses matériaux de construction navale, ces territoires enlevés à la France étaient pratiquement les seules possessions territoriales de la Grande-Bretagne à la fin du XIXe siècle.

C'est sur cet ensemble de comptoirs et de ports d'escale, que se développa, au XIXe siècle, l'Empire britannique. De 1800 à 1850, la surface tripla. Et, en 1919, après la grande guerre, il avait de nouveau triplé, atteignant 13 millions 700 000 milles carrés, habités par 475 millions d'humains, plus du quart des terres émergées et de la population du monde. La base de cet énorme accroissement est la grande maîtrise maritime que donna à l'homme l'avènement du navire à vapeur. Les États-Unis et la Russie sont essentiellement des états de voie ferrée. Mais l'Empire britannique d'aujourd'hui est, selon le mot de Wells, un empire de bateaux à vapeur. Cependant l'éloignement et l'extrême éparpillement des diverses parties de l'empire amènent une formidable complication dans ses questions intérieures, tant sociales que religieuses, politiques ou commerciales. De plus, un événement ne peut guère se produire en quelque partie du globe sans réagir plus ou moins directement sur quelque intérêt britannique. Et le sort du groupe tout entier dépend de la puissance navale et de la liberté des mers. Tel est son talon d'Achille.

En vérité, la puissance dominante du groupe est, encore aujourd'hui, la Grande-Bretagne.

Après la Révolution industrielle, l'Angleterre ne se contente pas de transporter les marchandises du monde entier. Elle fut elle-même le premier vendeur du monde. Ses navires transportèrent sur les mers son charbon et ses produits manufacturés. Non seulement elle avait de grandes réserves de charbon, mais celles-ci avaient l'avantage d'être situées tout près de la côte. Et, avant l'ère du transport terrestre, cela lui donna une large avance sur les pays à mines continentales. Le zénith de sa puissance est au XIXe siècle. Alors, ses capitalistes, sûrs de la solide possession de ses ressources, de sa flotte, de sa maîtrise de la mer, ne réclamaient que le libre- échange comme condition de l'universelle suprématie britannique.

La population de la Grande-Bretagne se trouvait concentrée dans les régions minières et industrielles. Et elle devint ainsi de plus en plus dépendante des pays d'outre-mer pour son approvisionnement alimentaire. Six pour cent de la population britannique s'occupent de travaux agricoles, alors que la proportion est de quarante pour cent en France et soixante-douze en Russie. Les habitants des îles Britanniques sont serrés en grandes agglomérations. Et leur bien-être est construit avec du charbon, du fer, de l'acier et la liberté des mers (d'après Bowmann, *The New World*).

On peut, d'après Bowmann faire une classification correcte des diverses parties de l'empire britannique. Ce sont :

1°) Les six « Dominions » à gouvernement autonome : Canada, Australie, Sud- Afrique, Nouvelle-Zélande, Irlande et Terre-Neuve. Ce sont tous des États capitalistes. Et leurs intérêts ne sont pas forcément identiques à ceux de la « mère- patrie ». Sauf en Afrique du Sud, les indigènes sont en minorité. Capitalistes et salariés sont également blancs.

2°) Les « Possessions » comme les Indes, le Soudan, l'Est et l'Ouest africains, la Mésopotamie. Certaines sont appelées « Protectorats », d'autres « Dépendances », d'autres « Territoires sous mandat ». L'Angleterre y gouverne des races indigènes à différents stades de civilisation. Aux Indes, cependant, le procès d'industrialisation est allé fort loin et a permis le développement d'une classe capitaliste indépendante.

C'est ce groupe qui constitue l'empire à proprement parler.

3°) Des « bases navales » et des « clefs stratégiques », telles que Gibraltar, Aden, Singapour et Hong-Kong. À ces parties du groupe britannique il faut ajouter, bien qu'ils ne soient pas politiquement intégrés à l'Empire, certains états indépendants, comme le Portugal et les colonies portugaises. Également l'Argentine. Quant aux Indes néerlandaises, elles sont unies à la Grande-Bretagne par la combinaison Royal-Deutsch-Shell, et leurs points de commandes stratégiques sont Singapour et l'Australie, tous deux britanniques. De même la Norvège et le Danemark sont étroitement unis à la Grande-Bretagne par des intérêts navals, comme par leur situation géographique. La Grèce, enfin, a soutenu les intérêts britanniques en Méditerranée et a reçu, en retour, toutes sortes de traitements de faveur.

Les Dominions britanniques sont largement dispersés. Mais il est une vaste région où se trouvent concentrés les principaux intérêts britanniques : c'est l'Océan Indien et la grande route qui l'unit à l'Europe.

Il y a quatre siècles, l'Océan Indien était un lac portugais. Maintenant, c'est un lac britannique. Les acquisitions territoriales d'après la guerre ont formé le cercle des possessions britanniques autour de ses rives : toute la côte orientale de l'Afrique est maintenant britannique sauf en deux régions, dont l'une est portugaise. Ensuite viennent Aden, sentinelle à la porte de la mer Rouge, puis l'Arabie, le golfe Persique qui conduit en Mésopotamie. Ensuite, c'est l'Inde elle-même, joyau sans prix, parmi toutes les autres possessions, puis la

Birmanie et les établissements des détroits, qui conduisent à Hong-Kong et en Indonésie, et enfin en Australie.

Voici donc, tout autour d'un océan, un groupe de territoires qui constituerait à lui seul un empire de premier ordre pour une puissance industrielle, étant donné sa richesse en matières premières et son pouvoir d'absorption de produits industriels. Les avantages que constitue cette concentration des intérêts britanniques sont chose évidente tant au point de vue de la sécurité navale qu'à d'autres points de vue. D'autre part, cette concentration est encouragée par la rivalité croissante de l'Amérique dans les sphères atlantique et pacifique. Dans l'Océan Indien, au moins, l'Angleterre possède un monopole de fait. Cependant, il est un désavantage évident : c'est la situation de ces territoires à des milliers de milles marins de l'Angleterre, centre industriel et financier du groupe. Le seul lien entre eux est une longue route maritime, dont la maîtrise est d'importance vitale pour l'Angleterre.

Cette voie maritime passe par la Méditerranée, Suez et la mer Rouge. Après quatre siècles d'éclipse, grâce au développement technique qui permet à l'homme de couper l'isthme de Suez, la Méditerranée vient au premier plan de la scène du monde. Et quiconque a saisi l'importance de cette route comprend aisément les grandes lignes directrices de la politique internationale de l'Angleterre. C'est cette route que menaçait le projet allemand d'un chemin de fer Berlin-Bagdad. Ce chemin de fer aurait été une route terrestre joignant le Nord-Ouest de l'Europe aux rives de l'Océan Indien. Aussi, après la guerre, le « règlement » de l'Europe fût-il en partie dicté par le désir de l'Angleterre de chasser un tel projet de la sphère des possibilités politiques. (De là l'agrandissement de la Grèce et le découpage de l'Autriche et de la Turquie en multiples petits états). Tout autant que le pétrole de Perse et de Mésopotamie, c'est le désir de sauvegarder cette route qui fait l'intérêt vital de la Grande-Bretagne, dans toutes les questions du Proche-Orient. Directement ou non, les pays en bordure de cette route doivent être amenés et maintenus sous le contrôle britannique. Qui occupera Constantinople ? C'est une question d'intérêt britannique, puisque Constantinople est l'une des portes de la Méditerranée et que « la voie britannique » passe par cette mer. Et surtout, une indépendance réelle de l'Égypte est chose hors de question, car l'Égypte commande Suez, clef de la route. Et si la Grande-Bretagne permettait à quelque puissance de s'établir en Égypte, ce serait comme si les États-Unis laissaient le Japon s'établir sur une rive du canal de Panama. Dans le monde moderne, les peuples qui aspirent à l'indépendance devraient prendre soin de ne pas vivre en des régions qui commandent les grandes routes commerciales.

III - *Le monde après 1919*

Les réalités politiques du monde d'après-guerre ne sont pas les États nationaux, mais des groupes d'États dont chacun est dominé par une grande puissance industrielle et qui comprennent chacun un plus ou moins grand nombre de colonies ou de petits États vassaux, dont certains sont indépendants « *de jure* » mais qui, au point de vue économique, c'est-à-dire « *de facto* », sont tous également dépendants de la grande puissance.

Et chacun des grands groupes cherche à se suffire à soi-même, c'est-à-dire à s'assurer la jouissance, directe ou non :

1°) De quantités suffisantes de toutes les matières premières essentielles : charbon, fer, cuivre, pétrole, caoutchouc, coton, blé, etc. ;

2°) De « débouchés commerciaux et de territoires non développés » propres à l'exportation des capitaux ;

3°) Des voies maritimes et terrestres nécessaires au transport et à la répartition des matières premières et des produits.

Nous rappelant que le partage (du monde) n'est pas terminé et qu'il y a encore diverses contrées mineures, nominalement indépendantes, non encore définitivement incorporées à l'un des groupes ; nous rappelant que les limites de chacun des groupes ne sont pas toujours parfaitement nettes et qu'il y a sur leurs lisières un certain nombre de « no man's land », nous pouvons évaluer à cinq le nombre des groupes. Ce sont :

- Le groupe américain ;
- l'empire britannique ;
- le groupe extrême-oriental (Chine et Japon) ;
- le groupe russe ;
- le groupe français (avec l'Europe centrale et l'Afrique du Nord)

Le gouvernement réel de chacun de ces groupes d'États, la Russie exceptée, est un groupe de capitalistes[10].

Ce n'est pas constamment le même groupe, mais c'est à tout moment un groupe de capitalistes qui possède l'influence sur toute la machine gouvernementale, y compris les politiciens qui sont nominalement à la tête des affaires. Ainsi quand nous disons Washington ou le gouvernement des États-Unis nous désignons en réalité la Standard Oil Cy ou le groupe Pierpont Morgan, ou quelque autre partie de Wall Street qui se trouve au moment considéré suffisamment forte ou suffisamment intéressée à une gestion donnée pour dicter la politique de l'Amérique. Ainsi, quand nous parlons de sa politique étrangère, au lieu de dire la France, nous devrions dire le Comité des Forges. Quant au gouvernement britannique, il est, suivant le temps, soit la Royal-Dutch-Shell, soit les grands maîtres de forge, soit les cinq grandes banques et les financiers.

IV - *La rivalité franco-allemande*

La base de la puissance de l'Allemagne était en ses grandes réserves de fer et de charbon. Or, le traité de paix céda le fer à la France, au moins pour la plus grande part. Et le besoin incessant de la politique française après la paix fut de s'assurer le contrôle du charbon indispensable au traitement du minerai de fer. Avant la guerre, les grandes mines de Lorraine se trouvaient partagées entre la France et l'Allemagne. L'Allemagne tirait de sa part lorraine, les 75 % de sa production de fer. Elles sont maintenant entièrement françaises. « La France contrôle maintenant le minerai de fer le meilleur marché qui soit

---

[10] En Russie, c'est un groupe de bureaucrates, préfiguration des « directeurs » de J. Burnham.

en Europe ou qui soit utilisé en Europe. »

Le fait capital de la France de l'après-guerre est que le groupe capitaliste le plus puissant y est le groupe de l'industrie lourde. Ainsi que l'ont répété des écrivains sans nombre, la France d'avant la guerre était surtout une nation de petits propriétaires paysans. Elle se suffisait pratiquement à elle-même, excepté pour le charbon. Pour les Affaires étrangères, elle était surtout une nation prêteuse d'argent. Sous forme d'emprunts, elle répandait sur les gouvernements étrangers comme celui du tsar, les économies de ses paysans et de sa petite bourgeoisie. Mais, la nouvelle France, comme la nouvelle Allemagne, est bâtie sur le fondement plus moderne du fer et de l'acier. La politique de la France est aujourd'hui dirigée par les maîtres du fer et de l'acier, par le Comité des Forges et les financiers qui sont derrière. Ces hommes se sont emparés des rênes du pouvoir. L'acquisition de la Lorraine, leur en donna les moyens et l'occasion fut la nécessaire reconstruction du système économique français après l'ébranlement et la dislocation de la guerre. Leur instrument est le militarisme français. Et la passion française de la « sécurité » est le sentiment sur lequel ils se fondent pour obtenir que le peuple soutienne leur principale revendication : l'affaiblissement permanent de l'Allemagne.

Le développement industriel de la France, au sens le plus moderne est une chose qui ne date que d'hier. Il a été retardé par le manque de charbon. Le développement industriel de la France dépendait de la même cause que celui de l'Allemagne. Il a commencé au même moment que ce dernier, au milieu du XIXe siècle. Comme lui, il date du début de la construction des voies ferrées. Mais alors que l'Allemagne e avait beaucoup de charbon, la France en avait peu. Et, à l'exception des gisements du Nord-Est, près de la frontière belge, le peu qu'avait la France était divisé en petites mines répandues en diverses parties du pays.

Ces conditions ne permettaient pas le développement d'une industrie étroitement groupée, basée sur l'utilisation lourde du charbon. Mais elles devaient pousser à un éparpillement des manufactures locales, jamais très grandes, surtout dans les industries où l'on n'use que de petites quantités de combustible. Et c'est ce qui arriva effectivement. La France devint le meilleur exemple de pays à industrie largement éparse, alors que l'Angleterre, l'Allemagne et l'Amérique étaient des pays à industrie hautement concentrée, groupée autour des mines de charbon (D'après Eckel).

Dans la partie de la Lorraine qui lui fut laissée en 1871, la France possédait de larges réserves de fer. Elle extrayait le minerai en quantités toujours croissantes. Mais elle devait l'exporter, n'ayant pas de coke pour le traiter elle-même. En 1913, elle était le plus grand exportateur de minerai de fer du monde. De sorte que, pour l'industrie de base des temps modernes, elle était vis-à-vis de l'Angleterre, de l'Amérique et de l'Allemagne, comme une simple colonie une simple source de matières premières.

Mais le traité de paix de 1919 fit plus que doubler les réserves de minerai de fer de la France. Allait-elle donc continuer à être un simple exportateur de matières premières ? Ou ses capitalistes allaient-ils s'engager dans une voie plus profitable, traiter et manufacturer eux-mêmes le fer ? La réponse à cette question dépendait entièrement de la quantité de charbon que la France pourrait contrôler. Et c'est ce facteur qui provoqua la montée d'une vague de pur et simple impérialisme sur le sol européen. Ce furent la saisie de territoires et l'exploitation — au moins la tentative d'exploitation — de leurs ressources sans aucune considération de la volonté de leurs habitants. Le Traité de Versailles avait donné à la France les mines de charbon de la Sarre. Mais la Sarre ne produisait que 15 % du coke qu'employait l'Allemagne pour traiter les minerais de Lorraine. C'est de la Ruhr que venait le gros de ce coke, environ les deux tiers. Et voici la considération vitale qui poussait les maîtres des forges français à saisir ce territoire. C'est qu'il faut plusieurs tonnes de charbon pour traiter une seule tonne de minerai. Il est donc plus économique d'amener le fer au contact du charbon que le charbon au contact du fer. Ainsi d'une part, le fer de Lorraine était presque sans utilité en dehors du coke de la Ruhr, les deux régions sont reliées par des moyens de transport nombreux et bon marché, par voie et par canal. La frontière politique qui les séparait était un anachronisme.

Pour envahir la Ruhr, la France donna comme excuse le désir qu'elle avait de faire pression sur l'Allemagne pour l'amener à payer ses dettes des « Réparations ». Mais l'occupation avait évidemment besoin d'une base plus permanente. D'où le projet d'une République rhénane. État tampon « indépendant » qui devait comprendre les régions les plus hautement industrialisées de l'Allemagne, et qui aurait été, à la vérité, aussi indépendant de la France que la République de Panama peut l'être des États-Unis d'Amérique. Maîtres du minerai de Lorraine et du coke de la Ruhr, les maîtres de Forges français devaient ainsi apparaître comme les véritables vainqueurs de la grande guerre. Mais ce plan ne put être réalisé. L'Angleterre et l'Amérique derniers alliés de la France, n'étaient pas décidés à voir une si large part des dépouilles de la victoire aller aux maîtres de l'industrie lourde française. Ils intervinrent et imposèrent à l'Allemagne un joug économique connu sous le nom de plan Dawes et de plan Young. Ces plans devaient leur assurer, tout aussi bien qu'à la France, le paiement d'un tribut, ce qui entraînait dans une certaine mesure l'encouragement de l'industrie allemande. Dès lors, la politique française fut d'exiger que l'Allemagne paie jusqu'au dernier gramme de sa « livre de chair » et de l'empêcher par mille manières de se développer librement et pleinement comme un état indépendant.

[...]

Poser maintenir l'Allemagne en état de faiblesse, il fallait entre autres choses l'entourer d'États hostiles et unis eux-mêmes à la France par des liens économiques et politiques aussi étroits que possible. Sur la frontière est de l'Allemagne, il y a la Pologne occupant de larges surfaces du territoire allemand d'avant-guerre. Elle devint très rapidement une sphère d'influence française. La France conclut des traités avec la Tchécoslovaquie en 1924, avec la Roumanie en 1927, et avec la Yougoslavie la même année. Elle combattit amèrement la proposition d'unir l'Autriche à l'Allemagne, et ses financiers ont, depuis lors, fait de l'Autriche un état à peu près vassal. La barrière autour de l'Allemagne est ainsi complète et une chaîne d'alliances assure la domination de la France sur la plus grande part de l'Europe centrale, de la Baltique à l'Adriatique.

Et J.-F. Horrabin ajoute ceci, qui était prophétique à l'époque :

La Belgique aussi fait partie du groupe français. Par ses réserves de charbon, elle en est une part fort importante. Aussi longtemps que l'Europe consista en une demi-douzaine de puissances rivales, approximativement égales, la Belgique s'assura une sorte d'indépendance en se consacrant à la neutralité permanente. Mais, lorsque, comme aujourd'hui, le développement économique a conduit à l'hégémonie une seule puissance, un État comme la Belgique est obligé de devenir satellite de cette puissance, surtout quand elle est son plus proche voisin.

Dans cette suite d'une impeccable logique, les traités de Versailles, de Saint- Germain-en-Laye et de Trianon se sont inscrits comme une sorte de Land-Act dont le but était de porter l'Angleterre au sommet de sa puissance et de la consacrer dans la situation, et le rôle capital de la Thalassocratie moderne. Mais l'Histoire ignore ces petites ruses ou, s'il arrive qu'elle en connaisse, passe dédaigneusement outre. Les événements qui ont suivi la paix de 1919 et qui en ont été la conséquence, s'inscrivent, eux, dans l'Histoire de l'Angleterre s'évertuant à jouer le rôle qu'elle avait réussi à se faire attribuer et s'agrippant désespérément au sommet de sa puissance. La guerre de 1939-45 ne fut que la sublimation des premiers syndromes de son déclin. Ainsi s'expliquent les circonstances de sa déclaration et de son déroulement, la suspension localisée et probablement provisoire des hostilités...

Un empire est en train de mourir. Le monde entier, qui a été contaminé par toutes les maladies de sa croissance, est actuellement menacé de celles de sa vieillesse.

Et c'est de ce grand et lamentable drame que les hommes de notre temps ne réussissent pas à prendre conscience.

Chapitre III : La Thalassocratie moderne

La situation créée par la guerre de 1939-45 n'est pas plus accessible aux hommes de 1952 que ne l'était, aux hommes de 1919, celle qui fut créée par la guerre de 1914-18. Du moins doit-on reconnaître que, dans la mesure où elles atteignent l'opinion, les discussions publiques s'égarent dans des aspects tout aussi secondaires de la question.

Circonstance aggravante, ces discussions se déroulent dans un climat plus décevant encore, en ce qu'il est devenu absolument inutile d'en appeler au sens de l'horreur. Ici, on a connu Oradour, les bombardements de Hambourg, Dresde, Leipzig, etc. L'horreur est maintenant une disposition congénitale d'esprit, de l'adversaire. Elle a des frontières nationales et il est à peu près impossible de la transposer sur le plan humain ou social pour les besoins du jugement. Par surcroît, toute une littérature est née de nécessités alimentaires ou autres, qui s'est mise au service des politiques en lice et a émoussé toutes les sensibilités à force de la cultiver, d'en rajouter sans scrupules et au-delà de l'imaginable, pour le seul bénéfice de quelques effets souvent douteux, d'un lyrisme toujours déplacé et d'assez peu noble inspiration. Curzio Malaparte, David Rousset et quelques autres ont, sur ce point, administré la preuve que Dante n'était qu'un drôle, et les visions les plus apocalyptiques qu'on pourrait construire par anticipation sur la guerre future seraient, à n'en pas douter, sans aucun effet sur leurs lecteurs. Le professeur Langevin, le major Nye, le comte Habsbourg, etc., qui nous avaient, avec quelque succès, représenté la guerre de 1939 dans ses possibilités de dévastation en tous genres, s'ils revenaient aujourd'hui, feraient sourire et seraient tout au plus jugés dignes d'alimenter la verve humoristique du *Canard enchaîné*. L'opinion n'offre donc plus de prise sur ce point. Les dirigeants de tous les États du monde non plus, d'ailleurs, et ceci explique probablement cela.

Aussi bien, cette constatation amère n'est qu'un terme de comparaison et ne peut intervenir dans le débat que pour caractériser un climat qui pèse lourdement sur toutes les spéculations. La culture de l'horreur dans la perspective d'un avenir incertain a chargé de plus d'attraits que les autres le côté matériel de la vie. Le besoin de savoir a cédé le pas au besoin de manger et à ses succédanés. L'homme de 1953 a pris l'habitude de vivre au jour le jour et très l'écart d'un destin qu'il appréhende de s'expliquer à lui-même. Dans de telles conditions, même en produisant les spéculations les plus concrètes et les mieux adaptées à ce qu'il croit être le niveau de compréhension ou le degré de perméabilité de ses contemporains, le chroniqueur le plus qualifié a encore toutes les chances de ne rencontrer que de très faibles échos et de ne provoquer aucune réaction. Est, à plus forte raison, tout à fait gratuite, l'hypothèse qui se nourrit des propositions suivantes :

1° Les mers couvrent les trois quarts de la surface du dans le cadre des structures globe et on en peut inférer que, dans le cadre des structures traditionnelles, l'avenir est à la Thalassocratie ;

2° L'océan Atlantique et le Pacifique sont appelés à jouer très prochainement, alternativement ou conjointement, le rôle que la Méditerranée a joué jusqu'au XVe siècle de l'ère chrétienne ;

3° Les centres nerveux de la Thalassocratie se déplaceront de Londres et de Tokyo, (il ne faut pas négliger qu'en Extrême-Orient, le Japon réussissait à doubler l'Angleterre), vers Washington, qui est le centre géographique des mers ;

4° L'Amérique est arrivée à un stade de développement économique et a un potentiel de rayonnement qui la désignent pour ce rôle ;

5° Le pôle des réactions continentales n'est plus ni Paris, ni Berlin, mais Moscou ;

6° L'empire médian n'est plus européen, mais indo-africain et il se constituera en brisant l'étreinte du colonialisme dont le temps est révolu. Avec la Chine, il sera l'objet des convoitises des deux compétiteurs et il est appelé à osciller plus ou moins partiellement de l'un à l'autre, c'est-à-dire à naître, mourir et renaître un certain nombre de fois ;

7° « La guerre en question », de M. Jules Monnerot, s'assortit donc du mouvement d'émancipation des peuples colonisés arrivés maintenant aux notions d'État, de Nation et de Patrie, c'est-à-dire au degré de développement économique et social qui leur correspond. Son issue dépendra de l'issue d'ensemble de ce mouvement. D'ores et déjà, il faut prendre texte que l'attitude des métropoles incline ces peuples vers Moscou.

Les signes de ce mouvement dantesque de translation sont déjà perceptibles. Dans la première moitié de ce siècle, l'Angleterre a perdu la primauté navale et financière, l'Irlande, l'Égypte, l'Inde, les concessions chinoises et iraniennes, sans parler de l'Afrique centrale, du Canada et de l'Australie, qui sont, avec elle, en rupture de ban plus ou moins consommée. Et M. Churchill, qui n'a pas réussi à sauver le Commonwealth en le centrant sur le problème allemand et en traitant avec Staline, à bout d'expédients, essaie, avant qu'il ne soit trop tard, de vendre ce qu'il en reste à M Eisenhower. Le plan Marshall et les investissements américains en Afrique française, au Congo belge et dans les Indes néerlandaises relèvent, d'autre part, de la même explication.

Il n'est pas possible d'aller plus avant et d'anticiper sur le développement de la situation ainsi caractérisée. Quant à rendre sensibles les données du problème, cela suppose, avant toute chose, un changement de climat. Dans la mesure où ce changement de climat est susceptible de se produire contre tous les éléments qui vont à son encontre, c'est encore par le biais qu'il faudrait l'envisager. Dans la série de conférences déjà citées[11], J.-F. Horrabin espérait beaucoup de la promotion de l'idée de *Citoyenneté mondiale* qu'il justifiait en ces termes :

> La principale évidence qui ressort de la comparaison de l'état actuel du monde avec les périodes antérieures est le fait de l'interdépendance économique de ses parties. Voies ferrées et routes océaniques ont uni plus ou moins étroitement les différentes parties du monde les unes aux autres. Et chaque partie dépend plus ou moins d'autres parties pour des produits vitaux tels que les matières premières, les pétroles, les produits alimentaires. Les gouvernements qui agissent dans l'intérêt de groupes ont beau vouloir nier ce fait

---

[11] Cf. note page 44.

fondamental et élever des remparts douaniers entre les différentes parties du monde, ils ne réussissent qu'à rendre plus certain l'écroulement d'un système économique qui ne peut plus s'adapter aux nécessités du monde moderne. Le vieil État se suffisant à lui-même à l'époque féodale, l'Angleterre du XVIIIe siècle se suffisant pratiquement à elle-même, toutes ces choses sont passées comme sont passés le servage, la traite des esclaves et le régime des corporations artisanales. Aujourd'hui, une petite ville industrielle du centre de l'Angleterre, comme Luton, dépend du lointain Pacifique et de certains districts du Japon pour les matières premières nécessaires à son industrie principale. Et lorsque le travailleur britannique n'est pas en chômage et peut s'offrir un déjeuner, ce déjeuner consiste en pain dont le blé a poussé en Amérique, en jambon provenant de l'ouest du même continent, en beurre du Danemark et de Sibérie, et en thé des plantations chinoises ou indiennes.

Et c'est dans tous les pays, que s'est déroulé ce processus de « spécialisation régionale », de sorte qu'il y a des régions agricoles et des régions industrielles qui dépendent les unes des autres. Les Galles du Sud, comme le bassin de la Ruhr, sont des régions d'industrie lourde, tandis que l'Est anglais et la Prusse orientale sont consacrées à la culture du blé.

Cette interdépendance économique est basée sur deux choses :

1° Sur les progrès considérables des moyens de transport et des communications, tant terrestres que maritimes, réalisés en quatre siècles, depuis la première ouverture des routes océaniques ;

2° Sur la situation géographique particulière de certains terrains de culture et de certaines sources de matières premières.

Une certaine connaissance de la répartition des principales ressources est indispensable pour comprendre les problèmes internationaux du monde d'aujourd'hui.

Le premier fait à tenir en mémoire est que « la nature n'a pas répandu sur la planète le fer, le charbon, le cuivre et les terres à sucre avec ta même libéralité que l'air ou la lumière solaire ». Ces produits-là ne se rencontrent qu'en certaines régions. Et, certaines régions produisent beaucoup plus d'une certaine matière première qu'elles ne peuvent en consommer elles-mêmes. Le surplus doit être exporté en des pays qui s'en trouvent entièrement dénués ou simplement mal pourvus.

Cet échange réciproque de produits est la base du système

économique du monde et il n'y a peut-être pas de partie du monde moderne qui, si on l'isolait du reste du globe, ne verrait pas immédiatement son standard de vie abaissé en quelque façon, la ruine de quelques-unes au moins de ses industries. L'expérience de la grande guerre et celle des années de crise mondiale ont appris de façon directe, à ceux qui en avaient compris la vérité théorique, comme à ceux qui n'y avaient jamais pensé, que cette solidarité économique du monde moderne est un fait avec lequel il faut compter.

Mais, si cette interdépendance est évidente, un autre fait est encore plus évident : c'est que son image ne se reflète pas dans l'organisation politique du monde. Le fer de Lorraine est pratiquement sans utilité pour quiconque est privé du charbon de la Ruhr. Aussi, canaux et voies terrées unissent-ils mines de fer et mines de charbon. Mais les unes et les autres sont séparées par une frontière politique artificielle, par une frontière dont on peut dire qu'elle est devenue un véritable anachronisme. De semblables barrières entre matières premières et centres industriels, entre groupes, de producteurs et groupes de consommateurs, s'élèvent aujourd'hui dans, l'Europe entière. Elles proviennent de ces frontières qui furent tracées dans le passé et qui convenaient fort bien aux vieux États agricoles se suffisant à eux-mêmes. Et les dirigeants d'aujourd'hui, financiers et grands industriels, utilisent ces divisions politiques pour s'enrichir encore davantage. C'est dans des régions indépendantes et se suffisant à elles-mêmes que l'idée de nationalité prit naissance et se développa lentement. Mais elle est bien faite aujourd'hui pour aggraver encore la contradiction qui résulte de l'interdépendance, d'une part, et de frontières tracées, sans tenir compte des nécessités économiques modernes, d'autre part. Voyez par exemple l'empire d'Autriche-Hongrie. Il y avait bien à reprendre à son gouvernement. Mais il avait fini par devenir une sorte d'unité économique. Après la grande guerre, il fut divisé en régions « nationales ». Et chacune d'elles se révéla, pour ainsi dire, infirme de naissance, du fait de sa séparation d'avec les autres.

Nous admettons la réalité du sentiment national[12] et s'il n'y avait pas d'autre preuve, les exemples de l'Irlande et de l'Inde suffiraient

---

[12] On pense bien que dans l'esprit de J.-F. Horradin, la réalité du sentiment national ne suffit pas à sa justification. Pas plus que ne suffit à sa justification... la réalité du fascisme par exemple. (Note de l'auteur)

à établir cette réalité. Mais le fait demeure que les aspirations nationales du XXe siècle ne cadrent pas avec les nécessités économiques du XXe siècle. Et, à l'époque du fer, du charbon et du rail, c'est un anachronisme que cette sorte de patriotisme qui eut une réelle base matérielle à l'époque où l'agriculture était l'industrie principale, et la traction chevaline le seul moyen de transport. Aujourd'hui, les hommes sont, économiquement, citoyens du monde. Ainsi, pour avoir la clé des « problèmes mondiaux » d'aujourd'hui, il faut comprendre et réaliser complètement l'anachronisme fondamental de l'économie mondiale : la solidarité économique dans la division politique — division politique qui se manifeste par des barrières douanières et des méthodes d'échanges financiers qui, à leur tour, entravent la circulation des produits et des marchandises.

Ce thème est évidemment une excellente voie d'accès aux larges horizons qui sollicitent l'attention et la curiosité des hommes.

Il en est d'autres.

Deuxième partie : Les structures économiques et sociales

Chapitre IV : Système monétaire, production, circulation et consommation de la richesse

Les notions d'Histoire et d'Economie politique ne sont embrouillées et faussées au point où nous le déplorons qu'en raison de cette fâcheuse habitude qu'ont à peu près tous les gens de plume de vouloir faire le tour du monde et des événements en quatre-vingts secondes ou en quatre-vingts lignes. Aussi, et encore que leur analyse eût été d'une utilité certaine, il n'entre pas dans mon dessein de pénétrer jusqu'au détail les circonstances dans lesquelles l'humanité dite civilisée, abandonnant le troc antique, lui a substitué le système de la contre-valeur en monnaie métallique d'abord, scripturale ensuite. Pas davantage, je ne m'arrêterai à celles qui ont motivé le passage de l'esclavage au salariat, sa forme évoluée. Ces deux ordres de faits qui s'expliquent vraisemblablement l'un par l'autre, se sont produits successivement ou simultanément dans le temps, selon les lieux géographiques et le degré de maturité des groupes humains. Ils coexistent dans l'espace. Et ils consacrent une double antinomie.

D'une part, le travail des hommes qui se mesure en heures, minutes, secondes d'un effort plus ou moins pénible, se traduit par la création d'une somme considérable de richesses, individuellement ou collectivement consommables, qui s'évaluent, au moment de l'échange, en unités de monnaies conventionnellement, mais arbitrairement définies quant à leur valeur : le mark, le rouble, la livre, le dollar. De l'autre, chaque producteur pris individuellement, crée, dans un temps donné, une quantité de richesses, de toute évidence bien supérieure aux besoins de sa subsistance, mais n'en reçoit, en échange, qu'une part sans rapport avec l'effort fourni, minime et très au-dessous de ses besoins.

Les bénéficiaires de cette double antinomie l'expliquent et la justifient, dans sa première partie, par le souci du commode (*sic*) et l'impossibilité de revenir au troc ou à la prise au tas. Et dans la deuxième, par la nécessité sociale de faire trois parts dans les richesses créées par le travail des hommes : le salaire qui est à la libre disposition de l'individu et deux parts réservataires affectées, l'une à l'entretien et à la mise à jour des moyens de production et d'échange (routes, chemins de fer, grands barrages, usines, matériel, etc.), l'autre aux charges (enfants, vieillards, infirmes, bâtiments scolaires, hôpitaux, hygiène, etc.).

Ainsi la, double antinomie s'assortit-elle d'une double imposture, ces arguments ne se justifiant que par le souci de dissimuler la quatrième part, à savoir, le profit qui se greffe en faisant boule de neige sur le circuit des richesses, à tous les stades du long périple qui les mène du producteur au consommateur.

UNE EXPÉRIENCE SIGNIFICATIVE

Pendant les années 1927-1930, la Russie des Soviets, donna dans le gigantisme : Staline lançait le mythe de l'industrialisation et, sentant le besoin de faire des choses qui se voient, pour mieux se donner les apparences de la réussite, il les fit monumentales. Ainsi fut conçu le Dnieprostroï, par les spécialistes du Gozplan. Le Dnieprostroï était un générateur d'électricité qui, utilisant le courant formidable, à la fois en volume et en puissance, du Dniepr, devait être à même de fournir de l'électricité à toute la Russie. Effectivement, on le vit de loin : les agents du Komintern hurlèrent dans toutes les langues du monde la magnificence de cette réalisation en ponctuant leur enthousiasme de vigoureux *Piatiletka !*. Ce qu'ils ne dirent pas, ce que la plupart d'entre eux ignorèrent probablement toujours, c'est que le Dnieprostroï ne servit pratiquement à rien. Quand l'œuvre fut achevée, on s'aperçut, au Kremlin, que les spécialistes du Gozplan, s'ils avaient bien calculé les besoins de la Russie en force et en lumière, et non moins bien les possibilités de production de la centrale qu'ils avaient édifiée, n'en avaient pas moins oublié une toute petite chose : le fil qui conduirait l'électricité, de Dniopropetrovsk jusque dans les coins les plus reculée du pays. La Russie manquait de câbles. On se mit à la recherche de cet indispensable article. Ainsi apprit-on que les savants n'avaient pas encore trouvé le moyen de conduire le courant électrique au-delà d'un certain nombre de kilomètres sans le secours de relais-transformateurs ou condensateurs sur tous les circuits. On mit à l'étude l'installation des transformateurs et des condensateurs et, chemin faisant, on découvrit que, ni les usines qui devaient utiliser la force, ni les lampes qui devaient brûler la lumière, n'existaient aux endroits où on voulait conduire l'une et l'autre. On découvrit même, par surcroît, qu'il s'écoulerait un certain nombre de lustres, peut-être des siècles, avant que les installations électriques correspondant à la construction du Dnieprostroï et de Dniepropetrovsk, pussent être mises au point. De fait, en 1942, soit quinze années après, les Allemands avaient déjà conquis la ville et détruit l'installation que la Russie n'avait encore trouvé le moyen de consommer qu'une infime partie de l'électricité produite par une seule de ses génératrices. Dans l'histoire capitaliste et précapitaliste, l'affaire de Dnieprostroï s'est reproduite, à des millions d'exemplaires, sous les noms les plus divers, des Pyramides d'Egypte a la cité marseillaise de Le Corbusier. Elle est le symbole du capitalisme, sa représentation figurative la plus probante et, à ce titre, elle prend la valeur d'un véritable et suggestif apologue. Il en est de toute la production capitaliste, comme de l'électricité du Dnieprostroï : on produit tant qu'on peut dans tous les domaines, parce qu'on sait que les besoins de la consommation sont inextinguibles, mais on oublie une toute petite chose : le fil conducteur au moyen duquel on fera parvenir au stade de la consommation les énormes quantités de richesses créées par le travail des hommes. En électricité, le fil conducteur, c'est un câble dont les défaillances peuvent être palliées par des transformateurs ou des condensateurs judicieusement installés, de distance en distance. En économie politique, c'est la monnaie.

Du troc à la monnaie

Aussi loin qu'on remonte le cours de l'Histoire, il y a toujours eu un objet ou un produit qui a plus particulièrement excité la convoitise des hommes — la peau des bêtes dans la civilisation de la chasse, le harpon dans celle de la pêche, le bronze, puis l'argent, puis l'or, à partir de la découverte des métaux. En règle générale, un objet ou un produit qui offrait, soit de très grandes possibilités d'utilisation, soit une très grande résistance à l'altération dans le temps et qui, par là même se voyait automatiquement conférer une très grande et durable valeur d'échange.

À l'origine, le comportement des hommes dans ce domaine, était un calcul qui ne relevait que du simple bon sens et très pertinemment : le pêcheur retirant de l'eau une quantité de poisson bien supérieure à ses besoins, le chasseur tuant du gibier dans les mêmes proportions, éprouvaient l'un et l'autre le souci de s'assurer contre la malchance, et ils échangeaient lie surplus des produits éminemment périssables de leur chasse ou de leur pêche contre des denrées susceptibles d'être conservées et échangées, à leur tour, aux jours sombres aux mortes-saisons. Ainsi, du cultivateur avec son lait, son beurre, ses œufs. Petit à petit, la pratique de l'échange s'étendit à tout et les activités se spécialisèrent.

Dans ces temps heureux qui ignoraient à la fois les frontières des nations et l'intervention autoritaire des États, les échanges se faisaient librement au gré des individus ou des parties en cause et selon la loi, à l'état pur, de l'offre et de la demande. La production des peaux de bêtes ou des harpons, de tout autre objet ou de toute autre de denrée, sur lesquels se portait l'engouement collectif, étant quasi inépuisable, les moyens d'échange qui étaient la monnaie de l'époque étaient toujours supérieurs à la somme globale de toutes les autres richesses créées par le travail des hommes. Le système eût été éternel et, des clans aux empires, n'eût jamais suscité que des problèmes de répartition entre les individus, à l'intérieur des sociétés.

Vint l'or. De tous les produits de l'effort humain, celui-ci est, sans aucun doute, le moins utile. Il conquit néanmoins droit de cité par ses qualités de durabilité et les applications qu'on en pouvait tirer dans certains travaux de finesse, et surtout dans le domaine de l'esthétique. Par surcroît, il était rare et il devint très vite un signe de richesse extérieure d'une extraordinaire valeur d'échange. Il fit son entrée sur les marchés sous la forme de poudre, s'inséra d'abord dans le circuit des richesses selon la loi de l'offre et de la demande, dans le système du troc : un poids plus ou moins grand de poudre d'or, selon les époques ou les saisons, correspondit à des quantités déterminées et fixes de blé, d'huile, de bétail, etc... Mais toutes les transactions ne se faisaient pas sur la base de l'or : l'argent et le bronze, notamment, étaient également des moyens d'échange évalués en poids, et leur cours s'établissait par référence à l'or.

L'erreur a consisté à vouloir battre monnaie. Dès lors, ce fut une quantité d'or déterminée et fixe qui s'échangea selon les époques ou les saisons, contre des quantités variables de blé, d'huile, de bétail, etc... Les données du problème se trouvaient inversées. Sa solution se compliqua. Ainsi naquit la notion de prix dans son acception actuelle. L'argent et le bronze, qu'on trouvait à profusion sous d'autres formes que la monnaie, perdirent progressivement leur valeur d'échange. Un jour, il fallut renoncer à en battre monnaie, parce que le cours de ces deux métaux changeait trop fréquemment, par rapport à l'or et parce que la valeur du travail nécessaire était devenue supérieure à celle de la pièce.

Très vite, on s'aperçut qu'il n'en était pas de la production de l'or comme de celle des peaux de bêtes et des harpons : elle n'était pas inépuisable, et les moyens d'échange ramenés à l'or furent rapidement inférieurs à la somme globale des autres richesses.

Telle est la raison profonde de toutes ces manipulations monétaires qui ont été greffées sur le circuit des richesses dans l'espoir, toujours déçu, qu'elles y pourraient jouer le rôle des transformateurs et des condensateurs sur les circuits électriques. La plus célèbre est, en France, celle par laquelle s'illustra Philippe le Bel. Pour élever le nombre des pièces d'or du trésor royal à la hauteur de ses besoins personnels et des possibilités d'échange, ce roi avait imaginé de rogner sur chacune d'elles et de frapper de la fausse monnaie avec les poussières : la dévaluation avant la lettre.

Depuis, les moyens les plus divers, quoique procédant du même principe, ont été mis en œuvre dans le même sens, et c'est au nombre de ces moyens qu'il faut faire figurer la mise en circulation de la monnaie-papier fiduciaire ou scripturale.

Par antiphrase, cette politique fut appelée : la recherche de la stabilisation monétaire.

LA STABILISATION MONÉTAIRE

On sait le principe sur lequel repose le papier-monnaie.

Son utilisation consacre la généralisation de la lettre de change en usage entre les individus, avec le concours de l'usurier antique, bien avant que l'État y pensât. Le billet de banque, en effet, n'est autre que la lettre de change théoriquement payable à vue : par l'entremise d'un institut d'émission qui fonctionne avec sa garantie et sous son contrôle, l'État met en circulation une somme de billets de banque égale, en valeur conventionnelle, aux ressources en or de la Nation évaluées à un moment donné et tout aussi conventionnellement.

À l'origine, le procédé apparut comme un moyen simple et pratique de doubler effectivement, quoiqu'artificiellement, le montant des signes monétaires et ce, la confiance aidant, sans diminuer leur valeur d'échange, ce qui était un avantage inestimable. Il apparut salvateur aussi, et il le fut : momentanément. Il cessa de l'être le jour où des phénomènes sociaux, comme le chômage, résultant de la disproportion qu'ils enregistrèrent à nouveau bientôt entre les possibilités de production des richesses, indéfiniment accrues par les progrès scientifiques et les moyens limités de se les procurer, obligèrent les économistes à se demander si le double ainsi obtenu de la production de l'or suffisait à la satisfaction de tous les besoins en matière d'échange. Bien que ce petit problème d'arithmétique élémentaire n'ait jamais été officiellement résolu, l'expérience de Law, avec la banque de la rue Quincampoix dans la première moitié du XVIIIe siècle et, en fin de la seconde, celle du Directoire avec les assignats, ont cependant répondu péremptoirement par la négative. Et, de nos jours, les dévaluations successives, érigées en système, continuent à faire la preuve expérimentale sans cesse répétée, à un rythme qui sans cesse s'accélère, de son évidente insuffisance. L'État n'en continue pas moins à calculer — théoriquement, car en pratique... — le montant des billets qu'il met en circulation sur le rythme de la production de l'or, en volume ou en poids, et à s'enferrer dans la politique dite de stabilisation qui résulte de son obstination intéressée.

Or, la stabilisation est une chimère, même dans le système monétaire à base d'or doublé de papier. La première raison en est, ainsi qu'il a déjà été dit, que les ressources de la terre en or sont limitées et le seront toujours relativement aux autres ressources qu'elle met à la disposition des possibilités de transformation des hommes. Par voie de conséquence, l'or et sa représentation, séparément ou ensemble, seront toujours inférieurs au revenu du travail commun. L'éventualité d'un renversement du rapport est exclue mathématiquement et à jamais.

Le mode de circulation des richesses fournit la seconde raison. Si on prend n'importe quelle marchandise dont le prix de revient a été établi à 100 francs par l'usine qui la fabrique, on s'aperçoit très vite qu'après être passée par les mains du grossiste et du détaillant, les marges bénéficiaires et les taxes aidant, il n'est guère possible au consommateur de se la procurer à moins de 300 francs.

Ainsi se pose, pour le régime dans lequel ces mœurs sont en usage, le problème de la consommation, c'est-à-dire de l'échange des richesses qu'il produit. Si elles ne se consomment pas, elles ne s'échangent pas : c'est alors l'accumulation, le stock forcé, qui condamne à la recherche de débouchés extérieurs et au bout duquel il y a la guerre quand tous les entrepôts sont pleins. Or, dans ce système, elles ne peuvent pas se consommer par la raison bien simple qu'il faudrait, pour qu'elles le puissent, mettre en circulation 300 francs de monnaie chaque fois qu'on crée 100 francs de richesse réelle.

Dans tous les pays du monde, il en est ainsi, et l'État s'y condamne, soit à faire périodiquement sur le papier l'opération que Philippe le Bel pratiqua sur les pièces d'or et que les professeurs d'histoire sont chargés de condamner devant leurs élèves, au nom de la morale, soit à organiser systématiquement le malthusianisme économique, c'est-à-dire à régler la production, dans tous les domaines, sur celle de l'or.

Telle est l'impasse à laquelle conduit le refus d'admettre que, les signes monétaires ayant une tendance naturelle à se modeler sur l'ensemble de la production et non pas seulement sur celle de l'or la politique de stabilisation monétaire ne peut se concevoir que par référence à la production nationale ou mondiale, selon l'étendue du champ d'expérience dans lequel on entend la pratiquer.

En réalité, l'État emploie les deux moyens simultanément ou alternativement, selon les besoins créés par les circonstances, mais comme il est assez difficile de les jumeler harmonieusement, de temps à autre, il faut avoir recours à la guerre pour décongestionner les marchés.

D'innombrables facteurs entrent en jeu sur cette toile de fond.

La royauté factice et éphémère de l'or

Deux ordres d'événements, qui se sont produits concomitamment dans la première moitié de ce siècle, ont profondément modifié les rapports monétaires et atteint le système jusque dans ses bases principielles : l'accès des États-Unis aux marchés mondiaux avec des produits dont l'extraordinaire bon marché, le volume et la qualité, résultaient d'une technique nouvelle dans les formes de la production, d'une part ; de l'autre, les deux guerres de 1914-1918 et 1939-1945. Se conjuguant, ils provoquèrent un courant naturel de tout l'or du monde vers les États-Unis et amenèrent successivement tous les pays de l'Europe occidentale à l'abandonner comme garantie ou comme étalon de leur monnaie-papier.

Le mouvement commença par l'Allemagne, laquelle fut obligée d'abandonner tout l'or qu'elle possédait, plus une partie de celui qui était à venir, à ses vainqueurs de 1914-1918 au titre des réparations, et, au surplus, placée dans l'impossibilité matérielle, pour de longues années, de consacrer la plus petite partie des disponibilités résultant de son travail et de ses ressources naturelles, cependant immenses, à l'achat d'or nouveau. Il se continua par la France, les Pays-Bas et l'Italie, qui furent, eux, obligés de reconstruire ce qui avait été détruit sur leur sol et ne purent, les uns et les autres, conserver un peu d'or dans les caves de leurs instituts nationaux que par deux mesures impopulaires, au surplus rendues totalement inefficaces par la guerre de 1939-1945 : la première consistait dans le retrait de la monnaie d'or sur le marché intérieur et s'accompagnait du cours forcé de la monnaie-papier ; la seconde, en une dévaluation si massive de la monnaie-papier qu'elle aurait rendu rêveur Philippe le Bel lui-même. Ceci se passa en France, en 1926 : Poincaré, le *franc quat'sous*, etc.

L'Angleterre, qui est producteur d'or par la personne interposée de ses Dominions, ne fut sérieusement touchée qu'aux environs de 1929-1931 et seulement par la concurrence, d'abord redoutable, puis triomphante, puis imbattable des États- Unis. De tout ce qu'elle vendait, il n'y eut bientôt plus que l'or à trouver preneur. Et comme il n'y avait que les États-Unis qui pouvaient se payer le luxe de l'acheter, parce qu'ils n'avaient pas été touchés par la guerre, ils furent bientôt son seul client. Pour vivre et pour se procurer le matériel et les matières premières plus nécessaires que l'or à son économie, l'Angleterre fut progressivement acculée à se démunir, en leur faveur, de toute sa production d'or, dès la sortie des mines, puis d'une importante partie du stock qui garantissait sa monnaie-papier, puis de tout le stock ou à peu près, ce qui correspondait à l'abandon de l'étalon-or : au lendemain de la guerre de 1939-1945, la livre sterling, dévaluée en 1931, n'est plus garantie que par la production annuelle flottante de l'or du Transvaal.

Il se trouve donc que, de tous les pays du monde, il n'y en a plus qu'un — les États-Unis — où la valeur de la monnaie-papier se calcule encore par référence à l'or avec quelque apparence de justification. Dans les autres, qui n'ont plus d'or, elle se calcule par référence au nombre de dollars que la partie de leur production qu'ils peuvent libérer pour l'échange sur le marché mondial, leur permet de se procurer, c'est-à-dire aussi par référence à l'or, mais à l'or des autres et en deux temps.

Par voie de conséquence, la méthode comporte une difficulté supplémentaire, en ce sens que les prix de tout ce que le monde produit s'établissent en dollars aux États-Unis, selon les règles du plus pur libéralisme et, par le canal du marché mondial, gagnent les marchés intérieurs de tous les pays où ils se convertissent en monnaie du cru, selon celles du plus incohérent des dirigismes. Et c'est là ce qui nous touche le plus cruellement.

L'appareil de production des États-Unis est formidable. Leurs ressources naturelles sont incommensurables, leur main d'œuvre et leurs méthodes extraordinairement qualifiées, en dehors de toutes considérations humanitaires. Je ne sais plus qui a écrit, un jour, qu'ils étaient à même de satisfaire tous les besoins du monde entier dans tous les domaines. C'est bien possible et, dans l'éventualité, je vois là une raison de plus d'affirmer que, tout l'or du monde ayant convergé et continuant à converger sur eux, même doublé d'une quantité équivalente de dollars- papier, n'arrivera jamais qu'à constituer un volume de signes monétaires bien inférieurs à leur propre production.

Pour enrayer, sur le marché intérieur, l'embouteillage qui résulte de cet état de fait et qui ne peut manquer d'aller croissant, la conquête de marchés extérieurs est une des nécessités vitales du régime. Or, l'expérience prouve que la conquête des marchés sort très facilement des limites de la concurrence pacifique et aboutit à la guerre. En l'occurrence, les événements d'Extrême-Orient n'illustrent que trop magnifiquement cette thèse.

Que la guerre ne soit pas envisagée de gaîté de cœur ne fait pas de doute. Que ceux qui la rendent ainsi possible, et même inévitable, cherchent néanmoins à l'éviter n'en fait pas plus, mais c'est par un réflexe humanitaire et non par un calcul. Le jour où il n'est plus possible de manipuler la monnaie-papier sans porter son montant à un niveau tel que cette mesure équivaudrait à une distribution gratuite et serait de nature à tarir à jamais les sources du profit c'est le calcul qui l'emporte : le calcul, c'est-à- dire la guerre...

LES POLITIQUES MONÉTAIRES

Les politiques monétaires participent donc toutes du même principe : l'augmentation en volume de la monnaie-papier avec sa conséquence inéluctable, la dévaluation. Elles sont cependant de deux ordres d'idées quant au rayon d'action dans lequel elles prétendent à l'efficacité. Les unes sont internationales, les autres, nationales. Au nombre des premières figurent la conférence de Bretton Woods, en 1945, et celle de Washington (septembre 1949). Au nombre des secondes, il faut compter les différentes mesures qui ont tenté en vain, successivement et souvent contradictoirement d'établir un rapport, sinon stable, du moins normal ou acceptable, entre les salaires et les prix, c'est-à-dire entre le revenu national et les moyens de le consommer. Pour ne s'en tenir qu'à ce qui s'est passé, en France, depuis la Libération, on peut dire que, sous cet angle, trois politiques au moins ont été pratiquées avec un égal insuccès :

— la compression des prix par voie autoritaire ;
— l'augmentation des salaires ;
— la compression des prix par l'entremise des subventions d'État à la production.

On en pourrait ajouter une quatrième, qui relève de l'affolement et procède de la combinaison des trois selon les méthodes éprouvées de l'Apprenti sorcier. Mais, comme elle ne résiste pas à l'examen, il n'y a lieu de la citer que pour mémoire.

Les esprits optimistes se féliciteront sans doute qu'on en soit arrivé à considérer le problème monétaire comme conditionnant celui des échanges et à l'envisager d'abord sur le plan international ou mondial, choses auxquelles personne ne songeait, il y a seulement un quart de siècle. Les esprits objectifs observeront que, dans les deux ordres d'idées, on agit à la manière des constructeurs du Dnieprostroï, que chaque fois qu'on s'est trouvé dans l'obligation d'augmenter le nombre des signes monétaires, jamais on n'envisage de le faire en conservant leur valeur et que, par conséquent, le problème reste toujours entier et au même point, quand il ne s'aggrave pas. À quoi sert, en effet, d'augmenter le nombre des billets en circulation si, avec plus de billets, on ne peut acheter ni consommer plus de marchandises, et si, comme c'est le cas, on s'aperçoit même, après chaque opération, qu'on en peut acheter moins encore qu'avant ?

Le monde capitaliste, enserré dans les maillons de la chaîne du progrès qui le condamne à produire toujours plus, ne conçoit la possibilité de s'en dégager que par des mesures qui le condamnent à consommer de moins en moins, ou autant, dans le meilleur des cas, mais jamais plus. Ainsi, l'accumulation des richesses qui lui offre un certain nombre de moyens de manœuvre au stade de la réserve, quand elle s'accentue et dépasse un certain niveau, devient une charge qui le paralyse et une maladie incurable quand elle n'offre plus aucune possibilité de limitation. Depuis Charles Gide, pourtant, il est admis par tous les politiciens et par tous les économistes d'un extrême à l'autre de l'horizon politique, que l'augmentation de la production non seulement permet à tous les régimes de satisfaire plus de besoins individuels, par conséquent, d'augmenter le volume de la consommation, mais encore leur en fait une obligation à peine de troubles graves, voire de mort en cas d'entêtement Ceci est évidemment une autre histoire : une chose est la théorie, une autre la pratique. Et dans le passage de la théorie à la pratique, l'intérêt de classe joue toujours plutôt comme frein que comme incitation. En foi de quoi l'or, toujours lui, teste toujours le maigre fil conducteur.

Le calcul des États-Unis

Hitler à peine écrasé, les Américains se sont aperçus qu'ils n'avaient arraché le marché européen à l'Allemagne que pour le livrer aux Russes. Dans l'impossibilité matérielle et morale de procéder à un renversement des alliances devenu sans objet, comme de continuer militairement la guerre, ils ont imaginé une politique au premier abord séduisante, dans ses effets économiques probables, en tout cas supputés : à Bretton Woods, en 1945, ils ont accepté que les taux de change des monnaies européennes fussent fixés à un niveau très supérieur à leur valeur réelle calculée par référence aux disponibilités en or du vieux continent. Ainsi, le gardaient-ils comme client dans le même temps qu'ils avaient la possibilité de l'influencer politiquement et, par exemple, de l'entraîner dans l'aventure atlantique. Le Pacte Atlantique étant signé, et en voie de réalisation les dispositions stratégiques en vue de la prochaine guerre qu'ils jugent inéluctable, les

Américains n'étaient plus tenus, ni à la même générosité, ni aux mêmes précautions diplomatiques.

Aussi furent-ils moins larges à Washington et abaissèrent-ils les taux de change de la livre sterling et des autres monnaies européennes dans une proportion qui, pour être encore au-dessus de la normale dans le système monétaire à base d'étalon-or, n'en est pas moins notable et très dommageable à l'ensemble des changes. Peut-être espéraient-ils, en élevant le taux du dollar et en payant moins cher ce qu'ils achètent en Europe, se rembourser dans une certaine mesure des libéralités du plan Marshall ? Sans doute pouvaient-ils justifier la mesure, avançant que le nouveau taux du dollar correspondait à leurs disponibilités en or. Arithmétiquement, ces raisonnements sont rigoureux. Économiquement, ils constituent des erreurs monumentales en ce sens qu'ils ne tiennent pas compte de l'orientation du courant des échanges.

De même qu'entre des vases en communication l'eau va de ceux qui en contiennent à ceux qui n'en contiennent pas, les richesses, entre les groupes humains, vont de ceux qui en produisent à ceux qui en produisent moins. L'Amérique est un pays producteur qui a besoin de l'Europe occidentale, beaucoup plus comme client que comme fournisseur. Depuis l'opération, les États-Unis paient, comme ils l'espéraient, moins cher ce qu'ils achètent en Europe, mais, comme ils achètent peu, le bénéfice est négligeable. Par ailleurs, comme l'Europe occidentale paie plus cher tout ce qu'elle achète chez eux, elle achète moins. Résultat : la crise de surproduction — qu'ils disent ! — qui menace les États-Unis depuis la Libération, s'accentue parallèlement à la réduction du courant de leurs ventes, et ils s'aperçoivent déjà que, sous couvert d'éviter une crise financière à Wall Street, ils n'ont fait que précipiter une crise sociale latente caractérisée en tout premier lieu par un nombre appréciable de chômeurs. Et que le reste vient quand même, par surcroît !

Pour enrayer ce courant de débâcle, ils ont assorti cette mesure de la disposition suivante : le cours du dollar a été fixé très haut dans les pays susceptibles de leur faire concurrence à la vente, pour les empêcher de vendre, et plus bas, dans les autres (avec facilités de paiement et jusqu'en sous-main), pour les encourager à acheter chez eux, voire les mettre dans l'impossibilité d'acheter ailleurs.

Ils ont ainsi créé un véritable imbroglio dans les valeurs comparées des monnaies nationales sur le marché mondial, sans atténuer pour autant les effets de la mesure générale de hausse de leur dollar.

Il reste alors que la conférence de Washington a ralenti le courant des échanges dans le sens de la vente pour les États-Unis eux-mêmes et, dans les deux sens, pour tous les pays intégrés dans la zone dollar. Et, de quelque façon qu'on tourne ou retourne ses résultats, on ne rencontre que des inconvénients pour toutes les parties en cause.

Bien qu'on risque de froisser quelques susceptibilités, et non des moindres, il n'est pas exagéré de dire que, de tous les journaux, c'est *Le Canard enchaîné* qui a le mieux caractérisé la dernière manipulation monétaire internationale, en écrivant, d'une part :

> L'Angleterre, la France et les autres pays européens achètent beaucoup de choses aux États-Unis. Pour cela, il leur faut beaucoup de dollars, et ils en ont de moins en moins. La situation devenait critique, les financiers se sont réunis à Washington pour trouver une solution. Et ils ont dévalué la monnaie des acheteurs. De sorte que le dollar est encore plus cher, que les acheteurs auront de plus en plus de peine à s'en procurer et que, bientôt, ils ne pourront plus rien acheter du tout. – C.Q.F.D.

Et, de l'autre, en se plaçant du point de vue des États-Unis :

> Comme ça, s'est dit sir Stafford Crips, les Américains pourront acheter davantage de produits anglais. En dévaluant le franc, M. Petsche s'est tenu le même raisonnement. Et aussi tous les autres ministres des Finances des pays dévaluateurs. Il est donc facile de prévoir ce qui va arriver. Les Américains achèteront au monde entier des tas de marchandises dont ils n'ont nul besoin, Et, comme ils pourront de moins en moins vendre les leurs, il ne leur restera plus qu'à fermer leurs usines. C'est décidément un peuple très généreux.

Si j'avais, moi aussi, le sens de l'humour, je dirais combien il est réconfortant de savoir la gestion des affaires du monde entre les mains de techniciens d'une telle valeur, d'économistes si distingués, d'hommes si avisés, que les décisions qu'ils prennent aussi gravement puissent être aussi clairement, aussi pertinemment et aussi magistralement exécutées, entre deux coups de Juliénas, en quelques phrases d'une ironie au demeurant relativement facile. Mais je n'ai pas le sens de l'humour et ma préférence va au mode sérieux. Aussi me bornerai-je à souligner que le régime capitaliste demeurera condamné à des solutions qui relèvent de l'humour tout en engendrant les plus dramatiques tragédies sur le plan humain, tant qu'il n'aura pas changé la base de son système monétaire ou qu'il ne l'aura pas supprimé. En ajoutant que si, par hasard, il s'engageait dans cette voie, il ne pourrait pas rester capitaliste, ce qui veut dire qu'il est condamné de toutes façons.

Avec un peu d'imagination, les Américains, maîtres du jeu, eussent remarqué que l'Europe occidentale et l'Amérique n'étaient complémentaires sur le plan des échanges que par l'or qui se produit en sterling et s'achète en dollars en raison de l'inexplicable penchant qu'en dépit de leur ultra-modernisme, les États-Unis ont gardé pour ce métal d'une si précieuse inutilité. Et ils auraient essayé de trouver une solution qui eût permis à l'Angleterre de continuer à leur envoyer tout son or au fur et à mesure de sa production, en échange de tout ce qu'elle ne produit pas, mais dont elle a incontestablement besoin. Orientant leurs recherches dans ce sens, ils ne pouvaient manquer de conclure à la dévaluation du dollar assortie de redistributions périodiques du stock de l'or qui, en s'accumulant dans les caves de Wall Street, finira par étouffer complètement l'économie américaine. Les possibilités de consommation de l'Europe occidentale, ruinée par deux guerres en moins de trente ans, étant immenses, elles auraient fourni un écoulement naturel à toute la production américaine durant le temps de... quelques redistributions d'or, l'artifice ne pouvant envisager le terme de ses effets qu'au moment où ladite Europe occidentale aurait pu être considérée comme complètement remise, c'est-à-dire apte à faire face à tous ses besoins. Les mérites politiques de cette façon de procéder sont évidemment discutables : elle avait au moins celui de retarder la guerre et l'expérience du bolchevisme dans toute la zone qui est directement menacée par lui et qui vit dans sa tragique obsession. Au surplus, elle se justifiait au titre d'opération classique par le fait qu'en Amérique même, le dollar est la seule denrée dont le prix en or n'ait, pour ainsi dire, jamais baissé depuis 1933, puisqu'il n'a perdu qu'à peine la moitié de sa valeur.

Mais, les impératifs du profit s'y opposaient.

Et c'est pour avoir refusé d'en passer par là que, de dangereuses fluctuations en baisse ayant été remarquées à Wall Street au début de 1950, l'Amérique a été entraînée dans les événements de Corée.

À s'obstiner dans cette voie, elle ne peut que pousser le conflit à se généraliser. La guerre, on revient toujours à la guerre, et de quelque façon qu'on aborde les problèmes monétaires.

LE CAS DE LA FRANCE

En ce qui concerne plus particulièrement la France, les accords de Washington, s'ils ont abaissé la valeur du franc par rapport au dollar, l'ont élevé par rapport à la livre sterling.

Avant la guerre de 1914-1918, le dollar valait 5 francs et la livre sterling, 5 dollars, soit 25 francs. Ces équivalences s'étaient établies, par référence à la somme que les instituts d'émission des trois pays pouvaient rembourser en or et à vue contre une somme en monnaie-papier présentée à leurs guichets, Elles ne purent être conservées en ce qui concerne le dollar pour les raisons qui sont constituées par tout ce qui est dit ci-dessus. Elles le furent entre le livre et le franc : le dollar étant passé à 40 francs à la veille de cette guerre, c'est-à-dire étant devenu huit fois plus cher, la livre devint à son tour huit fois plus chère et son cours s'établit à 190-200 francs.

De 1939 à 1949, le dollar est passé de 40 francs à 350, ce qui veut dire qu'il est devenu neuf fois plus cher. Pour rester dans les termes de la proportion, la livre aurait dû, elle aussi, devenir neuf fois plus chère et passer de 190 à 1 700 ou 1 710 Fr. Résultat : les Anglais, qui sont nos plus proches et nos principaux clients, nous achètent moins. Autre résultat : nos marchandises seront moins chères pour les Américains, qui ne nous achètent presque rien, ce qui fait que nous recevrons encore moins de dollars pour plus de travail. Troisième résultat enfin : les marchandises venant du Commonwealth qui transitent en Angleterre à destination du marché mondial, sont encore moins chères que les nôtres et leur livrent une redoutable concurrence. Autrement dit, la France, condamnée par toutes les raisons qui précèdent, à vendre moins, ne pourra qu'acheter moins encore qu'auparavant et son économie se trouve paralysée dans les deux sens.

Sur le plan intérieur, cette politique accule la France à rechercher sa propre stabilisation monétaire dans les limites d'une circulation fiduciaire dont le montant est bien inférieur au niveau de sa production, étant entendu que la garantie du franc n'est plus l'or mais le dollar ou la possibilité de se le procurer.

Si les États-Unis ont dévalué notre monnaie de neuf fois, cela veut dire qu'à leurs yeux nous avons le droit d'émettre neuf fois plus de billets dont chacun vaut neuf fois moins qu'avant-guerre, soit 1 000 milliards environ. Or, chacun de nos billets vaut, en réalité, vingt fois moins qu'avant-guerre et, en toute logique, nous devrions pouvoir en émettre vingt fois plus, soit 2 000 milliards environ[13].

Pratiquement, les États-Unis ne prennent pas ombrage du fait que nous sortons des limites prévues avec nos quelque 16 à 1 700 milliards de billets[14] en circulation : notre production totale étant de près de 50 % supérieure à ce qu'elle était avant-guerre, si nous n'offrons pas la garantie requise en or ou en dollar, nous l'offrons en marchandises.

Mais il n'en reste pas moins que les gouvernements successifs de la France se sont efforcés de respecter les conventions et qu'il en est résulté une véritable politique de classe dissimulée derrière la nécessité de défendre la monnaie.

---

[13] Ceci a été écrit au début de l'année 1952. Depuis, nous avons atteint le niveau Inévitable des 2 000 milliards normaux. Nous allons le dépasser et après avoir souffert de la politique de restriction, notre économie va souffrir de la politique de prolifération.
[14] Cf. note 13.

LA DÉFENSE DE LA MONNAIE

Astucieusement exploité, ce dogme permet à la classe dont l'État représente les intérêts de se procurer un certain nombre de petits avantages individuels ou collectifs.

Pris individuellement, tous les bourgeois savent bien qu'il est impossible de maintenir la monnaie-papier à un cours fixe par rapport à l'or. Ils savent également que ce cours ne peut que baisser et cela d'autant plus que, momentanément, en France particulièrement, il se trouve fixé, à un cours beaucoup trop haut. Alors, ils en profitent : ils boursicotent, ils achètent de l'or et des devises étrangères, « ils se couvrent », comme on dit à la Bourse. Bien entendu, ils pousseraient des cris d'orfraie si tel gouvernement qui ne leur plaît que parce qu'il évite le pire, c'est-à-dire guère, se mettait à l'aise, financièrement parlant, en reléguant au magasin des vieilles dentelles, les articles de l'économie classique qui le condamnent à l'immobilisme. Mais, demain, par un de ces renversements politiques dont les gouvernements sont coutumiers, un Paul Reynaud pourra reprendre avec succès la théorie qui lui est chère de la « dévaluation à froid » : ils applaudissent et... ils réaliseront la couverture ! Ils gagneront ainsi sur les deux tableaux car, en sus du bénéfice relevant de la couverture, ils auront un gouvernement qui fera mieux leur politique de stagnation ou de régression sociale[15].

Collectivement parlant, elle permet cette politique des salaires qui veut que, quand un ouvrier fabrique ou produit une marchandise dont le prix de revient réel est de 100 francs, dont le prix de vente ne peut pas être inférieur à 300 francs en raison du mode de circulation des richesses, ce même ouvrier soit dans l'impossibilité de se la procurer parce que, au titre du salaire, il ne touche, en monnaie-papier, c'est-à-dire en valeur flottante, que 15 à 50 % du prix de revient — soit 15 à 50 francs (dans le meilleur des cas !), ce qui ne représente que le sixième de la valeur d'échange d'une richesse qu'il a créée. Autrement dit, elle permet la politique des salaires excessivement bas, ce qui est la

---

[15] C'est ce qui est arrivé entre le début et la fin de l'année 1952.

meilleure forme de l'asservissement, et, en la soustrayant aux besoins de la consommation de ceux qui travaillent, la mise en réserve en valeur réelle de la plus grande partie des ressources de leur travail au profit exclusif... de ceux qui ne travaillent pas. À quoi est affectée cette mise en réserve ? On le devine aisément : à la sécurité de ceux qui se l'approprient, à l'entretien d'un formidable appareil policier et militaire, à la guerre des marchés sur le terrain de la concurrence, à la guerre tout court et... à la belle vie.

L'argument qui justifie cette escroquerie séculaire — et il porte, malheureusement ! — s'abrite derrière l'intérêt général et se développe en cascade :

— l'augmentation des salaires entraîne l'augmentation des prix et crée le déficit budgétaire par celle des traitements publics dont elle s'accompagne forcément ;

— l'augmentation des prix entraîne celle du nombre des billets en circulation, par conséquent est une cause de dévaluation de la monnaie ; quant au déficit budgétaire, il entraîne l'augmentation des impôts, lesquels interviennent leur tour, comme facteur d'une nouvelle augmentation des prix ;

— en fin de course, les salaires se révèlent très inférieurs aux prix. On se retrouve au point de départ et tout est à recommencer.

Le cercle est vicieux et aucune des trois politiques pratiquées en France depuis la Libération ne permet d'en sortir.

Vanité des slogans

D'abord, il n'est pas vrai que l'augmentation des salaires soit à l'origine de celle des prix : de novembre 1948 à novembre 1949, il n'y a eu, en France, aucune augmentation des salaires et cela n'a pas empêché les prix d'augmenter de 20 à 25 %, de l'aveu unanime de toutes les statistiques, officielles ou non.

La vérité, c'est que les prix montent en France, parce qu'ils montent en Amérique[16]. S'ils montent en Amérique, ils montent sur le marché mondial[17] et, en vertu du principe des vases communicants, sur le marché intérieur de tous les pays clients de l'Amérique. À qui veut savoir pourquoi les prix montent sans cesse en Amérique comme ailleurs, j'ai répondu par avance : le système monétaire dans lequel tout se calcule par référence l'or et qui implique la dévaluation systématiquement répétée du papier : la nécessité pour toute économie de mettre en circulation un nombre de signes monétaires en concordance avec une production que le progrès rend sans cesse plus variée et plus volumineuse ; le mode de circulation des richesses avec le profit qui s'insère à tous les stades en faisant boule de neige ; les charges qui résultent de la dernière guerre, la préparation de la prochaine, les libéralités du plan Marshall, etc.. Pour les clients de l'Amérique, il faut ajouter les taux de changes arbitraires et anormaux. En regard de l'augmentation des prix qui participe de ces considérations, celle qui peut découler de l'augmentation des salaires, peut être tenue pour insignifiante, sinon négligeable. Quel que soit son taux, d'ailleurs, il est indiscutable que, jusqu'ici, elle eût pu être compensée sans grand dommage par une diminution du profit vers la suppression duquel doit normalement tendre tout effort progressiste. L'argument du déficit budgétaire n'a guère plus de valeur. Le mode de perception des impôts dit clairement que l'augmentation du volume des transactions, quelle qu'en soit la raison, exige impérieusement une augmentation parallèle des signes monétaires, c'est-à-dire de la monnaie-papier, la seule qui soit susceptible d'être augmentée. Il est non moins évident que, dans le système actuel, cette opération ne se conçoit pas sans la dévaluation de ladite monnaie-papier par rapport à l'or, c'est-à-dire par rapport à tout, puisque tous les prix se calculent

---

[16] D'où impossibilité de les faire baisser par des mesures prises uniquement dans le cadre national. Les mesures prises dans ce sens n'aboutissent qu'à la hausse des prix en deux temps : 1° Après la hausse des prix sur le marché mondial ; 2° après la hausse des salaires consécutive. C'est pourquoi les salaires n'arrivent jamais à rattraper les prix.
[17] En fait l'Amérique commande les prix sur le marché mondial — on l'a vu avec la guerre de Corée, où son comportement les a fait monter d'abord, puis baisser ensuite, en attendant que...

par référence à l'or, par l'intermédiaire du dollar. Mais supposez qu'au lieu de l'or on prenne une autre base de calcul, la totalité de la production, par exemple, ou même simplement les besoins de la consommation établis une fois pour toutes à un niveau donné : l'inconvénient s'élimine de lui-même. Mais, à un niveau de vie décent et égalitaire, le profit serait jugulé et l'armature du régime craquerait. Cette idée de changement de la base de calcul de la valeur du papier-monnaie a été exploitée par le Dr Schacht avec beaucoup d'un cruel bonheur.

L'EXPÉRIENCE SCHACHT

Sur le plan doctrinal, le Dr Schacht professait que l'or était une richesse fictive, que la notion de richesse était inséparable de celle d'effort et de travail, que l'effort et le travail étaient sources de richesses autrement réelles. Eût-il été nourri au meilleur sein du sérail socialiste et même révolutionnaire qu'il lui eût été impossible de tenir un langage plus sensé. Mais il avait observé que sur le plan pratique, dans le monde de l'or-roi, le « fabuleux métal » était indispensable à la vie de l'État capitaliste. Aussi avait-il imaginé de s'en procurer en escomptant le travail de l'Allemagne, pour le faire fructifier selon la méthode usuraire universellement en honneur. Il s'engagea donc à fournir à terme, à tous les pays qui voudraient bien les acheter, un nombre donné de moteurs Diesel, de lampes Oram, etc. ou une quantité déterminée d'acier Solingen, de produits chimiques, de verres spéciaux, etc., en échange d'un stock d'or dont il pourrait disposer à vue. Le monde entier donna dans la combinaison et plus particulièrement les Américains qui avaient investi en Allemagne un nombre considérable de millions de dollars par ce procédé. L'or ainsi obtenu fut utilisé à gagner une assez forte somme de marks dits bloqués, représentant chacun une quantité d'or invariable dans le temps et aux moyens desquels l'Allemagne achetait à l'étranger les matières premières et les produits alimentaires indispensables à sa vie industrielle et à sa vie tout court.

Pour éviter la dévaluation de cette monnaie-papier, à usage exclusivement interne, le Dr Schacht régla les importations de l'Allemagne, ses possibilités d'exportation et veilla sur l'équilibre de sa balance commerciale avec un soin jaloux.

C'était, à peine déguisé, le retour au troc. Le procédé était simple : il suffisait d'y penser. Il était fructueux aussi : à la veille de la guerre, le mark était la monnaie européenne la plus solidement gagée par rapport à l'or en ce sens qu'ayant pris le départ à 3,50 francs en 1933, il en valait 14 en 1939. Mais, soit dit en passant, il était extrêmement dangereux pour les Anglo-Saxons dans la mesure où, limitant la consommation du plus formidable marché alimentaire et industriel du monde à ses possibilités de troc, il le faisait, par là-même, disparaître à peu près totalement des horizons de leur vente. Cette dernière considération autorise à penser que, même si Hitler ne s'était pas permis tant de fantaisies extra-humanitaires et de violations des traités à l'égard des peuples de l'Europe centrale, les Anglo-Saxons auraient été obligés de lui déclarer la guerre, un jour ou l'autre, dans la même intention que les Anglais la déclarèrent jadis aux Canadiens puis aux Chinois, pour forcer les uns à consommer du thé et les autres à fumer de l'opium.

Pour les échanges intérieurs, le Dr Schacht eut recours à un autre procédé : il émit une seconde monnaie complètement détachée de l'or et qui n'avait de rapports avec la première que pour un nombre infime de gens, à savoir les Allemands qui se rendaient à l'étranger — un rapport, très dur, d'ailleurs envisagé sous l'angle de la cherté. Cette seconde monnaie, le *Renten-Mark*, n'était pas gagée sur les possibilités de la production, ce qui eût été parfait, mais calculée en volume, sur les besoins des échanges — la consommation ayant été préalablement fixée à un certain niveau — ce qui l'était beaucoup moins. Dans la production nationale, l'État avait fait trois parts : ce qu'il destinait à l'échange extérieur, ce qu'il destinait à la mise en réserve capitaliste dans le même but que tous les autres États, et ce qu'il destinait à la consommation sur place. Le volume des Renten-Mark correspondait, en valeur conventionnelle, à la troisième part : le ticket-matière interchangeable, en quelque sorte. Et, pour éviter que la classe dirigeante s'appropriât tout, que les ouvriers ne se présentassent jamais que devant des étalages vides et que la nouvelle monnaie ne subît des fluctuations dommageables, on l'avait assortie du ticket-matière non interchangeable.

Réserve faite du caractère de classe qu'il conservait, ce procédé original, qui constituait, dans son principe, un indiscutable progrès par rapport à l'ancien, n'était, par ailleurs, pas plus mauvais dans la pratique.

Le Dr Schacht prétendit qu'il avait prévu, pour la classe ouvrière, un niveau de vie supérieur à celui dont elle bénéficiait dans les autres pays capitalistes, et je le crois. De toutes façons, personne n'a jamais disconvenu qu'il fût supérieur à celui que la République de Weimar avait apporté au peuple allemand. Et il était, de toute évidence, plus stable. Enfin, exploité dans le sens de la partie humaine — et sociologique — de son inspiration, adopté par les démocraties et inséré dans le cadre de leurs principes, il eût offert à la classe ouvrière d'immenses possibilités dans la lutte pour la conquête de son droit au produit intégral de son travail.

Le malheur est venu de ce qu'avec l'assentiment et le concours intelligent et cynique de son auteur, il a été mis au service du national-socialisme et que ses ressources n'ont été utilisées par lui que pour tenter de briser l'étreinte dans laquelle les autres capitalistes avaient, de concert, enserré le capitalisme allemand. La dictature s'ensuivit. Puis la guerre...

Mais qu'on songe à un Dr Schacht mettant son génie au service du socialisme ! Détail piquant : avec leurs histoires de double secteur, les Mendès-France, les René Mayer et autres Yves Farges, ne font que lui voler ses idées en sourdine. Et les Russes, qui n'ont l'air de rien, sont tranquillement en train de faire du rouble — et avec quel succès ! — ce qu'il fit du mark.

Par les mêmes moyens, hélas !

QUELQUES IDÉES NEUVES

Le Dr Schacht est le premier qui, après avoir observé que le montant des signes monétaires avait une tendance incoercible à s'aligner sur celui de la production, ait conclu qu'il était vain de pratiquer le malthusianisme économique et de tenter d'aligner la production d'ensemble d'un État sur celle de l'or. En ce sens, cette idée était neuve et révolutionnaire. Il en est d'autres qu'on ne peut se dispenser de prendre en considération que parce qu'on se refuse systématiquement à repenser la doctrine monétaire du monde. Par exemple :

– plus les salaires sont élevés, plus les prix sont bas[18] ;
– plus les Sociétés étatisées font d'économies, plus il faut payer d'impôts ;
– l'intervention de l'État en matière de salaires et de prix fausse leurs rapports, mais à sens unique[19], etc.

---

[18] Hauts salaires et bas prix. Si je ne m'abuse, c'est Marx qui, le premier et à l'étonnement général, avança cette idée qu'il n'y avait de chances d'obtenir des prix bas qu'à la condition de pratiquer une politique de haute salaires. Je ne sais pas s'il l'avança sous cette forme, et je ne sais plus où. Peu importe d'ailleurs.
Sur le plan de la spéculation intellectuelle, il n'est que de réfléchir un instant pour s'en convaincre. D'abord, l'ouvrier est comme la machine : de même que plus on met de charbon dans une locomotive ou d'essence dans un moteur plus on augmente les possibilités de rendement de l'une et de l'autre, mieux on alimente l'ouvrier, plus on augmente ses capacités de production. Or, il n'est pas besoin de démontrer que, dans toute entreprise, le rendement est le facteur essentiel de la diminution ou de l'augmentation des prix de revient. Il n'est pas non plus besoin de démontrer que, dans un régime dont les échanges sont régis par les lois de la concurrence, plus la production, fonction du rendement, est grande, plus les détenteurs de richesses, en concurrence les unes contre les autres, vivent dans une conjoncture d'obligation à l'écoulement, qui les force à la baisse au détriment du profit. Les hauts salaires, facteurs de baisse, sont donc en même temps un double facteur de limitation du profit : à la production même et à, la consommation. Il n'entre pas dans mon propos de démontrer que les classes dirigeantes n'ont jamais échappé aux effets bienheureux des hauts salaires que par la guerre moyennant quoi elles ont pu continuer à nous Imposer les effets désastreux des prix très hauts.
Sur le plan expérimental, l'exemple des États-Unis est probant : voilà un capitalisme qui est devenu la plus puissant du monde — provisoirement ou non — en cinquante ans, par la politique des hauts salaires.
[19] L'intervention de l'État. Elle a pour conséquence la raréfaction des marchés, en période de pénurie comme en période d'abondance. En période de pénurie, on la justifie en prétextant que les marchandises étant rares, ceux qui les détiennent pratiquent des prix très hauts. Alors, on taxe et on réquisitionne. Mais, d'une part, il faut un appareil spécial (le contrôle économique), dont les frais de personnel et autres se répercutent sur le prix des marchandises sous la forme de l'impôt. De l'autre, l'appareil économique de l'État étant plus fort et mieux organisé que son appareil politique, la taxe et la réquisition entraînent le marché noir vers lequel les marchandises, raréfiées par l'intervention de l'État, fuient à un cours très élevé. Il

Dans l'état actuel des choses, tout le monde admet déjà que le problème des salaires et du prix est un problème monétaire et que le problème monétaire n'est lui-même qu'une question de production, de circulation et de répartition des richesses créées par le travail.

C'est seulement à partir des solutions que les avis divergent. Et, dans ce domaine, on ne peut plus remarquer autrement que sous la forme d'une sorte de poncif que, chaque fois qu'on s'est penché sur l'une quelconque des trois parties d'un même problème, on a oublié de le faire en fonction des deux autres. Il y a là, évidemment, une disposition d'esprit propre aux tenants du régime capitaliste et qui consiste, d'une part, à opérer par tâtonnements en l'absence de tout principe directeur, de l'autre à éviter systématiquement toute mesure qui serait de nature à ébranler le régime dans ses soubassements. Il y a aussi, à la fois, une certaine ingénuité et une erreur d'optique de la part de ceux qu'on ne peut pas considérer comme étant des tenants du régime, mais qui, obéissent pour la plupart à des impératifs impondérables, s'en donnent consciemment ou inconsciemment les apparences. Pour les uns et pour les autres en un moment où les principes fondamentaux d'action et de pensée sont perdus dans une confusion générale entretenue comme à plaisir dans tous les esprits, il est devenu indispensable de reconsidérer le problème économique dans son ensemble, de le situer dans le temps et de mettre en évidence certains de ses aspects actuels qu'on laisse

---

s'ensuit qu'à la taxe pratiquée à un prix honnête et en rapport avec les salaires, rien ou presque n'est à vendre sur le marché contingenté, et qu'au marché libre on trouve tout ce qu'on veut, à des prix inabordables pour les salaires.

En période d'abondance, l'État est l'acheteur qui dispose du plus grand pouvoir d'achat. Il Intervient au titre de demandeur et il fait monter les cours : on le voit pour l'alcool, pour la betterave et pour le vin. Mais, cette fois, c'est intentionnellement et dans l'intérêt des détenteurs de richesses consommables dont Il est le mandataire.

Je passe sur les Interventions de l'État, qui visent à légiférer en matière de salaires. Pendant la période de pénurie, elles avaient pour résultat le blocage des salaires — dans le but, disait-on, de faire baisser les prix, ce qui était un non-sens sans toucher aux prix autrement que par des moyens dérisoires comme l'étiquetage. En période d'abondance, elles visent au même but, on vient de le voir dans la discussion des conventions collectives et dans les grèves.

Comment en serait-il autrement d'ailleurs, l'État reposant sur la division des sociétés en classes et n'étant jamais, en pratique et par définition, autre chose entre les mains des classes dirigeantes, que l'instrument d'asservissement des classes dirigées ?

volontairement ou involontairement dans l'ombre.

Les historiens, les économistes, tous ceux dont le métier ou le penchant naturel est de comparer ce qui est avec ce qui fut, sont frappés par les progrès considérables qui ont été accomplis dans le domaine de la production des richesses, dans le temps relativement court — moins de deux mille ans — qu'on est convenu d'appeler la période historique de l'Humanité. Ils le sont davantage encore, si leur comparaison ne prend, comme terme de départ, que la découverte de l'Amérique ou, plus près de nous, la naissance du capitalisme industriel. Et, s'ils ne veulent tenir compte que de ce qui s'est passe en Amérique dans les cinquante dernières années, ils sont effarés.

Mais, parmi les historiens et les économistes, il y a ceux qui sont accrédités et ceux qui ne le sont pas. Et il va de soi que, dans l'évolution des sociétés, les premiers ont le plus de poids. Malheureusement, il se trouve qu'ils ont le moins de fonds : c'est la raison pour laquelle, dans un système de production quantitative et qualitative qui n'a cessé de s'améliorer selon une progression géométrique depuis deux mille ans, le réseau de circulation des richesses est resté rigoureusement le même dans ses principes, emprisonné qu'il est dans un système monétaire qui date de quelques siècles avant Jésus-Christ. Les économistes accrédités, plus particulièrement, n'ont pas -encore réalisé qu'un système monétaire qui suffisait aux besoins des échanges du monde méditerranéen quand Athènes, Alexandrie ou Rome y exerçaient la prépondérance politique et économique, qui suffisait encore aux mêmes besoins, au temps de la Ligue hanséatique et des marchands vénitiens ou génois, devait forcément tomber en désuétude à partir du jour où le centre du monde se déplaçait vers Madrid (avec la découverte de l'Amérique), vers Londres (avec la naissance du colonialisme) et, à plus forte raison, vers New York (avec la naissance du capitalisme américain et de son extraordinaire esprit de modernisme). Par voie de conséquence, les politiciens qui ont la charge des États, leur ont d'autant plus facilement emboîté le pas qu'ils travaillent pour leur compte et, suivant leurs indications en cela, prétendent toujours résoudre les difficultés des échanges avec les mêmes moyens et les mêmes méthodes qui avaient cours au temps où les Crétois échangeaient les bois du Liban contre l'étain des Cassitérides.

Et ceci explique que, pour couper court à toutes les difficultés de l'échangisme, la production mondiale soit actuellement orientée de plus en plus vers les seuls produits dont l'échange n'est pas obligatoire à court terme, c'est-à-dire vers les armements.

Or, s'il peut se faire à long terme, cet échange ne peut être indéfiniment reporté : un jour vient où il est à son tour obligatoire, et c'est la guerre...

Chapitre V : Le déficit budgétaire ou l'économie de guerre permanente

Autrefois, les choses étaient claires sur le fond. Le budget de l'État ne comprenait que quelques chapitres : l'armée et la police, les fonctionnaires et les services publics, l'entretien et les investissements.

Elles l'étaient aussi dans la forme. La bonne vieille Constitution de 1875 disposait que la loi de finances ou budget prévisionnel devait être votée le 31 décembre à minuit de chaque année pour l'exercice suivant, et qu'en juillet de chaque exercice en cours, on effectuerait les corrections nécessaires en votant un budget additionnel. Généralement, tout se passait bien. Régulièrement, le Parlement était en retard pour voter le budget prévisionnel et le 31 décembre, à minuit, il fallait arrêter pour quelques heures la pendule du Palais-Bourbon, ce qui provoquait, dans toute la France, un immense éclat de rire qui venait opportunément dissiper les vapeurs du réveillon le lendemain matin. Nos aînés avaient le rire facile.

Tout est plus compliqué aujourd'hui.

En sus du renversement de la conjoncture économique, deux guerres — et quelles ! — sont venues qui ont alourdi le budget de leurs conséquences : il a fallu créer de nouveaux chapitres. Les progrès scientifiques et les changements qu'ils ont apportés dans les formes et surtout le niveau de la production, font que de simples articles sont devenus des têtes de chapitre, notamment dans l'agriculture. Les progrès sociaux, si minimes soient-ils, le repli autarcique et l'intervention de l'État qui en est la conséquence dans tous les domaines, le dirigisme plus ou moins avoué, ont provoqué la naissance de budgets annexes sous le nom de comptes spéciaux du Trésor : le contrôle des charges et la reconstruction d'un côté, les nationalisations et la Sécurité sociale de l'autre.

Tout ceci a fait que les méthodes d'établissement et de discussion du budget devant le Parlement ont sombré dans une extrême confusion et qu'elles ont fini par dépasser tout ce qu'on on peut imaginer dans la fantaisie comptable. D'abord, devant l'impossibilité de voter le budget général avant le 31 décembre, à minuit de chaque année, on a eu recours aux douzièmes provisoires, puis, l'astuce s'étant révélée inopérante, à la scission de la loi de finances en deux parties, la première étant la loi des maximas qu'on ne devait pas dépasser dans chaque chapitre, au titre des dépenses, la seconde, la loi des voies et moyens de se procurer les ressources correspondantes. Ceci n'a encore rien donné : en 1950, pour des questions de majorité parlementaire, il a été impossible de discuter la loi des voies et moyens. Depuis, la France vit à la petite semaine.

Il en résulte que personne, et pas même le ministre des Finances, n'a la moindre idée ni des dépenses probables, ni des ressources possibles. Les chiffres publiés dans l'un et l'autre cas sont incertains et varient au gré de l'humeur de la Commission des Finances — ou du Ministre, au moment du communiqué. Un jour, on nous dit que le budget est en équilibre, la semaine suivante, qu'il manque 170 milliards et, la semaine suivante encore, qu'on s'était trompé, que ce n'était pas 170 milliards qu'il manquait, mais bien 300. Personne n'a jamais pu savoir, par exemple, combien coûtait la guerre d'Indochine : en 1950, j'ai eu sous les yeux, à trois semaines d'intervalle, trois communiqués de personnages ou d'organismes officiels dont l'un disait qu'elle nous revenait à 10 milliards par mois, l'autre à 220 milliards par an et le troisième à 1 milliard par jour[20]. Le budget de cette année-là avait pris le départ à 1 350 milliards au début pour passer à 1 850 milliards en août et 2 250 en décembre. Et chaque année le même phénomène se reproduit.

Dans ces conditions, c'est presque une gageure que de suivre un budget de bout en bout et de spéculer sur un déficit budgétaire donné. La seule chose qu'on puisse retenir, c'est qu'il y a un déficit budgétaire, que depuis qu'il y a un budget il en est ainsi et que, chaque année, ce déficit est plus important que la précédente. Il ne paraît donc pas tellement paradoxal d'en inférer qu'il y a là un problème de structure

---

[20] Depuis ces chiffres ont changé — M. Pinay a récemment parlé d'un milliard et demi par jour...

économique posé depuis la naissance du régime actuel et dont la solution est difficilement concevable dans le cadre de son existence.

Sans doute, cette condamnation du budget national à un déficit de principe étonnera-t-elle. À première vue, elle s'inscrit en faux contre la vérité historique : au bon vieux temps du capitalisme libéral, il ne semble pas que les budgets aient été déficitaires, soit avec un tel éclat, soit avec une telle régularité.

Sans doute, aussi, paraîtra-t-elle formulée en des termes un peu trop catégoriques.

Elle n'en est pas moins sans appel.

D'une part, on ne sait généralement pas qu'avant 1914, l'équilibre n'était qu'apparent et qu'il était obtenu sans que l'opinion y voie autre chose que du feu par un procédé de comptabilisation que l'État était seul à employer et qui n'a rien de commun avec les règles de la comptabilité commune. De l'autre, dans leur grande majorité, les Français en sont encore à la théorie de l'économie familiale dont ils pensent qu'il n'est que de la transposer sur le plan national.

En réalité, les choses sont beaucoup plus compliquées. Le salaire du père de famille ou du couple de travailleurs, s'il est variable sur le plan du pouvoir d'achat, est cependant numériquement fixe. Et pour douloureuse que soit l'opération, étant donné le taux excessivement bas de ce salaire, il est tout de même relativement facile de faire cadrer les dépenses familiales avec les recettes. Dans le cas de l'État, les recettes sont variables numériquement et en pouvoir d'achat. Elles sont aussi fonction de ses dépenses, si paradoxal que cela puisse paraître. Enfin, elles sont fonction de la consommation, ce qui n'arrange pas les choses, parce que tout le monde, du dernier des administrés au plus éminent des administrateurs, croit dur comme fer qu'elles dépendent de la production.

L'objet de ce chapitre est de montrer comment ces différents facteurs, jouant entre eux et répercutant leurs conséquences les unes sur les autres, nous précipitent assez harmonieusement et le plus simplement du monde, de déficit budgétaire en déficit budgétaire, c'est-à-dire de catastrophe financière en catastrophe financière et au bout du fossé la culbute dans la guerre.

LES RESSOURCES DE L'ÉTAT

On peut, comme Bakounine, prétendre que l'État est une superstructure sociale parasitaire dont les classes dirigeantes ont fait un instrument d'asservissement des autres et entreprendre une lutte systématique pour sa destruction. La suppression radicale de l'État entraîne évidemment la solution du problème de ses ressources. Mais alors, il faut s'engager résolument dans les voies de la décentralisation et du fédéralisme que Fourier et Proudhon ont respectivement et successivement balisés en des termes auxquels le recul confère une remarquable précision.

Si, au contraire, on considère comme Marx que la vie en société est inséparable de la notion d'État et que celui-ci n'est nocif que parce qu'il est aux mains de l'adversaire, il faut entreprendre la lutte pour sa conquête. À en juger par ce qui s'est passé en Russie où l'État est finalement tombé dans des mains amies, on est plutôt porté à penser que cette théorie n'est pas très convaincante. Mais ce n'est pas la question. À partir du moment où on admet la nécessité de l'État, sous quelque régime que ce soit, il faut lui procurer des ressources.

Or, l'État est incapable de pourvoir lui-même à ses besoins : Il appartient à cette catégorie de facteurs sociaux qu'on nomme improductifs. Il en est même le ramassis et il les pousse à la prolifération avec un imperturbable esprit de système. Dès lors qu'il ne produit rien, il est bien obligé de prélever sur la production collective et c'est l'origine de l'impôt.

Dans une société un tant soit peu rationnelle, ce prélèvement pourrait être équitable. Par exemple, on pourrait évaluer le revenu national, faire la part de l'État et répartir le reste selon les règles de la justice, entre tous les membres de la collectivité. Ce serait une solution. Elle serait relativement facile. En France, pour un revenu national évalué à 7 500 milliards de francs, les dépenses de l'État figuraient au grand livre pour environ 2 250 milliards — soit, en gros, 28 % — au titre de l'année 1950[21]. On aurait pu prendre ces 28 % en bloc à la production, ce qui aurait eu, en outre, l'avantage insigne d'entraîner *ipso facto* la suppression radicale de tout un système fiscal — désuet, compliqué et qui empoisonne la vie publique — tout en rendant inutiles les neuf dixièmes au moins des agents qui ont la charge de le faire fonctionner.

Mais une société rationnelle ne serait plus capitaliste. Notre système fiscal protège en les masquant toutes les petites sources du profit individuel dans l'industrie et le commerce qui sont, comme on le sait, les deux mamelles du pouvoir. En le rationalisant, on tue le profit, c'est-à-dire le régime. C'est pourquoi, bien que digne des temps où l'humanité vivait à tâtons, il perdure dans sa forme, en dépit des plus pertinentes offensives du bon sens, quelles que soient leur amplitude et leur fréquence.

Arrivera-t-on jamais à donner à la classe ouvrière qui fait les frais de cette non- opération, une juste idée de ce qu'il lui en coûte ?

L'IMPÔT

Il y a un engrenage des concessions. En suivant Marx de préférence à Bakounine sur le principe de l'État, le mouvement socialiste a cédé devant le capitalisme en matière d'inégalité sociale, état de fait auquel il a donné un garde vigilant et puissant. Par voie de conséquence, il a dû céder aussi sur le principe de l'impôt.

Le prélèvement étant écarté dans la forme collective à la production même, du moins pouvait-il espérer, sous la forme individuelle, un mode de calcul et de perception des impôts qui tînt compte de la part du revenu national distribué à chacun et fût basé sur la règle de la proportionnalité. Il se berça de cette illusion, ce par quoi il fit seulement la preuve qu'il n'avait pas la moindre connaissance de la psychologie du pouvoir. Là encore, il fallut céder.

Trois quarts de siècle après ce débat historique mémorable, non

---

[21] En 1953, pour un revenu évalué à quelque 12 000 milliards, elles, figurent pour 3 804 milliards, officiellement et à titre prévisionnel seulement.

seulement l'inégalité des conditions sociales subsiste aggravée, mais encore l'impôt n'est pas proportionnel au revenu. Il se trouve même que ceux sur lesquels il pèse le plus lourdement sont ceux auxquels la société distribue le moins de revenu.

Ce résultat est obtenu par un artifice d'une très grande simplicité : on a créé deux sortes d'impôts, le direct et l'indirect. Résultat : en France, les dépenses de l'État sont couvertes dans la proportion d'un quart ou d'un cinquième par l'impôt direct proportionnellement au revenu et des trois quarts ou des quatre cinquièmes par les impôts indirects payés à part égale par le riche et par le pauvre. Je ne pense pas qu'il soit besoin de souligner la criante injustice que constituent les impôts indirects qu'on subit en achetant le pain, le vin, la viande, le sel, les chaussures les vêtements, etc., toutes choses dont l'ouvrier qui gagne 15 000 francs par mois a autant de besoin que le parasite qui dispose de 50 000 ou 100 000 francs de rente par jour.

Malgré cette criante injustice, chaque fois que l'État est en déficit, c'est aux impôts indirects qu'il fait appel. Il y a près d'un demi-siècle un homme d'État essaya de renverser la vapeur en augmentant la part de l'impôt direct de préférence, parce que plus juste : Caillaux. Il y perdit jusqu'à son honneur d'homme... En 1924, le cartel des gauches essaya d'atteindre le revenu par le moyen de l'impôt sur le capital quoiqu'avec moins d'éclat, il échoua de même...

Si on veut savoir quelle est la part de l'impôt direct et de l'impôt indirect dans les ressources de l'État, il me suffira de reproduire ici ce dont toutes statistiques conviennent : la part du revenu national qui est distribuée sous forme de salaire supporte à elle seule les trois quarts de l'impôt, le quart restant étant imputé au profit, dont la part, dans le revenu national, est généralement double de celle des salaires pour une population une dizaine de fois moins nombreuse...

Que le souci de la plus élémentaire justice commande la réforme de la fiscalité ne paraît donc pas discutable, mais, chaque fois qu'on tente d'orienter la discussion publique dans ce sens, quelqu'un se lève pour dire que c'est vers les économies collectives qu'il faut s'orienter.

Impôts et Économies

Dans un régime où les recettes de l'État dépendent presque uniquement des impôts indirects, elles sont fonction du nombre et du volume des transactions.

Par voie de conséquence, si l'État, quand il établit son budget, est préoccupé d'économies, il limite le volume de la circulation monétaire en papier, c'est-à-dire le volume des transactions en nombre et en quantité. Par là même, il diminue effectivement les rentrées d'impôts. Mais, ses dépenses étant incompressibles, il n'arrivera jamais qu'à les limiter au stade de la prévision, c'est-à-dire virtuellement. Pour s'en convaincre, il n'est que de comparer les budgets des dépenses de ces dernières années : elles ont sans cesse augmenté, et cela se conçoit aisément. Si l'État peut facilement limiter ses dépenses d'investissement (grands travaux, entretien des voies de communications, écoles, hôpitaux, etc.), il est impuissant contre ses dépenses militaires et ses dépenses de personnel (police, administrations diverses, etc.), qui augmentent sans cesse, les premières parallèlement aux dangers de guerre, les secondes en raison du personnel nouveau qu'il faut engager jusques et y compris pour faire des économies.

Les frais de l'État restant les mêmes, quoi qu'on fasse, ou augmentant chaque année par rapport à la précédente, il faut, pour y faire face, la même masse globale ou une masse plus grande de recettes, ce qui veut dire que plus on fait d'économies globales, et plus on diminue le nombre des transactions, plus il faut imposer chaque transaction, c'est-à-dire augmenter individuellement les impôts.

Et comme ces impôts indirects sont, en définitive, payés à l'achat au détail des marchandises consommables, c'est le consommateur qui en fait les frais sous la forme d'une augmentation du coût de la vie.

En faisant des économies, on fait donc d'une pierre deux coups : on augmente les impôts individuels et on fait monter les prix.

Ce raisonnement n'est peut-être que théorique à première vue : si on confronte avec ce qui s'est passé dans la pratique, son bien-fondé ne peut que sauter aux yeux des moins avertis. Et l'inconvénient qu'il souligne se double d'un autre, plus tragique encore : à mesure que la production a augmentée pour revenir à la normale, le volume effectif des ventes a diminué chez tous les commerçants de gros ou de détail. Mais il y a une chose qui est allée sans cesse croissante : le poids des impôts.

LA RÉFORME DE LA FISCALITÉ

Dans le cadre des structures traditionnelles, une mesure de cet ordre ne résoudrait pas intégralement le problème, mais, envisageant la perception de l'impôt à la production, elle tendrait dans le sens de la justice sociale et d'un certain nombre d'autres avantages dont il serait bien difficile d'endiguer le développement en chaîne.

D'abord, sur le plan psychologique, elle dissiperait une équivoque : les commerçants — cette catégorie sociale d'improductifs par excellence — qui empoisonnent l'atmosphère en brandissant les feuilles d'impôts qu'ils reçoivent, seraient automatiquement condamnés au silence ou à convenir que Jaurès avait raison quand il prétendit, au début de ce siècle, dans un discours qui fit sensation, qu'ils ne payaient absolument pas d'impôts. Depuis ce discours qui leur prédisait, en outre, une mort sociale certaine parce qu'ils étaient coincés entre les entreprises tentaculaires du grand commerce et l'envahissement du mouvement coopératif, aucun membre de la représentation nationale n'a plus jamais osé interrompre leurs criailleries en leur faisant remarquer qu'ils incluaient leurs impôts dans le prix des articles qu'ils vendaient, ce qui était une façon élégante de les faire payer à leurs clients[22]. Aucun, non plus, ne leur a dit que le système des impôts indirects, pratiquement incontrôlable, avait élevé la fraude fiscale à la hauteur d'une institution, qu'ils étaient les principaux bénéficiaires de ses menus avantages[23] et qu'il y avait là une des raisons,

---

[22] Le commerçant est, en effet, une sorte de fermier général qui encaisse l'impôt indirect chez le client, pour le compte de l'État, et prétend être dispensé de le reverser dans les caisses de son « employeur ».

[23] Le commerçant « avisé » se rembourse plusieurs fois par la fraude, des sommes qu'il paie au titre de l'impôt direct. Ce n'est pas parce qu'ils paient trop d'impôts que les commerçants sont écrasée, c'est parce qu'ils sont trop nombreux se partager la « marge ».

et non la moindre, du déficit, budgétaire. Jaurès, d'ailleurs, a eu tort de les prévenir : ils ont passé un accord avec le grand commerce et ils ont tué le mouvement coopératif, ce qui leur a permis de proliférer au-delà de toute espérance.

Ensuite, la réforme permettrait de donner à l'opinion publique une satisfaction substantielle, sous la forme de la suppression d'un nombre considérable de fonctionnaires dont chacun sait que le département des Finances est celui qui en utilise proportionnellement le plus.

Enfin, écartant la fraude à peu près totalement, elle écarterait aussi certaines erreurs de calcul. Notamment, elle soustrairait automatiquement les rentrées d'impôts à leur caractère hypothétique en changeant à la fois leur base de calcul et leur mode de perception.

Sur ce point, les discours des hommes d'État sont d'une, ennuyeuse uniformité et d'un manque d'imagination déconcertant.

À la fin de chaque année, ils nous informent traditionnellement que le budget de l'exercice écoulé fait ressortir un déficit plus important que celui qui était prévu et que, pour réduire celui de l'exercice à venir, il faut à tout prix augmenter la production.

Or, l'expérience prouve que, depuis la Libération, la production n'a cessé d'augmenter et le déficit parallèlement. Par principe, il n'en peut être autrement : l'essentiel de l'impôt étant perçu sur le volume de la consommation qui, elle, va sans cesse en diminuant de volume, l'augmentation de la production ne fait qu'augmenter le déficit budgétaire de l'intérêt des capitaux immobilisés dans des stocks qui ne s'écoulent pas.

Et, allez faire comprendre à un Ministre des Finances qu'il ne suffit pas de produire, mais qu'encore, il faut vendre ce qu'on produit !

Un exemple précis.

Ici, on me permettra une digression.

Le syndicat des cadres du textile de Roubaix-Tourcoing a récemment publié une étude sur les prix de revient et de vente, au 31 mars 1952, de 100 mètres de tissu draperie, pure laine peignée, casimir ou serge, 22 duites, d'un poids de 500 grammes au mètre.

Ce tissu est en vente au détail au prix de 2 696 Fr. le mètre, quand le grossiste se contente d'une marge de 19 % et le détaillant de 23 %. Quand le premier s'octroie 25 % et le second 33 %, comme c'est le cas général, le prix du mètre de ce tissu est porté à 3 346 francs.

Dans l'un et l'autre cas, voici le circuit parcouru par la laine pour se transformer en tissu et aller du producteur à l'acheteur au détail, avec, en regard, le prix auquel elle sort de chacune des mains dans lesquelles elle passe :

Circuit	à 2 696 Fr. le mètre	à 3 346 Fr. le mètre
1. Importation et peignage		
430 kg. de laine brute	45 921	45 921
Transport	520	520
Taxe d'entrée	726	726
Triage	546	546
Peignage	9 783	9 783
Commission à l'importateur	876	876
Résultat : 58 kg. 372 laine peignée		
2. Filature et retordage		
Transport de la laine peignée	175	175
Taxe à l'entrée	2 694	2 694
Filature	10 374	10 374
Retordage	4 068	4 068
Assurance	117	117
Amortissement matériel	785	785
Frais représentation et vente (2 %)	1 683	1 683
Frais généraux filateur (3 %)	2.525	2 525
Marge filateur (4 %)	3 336	3 336
Résultat : 55 kg. de 111 retors		
3. Tissage et teinture		
Tissage	13 975	13 975
Piquage et épluchage	6 900	6 900
Teinture et apprêt (à façon)	18 400	18 400
Emballage	1 000	1 000
Frais représentation et vente (2 %)	2 796	2 796
Frais généraux tisseur (4 %)	5 593	5 593
Marge du tisseur (5 %)	6 990	6 990
Taxes ; Production et transaction	28 332	28 332
Résultat : 50 kg. de tissu (100 m)		
4. Grossiste		
Frais généraux 5 %	10 379	11 209
Frais représentant 5 %	10 379	11 209

Marge du grossiste 8 %	16 607	31 336
Taxe transaction 1 %	2 076	2 241
Total 19 %		
5. Détaillant		
Frais généraux 10 %	26 959	33 460
Marge détaillant 12%	32 351	73 812
Taxe transaction 1 %	2 696	
Total 23%		
Prix total des 100 mètres	269 592	334 603
Prix du mètre	2 696	3 346

Si on ventile ces deux prix de vente au détail, c'est-à-dire si on présente horizontalement le tableau ci-dessus, on obtient la répartition suivante aux différents postes :

	à 2 696 Fr. le m.		à 3 346 Fr. le m.	
Matières premières	459 Fr.	(17,03 %)	459 Fr.	(13,72 %)
Salaires directs	270 Fr.	(10,02 %)	270 Fr.	(8,08 %)
Charges sociales	135 Fr.	(5,01 %)	135 Fr.	(4,04 %)
Frais généraux	655 Fr.	(24,32 %)	734 Fr.	(21,89 %)
Impôts	611 Fr.	(22,64 %)	808 Fr.	(24,15 %)
Marges nettes d'impôts	566 Fr.	(20,98 %)	940 Fr.	(28,22 %)
TOTAUX	2 696 Fr.	(100 %)	3 346 Fr.	(100 %)

Je livre ces chiffres aux méditations du public : ils établissent avec suffisamment d'éloquence la part qui revient à chacun dans le prix de vente au détail du tissu en question pour se passer de commentaires. (Noter la part des charges sociales et du salaire.)

Et ils disent tout le crédit qu'on doit accorder à tous les bobards sur le poids des salaires et des charges sociales, que mettent en circulation ceux qui sont le plus intéressés au système qui veut cela. (Remarquer que plus les commerçants paient d'impôts, plus leurs marges nettes d'impôts sont élevées.)

Naturellement, j'en laisse la responsabilité au syndicat pourtant conservateur des cadres du textile de Roubaix-Tourcoing.

LE RENVERSEMENT DE LA CONJONCTURE

Et, maintenant, revenons à notre déficit budgétaire.

Au bon vieux temps du capitalisme libéral, le problème de

l'écoulement de la production ne se posait pas : plus la France produisait, plus elle écoulait. Il en était de même de tous les pays du vieux continent. Parce que les marchés extérieurs n'étaient pas saturés, le marché intérieur augmentait sans cesse ses possibilités d'achat. Il s'ensuivait une certaine stabilité financière dans une ambiance d'inégalité sociale pleine de promesse d'atténuation. Le budget de l'État, certes, était en déficit comme aujourd'hui et pour les mêmes raisons. Mais la balance commerciale était en notre faveur et la plus-value qu'elle apportait s'ajoutait à d'indiscutables possibilités d'épargne individuelle. Les emprunts étaient possibles eux aussi. L'État les contractait sans peine : il les comptabilisait en recettes et le déficit budgétaire s'en trouvait comblé. Ce tour de passe-passe se répétait annuellement dans l'euphorie d'un peuple qui ne prévoyait pas qu'un jour, non seulement il ne pourrait plus prêter, mais encore qu'il demanderait le remboursement des sommes qu'il avait prêtées. Le capitalisme pensait pouvoir se permettre d'être libéral et il ne l'était que pour cette raison.

Aujourd'hui, les temps ont changé. Les marchés extérieurs sont saturés et nos acheteurs, notamment l'Amérique — et même nos colonies, arrivées à maturité — sont à leur tour devenus vendeurs. Ils nous ont pris des clients : l'Asie, une partie de l'Afrique, d'Europe centrale. Il n'est pas jusqu'à la Russie qui n'ait abandonné notre marché et ne soit arrivée à en constituer un — et quel ! Le marché intérieur s'est saturé, lui aussi, par voie de conséquence et dans la mesure où le pouvoir d'achat s'amenuisait. L'épargne a en partie disparu et avec elle les possibilités d'emprunt. De libéral, le capitalisme, condamné à se replier en ordre dispersé dans le cadre des frontières nationales, est devenu autarcique, mais, sauf en Allemagne, il n'en a pas pour autant changé ses méthodes.

Encore convient-il d'ajouter qu'en Allemagne, il le fit de telle sorte sur le plan moral qu'il fournit aux autres groupes nationaux, ses rivaux, des raisons idéologiques de lui déclarer une guerre qu'ils cherchent précisément à lui faire pour des raisons économiques.

Tant et si bien qu'en France, voici où nous en sommes :

1° Privé de l'épargne et de l'emprunt, l'État ne peut plus dissimuler le déficit budgétaire.

2° Privé des marchés extérieurs[24], il ne peut plus écouler sa production que sur le marché intérieur.

3° L'écoulement sur le marché intérieur suppose l'augmentation de la part du revenu national attribuée à ceux qui le produisent et ne peut être pratiqué qu'en prenant sur le profit, à peine de s'enfermer définitivement dans le cycle infernal des salaires et des prix et d'accroître le déficit budgétaire.

4° Pour rendre à plein, cette mesure doit être accompagnée de la refonte complète du système fiscal, dans ses principes et dans son mécanisme.

Mais cela, ce serait la mort du capitalisme. Or, le capitalisme ne veut pas mourir...

UNE ÉCONOMIE DE GUERRE

Parce qu'il refuse de se réformer selon les règles de la justice sociale, le régime capitaliste se trouve donc coincé entre : le ralentissement de la production, ce qui n'est de nature à augmenter ni le volume de la consommation, ni, par conséquent, celui des impôts, et ce qui laisse entier le problème du déficit budgétaire tout en élevant le chômage, lui aussi, à la hauteur d'une institution — et la production d'une quantité industrielle de marchandises qu'il ne peut vendre ni sur les marchés extérieurs, ni sur le marché intérieur.

Ainsi, dans tous les États, se trouve posé le problème de ce que

---

[24] Hormis la Russie qui vit à un niveau très bas sur le marché où elle a été refoulée — et qu'elle essaie, elle aussi, d'agrandir ! — et l'Amérique, qui fait passer par profits et pertes, en attendant mieux, tout ce qu'elle met sur certains de ses marchés extérieurs par l'entremise du plan Marshall, tous les pays du monde accusent une balance commerciale déficitaire. Ce déficit se répercute sur le déficit budgétaire, et s'y ajoute. D'où la nécessité pour tout le monde de réduire les importations et d'accroître les exportations : ne plus importer, exporter ou mourir, tel est le slogan du jour et partout. Cette politique est celle de la paralysie des échanges. Il n'est, en effet, pas concevable que tout le monde puisse vendre et personne ne peut rien acheter. Cette situation s'aggrave encore du fait que le bloc atlantique et le bloc soviétique s'interdisent mutuellement d'échanger entre eux...

d'aucuns appellent la distribution gratuite et qui n'est, en réalité, que l'éventualité de la suppression totale ou partielle du profit sous une autre qualification.

Mais, des deux termes de l'alternative dans laquelle le régime s'enferme, il en est un qui s'écarte de lui-même : le chômage qu'il ne peut supporter au-delà d'une certaine limite. Il se trouve donc condamné à produire et à tant faire que de produire, autant que ce soit des moyens susceptibles de lui assurer par la force la possibilité de conquérir de haute lutte sur les marchés extérieurs les sources de profit qui ne viennent pas naturellement à lui et qui peuvent seules compenser celles qu'il a perdues sur le marché intérieur.

Dans le désordre et la confusion qu'il entretient sciemment, malgré sa cécité et son imprévoyance à court terme dans un certain nombre de domaines, il y a une porte de sortie que le régime capitaliste s'est réservée de façon précise à plus ou moins long terme — la possibilité de changer à tout moment l'orientation de la production.

Avec une extrême rapidité et une remarquable souplesse, il vient de procéder à ce changement d'orientation : au lieu de construire des maisons, de fabriquer des machines agricoles, de confectionner des vêtements, etc., on construira des fortifications, on fabriquera des tanks, des armes, des munitions, on confectionnera des habits de soldats.

Cela, évidemment, ne peut pas non plus durer éternellement. Mais, dans le cadre de ses frontières nationales, chaque État a pris soin de désigner un ennemi éventuel à son opinion publique et il serait bien rare qu'il n'ait pas réussi à la convaincre qu'il y a lieu d'utiliser toute cette production avant que la crise ne soit irrémédiable.

Et puis, si les avantages de l'opération sont certains à échéance lointaine dans l'esprit des hommes de bonne volonté, dans celui de l'État, ils ne dépendent que d'une question de force qu'il se croit en mesure de résoudre favorablement, et, dans l'immédiat, ils sont indiscutables :

1° Il n'en coûtera pour ainsi dire rien aux deux ou trois millions de privilégiés, maîtres de la production nationale, puisqu'on demandera aux impôts indirects de couvrir les dépenses occasionnées ;

2° Pour une période plus ou moins longue, le budget de l'État y retrouvera un équilibre factice.

Sur le plan psychologique, on aura réussi une fois de plus ce tour de force qui consiste à obtenir de ceux qu'on se propose d'envoyer à la mort, non seulement la construction des outils au moyen desquels ils s'y enverront mutuellement, mais encore qu'ils les paient eux-mêmes.

Chapitre VI :
« Lorsque l'enfant paraît... »

On vient de découvrir qu'il y avait des, enfants malheureux. En vertu de quoi, quel que soit le journal de son choix, le Français moyen de 1953, cette réplique caricaturale de « l'honnête homme » du XVIIIe siècle, est invité ou condamné à faire son régal spirituel de décisions de justice répercutées à tous les échos et au premier plan de l'actualité.

Relation de cause à effets.

Des juges parfaitement ignorants de la dure réalité sociale et dont les épouses légitimes sont personnellement à l'abri des maternités accidentelles à répétition, sanctionnent, impitoyablement, les agissements reconnus criminels de tout ce que la police peut recenser de pauvres filles-mères acculées aux solutions du désespoir, de marâtres pitoyables par refoulement dans toutes les indigences, de couples déracinés par la faim et qui ont sombré dans l'ivrognerie, de ces parents improvisés qui vivent en marge du contrat tacite de solidarité humaine et que des circonstances indépendantes de leur volonté ont jetés dans l'indignité à des titres et à des degrés divers.

Sous le couvert d'une entreprise de moralité publique, le, mécanisme d'un État impersonnel et sans imagination s'est déclenché à dessein de rechercher les coupables et cela se traduit par le flic qui traque et qui rabat pour le compte du juge qui condamne. En fin de circuit, il y a le journaliste, cet épicier en gros du scandale, qui monte en épingle, trop heureux de rencontrer ce providentiel serpent de mer. Et, dans quelque sixième perdu, la midinette esseulée, provisoirement épargnée par la rue, tout à ses rêves, approuve, sans penser qu'elle reprend, en écho, les anathèmes du curé dans sa chaire, les vaines exhortations du professeur de morale et les rots de satisfaction du bourgeois, à peu de frais tranquillisé dans sa conscience.

Du temps que cela durera, on ne saurait préjuger. Un beau jour, on n'en parlera plus : l'affaire portée à la connaissance du public, tout soudain et on ne sait pourquoi, disparaîtra de même de toutes les rubriques.

Bien entendu, le problème posé dans ses incidences sera tout aussi entier, tout aussi urgent, tout aussi dramatique, humiliant et socialement déshonorant, après qu'avant l'épanchement sentimental dont il aura fourni l'occasion. Les filles-mères, tout aussi nombreuses, continueront à faire des enfants qu'elles ne pourront élever et dont elles se débarrasseront, la mort dans l'âme, par le premier et souvent le pire moyen : les marâtres à maltraiter les leurs, les ivrognes à boire et les chômeurs à traîner des peuplades d'enfants dans le dénuement. Et, dans cette société homicide en permanence mais, par intermittences, respectueuse d'un certain nombre de poncifs moraux à usage purement spéculatif, quand un petit cercueil de martyr traversera la vertueuse indignation des honnêtes gens, ces vers qu'écrivit, je crois, un nommé Jean Sévère, aux environs de 1900, prendront toute leur signification :

> *L'homme qui, pour abri, recherche les auvents*
> *Où saignent des meurtris, où pleurent des souffrants,*
> *Reste pensif devant ce monde, qui l'étonne,*
> *Qui tresse de ses mains une double couronne*
> *Pour le respect des morts et la mort des vivants.*

Au-delà de cette constatation qui déplace et situe les responsabilités, il n'y a plus rien : le cercle recommence, il se vicie de lui-même et ramène toujours au même point. En marge et dans sa méconnaissance, il n'y a que verbiage stérile et lyrisme déplacé.

Les mesures coercitives sont impuissantes à résoudre le problème. Le raisonnement qui les justifie est faux dès le départ : la guillotine supprime le criminel, mais non le crime. En se repensant elle-même, en envisageant sa réorganisation sur d'autres bases et d'autres principes, la société supprimera peut-être la fille-mère, la marâtre, l'ivrogne et le chômeur : elle ne les assimilera jamais. C'est donc la forme de la société, sa structure, qui est en cause, et ceci est un problème essentiellement social qui se pose à tous les stades de la vie de l'homme, de sa naissance à sa mort.

La politique de la natalité

Si je ne m'abuse, il faut attribuer à Manuel Devaldès cet aphorisme judicieux dans son insolence :

C'est à cause des brutes prolifiques qui s'amusent à cracher la vie qu'il faut des canons pour cracher la mort.

Tout est là.

L'admirable, c'est qu'on peut renverser la proposition.

C'est parce qu'on a besoin de canons pour cracher la mort qu'il faut des brutes prolifiques pour cracher la vie.

Et on s'y emploie.

Au bon vieux temps, cela se faisait tout seul. Le bon sens populaire, cependant, a très vite admis que, chez ceux qui, en étaient dépourvus, il y avait quatre causes majeures qui poussaient à la prolifération : la, misère, l'ignorance, la religion et l'alcoolisme. En réalité, tout cela n'en faisait qu'une, les trois dernières étant fonction de la première ainsi que n'importe quel fils de notaire usant, même sans profit, ses fonds de culotte sur les bancs de n'importe quelle classe de philosophie, le pourrait aisément démontrer.

Dans la mesure où cette évidence est tombée sous les sens d'un toujours plus grand nombre de gens et où, par la force des choses, il leur est devenu possible de se soustraire à ses conséquences, il a fallu trouver autre chose. On a donc inventé la natalité dirigée par le truchement des Caisses d'allocations familiales, lesquelles sont une sorte de P.M.U. pour, classes non distinguées. Encore y a-t-il lieu de remarquer que le P.M.U. prend pour but l'amélioration de la race chevaline, tandis que les

Caisses d'allocations familiales poursuivent l'accroissement de la race humaine, sans autre souci.

À aucun moment cette politique imbécile ne fait intervenir le nombre de bouches à nourrir et ne le place en regard, sinon des possibilités de la production, du moins de ce qui est effectivement distribué du revenu national. Ceux qui en ont pris l'initiative ont les yeux fixés sur l'ennemi possible qui vit en dehors des frontières et qui fait la même chose. Dans leurs moments de lucidité ou de bonne foi, ils veulent bien reconnaître que le Japon, ou la Chine, ou la Russie, font une politique dangereuse pour eux-mêmes et pour le monde en matière de natalité et ils leur imposeraient volontiers un programme de limitation des naissances[25] amorti des théories de la maternité consciente. Mais leur sens de la cohérence ne va pas jusqu'à réaliser qu'ils pourraient commencer par instituer chez eux un système dont ils clament la nécessité et le bien-fondé chez les autres.

Vérité au-delà, erreur en deçà : Amour sacré de la Patrie...

LES RÉSULTATS

Mon voisin de palier a vingt-six ans. Il travaille dans une mairie. À ce titre, il gagne 20 600 francs par mois. Il a quatre enfants :

— Je ne l'ai pas fait exprès, me dit-il. Ils n'en sont pas moins là. Et ils lui « rapportent » 23 617 francs par mois, y compris l'indemnité de la femme au foyer.

Avant le quadruple événement, sa femme était vendeuse dans un magasin, Elle gagnait 13 800 francs par mois. Ensemble, ils n'atteignaient pas 35 000 francs. Maintenant, ils arrivent à près de 45 000 francs. Ils vivent dans trois pièces et une gêne honnête. Ils trouvent qu'ils sont mieux qu'avant.

— Surtout, ajoute-t-elle, qu'il y a, en plus, les primes à chaque naissance.

Et, bien qu'elle ne le dise pas, que les augmentations portent plus souvent et sont plus substantielles sur les allocations familiales que sur le salaire proprement dit.

Elles continueront.

Parce que, en sus de l'inexpérience et de la fatalité, il y a l'exemple pas tellement décourageant de mon voisin du dessous.

Celui-ci est cheminot. Il gagne 23 500 francs par mois. Il a huit enfants, qui correspondent à une « rente supplémentaire » de 47 652

---

[25] C'est un fait accompli sous une forme déguisée pour le Japon.

francs. Il est fier de sa performance. Il me regarde de haut et me dit souvent, comme me prenant en pitié, que sa femme, à lui, n'a pas besoin de travailler. Parfois même, il cherche à me piquer :

— S'il n'y avait que des gens comme vous, les Russes nous envahiraient en moins de deux. Avec ça que c'est déjà pour cette raison que les Fritz nous ont foutu la raclée...

Je fais comme si je lui trouvais beaucoup d'esprit.

Le vrai drame commence dans la ruelle à côté. Dans un taudis qui sert à la fois de cuisine, de salle à manger et de chambre à coucher, une pauvre veuve vit avec ses deux gosses. Pour tout travail, elle réussit à trouver chaque semaine une quinzaine d'heures de ménages qui lui sont payées 80 francs l'une. Avec les allocations familiales, elle dispose de quelque 13 000 francs par mois pour vivre, et encore. Elle trouve que la vie est dure. Sa voisine, qui est seule avec un enfant et qui lui dispute la clientèle du quartier, partage le même sort et la même opinion : en pire, car elle ne touche aucune allocation. Dans le même bâtiment lépreux qui est comme une cour des miracles, il y a encore un rémouleur qui envoie de maison en maison deux pauvres gosses en haillons. Et un raccommodeur de parapluies, avec trois gosses. Toute une peuplade d'enfants livrés à eux-mêmes qui n'entrent en contact avec leurs parents que pour en subir l'humeur et dont on ne peut pas dire que les ressources affectées à leur subsistance par la société, permettent qu'il il en soit autrement.

Pour ce qui se passe dans les cours des miracles de la ruelle du monde, consulter les journaux : ils sont remarquablement informés ces temps. Et très bien achalandés en filles qui tuent leur père pour sauver leurs « bâtards » (Versailles), en suicides manqués après l'assassinat d'un gosse sur deux en suite de l'abandon de l'ami (Lyon), etc...

INCIDENCES ÉCONOMIQUES

Mes deux voisins sont des privilégiés, des aristocrates de la misère. Vraisemblablement, ils le resteront. Mais, supposez un accident qui entraîne l'impossibilité de continuer à travailler, ou le chômage, ou la mort de l'homme. Dans les deux premiers cas, ce ne sera pas gai. Dans le troisième, ce sera la catastrophe : la mère, seule avec la marmaille, obligée de courir après les heures chez les uns et chez les autres pour conserver les allocations familiales par des artifices, les enfants livrés à eux-mêmes, la plus grande partie du temps.

Mais il ne faut pas empiéter sur l'avenir. Le présent, d'ailleurs, se suffit largement.

Indépendamment des aléas individuels qui menacent les repopulateurs de métier ou les frappent d'entrée de jeu, il y a les répercussions collectives immédiates de la méthode.

Mes deux moins tragiques exemples mettent en évidence, dans le premier cas, que pour des services rendus évalués à 20 600 francs par mois, il y a 23 617 francs de charges apportées ; dans le second, 47 652 francs de charges apportées pour 23 500 francs de services rendus. Le bon sens populaire en inférera, dans une formule gouailleuse, que la société paie beaucoup plus cher pour dilapider ses revenus que pour s'en procurer. L'économiste placera froidement les protagonistes de cette façon de faire devant le dilemme : ou le salaire payé correspond au service rendu, ou il lui est inférieur. Dans la première hypothèse, tout père de famille ne peut être qu'un élément causal de déficit qui conduit la société à une ruine inévitable. Dans la seconde, les allocations familiales sont prises sur une plus-value qui doit être considérable puisqu'après une ponction de cet ordre, il reste encore à la disposition d'un quinzième de la population 30 % des ressources totales de la nation au titre du revenu non distribué à ceux qui le produisent. Le mathématicien dira que la première hypothèse s'écarte d'elle-même, que cette opération n'est possible que parce que le travail n'est pas payé à son prix et placera l'appareil de l'État devant la situation de fait qui aurait été créée si cinq millions de couples en état de se reproduire avaient imité le comte de Paris, dans une France dont la population serait approximativement doublée sans qu'il y ait un seul travailleur de plus et sans que le revenu national ait été augmenté d'un centime. Et le moraliste interviendra pour demander ce qui se produirait si chaque travailleur réalisait pleinement que, dans certains cas de prolifération, le salaire n'est pas un élément essentiel des moyens d'existence, qu'il est possible de gagner plus d'argent en engrossant sa femme qu'en travaillant et de ne pas vivre beaucoup moins bien dans une atmosphère de resquille, au surplus, singulièrement affranchie des servitudes du salariat. Quand les classes aisées, promues à la dignité d'élites, ajoutent à leur imprévoyance en matière économique de tels exemples d'immoralité en tous genres, il n'y a pas de raison pour que celles qui vivent sous leur coupe ne les imitent pas ou ne cherchent pas à faire mieux encore.

La ronde infernale

Car, enfin, voici ce qui se passe :

On fait une politique de natalité à outrance. Au premier plan, il y a ceux qui l'ont décidée et qui se gardent bien de la pratiquer. Au second, il y a ceux qui font la sourde oreille.

Ils sont les plus nombreux, fort heureusement. Ils sont aussi pratiquement exclus du bénéfice des allocations familiales, ou n'y émargent que très peu et, réduits aux maigres ressources d'un salaire insuffisant, avec un ou deux enfants, ils traînent une vie misérable : il y a autant d'enfants malheureux, maltraités ou martyrs dans cette catégorie que chez les familles nombreuses, sinon plus. Enfin, au troisième plan, il y a les lapinistes.

La France a commencé à les encourager sérieusement au lendemain de la Libération, sur les ruines de la guerre, alors qu'elle ne disposait pas des moyens qu'elle promettait de leur distribuer pour leur permettre de faire face aux difficultés qu'ils rencontreraient dans la voie où elle leur demandait de s'engager : pas de logements pour loger les couples, pas de berceaux pour coucher les nouveau-nés, pas de linge pour les vêtir, pas de revenu national à distribuer — le peu qui existe est aux mains des classes distinguées ! — sous forme de nourriture, très peu sous forme de monnaie-papier.

Aujourd'hui, les enfants sont là.

Les choses ont un peu changé, il faut le reconnaître. Mais il n'y a toujours pas de logements : M. Claudius Petit est à la recherche de 500

000, dont 100 000 urgents. Des familles qui sont devenues de véritables tribus, qui rassemblent trois générations populeuses, où les neveux sont du même âge que les oncles, vivent dans d'innombrables taudis, le plus souvent constitués par une seule pièce, et dans une promiscuité génératrice de toutes les perversions, partant, de tous les délits. L'hygiène est impossible, la maladie guette, la mort rôde. Les allocations familiales, même quand elles sont suffisantes, n'y peuvent rien changer. Il est ridicule de penser qu'on peut faire pénétrer même les plus élémentaires principes de morale dans un tel milieu. En somme, le gouvernement de la IVe République a reconstitué à l'échelle nationale la zone qu'un de ses prédécesseurs prétendit détruire à Paris.

Incapable de procurer un cadre familial digne de la qualification humaine à tous les enfants qu'il a suscités, le régime ne peut pas davantage les instruire. Un autre ministre, celui de l'Education nationale, vient de déclarer qu'à la rentrée d'octobre, près d'un million d'enfants seraient sans écoles et sans maîtres. À la dernière rentrée, il y en avait déjà près de cinq cent mille. On les a entassés dans les classes anciennes et on en a fait quelques nouvelles. On y ajoutera les nouveaux. En 1954, il y en aura un autre million, et de moins en moins de possibilités de faire des classes nouvelles. Ainsi, on peut espérer qu'un jour, l'école prendra, elle aussi, la figure de la zone.

Et nous ne vivons encore que les premières complications. Au stade suivant, le problème de l'apprentissage se posera. De même qu'il n'y a ni logements, ni écoles, ni maîtres pour la première enfance, il n'y aura pas de centres d'apprentissage pour l'adolescence. On pourrait compter sur un retour au compagnonnage après apprentissage à l'usine ou chez le particulier. Malheur : le système fiscal s'y oppose, aucun artisan n'a les moyens de supporter un apprenti et les usines grandes ou petites se soucient peu d'en grever leur budget au chapitre des frais généraux. Nous aurons ainsi toute une jeunesse qui atteindra sa vingtième année sans métier.

Les optimistes pourront rétorquer que c'est peut-être très regrettable sur le plan individuel, mais pas tellement grave sur le plan social. En effet, si chaque jeune homme et chaque jeune fille avaient un métier, au moment où ils seraient en âge de le mettre à la disposition de la société, on ne trouverait pas le moyen de le leur faire exercer : pas d'usines. Et, s'il y avait des usines, pas de travail. Au train où vont les choses et avec l'utilisation actuelle du revenu national, il n'est pas permis d'envisager un rééquipement rationnel de la France dans toutes les branches de l'activité avant la mort des gens qui naissent aujourd'hui, à condition, bien entendu, qu'aucune guerre ne vienne interrompre prématurément le cours de leur existence. Encore, ce qui est rationnel aujourd'hui ne le sera-t-il sans doute plus demain et aucune assurance ne nous est-elle donnée qu'au moment où la remise en état problématique serait achevée, tout ne serait pas à recommencer dans un monde qui, ayant pensé et réagi plus vite que nous, serait mieux adapté aux nouvelles formes de vie en puissance, quoique insoupçonnées.

Dans un tel décor, on peut, certes, épiloguer à perte de vue sur le thème de l'enfance malheureuse et même le faire, parfois, au moyen de très heureux effets de plume. Mais tout cela est vain : il faut surtout s'étonner qu'on ne relève pas plus de crimes individuels à ce chapitre quand le crime d'État est si évident et si lourd de conséquences. Et, poursuivant la méditation dans les formes qui s'imposent à l'esprit il faut aussi se dire que, dans une telle perspective, on ne peut pas échapper au problème plus grave encore de l'adolescence et de toute une humanité vouée au malheur dans l'asservissement.

Au fond, c'est tout le problème social et il s'est toujours posé dans les mêmes termes.

Il n'y a rien de nouveau sous le soleil.

FINALE

... Lorsque l'enfant paraît, le cercle de famille Applaudit à grands cris

Écrivit un jour Victor Hugo qui terminait ce morceau de littérature sur un souci largement utilisé, depuis, à des fins de propagande, s'il n'en fut pas inspiré :

Seigneur, préservez-moi, préservez ceux que J'aime
Frères, parents, amis, mes ennemis même
Dans le mal triomphants,
De jamais voir l'été sans fleurs vermeilles,
La cage sans oiseaux, la ruche sans abeilles,
La maison sans enfants.

Cet élan poétique, dans la facture de l'époque, se traduisait déjà et se traduit encore en pratique par un nombre appréciable d'enfants sous-alimentés, mal ou pas logés, peu ou pas vêtus, sans école aujourd'hui, sans métier et probablement sans travail demain.

Ici apparaît le chômeur...

L'expérience des années 30 est encore assez fraîche dans toutes les mémoires pour qu'il ne soit pas nécessaire de rappeler sous quelle forme il se présente.

En fin de circuit, l'enfant devenu homme n'en est pas moins en surnombre, comme il le fut toute sa pauvre vie. Il est seulement un peu plus encombrant : son entretien coûte plus cher à la société, car, s'il n'est pas possible de lui fournir du travail, rien ne l'empêche de s'accoupler et de proliférer, ce qui ajoute les allocations familiales aux allocations de chômage.

Il en résulte une situation de fait qui ne peut trouver de solution que dans la guerre.

Ainsi, on aura payé pour faire naître des enfants, on aura sacrifié des sommes considérables qui auront lourdement retenti sur le budget collectif sans être pour cela très appréciables dans les budgets individuels auxquels elles auront été affectées, et il faudra encore payer pour les faire tuer. Au nombre des futures victimes, il y en a dont les parents exercent le métier d'éleveurs de porcs, de poules ou de lapins. C'est aussi pour les tuer à un moment donné. Mais ils s'arrangent pour qu'ils soient bien gras au jour du sacrifice, car, si on les tue, c'est pour les manger. La guerre est le moyen employé par les classes dirigeantes pour manger les classes dirigées. À cette différence près qu'elles attachent plus d'importance au nombre qu'à la qualité et qu'elles ne les engraissent pas.

On pourrait soutenir qu'une société qui calculerait sa population sur le montant du revenu global dont elle dispose[26] et qui le répartirait équitablement, qui se penserait à l'échelle mondiale en partant de ce double principe et non plus en sens contraire aux diverses échelles d'une multitude de nations artificielles et d'État rivaux, échapperait par la force des choses à la guerre et à tous ces petits crimes ou délits individuels qui sont la conséquence de son acceptation et de sa préparation.

On pourrait aussi reprendre les lois de Malthus et démontrer que si elles ne sont pas exemptes de certaines erreurs de détail, elles ne sont cependant pas discutables dans leurs références essentielles.

Ou encore soulever l'objection d'imprévoyance ou d'incapacité, suggérer des aménagements palliatifs.

Adressés à ceux qui détiennent les leviers de commande de l'État, tous les raisonnements qui prennent texte de ces considérations sont vains, sous quelque forme que ce soit. Tout ce que nous pouvons leur dire, ils le savent. Et aussi que pour nous donner satisfaction, il leur faudrait nous consentir une nouvelle nuit du 4 août. Or, celle de 1789 a coûté assez cher à leurs ancêtres pour qu'ils ne soient pas tentés de renouveler le geste. Entre eux et nous, la discussion ne se situe pas sur le plan de la conviction, mais sur celui de l'intérêt. C'est donc, une fois de plus, une question de rapport des forces.

Mais ces gens sont des privilégiés, savent qu'ils le sont et ils veulent le rester. À tout prix et par tous les moyens. Aucun souci de justification morale ou philosophique ne les effleure : ils ont dépassé ce stade. Et il faut convenir que depuis 1914, on n'a pas mis beaucoup d'insistance à leur demander de se justifier ou à les y obliger.

Vu de leur balcon, leur système est assez au point, sur le plan intérieur. Ils poussent à la prolifération pour avoir constamment à leur disposition une offre considérable sur le marché du travail, ce qui leur permet, sans trop d'aléas, de pratiquer la politique des bas salaires dont

---

[26] 7 500 milliards de revenu national (en 1950) cela fait 15 000 Fr par tête d'habitant, et par mois — 30.000 Fr par couple. Chaque fois qu'un couple aurait augmenté son revenu mensuel de 15 000 Fr, il pourrait penser à procréer un enfant... Depuis, le revenu national est passé à environ 12 000 milliards, dit-on.

ils font la condition du profit. Et sur le plan extérieur, il leur faut des hommes pour leur assurer des avantages dans la lutte pour la conquête et la conservation des marchés.

À nos yeux, tout être humain a droit tout au long de sa vie et successivement, à la chaleur du berceau dans une famille aisée, à l'instruction et à l'initiation à la vie sociale dans une école claire, propre et confortable, à l'apprentissage d'un métier, aux possibilités de l'exercer, à la considération et au respect qui s'attache à la notion que nous avons de la personne, à la vie dans la dignité et avec sa part des moyens que la nature, les générations qui nous ont précédés et sa contribution personnelle à l'effort commun lui garantissent dans des limites et dans des formes imprescriptibles. Aux yeux des privilégiés, l'être humain n'a d'intérêt qu'au dernier stade : quand il est un ouvrier qui eue des bénéfices et surtout un soldat qui les défend.

Il est normal qu'ils cherchent à obtenir ce résultat au maximum quant au nombre, et au minimum quant aux frais.

Il l'est moins que nous les prenions au sérieux quand ils prétendent réparer ou empêcher d'arriver à leur conclusion au moyen du flic, du juge et du journaliste, tous les drames qu'ils provoquent et rendent inévitables.

Et que nous ne réussissions ni à les mettre hors d'état de continuer, ni à rendre sensible la diversion qu'ils semblent bien proposer impunément.

Chapitre VII : Le petit sottisier de l'économiste distingué

La productivité

En 1951, les charbonnages de France ont remonté au jour 55 300 000 tonnes de charbon. Ce résultat bat tous les records, y compris celui de 1930, qui n'avait jamais été atteint depuis. En 1930, on n'avait, en effet, réussi à produire que 55 100 000 tonnes. Encore avait-il fallu le concours de 209 000 ouvriers du fond travaillant 300 jours par an. En 1951, pour 200 000 tonnes de plus, on n'a employé que 169 000 ouvriers du fond qui n'auront travaillé que 225 jours dans l'année.

Il s'agit donc là d'une amélioration de la productivité dans l'acception que les autorités gouvernementales donnent au mot : diminution de la main-d'œuvre, augmentation de la production, diminution des prix de revient.

Que je sache, le prix du charbon n'en a pas moins augmenté dans une proportion beaucoup plus grande que le salaire des mineurs.

Alors ?

Nous ne manquerons pas d'acier !

D'après la revue américaine *Iron Age*, la production de l'acier s'est élevée à 224,7 millions de tonnes, soit 224 700 000 000 de kilos pour l'année 1951.

Ceci fait à peu près 100 kilos d'acier pour chaque habitant du globe. En admettant qu'on procède à une répartition égalitaire, chaque famille française moyenne, c'est-à-dire de quatre personnes, a droit à ses 400 kilos d'acier sous forme d'outils, de travail ou d'ustensiles de ménage. L'année prochaine, elle aura droit à encore plus, puisque la production va sans cesse en augmentant et que tous les États du monde s'attachent à atteindre ou à battre le record de l'Amérique, lequel a été, en 1951, de

200 tonnes d'acier à la minute et sera de 230 en 1952, disent les spécialistes.

Mais on ne procède pas à une répartition égalitaire. Alors, notre famille française moyenne de quatre personnes n'a pas les moyens d'acheter les 400 kilos d'acier qu'on fabrique à son intention. Les familles arabes, nègres, polynésiennes ou lapones non plus, d'ailleurs, ou plutôt moins encore.

Alors, on fait des canons, des fusils, des bombes, etc., avec tout cet acier qui ne trouve pas de clients usuels particuliers.

Et ce sont les États qui l'achètent.

Bien entendu, en le faisant payer sous forme d'impôts par leurs contribuables respectifs auxquels ils le distribueront gratuitement, un jour ou l'autre, sous forme de projectiles.

Bien entendu encore, il ne peut être question de le transformer en charrues, en tracteurs, en lignes électriques, en turbines pour production de courant, etc., après en avoir financé rachat par les mêmes moyens.

Ce serait trop beau.

Le bien-être conduit à la Révolution, tandis que la guerre fait perdurer la servitude.

DE GRAPPE EN CUVE...

À l'automne dernier, nous avons fait la soudure avec 20 millions d'hectolitres de vin bloqués dans les caves des producteurs.

Fort heureusement, la récolte de 1951 n'a pas dépassé les prévisions. Mais on peut prévoir que nous ferons la prochaine soudure avec 25 à 30 millions d'hectolitres, qui n'auront trouvé preneur ni pour la distillation, ni pour la consommation familiale.

Bien sûr, on distillera des quantités appréciables et on bloquera tout ce qu'on pourra pour empêcher le cours du vin de baisser.

Mais, dans ce domaine, il y a des limites qu'on ne peut absolument pas dépasser sans provoquer des catastrophes budgétaires ou des embouteillages dans les chais.

Alors, le Ministre de l'Agriculture, en désespoir de cause, vient d'envisager de limiter la culture de la vigne à certaines régions seulement.

But poursuivi : en quinze ans, réduire la surface du vignoble français de 20 à 25 % par rapport à ce qu'elle est actuellement.

Pour fabriquer des canons et des munitions, il faut à tout prix augmenter la production par une amélioration de la productivité.

Quand il s'agit de permettre à tout le monde de boire du vin à bon marché, c'est évidemment une tout autre question.

ANGLETERRE-ALLEMAGNE-JAPON

L'Angleterre se tient à l'écart de la Fédération européenne style Schuman- Philip. Elle a ses raisons.

Tout récemment, le *News Chronicle* laissait échapper qu'au cours de l'année 1951, tandis que les produits sidérurgiques anglais trouvaient de moins en moins preneurs sur les marchés mondiaux, 30 000 ouvriers et ouvrières du textile avaient été mis en chômage partiel, 25 000 tailleurs, et que, dans les grands magasins de confection, 8 000 employés étaient réduits pour longtemps à quatre jours de travail par semaine.

C'est que l'Allemagne vend exactement les mêmes produits que l'Angleterre. Or, jusqu'ici, l'Allemagne n'ayant pas de charges militaires à supporter pouvait les mettre sur le marché à un prix de 30 à 40 % inférieur à celui des Anglais.

L'économie anglaise et l'économie allemande étant concurrentes, c'est presque tenter de résoudre la quadrature du cercle que vouloir les fédérer.

Il ne peut pas être question d'empêcher l'Allemagne de produire les mêmes articles que les Anglais. C'est pourquoi, en France et en Amérique, histoire d'arrondir un peu les angles, on a mis sur pied l'affaire du réarmement allemand. Si on oblige les Allemands à fabriquer intensivement du matériel de guerre, ils ne pourront plus produire à si bon compte dans le textile, ni l'industrie sidérurgique usuelle, et ils concurrenceront moins les Anglais...

Il suffisait d'y penser.

Mais la concurrence japonaise n'en serait pas pour autant éliminée.

Qu'à cela ne tienne : on en fera autant pour le Japon, un peu plus, même, de telle sorte qu'il ne puisse plus rien mettre sur le marché à des prix inférieurs de 50 % parfois à ceux des Anglais.

Pour sauver la bourgeoisie anglaise et l'amener à se fédérer à l'Europe, on fera crouler le monde entier sous les armes.

Après quoi, il faudra s'en servir.

La représentation nationale

Les informations parues dans la presse pendant la discussion du budget nous ont appris que nos 624 députés nous coûteraient 3 709 615 000 francs pour l'année 1952, soit, approximativement, le millième du budget national.

Chaque député coûte donc environ 6 millions de francs au Trésor public.

Si chaque citoyen de notre République démocratique et sociale réclamait autant pour son entretien, il faudrait que la classe ouvrière crée : 6 millions x 45 millions = 270 000 milliards de richesses.

Sans commentaires.

Payez vos impôts

Dans les chapitres précédents, j'ai attiré l'attention sur les impôts en général et sur les impôts indirects en particulier.

À ce dernier titre, voici ce que la ménagère paie sur le marché, pour quelques denrées de première nécessité :

Sur un kilo de café	199
Sur un litre d'huile	64,35
Sur un litre de vin	16
Sur un kilo de sucre	24
Sur un kilo de viande	70
Sur un kilo de chocolat	94,25
Sur un kilo de beurre	146
Sur un kilo de pain	18

Encore ne s'agit-il que de l'impôt perçu au dernier stade chez le détaillant. À ces sommes, il faut ajouter les différentes taxes de transactions, les taxes à la production et les impôts perçus à la production et chez le grossiste. En règle générale, il convient de multiplier, dans chaque cas, les prix ci-dessus indiqués par 2,5 pour avoir le montant approximatif de l'impôt total.

Ceci revient à dire que, dans notre meilleur des mondes, une somme qui varie entre les 2/3 et les 3/4 du prix de vente au détail de toutes les marchandises est affectée à l'impôt.

Si les services que l'État rend à l'individu ne tombent pas facilement sous les sens, il y a une chose qu'on ne peut pas ignorer, et c'est qu'ils coûtent fort cher.

MALGRÉ CELA…

Malgré cela, le budget de la nation est toujours en déficit. À tel point qu'on ne peut plus en avoir aucune idée chiffrée.

En 1949, pour dissimuler ce déficit, le Ministre des Finances décida que les impôts directs seraient payés, non plus, comme le voulait la tradition, en fin d'exercice sur les revenus de l'exercice précédent, mais avec une année d'avance.

Cette année-là, le budget absorba les ressources de deux années. Cela ne suffit encore pas. De nouveau, on est à court.

Alors, en 1952, il faudra payer les impôts de l'année 1953. En partie, tout au moins.

À ce rythme, on arrivera bien à récupérer, en 1953, la totalité des impôts de 1955 !

Et, progressivement, à payer ceux des générations futures !

ÉVOLUTION DE LA FORMULE DE L'IMPÔT

Intervenant sur le chapitre des dépenses militaires, M. Mendès-France a révélé en fin de 1951 que, dans l'ensemble des ressources fiscales, l'impôt sur le revenu figurait pour 25 %, l'impôt sur la fortune pour 6 % et les impôts de consommation pour 69 %, alors qu'en 1938, ces différentes têtes de chapitres figuraient respectivement pour 28 %, 17 % et 55 %.

M. Mendès-France n'a pas été démenti.

Les pourcentages d'allègement au profit de la fortune acquise ont donc été reportés sur la consommation.

Les riches paient moins et les pauvres un peu plus.

Encore une guerre et la consommation supportera, toute seule, tout le poids des impôts.

ÉVOLUTION DES DÉPENSES BUDGÉTAIRES

Sur le chapitre des dépenses militaires, M. Mendès-France a encore révélé qu'en 1952, Indochine comprise, on ne pourrait pas s'en tirer à moins de 1600 milliards, si on suivait le Gouvernement.

Et il a précisé :

En 1950, nos dépenses d'investissements étaient doubles de nos dépenses militaires. En 1951, elles leur ont été inférieures. En 1952, elles ne seront guère supérieures à leur moitié.

À ce rythme, il est évidemment à craindre que les dépenses militaires arrivent très rapidement à absorber à elles seules toutes les ressources du budget !

LA GUERRE D'INDOCHINE

Toujours d'après M. Mendès-France, elle en est arrivée à nous coûter 500 milliards par an, soit 1 milliard 1/2 par jour.

...500 milliards d'inflation et de misère qui sont, sous tous les rapports, un aliment de choix pour la propagande communiste... Lorsque M. Vychinski vient à Paris, lorsqu'il constate notre faiblesse, l'inflation et les injustices sociales qui en découlent, il peut se dire que son pays est en train de gagner la guerre froide.

Et M. Mendès-France conclut qu'il faut de toute urgence rechercher des possibilités de traiter avec le Viet-Minh pour arrêter enfin cette guerre criminelle.

Certes, les raisons de l'interpellateur ne sont pas les nôtres, avec lesquelles elles sont en contradiction formelle sur beaucoup de points souvent essentiels. Mais nous sommes entièrement d'accord avec lui, lorsqu'il s'écrie :

> On me répond qu'on ne peut pas traiter avec le Viet-Minh parce que traiter avec le Viet-Minh c'est traiter avec les agents de Moscou. En Corée, cependant, c'est bien avec les agents de Moscou qu'on traite !

Pour avoir la paix, pour la sauver ou pour la ramener, on peut traiter avec n'importe qui, jusques et y compris avec le diable.

LE CERCLE VICIEUX

Répondant à M. Edgar Faure, le Président du Conseil d'alors déclara :

> Nous nous sommes efforcés de choisir, en chaque domaine, l'essentiel. Il nous faudrait construire chaque année 240 000 logements nouveaux ; en inscrivant dans notre budget des crédits qui permettent d'en construire 57 000, nous faisons un choix : nous décidons que les crédits et la main-d'œuvre doivent être en priorité utilisés à construire des pistes d'envol ou des abris pour le matériel de nos divisions.

Mais, pendant que le gouvernement fait des pistes d'envol ou des abris pour le matériel de guerre, ceux que cette politique oblige à coucher sous les ponts ou à s'entasser dans des taudis deviennent communistes.

Ainsi, le régime fabrique-t-il lui-même les communistes contre lesquels il a besoin de lutter pour se survivre.

LA POLITIQUE FINANCIÈRE

Par rapport à ces menues choses, au Parlement, on a encore innové en matière de politique budgétaire, en fin d'année 1952, et reculé les limites de l'absurde au-delà de l'imaginable...

Le 7 juillet 1952, les députés sont partis en vacances pour rentrer le 22 octobre. Par ce moyen, ils se sont dispensés de discuter le budget complémentaire de l'année en cours : on ne saura donc jamais le montant du déficit de l'expérience Pinay pour l'année 1952, si ce n'est dans quelques années, sous la forme d'une avalisation par décret, de quelques dépassements de crédits, ou par des reports adroitement dissimulés dans l'exercice 1953, actuellement en discussion. Au début du mois de novembre 1952 un personnage de la Commission des Finances a lancé le chiffre de 656 milliards. À quoi M. Paul Reynaud a rétorqué que le déficit atteignait 800 milliards. En mars dernier, quand l'expérience Pinay prenait le départ, bien que nous ne soyons pas dans le secret des Dieux, nous avions, nous, parlé de 700 à 900 milliards probables. Mais, comme on le sait et comme il se doit, nos supputations et notre opinion comptent peu : nous n'avons pas qualité pour discuter de ces choses !

Toujours est-il qu'étant partis en vacances pour trois mois et demi, les députés se trouvent aujourd'hui dans l'obligation de faire trois séances par jour pour examiner le budget de 1953 dans les délais impartis. Le règlement de la profession ne comportant que deux séances par jour — et encore, sans obligation aucune d'y assister ! — cela fait une séance supplémentaire. Or, chaque séance supplémentaire coûte la bagatelle de deux à trois millions ; nous ne sommes donc pas très loin de la vérité si nous nous mettons à penser que nos députés partent en vacances pour pouvoir faire des heures supplémentaires, c'est-à-dire améliorer encore leur budget particulier au détriment de celui de la Nation. Si on tient compte, par ailleurs, qu'ils ils ne sont pas plus obligés d'assister aux séances supplémentaires qu'aux séances ordinaires, on est bien obligé de convenir qu'il s'agit, là, d'un argent facilement gagné. En général, la séance supplémentaire est l'alibi du député qui va rejoindre sa maîtresse — la séance ordinaire aussi, notez bien — ce pourquoi il est payé au tarif double. Et vive la République !

Un jour viendra sûrement où il faudra déchanter, mais quand ? Et dans quel marasme ?

Pour l'instant, il n'est encore possible de trouver aucun crédit dans l'opinion, si on met en cause l'expérience Pinay. Il faut bien en convenir : l'homme trouve des échos favorables jusque dans les sphères de la population où il en devrait trouver le moins. J'ai, pour ma part, entendu des syndicalistes, des socialistes, et non des moindres, non pas vanter l'expérience Pinay, mais dire qu'il n'y avait pas autre chose à faire et qu'il en sortirait sûrement quelque chose.

Pourtant, comment ne pas se rendre à l'évidence ?

Au risque de me répéter, l'expérience Pinay postulait l'équilibre du budget, le coup d'arrêt à l'inflation, la baisse des prix, le remplacement de d'impôt l'emprunt.

L'équilibre du budget ? M. Paul Reynaud, président de la Commission des finances, nous dit qu'il y a 800 milliards de déficit.

L'arrêt de l'inflation ? Quand M. Pinay a pris le pouvoir, 1 864 milliards de billets étaient en circulation : nous approchons de 2 100. Le rythme de l'augmentation est, par conséquent, le même que sous les gouvernements précédents. La baisse des prix ? Les locomotives baissent, les avions baissent, les tanks baissent, le papier baisse, les services n'augmentent pas, mais le pain ne baisse pas, la viande ne baisse pas, le vin ne baisse pas, le beurre monte, le lait monte, l'huile monte, etc… L'indice général est calculé sur 213 articles, dont au moins n'entrent pas dans la composition du budget familial de l'ouvrier. Dans ce domaine, ce qui est sûr, c'est qu'il y a une baisse à peu près générale des prix de gros sur le marché mondial, mais cette baisse n'arrive pas à descendre dans les prix de détail, sur le marché national, et la ménagère revient toujours du marché, en récriminant à juste titre. Encore faut-il préciser que cette baisse des prix de gros sur le marché mondial n'est pas le fait de M Pinay, mais de la conjoncture.

Le remplacement de l'impôt par l'emprunt ? On a vu ce qu'il en a été : péniblement, le gouvernement a trouvé 195 milliards quand il en escomptait 560. Il reste, en outre, qu'il est impossible, maintenant, de renouveler l'opération.

Par contre, l'indice de la production industrielle, qui atteignit 153 par rapport à 1928 est, aujourd'hui, au-dessous de 140 et nous abordons une crise de chômage. Le maintien du pouvoir d'achat à un niveau excessivement bas en est la cause : la masse des consommateurs n'a cessé de réduire encore son maigre train de vie.

C'est clair :

Quand quelqu'un cesse de travailler, quelqu'un cesse d'acheter.
Quand quelqu'un cesse d'acheter, quelqu'un cesse de vendre.

Quand quelqu'un cesse de vendre, quelqu'un cesse de produire.
Quand quelqu'un cesse de produire, quelqu'un cesse de travailler.

Quand quelqu'un cesse de travailler, quelqu'un cesse de gagner.
Quand quelqu'un cesse de gagner, quelqu'un cesse d'acheter.

Ainsi se ferme le cercle.

À continuer dans cette voie, on ne saurait manquer d'obtenir des résultats catastrophiques.

Si on tient compte que toutes les entreprises se mettant d'un seul coup à produire moins avec le même outillage et les mêmes frais, ont produit, par conséquent, à un prix plus élevé, on conviendra que ceci n'arrange pas les choses. C'est ainsi qu'en un temps où tout (baissait sur le marché mondial, les entreprises françaises n'ont pu suivre le mouvement : il en est résulté un ralentissement dans le rythme de nos exportations et un accroissement de notre déficit à la Banque des règlements internationaux.

Ce déficit, il faudra bien, un jour, le prendre en compte, c'est-à-dire le faire entrer dans le budget de la nation. En même temps, il faudra aussi prendre en compte le chômage et les moins-values qui sont la conséquence de la mévente. Par l'emprunt, il n'en peut être question. Alors, par l'impôt, et nous nous retrouvons au point de départ de l'expérience Pinay.

Pour le jour où nos députés prendront conscience de cela, on peut prédire une baisse des prix qui dépassera tout ce qu'on en peut imaginer. Nous paierons d'un seul coup l'addition que les autres gouvernements avaient pris l'habitude de nous présenter à doses moindres, mais répétées.

Ce qu'il y a de changé ?

C'est précisément ce que je vous demande...

En attendant...

En attendant, les journalistes de talent, dont, chaque matin, la radio vante les mérites, en sont réduits aux ressources de leur imagination, qui est ce qu'elle est. Le type du genre est M. Émile Servan-Schreiber[27], des « *Échos* », qui a ses grandes et ses petites entrées dans les Conseils du gouvernement.

Voici donc ce qu'écrivait cet homme dont l'opinion compte :

> La crise dont, souffre l'industrie du vêtement masculin *West* pas une crise aiguë provenant de l'accumulation des stocks ou d'un déséquilibre entre la production et la consommation, mais d'une dépression permanente dont la persistance est autrement dangereuse : le Français consacre une part trop restreinte de ses ressources à son habillement. C'est moins là, en vérité, une question de pouvoir d'achat global qu'un problème de réparation des postes à l'intérieur du budget familial.

Dans le même temps que M. Servan-Schreiber écrivait ces choses, il y en avait un autre, qui est Ministre de la Reconstruction et de l'Urbanisme, et qui en disait autant du logement : « Le Français ne consacre pas assez à son logement et toutes les raisons de la crise sont là. »

Mon marchand de primeurs prétend que le Français consacre une trop petite part de son budget à l'achat de fruits et que c'est pour cette raison qu'il faut faire un alcool coûteux.

Bientôt, le vigneron du Midi protestera parce que le Français consacre une trop petite part de son budget à l'achat du vin !

Pauvre budget familial ! En somme, l'ouvrier français y consacre une trop petite part à l'achat de tout. Mais M. Baumgartner, gouverneur de la Banque de France, prétend, lui, que les Français dépensent trop.

Allez vous y reconnaître !

Surtout si vous voulez bien considérer que le budget familial de l'ouvrier français tourne autour d'une moyenne de 20 000 francs par

---

[27] Habituellement mieux inspiré, il faut le reconnaître.

mois, quand il n'y a pas de chômage.

Admirez donc avec moi les talents de cet ouvrier français qui réussit à la fois à y faire entrer trop de choses selon les uns et pas assez selon les autres.

Chapitre VIII : Une refonde des structures est-elle possible ?

Le mieux est de raisonner sur un exemple précis : le vin, problème-type et symbole de l'impéritie capitaliste.

La France traverse une crise viticole qui requiert l'attention en termes chaque jour moins équivoques. Périodiquement, les journaux s'emplissent des doléances des vignerons dont les représentants au Parlement s'émeuvent et, non moins périodiquement, sous couvert de prendre les mesures qui s'imposent, le gouvernement fait procéder à la distillation de quelques millions d'hectolitres de vin.

Grâce à cet artifice, sans cesse renouvelé dans les mêmes conditions et suivant un processus désormais rituel, le vin reste à son prix ou augmente et quelques dizaines de milliers de petits producteurs, trop heureux d'échapper à la misère totale, peuvent continuer à vivoter dans une demi-misère sur quelques arpents de vigne. Reconnaissants à leurs députés et au gouvernement qui les « gâtent » ainsi, ils chanteront leurs louanges et voteront pour eux la prochaine fois, en espérant qu'ils feront toujours mieux dans le même sens.

On aboutit donc à ce premier résultat essentiellement « moral » que, sur la terre, il y a des hommes qui s'évertuent à créer des richesses en priant tous les saints qu'une fois créées, au lieu de les consommer, on veuille bien les détruire purement et simplement, sous les yeux de ceux qui en ont besoin mais n'ont pas les moyens de se les procurer.

En face de ces quelques dizaines de milliers de malheureux, dans la même profession, il y a quelques milliers de privilégiés qui cultivent des centaines ou des milliers d'hectares de vignes, qui sont, de fait, autorisés à vendre leur vin a un prix très supérieur à son prix de revient et qui encaissent les bénéfices de l'opération par dizaines de millions.

Je ne parlerai pas du problème de la distribution conçu et agencé de telle sorte que toute une chaîne de margoulins arrive à vendre 70 francs le litre, au consommateur des villes — et parfois au vigneron qui le produit ! — un vin acheté entre 25 et 31 francs à la production.

Au deuxième stade, il y a le marché de l'alcool, alimenté déjà par les betteraves qu'il ne faut pas transformer en sucre pour n'en pas faire baisser le prix, le blé qu'il ne faut pas transformer en pain, les pommes de terre qu'il ne faut pas envoyer dans les villes, etc. Ce marché s'embouteille encore et ceci est trop connu pour que j'y insiste.

Au troisième stade, il y a l'État qui achète aux gros distillateurs, au prix de 85 francs le litre, un alcool que, faute de pouvoir l'incorporer en totalité dans l'essence, il vend en presque totalité sur les marchés extérieurs, au prix de 31 francs le litre.

Les gros distillateurs empochent la différence qui se chiffre par des milliards.

Et, au quatrième stade, il y a le consommateur qui, pour combler le trou ainsi creusé dans les finances publiques, paie sous forme d'impôts — de préférence indirects pour que les plus pauvres paient le plus — un vin qu'il ne boit pas, un pain, un sucre, des pommes de terre et toute une liste jamais arrêtée, de produits consommables qu'il ne consomme point.

Il y a même un cinquième stade : celui des importations de vin italien, grec ou portugais, rendues nécessaires à certains moments, pour pallier les inconvénients de distillations trop massives. Ici, ce sent quelques gros importateurs qui « se sucrent » en creusant, par surcroît, dans la balance commerciale, un autre trou qu'il faut aussi combler par l'impôt sous forme de dévaluation de la monnaie.

Avant cette guerre, un homme d'État éminent, comme ils le sont tous, s'était distingué en prescrivant l'arrachage des plants de vigne en prétendu surnombre. Tout dernièrement, un ministre de l'Agriculture avait lancé un ballon d'essai en faveur du retour à cette solution, mais l'affaire a fait long feu parce qu'on n'a pas trouvé ce qu'on pourrait bien cultiver à la place de la vigne arrachée. Comme on ne pouvait pas non plus transformer d'autorité les petits vignerons en chômeurs, ni les transplanter et les reclasser dans des professions artisanales ou industrielles, elles- mêmes toutes menacées par le chômage, on conserve les plants de vignes, mais on en détruit le produit.

Il paraît que cela revient moins cher, et c'est le dernier cri du malthusianisme économique.

Hormis les mauvais esprits dont les idées n'ont pas cours dans les cercles officiels, personne n'a jusqu'ici pensé qu'il y avait d'autres solutions à ce problème et que, pour se recommander d'impératifs plus humains sur le plan de la morale, ces solutions n'en étaient pas moins pertinentes sur celui de la politique et de l'économie.

En avril dernier, le journal *Le Monde*, effrayé par les proportions que prenait la crise viticole dans le midi de la France, dépêcha sur place un de ses envoyés spéciaux, M. André Leveuf.

À Montpellier, ce M. André Leveuf fut reçu « dans son hôtel particulier au patio semé de graviers blancs », par le plus gros producteur de vin de France, et il s'entendit dire ceci :

> « Sur le millier d'hectares que je possède ou que je gère, m'a-t-il dit, j'ai fabriqué, l'an dernier, 107 000 hectolitres de vin qui m'est revenu, tous frais déduits, à 15 Fr. 20 le litre. Si le statut viticole n'existait pas, si l'on ne m'avait pas contraint de distiller la moitié de ma récolte, si l'on ne m'avait pas obligé à vendre mon vin 20 francs le litre pour l'exportation et 34 francs sur le marché intérieur, si l'État avait renoncé à percevoir des taxes excessives, j'aurais pu fournir aux Parisiens 10 700 000 litres d'excellent 10 degrés qu'ils auraient payé 20 francs le litre chez leur détaillant. »

Il est donc possible de produire du vin à 15 Fr. 20 le litre, pris à la production. En supprimant le luxueux hôtel, le patio, les cailloux blancs et la nombreuse domesticité qui va probablement de pair, il est certain qu'on pourrait améliorer encore sensiblement ce prix de revient. Si on veut se contenter de ces 15 Fr. 20 et ne rien supprimer, il faut toutefois convenir que ce résultat ne peut être obtenu qu'en produisant le vin par millions de litres, c'est-à-dire en cultivant la vigne par milliers ou, au moins, par centaines d'hectares.

Or, je suppose que dans la région de Montpellier, l'envoyé spécial du Monde a observé les mêmes phénomènes que j'ai sous les yeux dans le Mâconnais et le Beaujolais : dans chaque village, des centaines de petits vignerons qui cultivent un ou deux hectares de vignes et produisent de 5 000 à 10 000 litres de vin font cortège à deux ou trois gros propriétaires fonciers qui roulent carrosse.

De toute évidence, on ne pourrait entretenir décemment une famille en vendant 15 Fr. 20 le litre 5 000 à 10 000 litres de vin par an ; on ne peut déjà guère mieux en les vendant le double.

Ramené à l'échelle de ces petits vignerons, le problème pourrait être résolu en leur conseillant de cultiver autre chose. Mais, de toutes les cultures, c'est encore la vigne qui rend le plus à l'hectare et, d'autre part, le lopin de terre qu'ils possèdent est généralement impropre à toute autre culture que celle de la vigne. Encore resterait-il que, faisant baisser le prix des autres denrées agricoles, cette solution laisserait intact, à l'échelle nationale, le problème du prix du vin.

À un double point de vue, il faut donc chercher autre chose.

Chercher n'est d'ailleurs pas le mot, car la solution qui s'impose saute aux yeux, et elle est dans le remembrement des terres vinicoles, ainsi que l'indique très clairement la petite histoire rapportée par M. André Leveuf dans son journal.

Du moment qu'en cultivant la vigne par milliers ou par centaines d'hectares, on peut obtenir du vin à 15 Fr. 20 le litre, il semble qu'il n'y ait aucune raison de ne pas chercher à rassembler en une seule grande exploitation, dans chaque localité, toutes les petites qui périclitent et seraient déjà mortes n'était l'aide que leur apporte plus ou moins directement l'État. Du moins ne devrait-il y en avoir aucune pour un gouvernement qui prétend pratiquer systématiquement la baisse des prix et qui devrait normalement se sentir gêné de faire ouvertement exception pour le vin et les autres denrées agricoles que ce raisonnement m'a conduit à citer par incidence.

Techniquement, rien ne s'y oppose : la grande culture, avec des moyens modernes, est depuis fort longtemps de règle aux États-Unis et dans un certain nombre d'autres pays.

Mais cette solution suppose un équipement rural ad hoc et, donc, des investissements massifs. Or, dites-moi, que deviendrait le budget de la guerre si, tout à coup, on se mettait à procéder à ces investissements ?

J'entends bien que, chez les petits vignerons, le vent ne souffle pas en direction du remembrement. Mais à qui la faute si, malgré l'esclavage dans lequel il les tient, le sentiment de la propriété est si tenace chez eux et s'ils envisagent, non comme une planche de salut mais comme une menace contre leurs maigres moyens d'existence, toute mesure qui serait prise dans ce sens ? À qui la faute, sinon à cette société dont ils savent bien qu'elle se soucierait assez peu de reclasser ailleurs ceux d'entre eux que l'introduction du machinisme dans la viticulture écarterait de la vigne et arracherait à leurs pitoyables occupations actuelles ?

Aussi bien, d'ailleurs, même si les petits vignerons sont contre le remembrement, l'argument est sans valeur : si, par miracle, leur état d'esprit échappait à l'orientation qu'on lui imprime et s'ils devenaient soudain sensibles aux avantages de l'opération, le gouvernement freinerait aussitôt leurs aspirations.

Le gouvernement est le mandataire du gros producteur qui, quoi qu'il en dise, a intérêt à voir aligner le prix de revient de son vin sur celui qui est fixé par décret à la petite production. Il est le mandataire des gros distillateurs-exportateurs et, comme je le souligne dans un précédent chapitre, des petits bourgeois parvenus qui vivent sur le circuit de la distribution, dont le pourcentage, à tous les échelons, est directement proportionnel au prix de revient. Il est enfin le mandataire des marchands de mort subite qui peuvent d'autant mieux vivre que le montant des taxes prélevées sur la distribution est plus élevé, ce qui signifie qu'il recherche les effets de la baisse beaucoup plus en paroles qu'en actes, car — et l'expérience Pinay le prouve — le rendement des taxes est d'autant plus bas que les prix de revient le sont eux-mêmes.

Pour que ces gens puissent continuer à vivre princièrement « dans de luxueux hôtels particuliers aux patios semés de cailloux blancs, avec une nombreuse domesticité à leur service », il faut qu'il y ait de petits producteurs de vin qui servent de pilotes dans l'établissement des prix.

Et il faut que tout le monde paie au double ou au triple de son prix, non seulement le vin qui se boit, mais encore celui qui ne se boit pas.

Pas question, donc, du remembrement des terres vinicoles assorti de l'Association libre des travailleurs de ce secteur, les deux mesures qui supprimeraient radicalement les deux causes principales du vin cher : la petite exploitation et le gros producteur parasite.

Et qui conduiraient à la refonte complète du système de distribution, par surcroît.

J'ai dit que cette histoire du vin rassemblait les données d'un problème-type et se présentait comme un symbole de l'impéritie capitaliste. Prenez les journaux : pas de jour qu'on ne l'y trouve, sur le mode inquiet, dans un de ses aspects. Écoutez les discours de nos hommes politiques : pas un seul qui n'y fasse allusion. Il n'est donc pas étonnant que je sacrifie moi-même à cette sorte de mode et me complaise à la citer à nouveau.

Mais il n'y a pas que le vin : dans ce régime, tout ce qui se produit circule ou ne circule pas, se vend ou ne se vend pas, se consomme ou est détruit dans les mêmes conditions et pour les mêmes raisons : le vin, mais aussi le blé et le pain, la betterave et le sucre, les pommes de terre, le lait et le beurre, les fruits et les légumes, les poissons qu'on pêche, le charbon, le fer et leurs dérivés, etc.

Qu'il s'agisse de produits agricoles ou de produits industriels, on peut faire le même raisonnement à propos de chacun d'entre eux et, sur le circuit qui les conduit à la consommation ou les en retranche, relever les mêmes incohérences toujours payantes pour les maîtres du jeu et toujours considérablement onéreuses pour le travailleur-consommateur.

Au vin qu'on distille correspondent le poisson qu'on rejette à la mer, le lait dont on fait de la poudre pour nourrir les cochons, les mines de charbon qu'on ferme, etc.

Avant de partir à Aix-les-Bains, pour quinze jours ou trois semaines, en juillet 1952, M. Antoine Pinay a tenu à prendre deux mesures économiques qui étaient alors d'extrême urgence : la distillation d'une partie des « excédents » de vin (6 millions d'hectolitres sur les 20 millions qui sont en stock !) et la fixation du prix du lait jusqu'au 1er octobre.

On a tant fait de lait en poudre que, maintenant, on manque du lait naturel et qu'il faut en importer. Par ailleurs, on ne peut pas arrêter de faire du lait en poudre, car les « Bon Lait » et autres « France-Lait » seraient acculés à la faillite et leurs ouvriers au chômage : on importe donc du lait pour le transformer en poudre.

Enfin, pour compenser les pertes résultant de la fièvre aphteuse, les petits producteurs de lait ont demandé une augmentation dont les gros profiteront dans la même mesure que les gros producteurs de vin : 3 francs par litre en août et en septembre. Mais cette augmentation ne devait pas être répercutée à la consommation : cris d'orfraie des ramasseurs, collecteurs, centralisateurs, distributeurs, etc. quand ils ont appris la nouvelle.

Astuce de M. Pinay : les centralisateurs ont été autorisés à récupérer ces trois francs par litre en écrémant le lait à 12 % (plus exactement : en ramenant sa teneur en matières grasses de 34 grammes à 30 grammes par litre) et vendront le beurre ainsi obtenu[28].

Toute la France au lait écrémé, pour que le distributeur-petit-bourgeois- parvenu ne perde pas sa situation !

Quand on ne peut pas maintenir ou faire baisser le prix d'une denrée, on en sert, au même prix, une ration moindre ou de moindre qualité : demain, on nous vendra le pain noir au prix du pain blanc et 800 grammes de rosbeaf pour 1 kilo !

Et on pourra amplifier le bla-bla-bla autour des indices officiels qui resteront stationnaires à défaut de baisser.

Il fallait y penser.

Nous vivons sous le signe de la raréfaction artificielle et de la misère généralisée par décret qui produisent des millions et parfois des milliards très réels pour les privilégiés.

Le discours dominical qui promet l'amélioration générale des conditions de vie par la baisse des prix compense les actes du ministre qui la rend impossible, dore la pilule et fait passer la muscade.

À la longue, ces choses sont devenues des truismes, et il est aussi

---

[28] Le lecteur doit savoir que pour ramener la teneur du lait en matières grasses de 34 gr à 30 gr par litre, il y a un moyen plus économique que l'écrémage : ajouter un litre d'eau à 8 litres de lait pur. Les collecteurs-centralisateurs, etc. préféreront sûrement cette seconde solution. Et le mouilleur de lait, jusqu'ici traqué par les tribunaux correctionnels, sera un personnage officiel de la IVe République.

pénible de les ressasser que de se faire une raison et d'enregistrer cette sorte d'amorphisme des masses qui consacre l'accord tacite des victimes de ce sinistre jeu avec les maîtres sans scrupules qui le conduisent.

Mais on ne saurait rester sur cette note pessimiste et, d'autre part, il faut répondre à la question posée par le titre de ce chapitre. Aux considérations qui précèdent et qui sont essentiellement d'ordre pratique, viennent s'ajouter d'autres qui le sont moins, mais qui, caractérisant la période que nous vivons, n'en situent que mieux le problème sur son véritable plan : celui du transfert du pouvoir.

On dit communément que la Révolution de 1789 a porté la bourgeoisie au pouvoir. Très peu de gens, par contre — et aussi bien parmi ceux qui utilisent ce thème rêvé pour discours pseudo-révolutionnaires que parmi ceux à qui on l'inflige à répétition — se représentent exactement ce que cela signifie.

La lecture de l'Histoire de France officielle, incline plutôt à voir des foules qui descendent dans la rue, s'imposent par la violence et, finalement, par l'entremise d'institutions de fortune instinctivement conçues au niveau de la justice et pérennisées dans la suite, guillotinent un roi devenu impossible par ses excès ajoutés à ceux de son entourage privilégié. Ramené à ces proportions, l'événement court sur quelques mois aux yeux des mieux avisés. Quant à ses effets, on confond volontiers la mort de ce roi avec celle du régime dont il était le symbole du moment. On dit, en effet, la Révolution de 1789, l'ancien et le nouveau régime, etc. En ce qui concerne plus particulièrement ces deux dernières expressions, pour peu qu'on les juxtapose en y mettant le ton qui convient, on arrive à leur faire signifier un contraste frappant, des oppositions fondamentales, en tout cas, des différences considérables.

Telle est la vertu de l'image d'Épinal dont le but est, non de forcer les esprits à la réflexion mais de les exalter, ce pour quoi elle est le procédé par excellence de l'Histoire officielle.

Assez confusément, je veux dire dans un langage à prétentions technico- littéraires difficilement accessible, Marx et, à sa suite, les marxistes, ont essayé de nous donner une autre vision des choses et, plus spécialement, de nous représenter la Révolution française comme une longue suite de transformations dans les rapports économiques des classes sociales entre elles et dont les années 89-93 furent seulement le couronnement. Dans cette perspective, l'événement courait sur plusieurs siècles, il était une fin (provisoire, il est vrai), non un commencement. La bourgeoisie avait, certes, pris le pouvoir en 1789, mais il ne s'agissait plus que du pouvoir politique : l'autre, l'économique, elle le détenait depuis fort longtemps si elle ne l'exerçait que très discrètement, c'est-à-dire d'une façon essentiellement occulte.

Dans l'esprit des marxistes, pour expliquer ce phénomène, il fallait remonter jusqu'aux jacqueries, aux chartes d'affranchissement accordées par les seigneurs, à la découverte de l'Amérique, au développement des relations commerciales entre l'Ancien et le Nouveau Monde, etc. À l'occasion de ces faits, un transfert de la richesse nationale s'était opéré au long du temps, des classes sociales privilégiées qui étaient alors la noblesse et le clergé, à une autre qui était née dans leur ombre, qui s'était développée en faisant tout bêtement sa petite pelote à ramasser leurs dépouilles et qui en était arrivée progressivement à prendre en mains tous les leviers de commande d'une vie économique essentiellement commerciale, artisanale et agricole. Bien avant 1789, la royauté avait dû compter avec les marchands de Paris et il est de notoriété que Colbert assit son autorité sur les artisans et les commerçants. À l'échelon inférieur, la plupart des membres de la noblesse et du clergé n'étaient plus des privilégiés que politiquement : économiquement, ils étaient tous plus ou moins dans la dépendance du marchand auquel ils avaient vendu leurs terres et, souvent, emprunté de l'argent. On se demande parfois pourquoi Necker et Turgot n'ont pu renouveler l'opération qui avait si bien réussi à Colbert : c'est qu'ils n'avaient plus rien à offrir en contrepartie à des gens qui, possédant la presque totalité des richesses, ne désiraient plus que commander, c'est-à-dire en disposer à leur gré. C'est toujours ainsi : qui paie veut commander et, si possible, officiellement : l'Amérique, de nos jours, en offre un exemple assez probant.

Mais, abandonnant pour une fois les impératifs absolus de leur dialectique, les marxistes ont fait un raisonnement par analogie, en ce sens qu'ils ont imaginé que, dans une suite d'événements similaires, le Prolétariat serait quasi fatalement amené à conquérir sur la bourgeoisie le pouvoir qu'elle avait conquis sur la noblesse et le clergé. Aujourd'hui, on voit très clairement que ce raisonnement était un peu simpliste : à l'époque, il n'était pas facile de le déceler. Il faut d'ailleurs convenir que tout militait en faveur de leur thèse : la Révolution qui ne laissait en présence que deux classes, la bourgeoisie et le prolétariat, les progrès techniques et le développement industriel de la première moitié du XIXe siècle qui devaient accentuer les oppositions d'intérêts entre ces deux classes, etc... La bourgeoisie s'installant dans les mœurs des classes qu'elle supplantait, on pouvait supposer que le transfert de la richesse et, par suite, du pouvoir, s'opérerait directement d'elle au prolétariat. D'où une théorie de la lutte des classes conçue comme un moteur de l'Histoire et érigée en un système qui devait, sinon accélérer le transfert, du moins éviter les faux-pas.

En réalité, de même que la bourgeoisie était née à la fin du moyen âge entre les classes privilégiées et une population agricole de condition serve, une troisième classe aux contours mal définis s'est taillée une place entre la bourgeoisie et le prolétariat : la classe dite moyenne.

Et ce phénomène a faussé toutes les perspectives du marxisme qui ne l'avait pas prévu.

Car, s'il est exact que la bourgeoisie n'a cessé de décliner, sinon depuis son accession au pouvoir politique, du moins depuis la naissance du capitalisme industriel s'il est exact qu'un transfert de ses revenus et de sa richesse s'est opéré de façon continue en direction du prolétariat, il ne l'est pas moins que tout cela s'est fait sans que le prolétariat prenne conscience de la mission historique qui lui était assignée par le marxisme. Les bénéficiaires du transfert ont réagi individuellement en changeant de classe, en s'installant dans cette classe moyenne — qui n'est autre qu'une petite bourgeoisie — et en oubliant leurs origines. Mais on n'a enregistré aucune réaction de classe : les autres sont restés le prolétariat et s'ils ont eu conscience de quelque chose, c'est que leur classe se vidant par en haut, il leur était possible de la remplir par en bas au moyen de la repopulation. En quoi, d'ailleurs, ils n'ont fait que donner dans le piège grossier qui leur était tendu.

On peut supputer à l'infini sur le transfert de la richesse et du pouvoir dans le cadre d'un régime dont les assises morales et les structures sont, quoi qu'on en dise, multimillénaires à quelques faibles nuances près. L'objet de ce chapitre est seulement d'en signaler quelques aspects généraux et de les ramener à l'échelle de l'actualité.

Il ne peut être question, en effet, d'examiner dans le détail les circonstances qui ont provoqué la naissance et le développement de la classe moyenne. On voit assez bien s'en dessiner les conditions générales : une vie sociale conçue de telle sorte que le producteur étant frustré d'une partie des fruits de son travail, il est nécessaire qu'entre ceux qui détiennent les moyens de la production et ceux qui la consomment, pour sauver le profit quitte à le partager, s'interpose le distributeur qui mesure à chacun ce qui lui revient d'après les règles d'un code préétabli de la hiérarchie non des besoins, mais des valeurs individuelles. Au fur et à mesure que les progrès scientifiques ont perfectionné les formes de la production et en ont augmenté le rendement, le nombre des distributeurs est allé en s'accroissant. Et dans les périodes de crise, pour conserver leur emprise sur leurs salariés, les propriétaires des moyens de la production, souvent, ont dû leur faire des concessions, notamment leur abandonner une plus grande part du profit. Ainsi le distributeur n'a cessé de proliférer et de s'enrichir au détriment du propriétaire industriel. Le même phénomène a pu être observé dans le monde paysan où les grands propriétaires fonciers, vivant bourgeoisement, n'ont cessé de s'appauvrir au profit de leurs fermiers, ce qui, avec l'héritage, est à l'origine du morcellement de la propriété à l'infini en un temps où tout commanderait un processus inverse. Dans le monde industriel, tout s'est passé comme si les distributeurs avaient été les fermiers du patronat en matière d'acheminement de la production vers la consommation.

Sous l'angle du rapport des forces, la bourgeoisie d'aujourd'hui est au prolétariat ce qu'étaient, autrefois, le clergé et la noblesse à la paysannerie : entre les deux principaux antagonistes, c'est la petite bourgeoisie ou classe moyenne qui joue le rôle d'écran jadis tenu par la bourgeoisie. Ce qu'on a pris pour une révolution n'était qu'un décalage...

Or, ce décalage est bien près d'arriver à son terme si on en juge par les quelques observations qu'on peut faire sur les formes dans lesquelles il continue de s'accomplir. Pour s'en rendre compte, il n'est que de se demander où passent les revenus et, en premier lieu, la part prélevée sur eux pour être affectée au paiement des salaires.

Pour toutes sortes de raisons que je crois avoir exposées dans leurs aspects essentiels, la masse actuelle des salaires est en presque totalité employée à satisfaire des besoins alimentaires contre lesquels on ne peut rien. C'est pour cela qu'il n'y a plus d'épargne. Sur ce point, tout le monde est d'accord, y compris M. Pinay, qui fondait la réussite de son expérience sur un appel au profit et plus spécialement au profit licite. (Comme s'il pouvait y avoir un profit licite !)

À partir de cette constatation, si on remonte le circuit parcouru par l'argent affecté aux besoins alimentaires, on s'aperçoit qu'il passe chez le distributeur, qui en garde une bonne part, le reste allant chez le producteur de denrées de consommation, c'est-à-dire le paysan. Et si on veut établir la proportion qui revient à l'un et à l'autre, l'exemple du vin peut servir de témoin : sur un litre vendu 69 francs à Paris, 28 francs et souvent 25 seulement vont au viticulteur, 13 à l'État et le reste, c'est-à-dire la plus grosse part, au(x) distributeur(s). Bien entendu, la répartition du revenu varie avec les denrées, mais il est rare que le distributeur ne soit pas celui à qui revient la plus grosse part. C'est donc lui qui s'enrichit le plus et, après lui, le producteur paysan chez lequel ce qui reste du prix des marchandises qui se vendent par la force des choses fait fin de circuit.

À un degré moindre, on observe le même phénomène dans le domaine de la marchandise industrielle qui se vend moins, surtout dans la masse des salariés : on se prive d'une paire de chaussures, d'une robe, d'un manteau, d'une cuisinière, etc., pour acheter du pain, du lait, de la viande, etc. Mais ce marché si difficilement accessible aux travailleurs l'est ou plutôt le reste très facilement à ceux qui vivent du profit. Là encore, en peut affirmer sans crainte que la plus grosse part du prix de n'importe quelle marchandise reste dans la caisse du distributeur : il est courant qu'un article de ménage vendu 600 francs au détail ait été acheté 400 francs par le distributeur et souvent moins (les marges peuvent atteindre 40 %). Il entend bien que, sur sa marge, ce dernier doit payer différentes taxes à l'État, mais, sur ce qui lui revient, le producteur doit payer la matière première, les salaires, les charges sociales et des impôts aussi, ce qui est, en définitive, autrement important[29].

Absorbant la plus grosse part de la masse des salaires et la plus grosse aussi de la masse des profits, le distributeur joue donc et gagne sur tous les tableaux. C'est ce qui explique que si on voit encore de grands bourgeois et même de très grands, on en voit tout de même de moins en moins.

Si, maintenant, on recherche par quel côté on aborde ce problème du transfert de la richesse, de l'authentique et grand bourgeois au petit qui la reçoit avec la mentalité du parvenu, on s'aperçoit que toutes les discussions tournent, non pas autour de la prolifération de ce dernier, mais de la part prélevée par l'État au titre de l'impôt. Le distributeur compte beaucoup plus sur la force du nombre qu'il peut opposer aux mesures qui le menaceraient, que sur la valeur intrinsèque des arguments qu'il avance : c'est là une des manifestations de l'instinct de conservation d'une classe qui est née, qui prend conscience de ses intérêts et qui veut s'affirmer. Le distributeur-petit-bourgeois-parvenu s'assigne une mission historique à sa mesure et ne dédaigne pas d'emprunter ses méthodes au syndicalisme ouvrier qu'il réprouve pour arriver à ses fins.

C'est donc par le biais de l'impôt, assise de circonstance d'un faux anti- étatisme, qu'il s'évertue à nous faire examiner tous les problèmes de la vie sociale. Son thème favori est : trop d'impôts, car, imitant en cela les fermiers généraux d'avant la Révolution de 1789, les impôts, il veut bien les percevoir chez le consommateur, mais il se refuse à les reverser dans les caisses de l'État. À l'impôt, il préfère l'emprunt : M.

---

[29] Voir les tableaux pages 129 et 130.

Antoine Pinay a donc pensé qu'il le déciderait à souscrire à l'emprunt s'il passait l'éponge sur les fraudes antérieures à une date donnée et le dispensait de certains impôts. Cette erreur de perspective n'est tombée sous le sens de tout le monde qu'au moment de la discussion du, dernier budget : ne payant pas J'impôt qu'il perçoit, le distributeur-petit-bourgeois-parvenu n'a pas davantage souscrit à l'emprunt.

Tout ceci revient à enregistrer l'échec de l'expérience Pinay. Sur le plan technique, d'ailleurs, elle présentait de nombreuses failles.

Pour assurer l'équilibre du budget, il était nécessaire que l'emprunt produisit 580 milliards. Or, il n'en a produit que 195.

Dès lors, la question qui se pose est la suivante : quelles sont les causes de l'échec ?

La réponse à une telle question est claire : l'amnistie fiscale et quelques dégrèvements d'impôts à peine sensibles n'ont pas paru suffisants au distributeur- petit-bourgeois-parvenu — le seul qui pût prêter ! — en ce sens que, tirant un trait sur le passé, ces aménagements ne constituaient qu'une garantie très hypothétique de l'avenir. Les fils et petits-fils des commerçants d'avant 1914 se souviennent que leurs pères et leurs grands-pères disposaient eux aussi, d'une marge de 30 à 40 % sur les marchandises qu'ils manipulaient et que cette marge, exonérée de toute une série de taxes, était tout bénéfice pour eux. C'est à cela qu'ils veulent revenir. Entre tous, avec les quelques grands bourgeois de la grosse industrie, ils disposent de la plus grosse part de la richesse nationale. Ils sont donc les seuls à pouvoir venir en aide à un État dont les caisses sont perpétuellement vides et ils ne prêteront qu'à celui qui leur apportera cela... Pour la réalisation de ce but, on les voit rechercher le soutien de l'artisanat (en une période qui s'oriente techniquement et de plus en plus vers la production de série) et de la petite paysannerie (quand les circonstances commandent de plus en plus impérieusement le rassemblement des terres et la culture intensive.

En fait, ils disposent déjà de la puissance occulte : la défense du petit commerce, de l'artisanat et de la petite paysannerie a été, l'article-clé de la politique de tous les gouvernements depuis la fin de la guerre de 1914. Au lendemain de celle- ci, on a organisé une bonne demi-douzaine de foires électorales : aucun des partis qui y ont pris part n'a jamais osé traiter de ces problèmes objectivement, c'est-à-dire dans la perspective dessinée par la découverte de l'énergie nucléaire — les partis dits socialistes et communistes moins encore que les autres.

Ainsi mûrissent les temps où le transfert de la richesse étant totalement opéré, le transfert du pouvoir politique qui en est le corollaire pourra se faire officiellement et à son tour.

Dans quelles conditions ? C'est une autre histoire.

« Nous sommes à l'ère des organisateurs », a dit, quelque part, James Burnham.

Des distributeurs serait plus exact.

Et de cela, il faut aussi prendre conscience.

Car le problème des réformes de structures, s'il doit porter sur certaines formes de la production, comme dans l'agriculture, doit surtout porter sur la structure de la circulation des richesses, lequel est, ainsi qu'il est exposé aux chapitres 4 et 5, à l'origine de l'accumulation qui conduit à la guerre.

Autrement dit, c'est par là qu'il faut commencer.

Qui prétendra qu'il n'est, par exemple, pas possible de réduire le circuit qui conduit les richesses de la production à la consommation par la suppression pure et simple des distributeurs en surnombre dont les statistiques disent qu'en France, nous avons le privilège d'en posséder, en moyenne, un pour 13 habitants ? Aussi discrédité que soit le régime, aussi peu d'autorité qu'il ait, cela est à sa portée et dans ses moyens.

S'y résoudra-t-il avant qu'il ne soit trop tard, c'est-à-dire avant que le distributeur-petit-bourgeois-parvenu, qui dispose déjà de la richesse et du pouvoir occulte, dispose effectivement du pouvoir légal ?

Troisième partie :
La philosophie du malheur

Chapitre IX : Slogans

Quand les rouages sociaux sont grippés au point qu'une une guerre peut survenir, on ne cherche pas à l'éviter : on la prépare. Par voie de conséquence, on ne cherche plus à l'expliquer : on la justifie.

Ceci aussi est une tradition.

Les arguments utilisés de part et d'autres sont toujours les mêmes : la légitime défense, le droit des peuples à disposer d'eux-mêmes, l'aide à la révolution en marche chez les peuples opprimés, l'Honneur national, la défense de la Liberté, du Droit, de la Civilisation, etc... On met des majuscules aux mots et on en met aux thèmes, jusqu'au jour où il devient évident que « sans la liberté, la vie ne vaut pas la peine d'être vécue » et qu'il « vaut mieux mourir debout que vivre à genoux ».

Ces arguments ont ceci de particulier qu'ils s'adressent aux instincts et aux passions les moins nobles, qu'ils sont généralement ambivalents et qu'ils ne se greffent sur les réalités que par le souci de les masquer.

La légitime défense

Elle se définit par la définition de l'agresseur. Or, depuis 1919, les conciles internationaux se sont multipliés, mais ne sont jamais arrivés à donner, de l'agresseur, une définition qui fût, sinon correcte, du moins satisfaisante ou seulement acceptable. Il s'ensuit déjà cette première difficulté que cette notion est laissée à l'appréciation des belligérants et que, pour chacun d'eux, l'agresseur est celui d'en face. Il s'ensuit aussi qu'en l'absence d'un texte arbitral irrécusable, les justifications qui sont tentées, de part et d'autre, ont la même apparence d'inattaquable logique et de légitimité.

Le plus probant exemple de ce double subterfuge est la guerre de 1939. Aux yeux des Anglo-Saxons, l'agression allemande avait commencé : avec l'occupation de la Rhénanie ou, pour le moins, avec l'annexion de l'Autriche, puis s'était poursuivie par l'invasion des Sudètes, de la Pologne, etc. Mais, aux yeux des Allemands, elle avait commencé en 1919 à Versailles et s'était poursuivie par une politique constante d'encerclement économique. Les premiers ne la concevaient que militaire, les seconds l'étendaient aux problèmes des échanges et de la répartition arbitraire des matières premières et des marchés nécessaires à la vie d'une nation. C'était un dialogue de sourds.

S'il ne peut être question de départager les plaideurs, il faut cependant reconnaître que la thèse allemande était susceptible d'ouvrir des horizons beaucoup plus vastes que toutes celles qui ont tenté de la révoquer en suspicion. Elle offrait, en tout cas, l'occasion de repenser la structure économique du monde et, en ce sens, elle était révolutionnaire. À l'époque, il était à peu près impossible de le faire remarquer parce qu'elle était défendue par Hitler, ce qui la rendait tout de même d'assez mauvais aloi et, d'autre part on avait oublié que, si elle était défendue par Hitler, c'était uniquement parce qu'on avait, au préalable, condamné à mort le régime de Weimar qui l'avait également faite sienne avec l'assentiment et les encouragements des progressistes du monde entier.

Les moins passionnés de ceux qui refusaient de considérer l'agression sur le plan économique en même temps que sur le plan militaire se retranchaient derrière la coutume : l'Allemagne devait accepter les conditions de Versailles, *qui étaient justes*, comme la France avait accepté celles de Francfort, en 1870, bien qu'*elles fussent injustes*. Ceux-ci posaient un double problème dans la mesure où refusant de confondre le Droit et la Civilisation avec le droit du plus fort, ils rejetaient sur l'Allemagne la responsabilité unilatérale des trois guerres franco-allemandes. Ils en posaient un troisième dans celle où ils permettaient à l'Allemagne de leur renvoyer l'argument avec autant de pertinence. L'ensemble de la discussion revenait alors à proposer au spectateur impartial, le problème théologique de la poule qui fait l'œuf d'où est sortie la poule : *qui a fait le premier œuf ou la première poule ? transposé en : qui a pris la première responsabilité ?* Dans une page remarquable, Louis-Ferdinand Céline est remonté jusqu'au traité de Verdun de 843, mais on voit bien qu'il n'y a pas de raison de s'arrêter là.

Tout ceci relève des appréciations qu'on peut porter sur la *vendetta* corse, sur la guerre des Montaigu et des Capulet ou sur celle qui est le thème du *Rivage des Syrtes*, de Julien Gracq : il y a des états d'hostilités familiales ou autres qui se résolvent dans ou par la guerre, après des siècles, alors que les protagonistes n'en ont jamais su les raisons exactes, mais veulent quand même les justifier. Encore faut-il supposer des deux côtés qu'il y a eu un premier et unique responsable.

Sur ce point particulier, il y a un dogme de la doctrine chrétienne qui est inspiré du *Nouveau Testament* et qui dispense de l'établissement des responsabilités : celui de la rémission des péchés. La signature d'un traité comporte la rémission des péchés comme l'absolution donnée par le prêtre dans son confessionnal. Moralement, du moins. Pratiquement, il n'en est jamais ainsi : pas plus que les traités de Vienne de 1815 n'avaient remis ses péchés à la France de Napoléon, celui de Francfort, de 1871, n'a remis les siens à la France du Second empire et le traité de Versailles de 1919 les siens à l'Allemagne. C'est que ceux qui font les traités en sont encore à la loi du Talion qui remonte à l'*Ancien Testament*.

En foi de quoi, les guerres s'enchaînent les unes aux autres. Celle de 1939 n'est pas encore terminée que les adversaires qui restent aux prises se considèrent toujours en état de légitime défense, l'un vis-à-vis de l'autre, dans le cadre d'une morale surannée, et qu'un troisième conflit a déjà pris naissance en Corée dans les mêmes conditions. Les Coréens du Nord et les Coréens du Sud s'en renvoient mutuellement et sur ordre la responsabilité : un jour, on s'apercevra peut-être que le responsable, c'est cette ligne de démarcation tracée d'un commun accord par des étrangers au pays et qui condamne les deux parties d'un même peuple, indispensable l'une à l'autre, à mourir économiquement chacune de son côté en leur interdisant de communiquer entre elles…

Le même problème se pose dans les mêmes termes à l'échelle de l'Allemagne, puis à celle de l'Europe, puis à celle du monde. L'agresseur, c'est le régime des lignes de démarcation par la personne interposée des classes privilégiées qui le font perdurer et dont on croit trop volontiers, comme le disait Victor Hugo, qu'elles se battent entre elles pour nous, alors qu'elles ne font que s'entraider contre nous. Et les agressés, ceux qui sont en état perpétuel de légitime défense, ce sont les peuples ainsi condamnés à s'entretuer.

LE DROIT DES PEUPLES

Le traité de Versailles et la guerre de 1939 ont, une fois de plus, mis en évidence que le droit des peuples à disposer d'eux-mêmes était très limité. Si on va au fond des choses, on s'aperçoit très vite que ce droit est seulement celui des grands peuples à disposer des petits ou des vainqueurs à disposer des vaincus.

En 1919, ainsi qu'il a été dit au chapitre 1er, c'est contre leur gré que les petits peuples de l'Europe centrale ont été démantelés puis répartis ou assemblés par fractions par les vainqueurs. En 1939, l'Europe centrale n'était plus qu'un foyer d'irrédentismes divers dont le pôle d'attraction était l'Allemagne. Ce ne fut pas un mince argument pour Hitler : l'agression militaire dont il était accusé se nuançait de ces circonstances qui lui permettaient de se donner comme allant porter, à la pointe de ses baïonnettes, la liberté aux peuples opprimés par le traité de Versailles. En fait, tous ces peuples étaient coincés entre deux oppressions : celle du traité et celle du national-socialisme. Il n'en reste pas moins qu'ayant choisi l'une on voulut néanmoins continuer de leur imposer l'autre. On ne pouvait sortir de cette impasse qu'à la condition de poser le problème non plus sur le plan du droit d'un peuple entier, mais sur celui du droit de l'individu à disposer de lui-même en toutes circonstances. Mais trop d'intérêts s'y opposaient.

Les principes au nom desquels on agissait ont d'ailleurs pris toute leur valeur et toute leur saveur en 1945, date à laquelle on a livré à la Russie soviétique, et sans plus leur demander leur assentiment, tous ces peuples dont on voulait, contre leur gré, défendre la liberté quand l'Allemagne la menaçait. Pour rester objectif, il faut reconnaître qu'on a découvert, il y a quelque temps, que, de nouveau, ils étaient opprimés.

Cette notion du droit des peuples à disposer d'eux-mêmes est donc très élastique : il n'en peut être autrement. Ses protagonistes sont tous des peuples qui en tiennent d'autres sous leur joug. À ce sujet, il est caractéristique qu'on ne juge pas à propos d'en étendre le bénéfice aux peuples coloniaux ou classes sous mandat. On sait les difficultés que l'Angleterre a faites à l'Irlande et à l'Inde. On sait celles qu'elle fait encore à l'Iran et à l'Egypte. Et on sait, enfin, celles que la France fait à Madagascar, à l'Indochine, à la Tunisie et à toute l'Afrique du Nord. De toute évidence, il n'est pas question de reconnaître à tous ces peuples le droit de disposer d'eux-mêmes.

Cette morale, dans laquelle tous les cas sont particuliers et ne relèvent que par exception de la règle générale, est en réalité une très basse escroquerie. Elle prend tout son sens si on veut bien tenir compte que les entreprises colonialistes ont jadis été justifiées par le souci de porter à tous ces peuples la liberté qu'on leur refuse aujourd'hui...

L'HONNEUR NATIONAL

C'est encore à L. Emery qu'il faut en revenir : nul mieux que lui n'a rendu sensible la misère de ce poncif et l'impasse à laquelle il conduisait si on le prenait comme centre d'intérêt. Voici ce qu'il écrivait, le 10 septembre 1939, dans *Feuilles Libres* :

> On est frappé de voir la place prise officiellement, par les valeurs spirituelles ou, plutôt mystiques, et l'emploi fait partout du terme d'« honneur » pour affirmer la nécessité de la guerre.
> Pour la Pologne, l'honneur, selon le colonel Beck, était de ne rien céder sans contrepartie. Une nation qui accepterait de donner sans rien recevoir renoncerait par là au titre de grande puissance. Le moins qu'on puisse dire de cette conception, c'est qu'elle n'a rien à voir avec aucune morale universelle, qu'elle soit religieuse ou rationaliste. Dans tout système de morale, il ne s'agit pas de savoir si telle concession doit être payée par une autre, mais seulement si elle est conforme à la justice. Qu'on ait refusé d'appliquer cette règle élémentaire à la vie d'une nation, cela prouve seulement que, pour

cette dernière, la fin suprême de la moralité, c'est la force ; l'honneur, c'est de ne donner aucun signe de faiblesse, c'est de maintenir dans toute son étendue la volonté d'être et de durer. Qu'on parle alors d'instinct vital et d'intérêt national, soit ; mais quelle confusion de termes et même d'idées dans le fait de recouvrir du manteau de l'honneur une position qui, en soi, est antérieure à toute réflexion morale.

Tandis qu'au nom de l'honneur polonais la Pologne prétendait maintenir ses anciennes frontières, c'est au nom de l'honneur allemand que Hitler préparait, puis exécutait, son coup de force...

Que dire enfin de, l'Angleterre, dont tout le monde sent confusément qu'elle a joué dans la crise un rôle déterminant ? Elle qui, jusqu'à présent, avait mis en œuvre une politique si complexe, si opportuniste, parfois même si hésitante, elle qui, il y a quelques semaines encore, restituait un milliard d'or tchèque à l'Allemagne et n'accordait à la Pologne, après de longues négociations, que des crédits limités, la voilà tout à coup inflexible, rigide, rectiligne. Objectivement, il est pourtant clair que les conditions optima de la fermeté ne se trouvaient pas réunies et que certains éléments nouveaux, dont le pacte germano-russe était le plus énorme, rendaient la situation particulièrement difficile. Si donc l'Angleterre s'est comme bardée d'engagements rigoureux, tels que son traité d'alliance avec la Pologne ; si, par des déclarations répétées, elle s'est interdit à elle-même tout recul et même toute liberté de manœuvre, c'est qu'elle s'était fait de cette attitude une question d'honneur, c'est-à-dire de prestige. Depuis des mois la colère montait en elle, à la fois devant les grossièretés de la presse de Goebbels, et aussi devant la prétention allemande de l'évincer de la politique continentale.

Le moindre commentaire affaiblirait la portée de ce raisonnement.

MOURIR DEBOUT...

La dénommée Dolorès Ibaruri, dite la Passionaria, est à jamais le plus beau spécimen de ces gens qui pensent que « sans liberté la vie ne vaut pas la peine d'être vécue » et qui préfèrent « mourir debout plutôt que vivre à genoux ». Elle l'a dit, répété, clamé, claironné dans toute l'Espagne. Elle le hurlait encore aux foules en montant dans l'avion qui avait mission de la sortir subrepticement de l'enfer et douillettement déposer en France. À la gare de Lyon, elle fut accueillie par une foule en délire qui la magnifia. Quelques jours après, elle était confortablement installée dans un luxueux hôtel des Champs-Élysées. Mais ceux à qui elle s'était adressée et qui avaient suivi son conseil, étaient restés et, eux, ils étaient morts...

Quand l'Italie entreprit la conquête de l'Albanie, Sa Majesté le roi Zogou lança un vibrant appel à son peuple : défendre la liberté jusqu'à la dernière goutte de sang. Le peuple albanais a répondu à cet appel, mais... son roi a f.... le camp ! Un mystérieux avion est encore intervenu fort opportunément pour empêcher que fût versée la dernière goutte de sang. Ce roi vint, lui aussi, s'installer confortablement dans quelque luxueux hôtel avec la princesse Géraldine, sa femme, et ses trois sœurs. Les journaux firent grand cas de son attitude courageuse et se répandirent en lamentations sur l'infortune de la famille royale. Du peuple albanais qui était resté sur place et était mort, il fut beaucoup moins question.

On pourrait se borner à dresser une liste d'exemples et conclure qu'est sans aucune valeur une morale uniquement prêchée par des gens de toute manière assurés de n'en subir pas personnellement les conséquences. J'ai vécu près de deux années dans un camp allemand de concentration, c'est-à-dire dans la pire des servitudes. J'y ai coudoyé des gens dont certains avaient acquis un grand nom dans la défense et l'illustration du slogan : ils ne se sont pas suicidés. J'ai même observé que les mieux disposés à vivre à plat ventre sous la férule et jusqu'au prix des plus inimaginables forfaitures, étaient ceux qui, quelques années auparavant, clamaient à tous les échos qu'ils préféraient la mort à la servitude et mourir debout plutôt que vivre à genoux. Je ne me suis pas suicidé non plus ? Bien sûr. Mais, moi, j'ai toujours pensé qu'en désespoir de cause ou pour toute autre raison, le suicide était une affaire rigoureusement personnelle, qu'on n'avait pas le droit d'en faire une règle générale pour les autres — surtout pour eux seulement — et que, placé entre la servitude et la mort, sans autre alternative, il était plus sage de choisir la servitude, ne serait-ce que parce qu'on peut en sortir, tandis que, de la mort, on ne revient jamais. Je vis, mais au moins, je ne survis pas à quelqu'un qu'une de mes attitudes, gratuite pour moi, aurait entraîné dans la mort et, en ce sens, je n'ai pas de sang sur les mains.

Étendu aux collectivités, le raisonnement qui béatifia la Passionaria et le roi Zogou débouche sur une première objection : s'il avait quelque valeur, il faudrait conseiller le suicide aux peuples coloniaux et à tous les prolétariats du monde, lesquels n'ont jamais connu d'autre état que la servitude. Or, de toute évidence, ce n'est pas ce que l'on fait — fort heureusement, d'ailleurs.

Historiquement, il se situe dans l'ombre du dernier vers de l'*Enéide* qui révèle, dans sa plénitude, le caractère de relativité de la servitude :

« Et la Grèce vaincue vainquit son farouche vainqueur. »

Philosophiquement, ce n'est que par un abus de l'abstrait qu'on a pu persuader des millions d'êtres humains que certaines valeurs matérielles ou morales, aussi arbitrairement définies que choisies dans le nombre, méritaient d'être défendues jusqu'à la mort et qu'il valait mieux mourir que les perdre. Il est clair qu'une guerre qui anéantirait le genre humain, anéantirait du même coup toutes les valeurs matérielles et, à plus forte raison, les valeurs morales, en les privant de leur moyen d'expression. À partir du moment où il devient évident que le pire des fascismes étendu au monde entier anéantirait moins d'êtres humains qu'une guerre, il faut admettre que ce pire des fascismes est préférable à la guerre. Du moins nos aïeux étaient-ils gens bien sensés qui, sur ce point... avaient le sens du moindre mal.

Supposez, maintenant que Galilée ait préféré la mort à la servitude intellectuelle et que Pasteur l'ait préférée à la misère. Supposez que Scarron n'ait pu supporter son infirmité et Voltaire son exil. Et, combien d'autres au cours des siècles, combien de savants, d'artistes, de littérateurs, etc., ont vécu persécutés, emprisonnés, embastillés, torturés, qui eussent été en droit de préférer la mort à la vie servile et ont vécu quand même ! J'ose affirmer que la vie de servitude et de misère de beaucoup de grands hommes qu'on révère, aujourd'hui seulement, a été socialement préférable à leur suicide par désespoir ou dans n'importe quelle aventure condamnée à l'échec et que celle des générations actuelles, du plus grand savant au plus humble laboureur, l'est de même et en toutes circonstances pour les générations futures. « Après le pain, disait Danton, l'instruction est le premier besoin des peuples ». Après le pain, c'est-à-dire après la vie.

Ou encore : d'abord la vie.

La vie est le premier des biens, celui sans lequel les autres n'existent pas.

J'ajoute qu'il est parfaitement ridicule de tenter une comparaison entre la guerre et la servitude, car, quelle que soit son issue, la guerre entraîne toujours la servitude et c'est toujours avec des peuples préalablement asservis qu'on a fait les guerres. Sous cet angle, il y a une loi qui est commune aux peuples libres et aux peuples asservis : refuser la guerre sous quelque prétexte que ce soit parce que, précipitant les premiers dans la servitude, elle ôte aux seconds, pour de longues périodes, l'espoir d'échapper au joug qui les oppresse. La guerre est toujours le commencement ou l'aggravation de la servitude.

Il faut retourner le slogan : sans la vie, pas besoin de liberté !

POUR LE SOCIALISME !

C'est un mot d'ordre dont il a été usé et abusé au Congrès socialiste de Royan (1938) et à celui de Montrouge (décembre 1939).

De celui-ci, c'est Paul Faure qui a fait justice dans un article publié par *Le Pays Socialiste*, le 20 octobre 1939 :

> J'admire — c'est une façon de parler — ceux qui, par-delà les champs de bataille couverts de morts, bâtissent une Europe et un monde merveilleux où les peuples connaîtront les délices d'une paix éternelle.
>
> J'ai déjà entendu ces nobles formules. C'était, lors des années Maudites, de 1914 à 1918. Beaucoup de ceux qui sont présentement aux armées les ont, comme moi, entendues. Ils sont aujourd'hui de nouveau dans la guerre, avec leurs fils.
>
> C'est pourquoi sans doute il serait honnête et prudent de leur faire l'honneur de penser qu'ils ont médité sur la fragilité de

promesses trop hâtives et d'engagements trop solennels.

Le Parti socialiste était unanime pour reconnaître la vanité de buts trop vastes, du genre de ceux qui alimentèrent la littérature, la presse et la politique durant la dernière guerre. Toute notre propagande depuis vingt ans en porte l'éclatant témoignage.

Les faits sont venus, dramatiques et éloquents. À quoi bon les énumérer ? On écrirait des volumes sur les traités de 1918 et leurs conséquences.

Aussi je ne parviens pas à me mettre à la « température » de ceux qui écrivent tranquillement qu'un monde nouveau va renaître, avec, comme indispensable rançon, la mise en croix deux mille ans après l'Autre — de millions d'hommes désignés pour le sacrifice.

La société de demain sera pleine de défauts, d'erreurs, de faiblesses, de misères et de périls. Ce n'est pas à coup de canons qu'on crée la justice et le bonheur.

Si c'était le contraire, il n'eût pas fallu flétrir la guerre comme le plus cruel et te plus absurde des fléaux. Il eût fallu la désirer, la réclamer, la célébrer comme la source de toutes les vertus.

Comme c'est la thèse opposée que nous avons soutenue, je n'accepte pas, pour ma modeste part, de renier tout ce qui fut la raison d'être et le moteur de la vie intellectuelle, morale et politique de tout notre Parti, de toute sa doctrine et de toute son action.

Qu'on veuille bien considérer l'état actuel de l'Europe.

De puissants États ont déclenché une guerre qui a jeté les peuples de toute l'Europe dans un tel désordre et de telles anxiétés, que les bases de la civilisation en sont ébranlées. Les finances, l'économie de tous en sont jetées dans une infernale tourmente. Où va le monde ? Où va l'humanité ? Qui a le droit de dire que les horizons de lumière et de justice se lèveront pour tous et pour toujours sur ces charniers et ces ruines ?

Sous l'occupation, les classes privilégiées se sont beaucoup servi du socialisme, et c'est encore en son nom qu'elles justifiaient la Résistance : à la Libération, il ne pouvait être question, disaient-elles, de revenir au système d'injustice sociale et d'oppression d'avant la guerre...

On voit où nous en sommes sous ce rapport !

Je sais bien par quelles aspérités tous ces sophismes s'accrochent à la vie spéculative des peuples et en arrivent à être des règles de leur comportement.

En 1914, on a entraîné quelque vingt nations dans la guerre du Droit et de la Civilisation. Quand il y a eu, de par le vaste monde, vingt et quelques millions de morts, le Droit et la Civilisation, soûles de ruines, de sang et de pourriture, ont arrêté le massacre.

On a proclamé bien haut que la dernière des guerres venait de prendre fin. Quelqu'un s'est levé qui a dit, ou à peu près : « On croit mourir pour la Patrie, on meurt pour les industriels ». Pendant des années, les rescapés se sont dressés contre le crime avec une énergie farouche et en ont véhémentement dénombré toutes les horreurs et toutes les supercheries. De leurs rangs sont sortis des Barbusse, des Dorgelès, des Duhamel, des Ernst Johanssen, des Remarque, des Jean Giono, etc.

Vingt ans après, la guerre était là de nouveau. Quelqu'un s'est levé qui a déclaré indispensable de remettre sac au dos et de rejoindre la Ligne Maginot pour défendre la liberté menacée et quelques autres grues tout aussi métaphysiques. « Le grand troupeau » s'est reformé, docile et résigné, puis mis en marche vers la mort, partant de toutes les capitales. Et il n'est resté que Jean Giono, ou à peu près, pour protester contre l'escroquerie. Henri Jeanson, Félicien Challaye, Lecoin et quelques autres ont été mis à la raison ou n'ont point été entendus.

Dans son livre *De prison en prison* Louis Lecoin a remarquablement stigmatisé la facilité avec laquelle certains hommes qu'on croyait grands se sont révélés infidèles[30] à eux-mêmes et ont changé d'opinion sous la pression de circonstances qu'ils redoutaient.

Tout le monde a, dans sa vie, des exemples — hélas, nombreux ! — de compagnons de lutte qui, en prenant de l'âge, ont « tourné » à l'épreuve comme le lait au feu par temps d'orage. Entre 1939 et 1945, quelques militants pacifistes, et non des moindres, qui ne voulaient pas faire la guerre contre l'Allemagne, ont, par on ne sait quel miracle, tout à coup réalisé qu'il était urgent et nécessaire de la faire contre l'Angleterre. D'autres pensent aujourd'hui qu'il est impossible de ne pas la faire à la Russie, et ce sont généralement les mêmes. J'ai connu un

---

[30] Histoire du tract « Paix immédiate ».

homme intelligent qui fut jadis un disciple de Gustave Hervé première manière et qui, le 11 octobre 1939, écrivait dans un grand journal de Paris :

> « Si nous abattions Hitler sans régler le compte de Staline, c'est Staline qui, sur nos décombres, nous assujettirait à la plus abjecte des tyrannies. Échapper à Hitler pour finir sous Staline, ce serait vraiment tomber de Charybde en Scylla. Nous nous efforcerons de ne point mériter ce comble de l'infortune. »

Ce qui revient à dire qu'à l'époque, il était le plus forcené parmi les forcenés.

Bien sûr, il n'était qu'un précurseur des « grands politiques » de 1953, dont c'est la manière de voir. Encore faut-il remarquer que, parmi ceux-ci, les plus agressifs et les plus chauds partisans des solutions militaires dans le conflit américano-russe, sont des Munichois de 1938-39.

Il y a là un problème d'évolution de l'esprit chez l'homme dont la clé est probablement l'âge et l'évolution de la situation sociale. Peut-être y a-t-il aussi un problème de structure dans la mesure où il peut, être admis que, dans les décisions graves, c'est toujours une sorte de gérontocratie qui l'emporte.

Ce qui est certain, c'est que les problèmes de la guerre et de la paix ne relèvent toujours que des solutions de force et non des propositions de la raison.

Chapitre X : Les paradoxes de la politique de force

Le 8 août 1950, M. Emile Servan-Schreiber écrivait dans *Les Échos* :

> Dans un temps toujours plus rapide : — quarante-quatre ans entre 1870 et 1914, vingt-cinq ans entre 1914 et 1939, cinq ans entre 1945 et 1950 — le monde se dérobe au régime de l'abondance qui détruirait ses conceptions traditionnelles. La surproduction marquerait la fin du capitalisme (qu'il soit privé ou qu'il soit d'État) et le nouveau régime serait contraire aux lois de l'échangisme. La sous-consommation, au contraire, permet de reconstituer artificiellement, grâce à la guerre, le rythme d'activité classique d'avant le machinisme.
>
> La guerre supprime les chômeurs qui redeviendront ouvriers ou soldats. Elle fait tourner au maximum la plupart des usines, supprime la mévente et la concurrence. Elle permet de créer en masse des produits destructeurs sans doute, mais dont la répartition gratuite assure de futures commandes pour reconstruire et se réapprovisionner. La guerre est, en somme, la cantharide de l'économie mondiale. Peu importe que, terminée, elle laisse les peuples, après d'abominables souffrances, plus malheureux et plus désunis qu'avant. La règle du jeu est sauvée.
>
> Tous les régimes actuellement existants, individualistes ou collectivistes, préfèrent, fût-ce inconsciemment, la guerre à l'abondance, parce que l'abondance aboutirait à la distribution gratuite...

On peut comparer ces lignes avec tout ce qui précède ce chapitre : je serais surpris qu'on y trouvât quelque dissonance.

On peut aussi les comparer avec la déclaration par laquelle le vieux syndicaliste Robert Louzon a fait sa... Révolution de juillet (1950) :

> Donc, pas d'illusions possibles ! Il faut se soumettre ou se battre. Se livrer pieds et poings liés au totalitarisme russe, accepter le régime de l'esclavage et des travaux forcés, ou bien le combattre les armes à la main. Prétendre échapper à ce dilemme n'est que littérature.

Alors, on est frappé par l'inconsistance du propos, de ce côté-ci de la barricade.

Si, maintenant, on les place en regard des échos que cette déclaration a trouvés dans le public ouvrier, on atteint au burlesque. Un secrétaire d'une section syndicale des métaux à Pauillac, écrit, en effet :

> Il est normal de prévoir dès maintenant que nous serons amenés à une sorte d'union sacrée... En accordant un préjugé favorable aux États-Unis pour le gouvernement mondial, je ne vois que profit pour la classe ouvrière... Mieux vaut encore ces affreux bourgeois que l'infâme bolchevisme... (*La Révolution prolétarienne*, août 1950)

Un autre, qui est secrétaire d'Union Départementale F.O. (de la Loire-Inférieure), enchérit encore :

> Il faudra se battre désespérément, avec le sentiment que, tout est préférable à une victoire du stalinisme. Je dis bien tout, y compris les épouvantables conséquences d'une guerre sans merci.
>
> La question reste posée de savoir comment nous nous battrons. Eh bien ! quand on se bat, un seul critère (*sic*) mérite d'être et est généralement obtenu (*resic*) : l'efficacité.
>
> Si nous nous battons contre les Russes, nous devrons employer tous les moyens, conclure toutes les alliances qui seront nécessaires pour les vaincre. À la condition, toutefois, que ces alliances n'aboutissent pas à l'instauration d'un régime identique au stalinisme et dont la couleur du drapeau ne différerait pas du fascisme, par exemple[31].

À mon avis, tout le reste n'est que verbiage. Et certains « militants révolutionnaires »[32] au lieu de prendre des mines effarouchées, lorsque Louzon s'attaque courageusement à certains tabous, feraient bien mieux de regarder la vérité en face et... d'en tirer les conclusions qui s'imposent.

Cette réalité est actuellement la suivante : entre le stalinisme et

---

[31] À l'ingénu qui préfère l'affreux à l'infâme, succède celui qui prétend faire la guerre sans réduire le niveau de vie de la classe ouvrière et sans accroître l'autorité de l'Etat, c'est-à-dire sans restreindre ou supprimer les libertés essentielles.

[32] Merci pour les guillemets ; on essaiera de se transformer en soldats révolutionnaires : rien que l'habit déjà, c'est plus distingué.

nous, aucun compromis n'est possible. Nous le tuerons ou il nous tuera.

De plus, les données du problème sont telles qu'il ne sera même pas possible de s'esquiver. On sera pour ou contre. Tant pis pour ceux qui chient dans leurs culottes[33]. (*Révolution prolétarienne*, septembre 1950)

C'est du délire.

Je renonce à citer ce qu'on trouve quotidiennement dans *L'Humanité*, sous la plume de Pierre Courtade et sous celle de Salomon Grumbach, son pendant du *Populaire* : l'un et l'autre sont classés — le second depuis fort longtemps.

PARADOXES EN CHAÎNE

Ainsi donc, tandis que les bourgeois réfléchissent et que leurs journalistes, reprenant à leur compte la doctrine des socialistes d'avant 1914 et des années 20, se demandent consciencieusement s'il n'y a vraiment pas d'autre moyen que la guerre pour sortir de l'impasse, des militants ouvriers dont il est manifeste qu'ils n'ont absolument pas la moindre idée du problème social et qu'ils ne possèdent pas les plus élémentaires notions d'économie politique, brandissant des titres de secrétaires de ceci ou de cela — faute de grives, leurs mandants ont probablement dû se rabattre sur les merles — et essaient de les justifier par de gauches effets de phrases à base d'injures grossières destinées à leurs camarades de combat.

C'est dans les journaux qui se réclament de la classe ouvrière que la guerre et la paix sont maintenant des problèmes de Patrie, de Nation, de Droit et de Civilisation, et il faut lire ceux qu'on dit de droite pour avoir quelque chance de tomber, de temps à autre, sur des raisonnements qui en font, avec pertinence, une question de régime et de structure économique.

En 1939, il en était déjà un peu ainsi et c'est pourquoi nous avons

---

[33] Car ce langage n'est bien entendu pas celui de quelqu'un qui « chie » dans sa culotte devant le bolchevisme.

eu la guerre : au moment où il pouvait considérer qu'il avait conquis la majeure partie de l'opinion à sa manière de voir, le mouvement ouvrier socialiste fit volte-face et, en même temps, pencher la balance en faveur des solutions militaires qu'il avait toujours combattues. Même en 1914 — et ceci peut être tenu pour assuré — il n'était entré dans la guerre qu'à la dernière minute, devant le fait accompli, à contrecœur et sans rien abandonner de ses principes — à quelque Olibrius près. En 1952, il prend une part active à la préparation de la guerre, partie pour le compte de Moscou, partie pour celui de New York, et le dernier carré des fidèles, intact encore en 1939, sérieusement ébranlé dans ses convictions, s'amenuise de jour en jour. Périodiquement, on brandit encore les noms de Jaurès, de Rosa Luxembourg, de Karl Liebknecht et d'Auguste Bebel, mais, sournoisement, c'est Gustave Hervé deuxième manière qui fait école.

Autre paradoxe : en 1914, Poincaré triompha successivement et simultanément de Delcassé, Caillaux, Jaurès, sur le plan politique et, sur le plan syndical, d'un mouvement puissant. L'effort d'armement de la France se poursuivit jusqu'au drame, sans discontinuité. En 1939, après s'être livré, pendant une bonne quinzaine d'années, à une campagne pacifiste qui réussit à peu près à désarmer la France, le mouvement ouvrier socialiste, dans sa majorité, se déclara prêt à faire la guerre à l'Allemagne hitlérienne. Ainsi dressa-t-il contre lui à la fois les nationalistes de toutes nuances qui lui reprochèrent son manque de perspicacité, et les pacifistes internationalistes découragés par son manque de foi et son incohérence. Aujourd'hui encore, il paie son attitude et d'autant plus qu'il la souligne par une autre de même ordre dans sa politique à l'égard de l'Allemagne.

Ici, il faut faire un distinguo. Quand les communistes disent qu'il ne faut pas réarmer l'Allemagne, ils ne précisent pas que ce n'est pas dans un but pacifiste, mais seulement pour affaiblir le capitalisme occidental et, par cette omission, ils mettent la logique de leur côté aux yeux de l'opinion. Quand ils s'insurgent contre la politique de préparation à la guerre du gouvernement, ils sont encore logiques avec eux-mêmes, puisqu'ils ne veulent pas se battre contre la Russie. Étant contre une seule guerre, ils ont l'habileté de faire croire qu'ils sont contre toutes.

Mais, quand Salomon Grumbach ou Jules Moch se déclarent prêts à résister au bolchevisme, les armes à la main et, en même temps, hostiles au réarmement de l'Allemagne, c'est une sottise politique dont il n'est pas besoin de faire la démonstration, et c'est une sottise économique en ce sens qu'étant donnée la structure du régime, elle allège l'économie allemande dont on redoute la concurrence. Or, l'opinion publique, facile à prendre au piège sur le fond des problèmes qu'on lui propose, aime pourtant la logique ou son apparence. Assez indulgente pour l'erreur après coup, elle ne l'est pas du tout pour y incohérence flagrante et pour les sots.

Il y a un troisième paradoxe. Toute la politique française est, depuis 1870, dirigée contre le militarisme allemand. Voici qu'en 1950, le militarisme allemand est anéanti et que le pays, occupé à relever ses ruines, s'en trouve très bien. Le but est atteint, le danger éliminé. C'est le moment qu'on choisit pour expliquer aux Allemands que, contrairement à ce qu'on leur a dit jusqu'ici, ils doivent reconstruire une armée puissante pour participer aux « réjouissances » collectives prochaines. Les socialistes français ont cru faire preuve d'originalité en nuançant leur pensée de cette restriction : pas tout de suite et pas « tant, ce par quoi ils ont seulement prouvé qu'ils n'avaient pas retrouvé le sens du ridicule ». Quant aux socialistes allemands, qu'une réalité hurlante semble, quoiqu'un peu tardivement, inciter au retour à l'antique en matière de guerre et de paix, ils cherchent en vain un terrain d'entente avec leurs camarades de parti de France et d'Angleterre qui mènent le jeu.

On aurait tort de croire que ces paradoxes sont de peu d'importance : ils aiment le désarroi dans l'opinion et plus particulièrement dans la classe ouvrière, qu'ils poussent à désespérer de tout.

Penser que le mal n'est que passager serait également une erreur. Depuis 1939, un démon malin a encore renversé l'ordre ou le rapport des propositions sur un autre plan : les Munichois les plus farouches ou les plus notoires devant le nazisme sont les plus excités contre le bolchevisme.

Anticommunisme aveugle ou souci de se faire pardonner ? Les deux, sans doute.

Le triomphe de l'argutie

Je suis bien persuadé que les arguments des partisans de la solution militaire, que ce soit en désespoir de cause ou à titre préventif — il n'y a qu'un pas de l'un à l'autre — n'ont pas une très grande valeur. S'ils sont nocifs, c'est surtout par leur origine ou les voies qu'ils empruntent et c'est pourquoi il faudrait leur répondre par le détail.

Ceci m'amène à dire que si on voulait s'en prendre au secrétaire de l'U.D. des syndicats F.O. de la Loire-Inférieure, ou à son collègue des métaux de Pauillac, il faudrait adopter le même ton et on sombrerait bien vite dans une de ces polémiques mesquines qui font le succès des feuilles de sous-préfecture. Au surplus, on atteindrait surtout la revue qui a si généreusement hospitalisé leurs élucubrations et qui est, malgré tout, une revue sérieuse. Qu'il me suffise donc de dire à l'un et à l'autre que leurs déclarations justifient jusqu'à la lettre tout ce qu'on a rassemblé en vérités vraies ou inventées, dans l'expression « atrocités allemandes ».

Louzon, c'est autre chose. En juillet 1950, j'avais commencé une lettre à son intention. Après lui avoir fait part de mon étonnement de le voir aussi allègrement brûler ce qu'il avait adoré et prendre le contre-pied de son passé, je me suis surpris à lui confier que, dans sa soixante-cinquième année et au moment de mourir, mon père, dont la vie entière fut un exemple d'athéisme, avait fait venir un prêtre ; que je connaissais pas mal de libres-penseurs des banquets traditionnels du Vendredi-Saint qui en avaient fait autant ; et que cela était probablement dû au fait qu'un certain âge de la vie était incompatible avec un certain standing intellectuel :

...Qu'on est digne d'envie,
Lorsqu'en perdant la force, on perd aussi la vie.
Et qu'un long âge apprête, aux hommes généreux,

Au bout de leur carrière, un destin malheureux...

Arrivé là, j'ai tout de même réalisé que Louzon ne méritait pas cette insolence et rengainé mon stylo. Si je le reprenais aujourd'hui, sans doute atténuerais-je ma pensée, mais il me faudrait ajouter que si une idée vaut par ceux qui la défendent, celle qu'il a pris fantaisie à un des plus rationnels économistes de ce temps, de cautionner soudain, est condamnée sans appel par la misère des propos qui lui font écho.

Ce que je ferais en bénissant le hasard qui a voulu que Louzon ne soit que le père spirituel de la Révolution Prolétarienne et pas le président des États-Unis, par exemple.

Parce que, dans ce cas, il se pourrait aussi que M. Acheson fût remplacé par un secrétaire de M.D. des syndicats F.O. de la Loire-Inférieure et Mac-Arthur par un secrétaire des métaux de Pauillac.

Alors, il ne serait plus question de discuter avec M. Malik. Enfoncés « jusqu'à l'os », les Coréens du Nord. *Delenda Mao Tsé Toungo*, sac au dos pour Moscou et... nous serions tout de suite bons pour la riflette !

Il y a lieu de préciser que ce hasard n'est d'ailleurs que partiellement heureux : le conflit de Corée a été localisé, mais les deux adversaires se sont retranchés sur leurs positions respectives où, toutes griffes dehors, ils attendent la prochaine occasion, en continuant, non seulement à se méfier l'un de l'autre, mais encore à se menacer et à essayer des prises l'un sur l'autre. Ce qui est magnifique, c'est qu'ils peuvent se livrer à ce jeu, en invoquant Louzon et ses fidèles, tous deux avec autant de pertinence. Les Russes peuvent brandir son article et ses échos comme preuve indiscutable qu'ils sont menacés d'agression par les démocraties bourgeoises, encouragées en cela par un mouvement ouvrier perverti. Et les autres, comme justification de leur politique intensive, d'armement.

On demande un arbitre.

LE FOND DU PROBLÈME

Un autre fidèle de Louzon écrit :

J'approuve pleinement l'article de Louzon, ainsi que les commentaires dont il a entouré l'insertion des réponses qu'il a reçues. Je n'ai donc pas besoin d'envelopper cette approbation d'un long discours. Je me bornerai à constater combien peu de personnes savent voir et reconnaître la réalité et la vérité en « réaliste ». Se gargariser de mots, s'exciter sur des textes et des motions, s'extasier ou s'indigner sur de savantes théories philosophiques, leur apparaît le fin du fin et fait très intellectuel. C'est du snobisme ou du rêve, aussi dangereux l'un que l'autre au réveil. Mais combien y a-t-il de révolutionnaires et de pacifistes de ce genre ? (J.-M. Desperrier, *Révolution prolétarienne*, septembre 1950).

Nous sommes probablement encore quelques-uns à n'être que des snobs, des révolutionnaires et des pacifistes d'un genre assez méprisable, comme ce clairon de 4e classe ne nous l'envoie pas dire. Je ne lui en demanderai pas moins si la conclusion à laquelle Louzon arrivait en mai (*Études matérialistes*), à savoir, la justification de la participation de la France à la guerre de... — guerre juste, s'il vous plaît ! — est autre chose que le résultat d'une spéculation intellectuelle, mal conduite par surcroît. Et si lui-même n'a pas un peu l'impression qu'il se prononce uniquement sur le vu de textes triés sur le volet.

Car, enfin, la réalité à laquelle on nous invite à nous cantonner et dont nous n'avons pas l'impression de nous écarter, la voici : Louzon condamne les Russes qui ont envahi la Corée du Sud, soi-disant pour y apporter la liberté à la pointe de leurs baïonnettes, mais il se range derrière les Américains qui leur ont fourni le prétexte en imposant à ladite un gouvernement dont elle venait de dire qu'elle ne voulait pas et dont tout le monde s'accorde à écrire qu'il était quelque chose de plus abominable encore que la dictature de Franco.

J'avoue humblement que cette logique m'échappe et que je serais bien étonné si elle n'échappait point aussi à un certain Louzon (Robert), qui partit jadis en Espagne, barbe blanche au vent, pour s'y battre, les armes à la main, dans le but d'y rétablir l'autorité du suffrage universel bafoué par Franco.

Nous autres, « snobs révolutionnaires et pacifistes de ce genre », avec le peu de jugeote qui nous caractérise, nous nous bornons à condamner les Russes :

1° Parce que rien ne les désigne spécialement pour balayer devant la porte des autres ;

2° Parce que le balai employé, qui est comme imbibé de pétrole et traîne des flammes, a déjà été voué à la réprobation de l'Éternité par Robespierre, en des termes que nous jugeons définitifs.

Et nous condamnons les Américains, parce qu'ils cherchent ce qui arrive. En d'autres termes, nous sommes persuadés :

1° Qu'à un moment donné, le feu sera irrémédiablement mis aux poudres quelque part, si on ne procède pas à une répartition équitable des richesses libérées du globe entre les groupes humains et à de profondes réformes de structure à l'intérieur même de ces groupes ;

2° Que la politique d'armement intensif, uniquement pratiquée pour échapper à ces mesures de justice sociale, consolide les positions communistes dans tous les États et crispe la Russie sur ses positions politiques comme jadis elle crispa l'Allemagne.

En conséquence de quoi, aucune politique ne peut avoir notre approbation, si elle ne se propose pas d'abord d'enlever aux Russes leurs prétextes et aux Américains les moyens de leur arrogance.

Au-delà de la polémique

L'opinion commune est cependant que la force est susceptible de retarder la guerre et qu'en la retardant à répétition, il est raisonnable d'espérer qu'on en pourrait arriver à l'écarter définitivement. Ceux qui se font les protagonistes de cette manière de voir et qui applaudissent à la conclusion du pacte Atlantique prétendent se référer à l'expérience. Si on se penche sur leurs arguments, on ne peut toutefois manquer de céder à certains doutes et à une certaine angoisse.

Le raisonnement est le suivant :

> Il ne peut y avoir de guerre que si deux puissances ou deux groupes de puissances sont de force suffisamment équivalente pour que chacun des futurs belligérants puisse escompter la victoire. Donc, toute mesure qui renforce la supériorité du plus fort tend à

écarter le danger, toute mesure qui la diminue l'aggrave. C'est pourquoi le Pacte Atlantique, renforçant la supériorité de l'Amérique, intervient comme un facteur de prolongement de la paix. (Cf. R. Louzon, *Révolution prolétarienne* de mai)

L'idée est clairement exprimée. Elle est facilement accessible. Dans sa simplicité — ou dans sa souplesse — elle rejoint la doctrine de la paix armée et des alliances qui trouva une éclatante conclusion dans la guerre de 1914-1918. Louzon, qui la reprend à son compte, l'illustre par la guerre de 1939 et, se référant à lui-même, rappelle ce qu'il écrivait en mars 1935 :

> La constitution d'un État fédéral analogue à l'empire Britannique, comprenant comme pièces maîtresses la Grande-Bretagne, les pays Scandinaves et la France, voilà la première besogne urgente, la seule qui puisse éviter la guerre à brève échéance.

En 1938-39, ceux qui recherchaient l'alliance de la Russie ne faisaient pas un autre raisonnement et prétendent aujourd'hui encore que s'ils avaient réussi leur manœuvre, la guerre n'aurait pas eu lieu.

Je passe sur la valeur que peut avoir un raisonnement fondé sur l'hypothèse pour ne retenir que la formule « à brève échéance », par quoi il se prétend inattaquable. Parce qu'une échéance brève arrive très vite et, quand elle est là, alors il faut faire la guerre... Ai-je besoin de dire que le problème de la paix et de la guerre ne peut pas se poser de cette façon devant les pacifistes ? Que si on se contente de mesures qui l'évitent à brève échéance, c'est-à-dire qui ne font que la retarder, il arrive toujours un moment où l'on est pris dans son propre piège, où la guerre est là, et où il n'y a plus rien à faire pour l'éviter ?

Si je voulais à mon tour me lancer dans un raisonnement à base d'hypothèse, je pourrais supposer que l'alliance russe, recherchée en 1938-39, ait pleinement réussi, même qu'elle soit arrivée en manière de complément à l'État fédéral du genre de celui que préconisait Louzon, en 1935, et englobant même, par surcroît, les pays baltes. Avec les alliances balkaniques et danubiennes, l'Allemagne hitlérienne se trouvait donc parfaitement encerclée : qui oserait prétendre aujourd'hui que le problème allemand eût été résolu ? Que le sursaut de colère qui détacha le peuple allemand de la République de Weimar et le jeta dans les bras de Hitler se fût éteint ? Que Hitler lui-même, n'ayant plus le choix qu'entre mourir par asphyxie sans combat ou mourir dans une guerre, dans laquelle il entrait avec la certitude de sortir vaincu, n'eût pas préféré la guerre ? Que le régime hitlérien, à la mort immédiate, n'eût pas préféré une survie, même aussi courte possible, fût-ce dans la guerre qui réservait, aussi désespérée que soit la cause, une issue de compromis ?

La réalité, c'est que le processus qui conduit à la guerre participe de considérations qui dépassent de beaucoup celles qui pourraient résulter d'un débat autour d'une question de force ou de faiblesse. La Russie des Soviets occupe dans le monde d'aujourd'hui la place que tenait l'Allemagne hitlérienne dans celui d'hier. Pour les mêmes raisons, la politique de recherche des alliances, même appuyée par la bombe atomique, n'obtiendra pas contre elle de meilleurs résultats que contre l'Allemagne : le jour où elle aura relevé ses ruines, où elle sera arrivée à un stade d'industrialisation qui nécessitera des ouvertures sur les grandes voies mondiales de communications, où son économie sera menacée de mort, soit par asphyxie sans combat, soit dans une guerre, la Russie n'hésitera pas plus que l'Allemagne dans le choix, forte ou faible, encerclée ou pas, avec ou sans la bombe atomique.

En vertu de cette disposition d'esprit qui nous vient du fond des âges et qui veut que, pas plus que l'homme, les collectivités ne consentent à mourir sans combat.

Péroraison

La dernière chance

Plus encore que l'évolution elle-même de la situation internationale, les réactions de l'opinion sont affligeantes. En 1914, la voix de Jaurès a dominé les bruits de bottes et le cliquetis des armes pendant toute la période de montée des périls et jusqu'au coup de revolver du Croissant. En 1939, certaines voix de moindre amplitude, mais auxquelles le recul du temps confère déjà une indiscutable grandeur, quand bien même les portes des prisons sont toujours fermées sur certaines d'entre elles, se sont élevées entre les belligérants et ont tenté de s'interposer. En dépit qu'on en ait, le tract « *Paix immédiate* » que l'Histoire enregistrera en le portant au crédit de ces temps misérables, a constitué un progrès sur 1914. Quoiqu'il en soit, d'ailleurs, dans l'un et l'autre cas, l'opinion, également inquiète, s'est trouvée protégée contre les excès de la résignation absolue par quelques espoirs de salut, aussi fragiles qu'ils aient été. S'il n'a servi de rien, le bon sens, au moins, avait gardé ses droits dans quelques esprits et l'honneur en fut sauf. En 1953, rien. Les échos des appels de Garry Davis, affaiblis par la distance, s'estompent dans le souvenir ou se diluent dans le désarroi général. Le monde, certes, est infesté de partisans de la Paix. Dans les sphères intellectuelles, politiques et diplomatiques, ils font beaucoup de bruit. Mais les uns ne conçoivent la Paix que par le triomphe des Américains et les autres que par le triomphe des Russes.

À l'étage en dessous, entre les deux clans qui veulent faire le bonheur des peuples, chacun à sa manière, il y a ceux dont on ne sollicite pas l'avis et qui ne le donnent pas parce qu'ils ont conscience de leur impuissance. Qui pensent qu'il n'y a pas de triomphe sans guerre. Qui se savent destinés à être enrégistrés dans l'un ou l'autre camp, les plus avertis, avec la prescience que l'opération se fera plutôt au hasard des circonstances qu'au gré des convictions. Qui ont beaucoup plus de confiance dans leur instinct que dans les discours des hommes d'État ou des Commandeurs des croyants de l'un et l'autre clan. Et qui, pensant limiter les dégâts en se protégeant au moins contre la faim, font à la fois des stocks dans la mesure de leurs moyens financiers et la preuve qu'ils ont perdu le sens de l'illusoire.

Il y a aussi les pacifistes intégraux. Coincés entre le sac et le ressac de la vague meurtrière, ils sont submergés. On les entend à peine et on ne les comprend pas du tout. Voyez Garry Davis déjà nommé. Voyez Lecoin dans l'ombre duquel nous sommes quelques-uns à essayer d'endiguer le flot et qui, en, septembre 1949, consacra un numéro entier de sa revue[34] à la commémoration de la déclaration de guerre et aux exigences de la cause de la Paix. En d'autres temps, cette manifestation journalistique aurait atteint aux proportions d'un événement politique : elle ne dépassa pas celles d'un acte méritoire. Voyez Bauchet[35], voyez son équipe obstinée...

Ainsi donc, au lieu de chercher le remède au mal, une humanité en folie à tous les échelons de la hiérarchie sociale, l'accepte, lui prépare le terrain et s'installe avant la lettre dans ses conséquences.

Comment a-t-on pu en arriver là ?

La réponse à cette question, si elle doit prendre texte de l'affaire de Corée, la dépasse incontestablement. Loin de prétendre l'apporter dans ses termes définitifs, mon propos vise plus modestement à en rassembler les premiers éléments, lesquels se trouvent, à mon sens, dans un certain nombre de carences. Il y a trop de choses qu'on n'avait déjà pas dites avec assez de force avant cette guerre, qu'on n'a plus dites depuis, soit qu'on les ait oubliées ou négligées, soit que, cédant à je ne sais quel chantage, on n'ait pas osé en remettre la substance en débat. Il y a trop de vérités révélées pour intellectuels à gros ventre, auxquelles, désarçonnés par la tornade, nous avons laissé prendre pied dans l'opinion : la patrie avant tout, la mort qui vaut mieux, que la servitude, la possibilité d'une coexistence pacifique des régimes totalitaires de

---

[34] *Défense de l'Homme*, à Vence (Alpes-Maritimes).
[35] *La Voie de la Paix*, à Auberville-sur-Mer (Calvados).

l'Est et des démocraties bourgeoises de l'Ouest, etc. Et, dans les faits eux-mêmes, notre profession de foi traditionnelle a trouvé trop de justifications éclatantes que nous avons eu trop de pudeur à ne pas exploiter bruyamment : l'enchaînement tragique des guerres dont chacune appelle la suivante, la nouvelle répartition des zones d'influence et celle des richesses mondiales qui lui sert de base, l'abaissement du niveau intellectuel des élites, etc.

Satan a conduit le bal sans concurrent.

Résultat : si la période actuelle peut être caractérisée par un triomphe, c'est bien par celui du découragement et de la méfiance dans la plus extraordinaire confusion des esprits.

Il n'y a plus d'échelle des valeurs : ce qu'il reste de quelques-unes est au pied.

Personne ne croit plus à rien, chacun se replie sur soi-même, il n'y a plus de forces vives disponibles pour aucune idée généreuse.

Nous n'avons pas joué sur beaucoup de tableaux, mais nous avons perdu sur tous : il serait vain de se le dissimuler.

Rien de pire ne peut arriver dans le domaine moral et, à tant faire, foin des scrupules, des petites lâchetés et de tous les complexes : il faut courageusement partir à la redécouverte des vérités simples dans le fatras des dogmes éboulés.

Et d'abord, la guerre est-elle fatale ?

Pour les Chinois, la question est résolue : il semble bien que la guerre soit devenue, chez eux, un état naturel auquel la victoire de Mao Tsé Tong n'a pas plus mis fin aujourd'hui que, jadis, celles de Tchang Kaï Chek ou de Sun Yat Sen.

Pour les Coréens, elle l'est aussi : ils sont en guerre et ceux qui leur ont fait des discours pour leur démontrer que l'événement ne pourrait pu se produire ont bonne mine.

Pour les Indochinois de même. Pour les Indes Néerlandaises...

Poux les Européens qui ne pensent généralement pas qu'il y a la guerre quand ils la font dans leurs colonies, poser la question est devenu un jeu de l'esprit. La guerre de 1870 a entraîné celle de 1914, laquelle a entraîné celle de 1939, laquelle, à son tour... Malgré cela, les philosophes de toutes les écoles sont restés sur leurs positions.

Il y a d'abord les théoriciens. Cette variété pullule. On aurait pu croire que Jaurès avait aussi définitivement que péremptoirement dissipé tous les doutes et coupé court à toute discussion avec sa célèbre envolée : « Le régime capitaliste porte en lui la guerre comme la nuée dormante porte l'orage ».

Erreur : il s'est trouvé quelqu'un pour établir que la nuée ne porte pas toujours l'orage et que Jaurès n'avait pas voulu dire que la guerre était fatale en régime capitaliste. Celui-là ne savait pas que la nuée crève toujours quelque part. Il avait des lettres de noblesse[1] et on l'a cru. Sans penser qu'il ressemblait un peu aux vignerons du Mâconnais, lesquels ne sont pas loin d'être persuadés qu'il n'y a pas eu d'orage quand leurs canons et leurs fusées ont réussi à détourner la grêle sur leurs voisins du Beaujolais.

Il y a aussi quelques esprits pratiques. Ceux-là en réfèrent à l'expérience et démontrent que, dans l'histoire du capitalisme, les guerres évitées sont aussi nombreuses que les autres, sinon plus. Le raisonnement le plus séduisant que j'aie entendu dans cet ordre d'idées fait état de l'affaire Méhémet Ali, en 1840, de l'affaire Schnoebelé, en 1887, et de l'occupation de la Rhénanie par Hitler, le 7 mars 1935. Dans chacun de ces trois cas, la guerre que les chancelleries jugeaient inévitable entre la France et l'Allemagne, n'a effectivement pas eu lieu. Mais, dans le premier, on ne réussit à en retarder l'échéance que jusqu'en 1870, dans le second jusqu'en 1914 et, dans le troisième, jusqu'en en 1939. Pour rester dans les limites de la propriété des termes, il s'agit donc de guerres retardées et non de guerres évitées. Encore y a-t-il lieu de préciser que, dans les deux premiers cas, les entreprises colonialistes du XIXe siècle jouèrent le rôle de paragrêle et que la guerre se produisit sous la forme exutoire de la conquête de l'Afrique.

Dans le troisième, il n'y avait pas de paragrêle et l'échéance ne put être retardée que de trois années, au terme desquelles il fallut choisir entre la guerre de l'Est et la guerre de l'Ouest.

On crut bien faire en choisissant la seconde, en vertu de quoi on s'aperçoit aujourd'hui qu'en fait, on a choisi les deux...

Il résulte de tout ceci qu'en théorie comme en pratique, il en est de la guerre comme de l'orage : en régime capitaliste, on n'évite la première dans un endroit qu'en la faisant dans un autre, de la même façon qu'on n'évite le second qu'en le détournant sur le voisin.

Autrement dit, elle est fatale et il ne semble pas que Jaurès ait voulu dire autre chose, malgré les échappatoires qu'on lui prête gratuitement le dessein d'avoir voulu réserver.

Comment en serait-il autrement, d'ailleurs ?

On fait généralement de la guerre et de la paix un problème de mépris, ou de respect des traités, conclus sur le terrain diplomatique. Or, tous les traités sont issus de guerres, et signés sous le couteau. Toutes les clauses en sont artificielles et, à la longue, se révèlent les unes après les autres inacceptables pour l'une des parties en cause si ce n'est pour les deux. Il en sera ainsi tant que ceux qui ont mission de les rédiger s'obstineront à ne pas fonder le droit politique sur le droit économique, c'est-à-dire humain.

En 1919, le traité de Versailles n'était autre chose qu'une tentative d'étouffement économique de l'Allemagne. On ne peut plus le nier — les vainqueurs s'étaient adjugé la disposition des quatre cinquièmes et demi des richesses du globe et ne les voulaient échanger que sous certaines et impensables conditions. On sait ce qu'il en est réalité.

Aujourd'hui, les accords de Yalta et de Potsdam mettent de nouveau à la disposition des démocraties bourgeoises, c'est-à-dire d'un peu moins de la moitié de la population du globe, les quatre cinquièmes à peu près des richesses disponibles, tandis que le cinquième restant est affecté aux États totalitaires, c'est-à-dire à l'autre moitié. On ne saurait soutenir que cette répartition « est équitable ». Et il faut être totalement dénué de sens pour parler de coexistence pacifique des deux blocs dans de telles conditions : la moitié frustrée ne cesse de monter à l'assaut de la moitié grassement nantie et si cette dernière s'obstine à garder ses avantages, immanquablement, nous aurons la guerre.

Les mêmes causes produisent les mêmes effets : dans une situation économique identique, la Russie de Staline a les mêmes réactions que l'Allemagne de Hitler.

La politique des démocraties bourgeoises consiste à essayer de l'intimider : la force non plus n'a jamais évité une guerre. On pourra réussir à encercler la Russie et à s'assurer sur elle une supériorité certaine en matière d'armements. Même cela n'y fera rien[36].

David n'a pas hésité à se battre contre Goliath et, dans les arènes antiques, les bestiaires, dont les trois quarts ne survivaient pas aux combats auxquels ils étaient condamnés, tentaient néanmoins leur chance contre les fauves.

LES ANTIMUNICHOIS, LEUR VICTOIRE ET SA RANÇON

Les Munichois ont été vaincus devant l'opinion française en 1939. On n'a pas fini d'épiloguer sur les raisons de cette défaite. L'Histoire enregistrera que c'est le parti socialiste qui a fait pencher la France en faveur des antimunichois. Sans doute, elle s'en étonnera : dans un parti dont un des articles essentiels de la doctrine est précisément le pacifisme, il n'est pas commun de voir se dégager une majorité pour reprendre des thèmes dont le développement semblait jusqu'alors réservé aux écervelés du patriotisme et aux professionnels du chauvinisme. Il l'est d'autant moins qu'en l'occurrence, les leaders du parti qui avaient prôné jusqu'au désarmement unilatéral de la France[37] ont décidé qu'il fallait déclarer la guerre à Hitler pour le contraindre au respect du droit des peuples à disposer d'eux-mêmes en Europe centrale et septentrionale. Cette attitude, dans laquelle la solution de continuité est éclatante, ne peut manquer d'être sévèrement jugée ou, pour le moins, d'être taxée d'incohérence. Mais, en dépit qu'avec le recul du temps, on se demande déjà ce qui se serait passé si la tendance de Paul Faure avait triomphé et en particulier si la diplomatie internationale ne se serait pas trouvée infléchie dans un autre sens, il n'est pas dans mes intentions d'entrer dans ces détails précis.

Dans les Munichois, il y avait au moins deux clans : les pacifistes

---

[36] Cf. ci-dessus : Au-delà de la polémique.
[37] Léon Blum.

intégraux qui ne voyaient que la guerre en soi, et les politiciens qui raisonnaient en fonction de l'opportunité. Les premiers pensaient qu'« aucun des maux qu'on prétend éviter par la guerre n'est aussi grand que la guerre elle-même » et que, pour éviter celle dont il était question, il fallait de toute urgence et quoi qu'il en pût coûter, procéder à une nouvelle répartition des richesses du globe entre les États et à de profondes réformes de structure à l'intérieur de chacun d'eux. Les politiciens n'étaient pas obnubilés par les questions de principes, il faut le reconnaître. Ils pensaient tout simplement qu'il fallait détourner le fléau parce que le pays n'était pas prêt, parce que la position idéologique qu'on leur proposait n'était pas pratique, parce qu'enfin, la guerre contre l'Allemagne ne pouvait profiter qu'au bolchevisme dont ils se méfiaient, malgré le pacte franco-soviétique.

Qui oserait soutenir aujourd'hui que les deux clans de Munichois n'ont pas eu raison, chacun à sa manière ?

D'une part, la guerre de 1939 n'a rien résolu, ni sur le plan politique, ni sur le plan économique. On peut même dire que les problèmes qui étaient posés ne sont que déplacés avec cette différence qu'ils créent, sept ans après, une situation beaucoup plus grave qu'elle n'était huit jours avant. De l'autre, sur le plan pratique, il faut bien convenir qu'on s'est battu pour arracher à l'Allemagne hitlérienne un tas de petites nations artificielles qu'on a, par la suite abandonnées à la Russie des Soviets, ce qui, du point de vue du droit des peuples à disposer d'eux-mêmes ne se justifie que par cette fâcheuse propension qu'a la France de se battre périodiquement « pour le Roi de Prusse ». Enfin, parce qu'on s'est battu contre l'Allemagne, on nous dit qu'on se trouve aujourd'hui dans l'obligation de se battre contre une Russie dont on a, au préalable, éprouvé le besoin de faire un ennemi redoutable, à la fois par son dynamisme politique et par sa puissance militaire.

Les pacifistes intégraux pensaient qu'on pouvait éviter la guerre à la fois à l'Est et à l'Ouest. Je conçois que, dans une France où l'enseignement traditionnel ne prédispose pas l'homme à s'affranchir de l'ambiance, leur profession de foi puisse paraître discutable aux yeux du plus grand nombre. Mais il y a une chose au moins qui ne l'est pas et qu'il faut prendre en considération malgré son peu de parenté avec quelque idéal de justice ou de fraternité que ce soit : le point de vue du Munichois moyen. On peut, en effet, soutenir avec quelque apparence de raison que si on avait laissé l'Allemagne hitlérienne se tourner vers la Russie, comme tout l'y poussait, les deux régimes se seraient mutuellement anéantis dans une guerre qui n'aurait pas coûté plus cher que l'autre à l'humanité, mais qui apparaîtrait aujourd'hui comme un moindre mal, en ce sens qu'elle nous dispenserait de celle qui vient ou que, du moins, elle nous laisserait plus de temps pour la circonvenir sous une forme ou sous une autre.

De toutes façons, la croix des antimunichois est déjà de ne pas s'être rendu compte qu'ils prenaient le contre-pied de l'Histoire, qu'en attirant la foudre sur l'Europe occidentale d'abord, ils ouvraient une ère de cataclysmes en chaîne sur le monde entier et que, pour avoir refusé d'envisager la révision du Traité de Versailles dans un Munich raisonnable, ils ont dû consentir au bolchevisme tous ces Munich déraisonnables par quoi se caractérise essentiellement cette après-guerre. En bref, d'avoir choisi entre la peste et le choléra, de s'être eux-mêmes condamnés à d'intenables positions de politique extérieure et intérieure à l'égard du communisme depuis. 1945 et de ne pouvoir se déjuger sans accepter de rentrer dans le néant, sous les huées.

Tout cela — et j'ai longuement réfléchi avant de porter cette accusation infamante — pour échapper aux élections législatives de 1940 et au verdict d'un peuple qui les eût immanquablement désavoués, ainsi que l'accueil fait à Daladier revenant de Munich par la population parisienne en délire, permet de le supposer.

Malheureusement, le vin est maintenant tiré.

DEVANT LA GUERRE...

Bien que tentant de les baliser, je ne sais pas les voies exactes qu'empruntera la camarde pour venir jusqu'à nous. Pas davantage, je ne sais le temps qu'elle mettra.

Il y a un élément qui peut incliner à un certain optimisme — décidément, les mots n'ont plus de sens ! — quant à la date : le front sur lequel on se battra fera sensiblement le tour de l'Europe et de l'Asie, c'est-à-dire qu'il sera de l'ordre de 20 000 à 25 000 kilomètres. D'ici que le dispositif soit en place de part et d'autre, il peut encore s'écouler du temps. Encore y a-t-il lieu de préciser qu'une fois que les hommes ont créé les conditions de la guerre, le déclenchement des hostilités ne dépend plus, ni de leur volonté, ni de l'état de préparation dans lequel ils se croient : il suffit que l'un des deux adversaires en présence juge le moment opportun, ou qu'il y soit poussé par des raisons de politique intérieure. Généralement c'est le plus faible et le moins sûr de son bon droit : on l'a vu en 1939, quand la France et l'Angleterre ont déclaré la guerre à l'Allemagne... À elles seules, ces considérations réservent déjà pas mal de possibilités d'emprunt des voies de raccourci.

Il en est d'autres.

Je crois avoir établi que, pas plus que contre l'Allemagne en 1939, on ne peut en 1953, contre la Russie, envisager de sauver la Paix si l'on ne crée, au préalable, les conditions de l'équité dans la répartition des richesses à l'échelle internationale et aux divers échelons nationaux. Manifestement, les nations du groupe Atlantique ne se sont pu engager dans cette voie. L'intervention américaine en Corée et les événements diplomatiques qui ont suivi prouvent qu'elles ont choisi de résister au communisme et de défendre, par les armes, à la fois les prérogatives des États nantis sur le plan mondial et celles des classes privilégiées dans chaque État. Donc, nous aurons la guerre, car il y a peu de chances de voir s'opérer un retournement politique, aucune pression dans ce sens n'étant susceptible d'intervenir avec quelque chance de succès, en provenance d'un mouvement pacifiste disloqué et affaibli. Ce retournement peut se produire, de lui-même, l'ère des miracles peut s'ouvrir à nouveau ? Je veux bien, mais...

Ainsi arrivons-nous aux aspects propres du conflit.

La communauté atlantique est peut-être en avance sur la Russie dans le domaine de la bombe atomique, dont il est douteux qu'on l'utilise d'entrée de jeu. Mais dans celui des armements proprement dits, les événements de Corée le prouvent encore, elle est singulièrement en retard. En vertu de quoi les discussions qui ont présentement lieu dans l'enceinte toute neuve du Palais de Strasbourg ne tournent plus autour de la constitution des États-Unis d'Europe, dans un but noble, mais sont centrées sur les moyens de rattraper ce retard. Alors, moi, je vous le dis, aussi abominables que puissent me paraître les conséquences d'une réussite possible des entreprises du bolchevisme, je n'ai plus envie de lui résister. Parce que l'effort qui m'est demandé, outre qu'il est aléatoire quant au résultat, est trop grand et trop coûteux. L'accepter, c'est accepter l'arrêt de la reconstruction, un minimum vital dérisoire, la compromission des libertés essentielles de l'individu — il n'y a pas de préparation à la guerre sans restriction des libertés — et, en fin de circuit, le conflit, la destruction et la mort. Si on veut lutter contre le communisme, il y a d'autres moyens : qu'on double les salaires, en France et, du jour au lendemain, il n'y aura plus ni communistes, ni syndiqués C.G.T. ; qu'on fasse à la Russie sa part des richesses du globe et le régime stalinien s'écroulera.

Condamné à mort par la résistance communiste sous l'occupation et n'ayant échappé à ses mitraillettes que parce que les Allemands m'ont déporté à temps, destiné à la corde ou à la balle dans la nuque en cas d'invasion russe, je n'en pense pas moins que la guerre est un mal pire que le bolchevisme.

Quand j'apprends qu'on a jeté un canon à la mer, je ne suis pas choqué par le geste lui-même, lequel me paraît relever d'une réaction éminemment saine dans l'absolu. Je regrette seulement qu'il soit accompli par des gens qui acceptent l'éventualité de la guerre en sens inverse, qui sont prêts à y participer directement ou indirectement, et qui n'ont d'autre but que d'affaiblir les ennemis de leurs amis. Ce phénomène ne peut d'ailleurs se produire qu'en raison de la démission des pacifistes dans le domaine de l'action.

Et ceci entraîne à la reconsidération des propositions traditionnelles du Pacifisme militant.

UN AUTRE PARADOXE

Le mouvement pacifiste, qui s'insère si remarquablement dans les tendances générales de l'homme vers le destin social que le XIXe siècle semble lui avoir assigné, a toujours été très vulnérable, par conséquent, très faible.

Les raisons en sont multiples. À coup, sûr, la principale est que, ni en France, ni en aucun autre pays, personne n'a jamais réussi, ni à coordonner ses divers tronçons épars dans un même effort, ni à l'asseoir sur une doctrine solide et cohérente qui enfonçât ses racines non plus indolemment et au hasard des circonstances dans la matière spongieuse du sentimentalisme, mais vigoureusement et profondément dans les réalités économiques.

Nombreux, cependant, sont ceux qui l'ont tenté, et notamment dans les années qui ont immédiatement précédé la dernière guerre : non seulement ils ont échoué, mais encore, ils furent voués aux gémonies, à la fois par leurs ennemis et par leurs amis. Tout récemment, le Mouvement des Citoyens du Monde, lancé à la poursuite de l'Assemblée Constituante mondiale, s'est essoufflé, puis effrité, pour s'être obstiné à confondre la fin avec les moyens.

Par cette fâcheuse propension à se réfugier dans les généralités inaccessibles ou anodines, et souvent les deux, le Mouvement pacifiste s'est lui-même condamné à rester un état d'âme vivotant en marge de l'actualité et n'étendant que de superficielles et fragiles ramifications dans une opinion qui l'accueille « comme faisaient les Troyens quand la pauvre Cassandre ouvrait la bouche seulement... ».

Résultat : deux guerres viennent de le prendre au dépourvu, dont la seconde ne lui a permis de sauver l'honneur qu'en renouvelant le geste antique des Sabines, c'est-à-dire en se jetant, à découvert et en rase campagne, entre les belligérants déjà aux prises, ce par quoi il ne fit que s'exposer gratuitement aux coups de l'un et de l'autre, successivement ou simultanément. Henri Jeanson, Louis Lecoin et un certain nombre d'autres, savent de quel prix ils ont payé cette manière de procéder.

Sous cet angle, c'est Sébastien Faure qui avait raison lorsqu'il écrivait :

> Je ne comprends pas que des militants pacifistes discutent interminablement sur ce qu'il faudra faire en cas de guerre. Il faut qu'on dise qu'étudier et discuter l'action de masse en temps de

guerre c'est gaspiller sa salive et son encre en bavardages stériles. La propagande à faire, l'action à mener, la bataille à livrer, bref, tout l'effort à accomplir, doivent précéder l'ouverture des hostilités, et non la suivre. C'est avant qu'il faut agir, parce que, après, il n'y aura rien à faire, rien, RIEN.

LE PREMIER PAS

Le hasard des circonstances m'a mis en contact par correspondance avec la plupart de ces nombreux petits îlots disséminés à travers la France et qui, au prix des plus extraordinaires difficultés dans tous les ordres d'idées, font profession de pacifisme avec un courage et une persévérance que j'admire. Les uns publient une revue ronéotypée, qui paraît quand elle peut, d'autres sortent un tract coûteux de temps à autre, etc. Le thème de leurs écrits est le célèbre aphorisme de Bertrand Russel : « Aucun des maux qu'on prétend éviter par la guerre n'est aussi grand que la guerre elle-même ». Ils le dissèquent, le tournent, le retournent, le présentent sous toutes ses faces, en démontrent et en redémontrent à perte de vue le bien-fondé.

Plus loin, ils ne vont généralement pas. Aussi ne sont-ils qu'à peine secoués et pas suivis : tout le monde sait aujourd'hui, pour en avoir subi la démonstration à deux reprises, que la guerre est le pire des maux. Ce que l'opinion attend, ce n'est pas qu'on établisse, sur le plan spéculatif, une vérité à laquelle les faits ont si douloureusement donné le caractère d'une lapalissade, mais bien qu'on lui dise *comment* on peut efficacement empêcher de se produire, le phénomène contre lequel on s'insurge. Le pourquoi des choses, c'était bon en 1900, quand les foules n'avaient d'autre idée de la guerre que celle qu'elles avaient acquises sur les bancs de l'école, à travers les, récits que des manuels scolaires outrageusement patriotards, revanchards et bellicistes faisaient des campagnes de Napoléon 1er et du petit incident de 1870. Depuis, l'Histoire a fait des pas de géant et il faut se mettre à son diapason en tenant compte que si, au début du siècle, seuls quelques vieux avaient vécu une guerre, il n'en est pas de même aujourd'hui, où on peut considérer que sur notre vieux continent, il n'est pas un être vivant qui ne garde le cuisant souvenir de deux ou au minimum d'une.

Sur le plan des suggestions à dessein d'éviter un nouveau drame, les petits brûlots auxquels je fais allusion sont muets. Si, par hasard l'un d'entre eux se risque dans le domaine constructif, il n'est pas rare qu'il prête à sourire : le même jour, j'ai reçu la liste complète des aliments dont il faut se garder comme de la peste si on ne veut pas voir la plus sanglante des guerres éclater entre la Russie et les États-Unis et une poignée de tracts démontrant que seule la prière pouvait être de quelque secours. Évidemment, il ne s'agit que de cas extrêmes, mais quand d'autres m'ont, à leur tour, adressé de longues proclamations qui faisaient, les unes de l'initiation sexuelle, les autres de l'objection de conscience, d'autres encore de la méthode Coué, des panacées universelles, je n'ai pas davantage été mis en confiance et j'imagine facilement que bon nombre de ceux qui les ont reçues ont eu les mêmes réactions que moi.

La vérité qu'il faut d'abord mettre en évidence, c'est que, dans un siècle où personne ne peut prétendre à l'universalité, toute action isolée dans laquelle chacun s'obstinant à ignorer son voisin a sa marotte ou son cheval de bataille, ne peut être que parcellaire et d'une portée limitée quand elle ne va pas à rencontre du but qu'elle poursuit.

Ce premier pas étant fait, il faut rechercher les idées-forces susceptibles d'agréger dans un effort collectif efficace tous les francs-tireurs du pacifisme.

Le pouvoir, voilà l'ennemi !

Ici, je crois que, de tous ceux qui ont écrit sur le sujet, Alain est celui qui l'a fait, à la fois, avec le minimum de mots et le maximum de pertinence :

> Tout pouvoir aime la guerre, la cherche, l'annonce et la prolonge par un instinct sûr et par une prédilection qui lui rendent toute sagesse odieuse. Autrefois, je voulais conclure trop vite qu'il faut être assuré de la paix pour diminuer les pouvoirs. Maintenant, mieux instruit par l'expérience de l'esclave, je dis qu'il faut réduire

énergiquement les pouvoirs de toutes espèces, quels que soient les inconvénients secondaires, si on veut la paix.

Tout est là, en effet.

Si on obtient une élévation sensible du standard de vie de la classe ouvrière, une meilleure répartition du revenu national, une réforme du régime des échanges, ou quoi que ce soit dans le sens de l'égalité en matière économique et sociale, on affaiblit le pouvoir et on diminue par là même les chances de guerre. Si, au contraire, les inégalités subsistent ou s'aggravent, on laisse ces chances en l'état ou on les augmente. Ce régime, conçu pour l'exploitation de l'homme par l'homme, jusques et y compris par la guerre sociale et internationale, n'a qu'un talon d'Achille : le portefeuille des classes qui le dirigent. Sur le plan du pacifisme comme sur tous les autres, c'est donc là qu'il faut frapper. Tout le reste n'est que littérature et n'affaiblit en rien, ni moralement, ni matériellement, le pouvoir en la personne des classes qui le détiennent et ne constitue aucune entrave à leurs desseins.

Qu'on n'aille surtout pas croire qu'on puisse procéder dans l'ordre inverse et reconquérir le pouvoir d'abord pour transformer le régime ensuite : depuis 1917, la Russie n'existe que comme un vivant reproche aux tenants de cette manière de voir que 1936 et les diverses expériences gouvernementales d'après la Libération n'ont pas renflouée.

Pour avoir par trop méconnu ces vérités élémentaires auxquelles, sortant des limites de la bienséance et de la modestie, je me permets de donner un caractère absolu d'évidence dans la forme, nous avons subi la guerre, nous, les pacifistes, nous l'avons faite comme les autres — à quelques courageuses exceptions près — nous sommes allés dans les camps de concentration de l'un ou l'autre des clans en présence, etc.

Et, surtout, nous avons permis au régime de renaître de ses cendres. Telle est, du moins, mon opinion personnelle.

ÉCUEILS

De ce qui précède, il résulte que la meilleure arme dont la classe ouvrière puisse disposer pour affaiblir le pouvoir est un mouvement syndical puissant et solidement amarré à ses revendications, notamment à l'élévation de son niveau matériel de vie.

Las ! Ici aussi nous sommes en 1953...

Le pouvoir a pressenti l'immense parti qu'il pourrait tirer du syndicalisme. En Russie, il a réussi à l'asservir complètement et à en faire le plus précieux auxiliaire de l'impitoyable régime qu'il fait peser sur la classe ouvrière. En France et dans le monde occidental où les jeux de la dictature de classe sont plus subtils, il l'a divisé, et chacune des équipes qui s'exercent tour à tour ou en collaboration, dispose d'un de ses tronçons dans lequel on discute de tout, en fonction non plus des revendications ouvrières proprement dites, mais des crises ministérielles et des changements possibles ou probables d'équipe. La C.G.T. est inféodée au Parti communiste, la C.F.T.C. au M.R.P., le Parti socialiste dispose de F.O. et le R.P.F. de la C.T.I.

Le résultat le plus clair et le plus grave de cette situation est que toute prise de position sur ses revendications est interdite à la classe ouvrière sous peine de se voir accuser, par les uns, de faire le jeu du Parti communiste si elle menace de passer à l'action ; par les autres de faire celui du gaullisme : et de toutes les entreprises factieuses si elle reste indifférente à son sort ou si elle s'en remet à ceux qui se sont improvisés ses mandants à la faveur de la désaffection générale et qui, moyennant d'honnêtes rétributions, jouent les entremetteurs dans la coulisse. Il s'ensuit que les mesures proposées en fonction de considérations qui n'ont rien à voir avec la condition ouvrière, ne sont jamais prises qu'en fonction des besoins du pouvoir et des possibilités minimisées des classes qu'il représente. Naturellement, elles sont toujours des cotes mal taillées qui ne changent rien aux rapports économiques et sociaux. Nous en sommes au règne du courtier en compromis qui prolifère sur la résignation et le dégoût et qui résout tout sur le plan politique, c'est-à-dire dans l'ombre.

Cette disposition d'esprit a fait tache d'huile et le syndicalisme n'est pas sa seule victime : il est maintenant devenu absolument impossible à un honnête homme de prendre position sur quelque problème que ce soit sans être accusé par les uns ou par les autres, et très souvent par les deux, des plus noirs desseins. Les choses en elles-mêmes ont fini par perdre le caractère qu'elles tenaient d'elles-mêmes et par n'avoir plus d'importance, qu'eu égard à ce qu'en pensent Staline ou Truman, Thorez ou de Gaulle, Bidault ou Jules Moch, Frachon ou Jouhaux.

Il n'est, par exemple, pas permis de protester contre l'arrestation de 2 900 personnes par 10 000 flics sur les Champs Elysées contre la guerre d'Indochine, la politique de réarmement intensif, etc. autrement qu'en risquant l'accusation de stalinisme. Si, au contraire, vous vous avisez de prétendre que n'importe quel soudard russe pourrait venir se faire acclamer par le Parti communiste en plein Paris, qu'Ho Chi Minh agit pour le compte du nationalisme russe et Mao Tsé Tong itou, que la Pologne, la Tchécoslovaquie ou la Hongrie sont sous la botte, alors, vous devenez un valet de Truman. Ne touchez pas aux camps de concentration allemands autrement que pour avaliser ce qui en a été dit par leurs historiographes officiels, sans quoi vous réaliserez contre vous l'unanimité des quatre grands courants politiques agréés, reconnus et dûment estampillés : j'en sais quelque chose. Et si vous vous déclarez pacifiste intégral, ce sera le comble...

Eh bien, non !

Il faut en finir avec ces procédés de discussion qui condamnent tout le monde au silence et à l'inaction et qui font successivement le lit, non pas de tous les imposteurs car ils sont toujours les mêmes, mais de toutes les impostures.

Je réclame pour moi-même le droit de rechercher la vérité et de la dire, sans me soucier de savoir si Truman au Staline et leurs hommes liges respectifs, dans cette partie du monde, y trouvent ou non leur compte.

Ce problème se pose d'ailleurs dans les mêmes termes devant la conscience de tous les pacifistes : s'ils ne réagissent pas collectivement contre la prétention qu'on a de les enfermer dans l'alternative Truman-Staline ; s'ils ne mettent pas rapidement au point l'ensemble des règles de propagande, d'action par lesquelles ils entendent affaiblir le pouvoir, partout où ils se trouvent, indépendamment de toutes autres considérations ; s'ils ne réussissent pas à accréditer dans l'opinion que l'ennemi du dehors n'existe que dans la mesure où celui du dedans l'a créé pour ses besoins, que les notions d'agresseur, de légitimité de la guerre défensive, de force au service du droit, etc., ne s'entendent que parce qu'elles prennent pour unité d'appréciation d'autres notions tout aussi superficielles, comme la Nation, la Patrie, l'État, la Famille, la Démocratie purement formelle, etc. il leur sera de nouveau impossible de faire prévaloir une solution humaine sur le plan humain quand les évènements seront là.

Parce que tous ces éléments n'ont pas encore été intégrés dans la doctrine et dans le dispositif d'action de l'ensemble des pacifistes, il leur est maintenant, impossible de produire une interprétation valable des évènements de Corée.

Et pourtant !

LES ÉVÈNEMENTS DE CORÉE

L'expérience prouve que l'opinion publique est incapable de s'élever au-dessus des contingences et de penser la guerre en soi. Il ne lui tombe pas sous les sens que la structure d'un régime qui suppose la rivalité des classes à l'intérieur des nations et la rivalité des États sur le plan mondial est une cause permanente de guerre. Par contre, elle est très sensible à la matérialité des faits de guerre, même des plus insignifiants. En 1946, lors de l'échec de la conférence de Moscou, elle commença de s'inquiéter. Avec l'affaire de Berlin, elle donna les premiers signes de l'affolement : des gens vous rencontraient qui vous disaient avec assurance que la guerre était pour la fin de l'année. Avec l'affaire de Corée, l'affolement fut total et tout le monde fit des stocks, en prévision du déclenchement imminent des hostilités et de la mêlée générale.

Il faut reconnaître que le nouvel échiquier diplomatique, s'il n'est pas tellement plus compliqué que l'ancien, est tout de même beaucoup plus vaste. Il n'était pas facile de réaliser que le blocus de Berlin n'était qu'une manœuvre stratégique de diversion destinée à occuper toutes les forces américaines du moment, pendant que Mao Tsé Tong procédait à la conquête de la Chine. Il ne l'est pas davantage d'assimiler pleinement une situation dans laquelle, après la Corée, il reste encore Formose, l'Indochine, les Indes néerlandaises et les Indes tout court, l'Irak, la Turquie, la Grèce, la Yougoslavie et l'Allemagne coupée en deux, qui sont autant de points névralgiques gros d'incidents sur la route qui conduit à la prochaine guerre. A quel endroit le feu sera-t-il irrémédiablement mis aux poudres ? On ne le sait pas.

Ce qui, par contre, ne semble pas souffrir de discussion, c'est que la guerre de Corée n'est que le premier « incident » militaire de la lutte que, depuis la Libération, se livrent :

— le bloc atlantique poussé par la nécessité de garder ou de conquérir des débouchés à l'énorme quantité de richesses libérées qu'il s'entête à ne pas distribuer, dans la mesure de leurs besoins, à ceux qui les produisent dans son sein ;

— et le bloc soviétique, poussé par la nécessité contraire dans laquelle il se trouve d'obtenir que lui soient concédées les matières premières indispensables à son essor industriel.

En d'autres termes, les États-Unis ont besoin de vendre et la Russie d'acheter — ou, tout au moins, dans chacun des deux blocs, les classes qui les dirigent. Sur le plan du bon sens populaire, le problème est facilement soluble : que les Américano-Européens vendent aux Russes, que les seconds achètent aux premiers, et tout sera dit. Évidemment, mais c'est précisément là que l'affaire se complique.

Par principe, les Américains hésitent à vendre aux Russes : la peur de consolider le régime bolchevique et de le porter, petit à petit, à un tel degré de développement économique, qu'il sera impossible de l'empêcher de gagner toute la planète. Alors, ils préfèrent, ou détruire leurs « surplus » ou les donner gratuitement - plan Marshall — aux ennemis des Russes. Parallèlement, ils proclament qu'ils accepteraient sous certaines conditions

— de prix pour garantir le profit de la classe au pouvoir ;
— de limitation des zones d'influence pour se protéger contre la subversion (de zones d'influence aux frontières desquelles un nombre

impressionnant de soldats armés jusqu'aux dents monteraient une garde vigilante).

Naturellement, les Russes n'acceptent pas ces conditions — ni de prix, parce que leur économic n'est pas en état de les supporter, ni de limitation des zones d'influence parce qu'elles leur feraient une situation défavorisée, les Américains ayant la prétention de se réserver le contrôle commercial des trois quarts au moins de la surface du globe.

Tel est le fond du problème et, sur ce fond, le devoir des pacifistes est clair : de ce côté-ci du rideau de fer, obliger les classes dirigeantes à vendre aux Russes, à des prix abordables et sans autre condition, tout ce qui n'est pas nécessaire pour porter à un niveau décent le standing de la classe ouvrière. Ici, tout est du ressort d'un syndicalisme qui aurait conscience de son rôle, qui saurait ce qu'il veut et où il doit aller. Si une action parallèle pouvait naître de l'autre côté du rideau de fer, dans le dessein d'obliger la classe des bureaucrates à acheter aux Américains, à n'importe quel prix, plutôt que de s'en remettre à la fortune des armes, il n'en vaudrait que mieux, mais... Il faut, en tout cas, se pénétrer de cette idée que, de toutes façons, les victoires que nous remporterons contre nos propres exploiteurs sont notre seule chance de voir cette action naître un jouir là-bas. Ceci est élémentaire.

Où l'affaire se corse, c'est dans l'accomplissement de ce devoir. Pour clair qu'il soit, il n'en est pas moins délicat : les pacifistes mêlés à l'action de classe ne pourront, en effet, pas esquiver, chemin faisant, une prise de position nette et catégorique sur les irresponsabilités d'une situation dont la guerre de Corée n'est qu'un des éléments caractéristiques.

Voici donc comment je vois les choses.

L'HISTOIRE ET LE MOMENT HISTORIQUE

On peut évidemment limiter l'investigation aux évènements de Corée, les isoler du reste dans l'espace et dans le temps et dire :

« En juin 1950, les Coréens du Nord, inspirés par Staline, ont envahi la Corée du Sud ; ils sont donc les agresseurs et ils ont pris la responsabilité totale de déclencher une guerre dans laquelle l'O.N.U. n'intervient que pour rétablir une situation de droit résultant d'une convention par traité. »

Sur le plan du moment historique, cette thèse, qui a du reste la faveur de l'opinion, n'est pas discutable.

Mais on peut dire, à l'inverse :

« La convention par traité dont il est question, établie sans consultation du peuple coréen et probablement contre son gré, n'est que la résultante d'un rapport de forces entre les deux parties en cause ; elle consacre une situation de fait et non une situation de droit, ce qui lui enlève toute valeur morale et, comme ce sont les plus forts, c'est-à-dire les états majoritaires sur le plan des délibérations à l'O.N.U. et sur celui des armes dans le clan des « vainqueurs » qui l'ont imposée, toute la responsabilité leur en incombe unilatéralement. »

Cette thèse non plus n'est pas discutable, mais, pas plus que l'autre, elle ne s'élève au-dessus du moment historique.

On pourrait ainsi remonter le cours de l'Histoire de moment historique en moment historique et, passant par une suite de responsabilités unilatérales qui se contredisent, établir que le problème ainsi posé est sans issue.

Fort heureusement, on peut en transposer les données dans l'espace et dans le temps, ce qui est la seule façon de le dégager de l'argutie et de lui donner quelque signification.

Dans l'espace, on arrive à ceci :

Pour un nombre sensiblement égal d'habitants, les Occidentaux et les Orientaux disposent du contrôle des richesses libérées du globe dans les proportions approchantes suivantes : 4/5 aux premiers, 1/5 aux seconds. Il ne saurait être question de soutenir que cette répartition est juste, ni que les Occidentaux n'en sont pas les seuls responsables. À vouloir à toute force maintenir le statu quo pour de misérables raisons de profit, en même temps qu'ils obligeaient la République de Weimar à céder la place à Hitler, lesdits occidentaux permettaient à une clique de pseudo- communistes de détourner la Révolution russe de son sens et de lui donner l'horrible figure que nous lui connaissons aujourd'hui. Tout ceci indépendamment des réserves qu'on peut faire relativement à la conduite des opérations sur le plan diplomatique car, de même qu'ils s'étaient révélés d'une extraordinaire faiblesse en ce domaine devant les entreprises du national-socialisme, de même ils perdent coup sur coup la face devant celles du bolchevisme en Corée : le franchissement du 38e parallèle par le butor Mac Arthur, les résultats du vote condamnant la Chine comme agresseur, la position prise par le pandit Nehru et les pays arabes, les hésitations de la France et de l'Angleterre, etc. sont autant de cuisants échecs — pas volés ! — et démontrent que la diplomatie russe a réussi à dissocier la coalition adverse en excipant de son droit incontestable à une plus équitable répartition des richesses.

Le malheur veut — hélas! — que pour conquérir leur part, les Russes emploient les mêmes moyens que les autres pour la leur refuser et que, s'ils y arrivaient, tout permet d'affirmer : premièrement, qu'ils ne s'en satisferaient pas ; deuxièmement qu'ils en feraient la même chose sur le plan de la distribution interne.

Ici, nous entrons dans le temps et abordons l'Histoire.

Ce fut un enfantillage de laisser s'accréditer cette légende selon laquelle il y aurait, d'un côté des capitalistes et de l'autre des hommes en train de placer un sixième globe sur les voies qui conduisent au communisme : le capitalisme est UN et, sous des formes variées ou simplement nuancées, a étendu sa domination sur toute la surface du globe. Il est seulement compartimenté, politiquement, et ceci est à l'origine des antagonismes économiques entre ses divers compartiments ou États. Libéral en Amérique, il l'est un peu moins en France, un peu moins encore en Angleterre, un peu moins, toujours, en Allemagne, en Italie et dans l'Europe balkanique, jusqu'à devenir la plus odieuse des dictatures en Espagne et en Argentine, en Russie et en Chine. Du plus au moins mauvais, ce dégradé suit la courbe des possibilités techniques de libération des richesses du globe par le travail dont la conséquence est une situation plus ou moins favorable sur le marché mondial. Force est bien de reconnaître que, partout, les formes de la propriété, le mode de production, de circulation et de distribution des richesses, l'accumulation par le profit, les institutions, etc., sont exactement semblables dans le principe et reposent sur la division des sociétés en classes et le recours à la guerre sociale ou internationale. À l'échelle mondiale, l'homme qui bénéficie de l'erreur de Marx quant à l'État ou au régime transitoire et à la dictature du prolétariat, exploite l'homme qui en pâtit. Que cette exploitation soit plus ou moins supportable n'est pas discutable, mais elle n'en est pas moins une exploitation et pas moins condamnable.

Il y a seulement une Histoire du capitalisme, lequel, comme la terre et comme l'humanité, a passé par différents âges : l'expérience a prouvé qu'à son âge bolchevique — et russe par accident — l'homme était le plus malheureux, et ceci élève les responsabilités des disciples de Marx, de Lénine et de Staline au même degré que celles des disciples plus ou moins attardés de M. de Malestroit.

Avec cette circonstance aggravante qu'ayant trahi notre foi, après avoir condamné le mouvement ouvrier à passer de l'offensive à la défensive dans tous les pays du monde, ils ont fini par le jeter dans la plus tragique des impasses.

Dès lors, quel choix est possible ?

SUPPUTATIONS

Il reste à essayer de se représenter le cours que peuvent prendre les événements à partir du point où ils en sont. Si le bon sens populaire devenait subitement le code du parfait chef de peuple, tout rentrerait dans l'ordre comme par enchantement : de part et d'autre du 38e parallèle, Américains et Soviétiques feraient marche arrière et réintégreraient leurs pays d'origine, laissant au peuple coréen le soin de prendre en mains ses propres affaires.

Mais alors, imaginez la catastrophe économique qu'une telle décision constituerait pour chacun des deux blocs en présence.

Pour les États-Unis dont tous les entrepôts sont pleins à craquer d'une quantité de richesses qu'ils ne veulent ni vendre aux seuls acheteurs possibles, ni distribuer intégralement à ceux qui la produisent, cela équivaudrait à renoncer au profit et à condamner à mort leur classe dirigeante en tant que telle.

Pour les Russo-Asiates, ce serait consentir à une situation d'infériorité économique, au ralentissement dans le processus de développement industriel qui, faute de matières premières indispensables, en serait la conséquence, aux remous sociaux qui en résulteraient, à un changement probable de régime.

D'autre part, le conflit coréen est trop limité, à la fois pour permettre au bloc atlantique d'écouler tous ses trop-pleins artificiels et aux Russo-Asiates de mettre la main sur des quantités suffisantes de matières premières.

Deux solutions sont donc possibles :

— ou bien la Chine de Mao Tsé Tong se dissociera de la Russie et l'immense marché qu'elle constitue pourra jouer, pendant un certain temps, le rôle de soupape de sécurité pour la production atlantique, mais les Russes se jetteront sur l'Europe occidentale pour faire compensation et échapper à l'asphyxie, et ce sera la guerre ;

— ou bien cette dissociation est exclue, mais, dans ce cas, toute l'Asie finira par entrer, de gré ou de force, dans le bloc soviétique, et ce sera encore la guerre — une guerre, dès le début de laquelle l'Europe occidentale ne pourra pas davantage échapper à l'invasion.

Dans les deux cas, le résultat sera le même et ce n'est qu'une question de temps.

Dès lors, la dernière question qui puisse se poser aux yeux des pacifistes fermement décidés à aller jusqu'au bout de leur logique et à laquelle ils doivent dès maintenant répondre est de savoir quelle attitude ils recommanderaient s'ils ne réussissaient pas à affaiblir assez le pouvoir pour l'empêcher de nous jeter dans l'aventure à corps perdu, si la guerre arrivait néanmoins et si, un jour, ils se trouvaient, comme tout pousse à le redouter, en présence des armées en marche, entrant musique en tête, dans la dernière farandole de ce macabre.

À ce propos, Alfred Rosmer a rappelé, quelque part, qu'à Trotsky qui lui posait la question dans les mêmes termes, au sujet de la guerre de 1914, le socialiste belge Huysmans, alors pacifiste intégral, répondit, aux environs de 1913 :

> Ce que nous ferons, si la guerre éclate néanmoins entre la France et l'Allemagne, et si les armées allemandes manifestaient l'intention de passer par la Belgique pour se porter à la rencontre de leurs adversaires ? Mais... un petit couloir pour les laisser passer !

Évidemment, ce n'était qu'une boutade : Huysmans voulait seulement dire qu'à ses yeux, l'invasion valait mieux que la guerre.
Et il avait raison.
Dans le cas qui, nous occupe, il ne s'agit pas seulement d'une invasion, mais d'une double invasion. Car, il est vain d'espérer que, dans le drame qui se prépare, des pays qui peuvent constituer, soit un débouché pour l'économie américaine, soit une source de matières premières pour les Russes, soit des positions stratégiques pour les deux, puissent être respectés dans leur intégrité territoriale par les belligérants, il l'est aussi de penser que, destinés à être — envahis par les uns, nous ne le sommes pas moins à être reconquis — libérés ! — par les autres[38].

Coréens de la farce de toutes façons, quelle peut alors être la valeur de notre participation, si ce n'est aggraver le désastre sur le plan matériel et perdre l'honneur sur le plan moral en l'accordant ?

LES PACIFISTES PAR LE BIAIS

Ces considérations sont à l'origine d'un courant de pensée qui s'est plus particulièrement développé au cours de ces derniers temps : le neutralisme qui, ne s'embarrassant d'aucuns principes doctrinaux les a directement et uniquement rattachés aux rapports des forces en présence.

La piètre diplomatie des Occidentaux a mieux mis en évidence

---

[38] Ceci m'amène à dire aux Français que, s'ils sont un jour mobilisés, ce sera contre les Américains et non contre les Russes ! Et à regretter que la thèse de la non-résistance armée à un agresseur éventuel, qui avait la faveur des milieux progressistes avant 1914, soit quasi perdue de vue aujourd'hui.

encore que, hormis dans le domaine de la bombe atomique, les Orientaux étaient infiniment supérieurs sur le plan militaire. Ils ont, en effet, à leur disposition un inépuisable réservoir d'hommes, un matériel techniquement aussi poussé que celui des Américains, mais beaucoup plus important, une organisation défensive mieux étudiée, mieux entraînée, plus cohérente et, par rapport aux points névralgiques possibles ou probables, ils occupent une position stratégique beaucoup plus favorable.

Ceci, qui n'a échappé à personne dam les officines où l'on s'occupe, soit d'entretenir le moral, soit de mettre en place le dispositif idéologique de combat, y a semé le désarroi en politique. La France est le pays du marécage. Robespierre l'avait déjà fort bien discerné : s'il y a des gens qui définissent leur attitude par référence à des principes, plus nombreux sont ceux qui pratiquent la politique des résultats, volent au secours de la victoire, sont collaborateurs sous l'occupation et résistants à la Libération. Surtout — hélas ! — parmi les leaders intéressés de l'opinion...

Or, les résultats obtenus en Corée par les Américains ne sont, de toute évidence, pas, encourageants.

Ainsi est né le neutralisme qu'il ne faut pas confondre avec le pacifisme.

Le pacifisme est contre toutes les guerres, dont aucune, à ses yeux, ne peut être justifiée par aucune morale vraiment humaine. Il ne pense pas qu'envisagées sur le plan du nationalisme, il y ait des guerres d'agression à condamner et des guerres de défense à prévoir, à préparer et à subir avec courage. Aussi imparfaitement qu'elles soient actuellement délimitées, il postule que c'est seulement sur le plan des casses sociales qu'il est possible de spéculer sur ce problème.

Séparées par des frontières artificielles, arbitraires et conventionnelles, les classes dirigeantes de tous les pays se battent à fleuret moucheté pour la conquête de marchés extérieurs. Quand, par la force des choses, leurs entreprises sortent du cadre de la concurrence traditionnelle et pacifique, c'est-à-dire rendent caduques les règles archaïques de l'échangisme international, quand, de part et d'autre, des frontières, leurs intérêts s'opposent irréductiblement, elles tombent d'accord pour faire se battre à fleuret démoucheté les classes qu'elles oppriment.

Dans ce cas — singulière coïncidence — la guerre intervient presque toujours, comme à point nommé, pour résoudre un problème de gouvernement : 1914 et 1939 en sont des exemples probants.

Cette prise de position est de principe.

Elle n'a rien de commun avec celle des neutralistes, du moins, telle qu'elle est proposée par leurs leaders du moment, qu'ils soient de droite (M. Beuve-Méry, dit Sirius, du journal *Le Monde*) ou de gauche (M. Claude Bourdet, de *L'Observateur*), dont la prise de position est essentiellement de circonstance.

MM. Beuve-Méry et Claude Bourdet ne sont pas contre la guerre en général : ils sont seulement contre celle qui vient. En 1939, ils n'étaient ni Munichois, ni pacifistes, et il leur arrive encore de s'en flatter. Par ailleurs, ils sont contre celle qui vient, c'est uniquement parce qu'ils ne voient pas l'Europe occidentale, et plus particulièrement la France, y jouer un autre rôle que celui d'une nouvelle Corée : beaucoup de désastres dont nous ferions la plus grosse part des frais sans aucun espoir de compensation, le conflit terminé. D'où, chez l'un comme chez l'autre cette profession de foi qu'ils croient être de sagesse : la neutralité. Nous avons tout à perdre, rien à gagner, n'y allons pas : si, comme tout permet de le redouter, les deux antagonistes en viennent aux mains, cette attitude les déterminera infailliblement à chercher un autre terrain pour l'accomplissement de leurs exploits et nous serons à l'écart du conflit.

On voit à quel point cette thèse est candide.

Elle a valu à M. Beuve-Méry et Claude Bourdet d'être accusée de crypto- communisme. Pour ma part, je ne sais pas dans quelle mesure cette accusation est fondée. Il m'est personnellement arrivé d'être accusé de crypto-communisme par les gens bien-pensants qui, comme nul n'en ignore, sont tous dans le clan américain, tandis que les communistes m'accusaient d'américanophilie. De plus en plus les esprits libres sont appelés à recevoir des coups des deux côtés. Il peut toutefois être considéré comme symptomatique que MM. Beuve-Méry et Claude Bourdet n'en reçoivent que d'un côté. Et, quand je les vois l'un et l'autre écrire que Staline ne désire pas la guerre, il me faut bien convenir que, si ce n'est pas une vue enfantine c'est, à coup sûr, une déclaration de vassalité sous la forme d'un préjugé favorable.

Pour la plupart des gens avertis de ces questions, la guerre ou la paix, ne relève pas du désir d'un chef d'État. Il est par trop simpliste de dire que Staline et Truman veulent ou ne veulent pas la guerre. La forme supérieure de la diplomatie moderne tient dans cette règle générale que l'adversaire s'inclinera devant la force. Ça n'a jamais réussi — il est toujours arrivé un moment où l'adversaire ne s'est pas incliné parce qu'il ne pouvait le faire qu'en acceptant de mourir : or, les chefs d'État ne se suicident qu'à la dernière extrémité : exemple Hitler. Malgré quoi, la règle ne change pas — dans les sphères diplomatiques — on n'en est pas encore à penser que les différends internationaux puissent se résoudre à l'écart des rapports de forces. Ce serait la mort des classes sociales distinguées[39]. Or, les classes sociales distinguées ne se suicident pas plus que les chefs d'État. Il se peut que MM. Beuve-Méry et Claude Bourdet parlent de ces questions sans en être exactement avertis, mais...

Ceci dit, il n'est cependant pas mauvais que M. Beuve-Méry ait publié dans *Le Monde* le rapport attribué, à tort ou à raison, à l'amiral Fechteler[40] et que M. Claude Bourdet lui ait fait écho dans *L'Observateur*. Il n'est pas mauvais que, dans *Le Monde* du 11 juin 1952, M. Beuve-Méry soit revenu à la charge avec son article intitulé « Vers la troisième ? ». Et il n'est pas mauvais qu'il conserve la possibilité de le faire encore quand la fantaisie l'en prendra. Pour incohérente qu'elle soit, et forcément tendancieuse — il ne serait, en effet, pas difficile de monter une doctrine neutraliste en avançant avec aussi peu de raisons que c'est l'Amérique et non la Russie qui ne veut pas la guerre — la position de M. Beuve-Méry et Claude Bourdet recoupe le pacifisme de principe en bien des points, particulièrement dans l'analyse objective

---

[39] Cf. plus haut : Au-delà de la polémique.
[40] Que ce rapport soit ou non de l'amiral Fechteler n'a aucune importance puisque l'Etat-Major américain fait siennes les idées qu'il contient et le reconnaît.

des situations à laquelle elle ne peut totalement échapper. Et si ces recoupements, qui sont toujours publics, n'ont qu'une valeur relative quand ils se font dans *L'Observateur* à tirage restreint, ils en ont une très grande et indiscutable quand ils se font dans *Le Monde*, journal à grand tirage.

Par exemple, on peut se demander ce que M. Beuve-Méry entend par incidences insupportables et n'être pas sûr qu'il voit la course aux armements partir des mêmes causes que nous, lorsqu'il écrit :

> La guerre peut être prévue avec une quasi-certitude, à partir du moment où la course aux armements atteint un certain rythme, où ses incidences deviennent si insupportables qu'on s'accoutume de part et d'autre à l'idée d'en finir.

Mais il n'est pas possible de ne pas être d'accord avec lui sur le processus et son aboutissement.

Et il n'est pas possible, non plus, de ne pas avoir, sinon les mêmes craintes, du moins des craintes de même nature, s'il poursuit :

> Champions des libertés démocratiques, les États-Unis doivent enrôler sous leur bannière, en Asie, Syngman Rhee, Tchang Kaï Chek et Bao Daï. En Europe, ce sont les nazis, les fascistes, les phalangistes, les miliciens, qui se flattent, au nom d'un antibolchevisme éprouvé, d'être demain les plus sûrs soutiens de l'Occident. Si bien que l'Européen moyen, celui qui devait reconstruire un monde habitable pour lui sur les ruines sanglantes des fascismes, ne cache pas son désarroi. Il sent, il comprend que les moyens mis en jeu menacent au moins autant qu'ils l'assurent la fin qu'on se propose, qu'une profonde réconciliation franco-allemande est rendue plus difficile, que l'Europe se défait plus qu'elle ne se fait. Si les combattants de la liberté et de la justice ne peuvent plus croire ni à la liberté, ni à la justice, ne serait-ce pas que l'institution démocratique est d'ores et déjà condamnée ?

Ce qui n'est pas acceptable, c'est le dilemme qui ressort des deux propositions suivantes juxtaposées sous sa plume, dans le même article :

1° Si l'agression menace réellement, si le front européen est vraiment un secteur du front commun qui vaut bien celui de Corée et qui doit être défendu à tout prix, ce sont trente ou quarante divisions que les Américains devraient envoyer en Europe.

2° Une Europe qui aurait ou voudrait se donner le moral des Finlandais ou des Norvégiens, le civisme des Anglais, l'armement des Suédois ou des Suisses, n'aurait vraisemblablement rien à redouter pendant longtemps de la part des Russes. À plus forte raison s'il était bien entendu qu'une agression de leur part déclencherait la garantie américaine et la guerre mondiale.

Dans le premier cas, c'est la Fédération atlantique avec toute ses conséquences, c'est-à-dire la guerre ; dans le second, il ne s'agit pas d'un problème moral, mais d'un problème de structures et les termes mêmes dans lesquels M. Beuve-Méry le propose impliquent la guerre encore, en fin de compte.

Le cercle est vicieux.

Il l'est au point que, pour en sortir, M. Beuve-Méry ne voit d'autre moyen que de revenir à l'Allemagne et de proposer pour elle un statut analogue à celui de l'Autriche. Si on ne veut pas en arriver là, conclut-il, mieux valait faire un Munich complet en 1939, car :

> Mieux valait ménager l'Allemagne, bien qu'elle fût hitlérienne ; à quel que fût le prix demandé, puisqu'elle devait tôt ou tard entrer en lutte avec Moscou. Lui résister, l'affaiblir, c'était fortifier le bolchevisme.

Les pacifistes ne peuvent se satisfaire d'une politique de paix qui prétend sauver les structures traditionnelles et réussir en se bardant d'horizons bouchés et de regrets à la fois stériles et sans grandeur.

Il faut toutefois reconnaître que des raisonnements ont détourné des gens de cape et d'épée, toute cette partie saine de l'opinion qui croyait très sincèrement qu'il était possible d'influencer Staline, de l'intimider et de le faire reculer — en dépit que la même méthode ait lamentablement échoué avec Hitler ! — et qui sont maintenant convaincus que la politique de force conduit sûrement à la guerre, par le canal de la misère et de la dictature de classe.

Par un effort concerté et méthodique, il serait, je crois, relativement facile de les amener à faire le tout petit pas qui les conduirait du neutralisme ou pacifisme d'opportunité au pacifisme de principe.

Ils ont réfléchi, ils se sont interrogés et tout permet de supposer qu'ils sont disponibles pour cette idée selon laquelle la seule chance de salut du monde réside dans une transformation profonde de sa structure économique.

Et, bien que nourrissant un certain nombre d'illusions quant aux possibilités de tenir à l'écart du conflit un pays qui serait de quelque utilité stratégique ou économique pour les adversaires en présence, leur comportement, étant identique au nôtre, ils peuvent très efficacement renforcer notre propagande et notre action.

Ce qui n'est pas négligeable, si nous voulons bien réaliser que nous sommes, nous aussi, contraints de pratiquer, dans une certaine mesure, la politique des résultats.

Et maintenant ?

Le terrain étant ainsi déblayé et l'opinion prévenue sur le sens possible de l'action pacifiste, il importe de passer à la partie constructive du débat, c'est-à-dire à l'examen des formes et des moyens.

Notre première préoccupation doit être, de ras sembler, dans un exposé succinct et catégorique qui pourrait servir de programme d'action immédiate, toutes les idées dont la propagation et la mise en pratique seraient de nature à affaiblir notablement le pouvoir[41].

La seconde doit consister à agglomérer dans un mouvement solide tous ceux qui se rallieront à ces idées. Ici, c'est un membre de l'enseignement, le secrétaire-adjoint du Syndicat national des instituteurs de la Dordogne, Coucteil, qui donne le ton. Tout récemment, il adressa au bureau de sa Fédération nationale une lettre

---

[41] Le Rassemblement universel pour la paix du monde, organisé à Paris les 11 et 12 novembre 1952 par le Comité national de résistance à la guerre et à l'oppression, s'y est essayé et peut-être a-t-il promu de nouvelles raisons d'espérer. (Chez le même éditeur, demander la brochure qui rend compte des débats.)

qu'on mit au panier, mais qu'il trouva quand même le moyen de rendre publique :

> Que l'on rassemble, disait-il notamment, toutes les fractions de la gauche française, que l'on prenne contact avec tous ceux qui peuvent nous comprendre, et ils sont nombreux ; avec tous ceux qui ont adhéré aux Citoyens du Monde, avec les libres- penseurs, les libertaires, les socialistes authentiques, le Mouvement de Libération du Peuple, les Chrétiens de gauche, et cette foule de petites organisations étouffées par les moyens des grands mouvements.
> Ce front humain constitué pourra établir des relations internationales avec toute la gauche européenne, le Congrès des Peuples et les pays asiatiques groupés autour de l'Inde qui a joué un si grand rôle ces jours derniers[42]. (*École émancipée*, 20 janvier 1951)

Il se peut que, sinon dans ses principes, du moins dans les voies qu'elle prétend emprunter, cette forme d'action ne fasse pas très grand cas des canons soréliens de la lutte des classes inspirée du marxisme. On lui reprochera sûrement de cultiver le compromis et de risquer certaines promiscuités. Mais Georges Sorel est, lui aussi, dépassé. Nous entrons dans le temps où l'action militante ne peut plus avoir de sens qu'en fonction de son efficacité. Or, l'efficacité est elle-même conditionnée, non par la violence instinctive et brouillonne qui condamne à la dispersion des efforts, c'est- à-dire à l'impuissance, mais par la volonté réfléchie de repenser tous ces problèmes et de les sortir des fondrières où les a précipitées le byzantinisme des doctrines.

Il est devenu nécessaire de réviser toutes les valeurs et de reconsidérer tous les systèmes.

De ressaisir les fils ténus d'une action actuellement diluée dans, les pires divagations et de la redéfinir avant que de songer de nouveau à l'engager.

L'heure est aux bilans et aux confrontations.

La saisir au vol et se résoudre à ce loyal effort de la pensée, telle est la dernière chance de l'homme contre la guerre.

---

[42] Ceci était justement le but poursuivi par le Rassemblement universel de la Toussaint. L'avenir nous dira dans quelle mesure il a réussi.

Mâcon, 15 janvier 1953.

Paul Rassinier

Le Véritable procès Eichmann

ou

Les Vainqueurs incorrigibles

PAUL RASSINIER

LE VÉRITABLE PROCÈS EICHMANN

ou

Les Vainqueurs incorrigibles

1962

Publié par
Omnia Veritas Ltd

www.omnia-veritas.com

INTRODUCTION	**207**
PREMIÈRE PARTIE	**213**
CHAPITRE I : DE STALINGRAD À NUREMBERG	213
CHAPITRE II : NUREMBERG	231
A - Définition du crime et du criminel	231
B - Les crimes de guerre	245
C - Les crimes contre la paix	263
D - Les crimes contre l'humanité	289
E - ...Et autres broutilles	333
CHAPITRE III – LE PROCÈS EICHMANN OU... LES NOUVEAUX MAITRES-CHANTEURS DE NUREMBERG	343
I - Qui est Adolf Eichmann ?	343
II - Les circonstances du procès	346
III - L'accusation et son contexte politique	347
IV - Le mot de la fin	354
DEUXIEME PARTIE : VERSAILLES	**361**
CHAPITRE IV – DE L'ENTRÉE DES U.S.A. DANS LA GUERRE A L'ARMISTICE DU 11 NOVEMBRE 1918	361
CHAPITRE V – LES TRAITES DE VERSAILLES	391
CHAPITRE VI – LE PROBLEME	431
I - Histoire de l'empire des mers	438
II - Histoire de l'Angleterre	441
III - Le monde après 1919	446
IV - La rivalité franco-allemande	447
APPENDICE I : REQUETE COLLECTIVE PRESENTEE PAR LA DEFENSE LE 19 NOVEMBRE 1945	**454**
APPENDICE II : LE DOCUMENT GERSTEIN	**458**
APPENDICE III : LE DOCUMENT KASZTNER	**465**
LETTRE D'UN GROUPE DE JUIFS INTERNÉS AU CAMP DE THERENSIENSTADT	468
LE DOCUMENT FALSIFIÉ	471
1. Le document original	471
2. Le document publié	472
APPENDICE IV : GERMANY MUST PERISH ! PAR THEODORE N. KAUFMAN	**474**
APPENDICE V : MEDECIN À AUSCHWITZ	**478**
LA RÉPONSE DE JULLIARD	481

LE VÉRITABLE PROCÈS EICHMANN
Ou
Les Vainqueurs Incorrigibles

Ce qu'il y a de terrible quand on cherche la vérité, c'est qu'on la trouve.

INTRODUCTION

1867. Les hommes d'État européens cherchent l'Europe à travers les nationalités bien définies par des frontières naturelles et, à l'opposé, le mouvement socialiste à travers l'Internationale. Pour les intellectuels, l'Europe est un des problèmes fondamentaux de l'humanisme. Et pour les marchands, de contacts commerciaux par-dessus les frontières, naturelles ou pas.

Les marchands sont les plus pratiques : à confronter leurs réalisations industrielles, voire artistiques, les peuples ne peuvent manquer d'apprendre à se comprendre et à s'estimer. Les hommes d'État les encouragent par souci d'étendre leur influence, les intellectuels par principe. Depuis 1850, la méthode des contacts est l'Exposition universelle[43] : en 1851 à Londres, en 1855 à Paris, en 1862 à Londres de nouveau... L'axe Londres-Paris.

En 1867, le tour revient à Paris. Et, afin que les visiteurs étrangers y puissent voir autre chose que ce qui était rassemblé dans l'enceinte installée sur le Champ de Mars avec une annexe à l'île de Billancourt, qu'en somme il leur fut possible de prendre avec la France un contact beaucoup plus large par l'intermédiaire de Paris, les organisateurs de l'exposition éditent une nomenclature de tout ce qui est à y voir ou, du moins, de tout ce qu'ils désirent qu'ils y voient : Paris Guide. Le soin de rédiger la préface de cette sorte d'inventaire des richesses en tout genre de Paris ayant été confié à Victor Hugo, voici le passage de cette préface qui résume le thème sur lequel il l'écrivit :

> « Au XXe siècle, il y aura une nation extraordinaire. Cette nation sera grande, ce qui ne l'empêchera pas d'être libre. Elle sera illustre, riche, pensante, pacifique, cordiale au reste de l'humanité. Elle aura la gravité douce d'une aînée [...]. Une bataille entre Italiens et Allemands, entre Anglais et Russes, entre Prussiens et Français lui

---

[43] En réalité, l'idée vient de plus loin : la première manifestation de ce genre, quoique plus modeste, avait eu lieu à Prague, en 1791. Mais les guerres napoléoniennes et leurs conséquences avaient fait qu'elle ne put avoir de suite qu'en 1851.

apparaîtra comme nous apparaît une bataille entre Picards et Bourguignons. Elle considérera le gaspillage du sang humain comme inutile. Elle n'éprouvera que médiocrement l'admiration d'un gros chiffre d'hommes tués. Le haussement d'épaules que nous avons devant l'inquisition, elle l'aura devant la guerre. Elle regardera le champ de bataille de Sadowa de l'air dont nous regarderons le Quemadero de Séville. Elle trouvera bête cette oscillation de la victoire aboutissant invariablement à de funèbres remises en équilibre et Austerlitz toujours soldé par Waterloo. Elle aura pour l'autorité à peu près le respect que nous avons pour l'orthodoxie, un procès de presse lui semblera ce que nous semblerait un procès d'hérésie, et elle ne comprendra pas plus Béranger en cellule que Galilée en prison…

Unité de langue, unité de monnaie, unité de mètre, unité de méridien, unité de code, la circulation financière à son plus haut degré, une incalculable plus-value résultant de l'abolition des parasitismes ; plus d'oisiveté, l'arme au bras ; la gigantesque dépense des guérites supprimée, les quatre milliards que coûtent actuellement les armées permanentes, laissés dans la poche des citoyens ; les quatre millions de jeunes travailleurs qu'annule honorablement l'uniforme, restitués au commerce, à l'agriculture et à l'industrie ; partout le fer a disparu sous la forme de glaive et chaîne et reforgé sous la forme charrue, la paix, déese à huit mamelles, majestueusement assise au milieu des hommes…

Pour guerre, l'émulation. L'émeute des intelligences vers l'aurore. L'impatience du bien gourmandant les erreurs et les timidités. Toute autre colère disparue. Un peuple fouillant les flancs de la nuit et opérant, au profit du genre humain, une immense extraction de clarté. Voilà quelle sera cette nation.

Et cette nation s'appellera l'Europe. »

Qu'entré dans sa seconde moitié, le XXe siècle en question se sente beaucoup plus menacé de finir au milieu d'une Europe slave et soviétisée par surcroît que soutenu par l'espoir de cette Europe-là, dit assez l'ampleur de la mésaventure posthume qui arrive à Victor Hugo pour que point ne soit besoin d'insister.

De ce grand espoir ainsi formulé, ce qu'il faut donc seulement retenir, c'est l'intention et le niveau d'expression. Le niveau d'expression surtout : les nationalités, les frontières naturelles, l'unité allemande, l'unité italienne, etc. si on lui avait fait remarquer qu'il n'en faisait pas mention, j'imagine assez qu'Hugo eut répondu par le même haussement d'épaules que si on lui avait proposé d'apporter une solution définitive au problème des Guelfes et des Gibelins, des Armagnacs et des Bourguignons — Picards et Bourguignons, dit-il d'ailleurs — de Richelieu et de la Maison d'Autriche, de la guerre de Cent Ans ou, que sais-je, du sacre de Clovis, par exemple.

Et pourtant... Les nationalités, les frontières naturelles, etc. c'était encore, pour l'Europe, se chercher à un niveau intellectuel qui, par comparaison avec celui auquel elle se cherche aujourd'hui, peut paraître relativement élevé. Je ne veux parler net, ni des hommes d'État qui ne la conçoivent que coupée au minimum en deux, ni des marchands dont le seul souci semble bien ne plus être que la multiplicité des frontières parce que, par le truchement des licences d'importation ou d'exportation, elles permettent un marché noir de l'or et des devises d'autant plus fructueux qu'elles sont plus nombreuses : dans les nations modernes, les hommes d'État et les marchands ne sont pas — ou plus — l'élite. Mais que penser des intellectuels ?

Si, la guerre de 1939-1945 terminée, les intellectuels ont recommencé à prôner l'Europe, ils ne l'ont, dans leur écrasante majorité, plus jamais fait qu'en mettant systématiquement en évidence les raisons de ne pas la faire et seulement celles-là : les crimes allemands, les camps de concentration allemands, une infinité d'Oradours, le militarisme prussien, etc. Tout récemment, ils en étaient à essayer de mobiliser l'opinion mondiale sur le comportement dans la guerre d'un simple lieutenant-colonel allemand : l'éternelle Allemagne, cette pelée, cette gueuse d'où vient tout le mal et avec laquelle il n'y a de rapports possibles que si on la maintient à genoux, sinon couchée et le couteau sur la gorge.

Il est bien certain que, ravalées et maintenues à ce niveau sur des thèmes aussi archaïques et en contradiction aussi flagrante avec les réalités, les discussions publiques ne peuvent que prolonger les vieilles querelles, non les apaiser, et que l'Europe n'a aucune chance d'y prendre conscience d'elle-même. Pour qu'il en soit autrement, il faudrait que l'Europe fût concevable non seulement sans, mais contre Allemagne.

Plus que tout, ce qui est grave, c'est que les intellectuels de 1962 ne voient pas :

—d'une part que les Allemands leur pourraient aisément répliquer par Dresde, Leipzig, Hambourg (tragiques pendants d'Oradour), le militarisme français (ou russe), les camps de concentration algériens (dont la Croix-Rouge Internationale établit un jour qu'ils n'avaient rien à envier aux leurs) ou russes (dont, âpres Margareth Buber-Neuman, le communiste italien réfugié à Moscou en 1925, Navareno Scarioli qui les connut de 1937 à 1954 nous a encore fait, dans le magazine romain Vita du 23 novembre 1961, une peinture qui dépasse en horreur tout ce qui a pu être écrit par les rescapés des camps allemands et même par ceux qui ont le plus affabulé) ;

—d'autre part, qu'il n'y a pas, qu'il ne peut pas y avoir de guerre sans camps de concentration, sans Oradours des deux côtés et sans lieutenants colonels — des deux côtés aussi — obéissants et zélés du type Eichmann ;

—enfin, dans l'établissement des responsabilités, que la guerre de 1939-45 n'est que la conséquence de l'aberrant Traité de Versailles et que, par conséquent, ceux qui l'ont fait y ont la première et la plus lourde part.

Au lendemain de la première guerre mondiale, ces choses étaient encore des vérités indiscutées pour le plus grand nombre des intellectuels. Parmi eux, ceux qui se classaient à gauche et qui furent les fréquentations littéraires ou personnelles de ma jeunesse ardente et enthousiaste, n'étaient pas les moins catégoriques : Hermann Hesse, héritier spirituel de Bertha von Süttner, Romain Rolland, Alain, Mathias Morhardt, Victor Marguerite, Anatole France, Félicien Challaye, Jean Giono, Georges Demartial, René Gérin, Barthélemy de Ligt, Lusien Roth, le coutle Alexandre, etc. À ceux-là personne ne réussit à en conter sur le caractère unilatéral des horreurs et des responsabilités de la guerre : ils passèrent tout au crible et ils menèrent une vie très dure aux hommes de Versailles seulement soutenus par quelques intellectuels vieillis, fatigués ou fossilisés d'une droite qui ne les Utilisait déjà plus.

Les hostilités terminées, s'il n'y eut sur le moment que peu de gens à penser qu'il était nécessaire de passer au crible les horreurs et les responsabilités de la seconde guerre mondiale, il est remarquable que ces gens aient été surtout de droite et qu'ils aient, en outre, fondé leur attitude sur les principes au nom desquels les intellectuels de gauche avaient refusé Versailles vingt-cinq ans plus tôt. Quant aux intellectuels de gauche, dans leur écrasante majorité, ils ont approuvé Nuremberg au nom de principes dont, au temps de Versailles, ils reprochaient le caractère réactionnaire à ceux de la droite qui les faisaient leurs, et le phénomène n'est pas moins remarquable. Il y a là, en tout cas, un assez curieux chassé-croisé dans le secteur des principes et c'est dans ce chassé-croisé que s'inscrit mon drame personnel.

Quoique politiquement engagé, je restais soumis aux habitudes de l'histoire. La gauche était ma famille spirituelle. J'avais trouvé le confort intellectuel dans un socialisme qui était avant tout un humanisme et se nourrissait d'un espoir fondé sur une interprétation des faits historiques qui s'efforçait d'atteindre à l'objectivité par la probité. Au moment où, je ne sais quel diable les poussant, devant la guerre d'abord, dans la résistance ensuite, les intellectuels de gauche se replièrent sur les positions politiques de ce nationalisme à la Déroulède que ceux de la droite même la plus extrême avaient depuis longtemps répudié, j'en souffris autant que d'une quelconque félonie dont se sentit collectivement rendue coupable ma vraie famille. Réaction d'affolement des intellectuels de gauche devant le danger ou reniement délibéré ? Par besoin d'espérer, j'optai pour la première éventualité. Mais, écarté le danger au prix auquel leur attitude nous l'avait fait payer, c'est-à-dire de la guerre, et l'heure du règlement des comptes ayant sonné, lorsque je découvris que, loin de revenir à leurs traditions et à leurs principes, ils ne songeaient qu'à justifier au moyen d'insoutenables thèses, les intenables positions politiques qu'ils avaient prises et n'hésitaient pas à dénaturer les faits historiques jusque par la sollicitation, la falsification, la subtilisation et l'invention de documents, je sus que j'avais espéré contre tout espoir et qu'il s'agissait bien d'un reniement délibéré. Du même coup, je sus aussi que ni mes opinions politiques et philosophiques, ni mon souci de la vérité historique et ma probité ne me permettraient jamais ni de m'associer à ce reniement, ni de m'en laisser suspecter.

Un effondrement. Aussi totalement moral et intellectuel qu'économique et social. Tout était à recommencer à partir de zéro : prendre les faits un à un, les étudier dans leur matérialité et enfin les replacer correctement dans leur contexte historique. C'est l'affaire d'une génération, pensai-je encore par besoin d'espérer. À condition de s'y employer sans tarder, ajoutai-je, peut-être que...

Je commençai donc par le fait historique sur lequel, pour l'avoir vécu, je me croyais le mieux renseigné : le phénomène concentrationnaire. Comme il était au premier plan de l'actualité et que tous les débats publiés s'y ramenaient, on m'excusera si j'ai pensé que jamais l'occasion ne serait plus favorable. *Le Mensonge d'Ulysse* fut donc mon premier acte de fidélité aux principes de la gauche de 1919. À dix ans d'intervalle, *Ulysse trahi par les siens* qui est son complément, fut le second.

Voici le troisième. Après l'analyse, la synthèse : il vise à replacer le phénomène concentrationnaire dans son contexte historique qui est la guerre 1939-45. S'il m'est apparu que ce contexte ne pourrait être mieux défini que par une comparaison entre ce qui fit la matière des treize procès de Nuremberg... sans oublier le quatorzième qu'on fit à Jérusalem — et le Traité de Versailles, c'est que les jugements sur pièces sont à mes yeux les plus sûrs.

En remontant le cours de l'histoire, c'est pour la commodité du lecteur.

P. R., Paris, Février 1962.

Première Partie

Chapitre I : De Stalingrad à Nuremberg

Printemps 1942. La reprise de l'offensive générale stoppée devant Moscou depuis décembre est au point. Tout a été minutieusement prévu du moins Hitler et son état-major ne sont-ils pas, ne serait-ce même qu'effleurés, par l'idée qu'il en puisse être autrement ; cette fois.

De fait, le dispositif de reprise et le plan d'ensemble des opérations sont bien conçus. Un peu audacieux si ce n'est téméraire, voire ambitieux, toutefois ; à la manière de Hitler. Mais la manière de Hitler n'a-t-elle pas fait ses preuves ?

Il y a bien cet échec devant Moscou. Loin de lui en tenir rigueur cependant, les milieux informés en font peser la responsabilité sur l'intervention anarchique et inattendue de Mussolini en Grèce, dont la déroute a imprudemment découvert au dernier moment le flanc droit du dispositif initial, occupe durant un mois les armées allemandes à la réparation des dégâts et retarde d'autant le déclenchement des opérations l'année précédente, ce qui a permis à l'hiver russe de gagner de vitesse les panzers du général Guderian. Quant aux milieux non informés, c'est-à-dire populaires, ils ne pensent même pas qu'il s'agit d'un échec ; tout au plus voient-ils là un incident banal, à peine fâcheux, en tout cas sans gravité. Au regard de l'opinion allemande, il en faut beaucoup plus pour entamer la popularité de Hitler et la confiance qu'il inspire ; la mésaventure pourtant cuisante du putsch de Munich en 1923 n'y a pas réussi et, les vingt années qui se sont écoulées depuis, il les a jalonnées d'une suite ininterrompue de victoires éclatantes, souvent spectaculaires. Invaincu, il est invincible et quoi qu'il entreprenne…

Dans un premier temps donc, les armées allemandes se porteront sur la ligne Mourmansk-Moscou-Stalingrad-Astrakhan. Privées du ravitaillement en matériel, en vivres et en médicaments qui leur vient des Alliés par Mourmansk et surtout par la Volga via l'Iran et la Caspienne[44], en même temps que de leur source énergétique du Caucase, leur front enfoncé et leur système défensif désorganisé, les armées russes n'auront d'autre ressource que le décrochage général et d'autre espoir que de réussir à s'aller reformer sur les Ourals qui sont leur dernière et la plus proche ligne de repli stratégique en même temps que le dernier centre vital de la Russie. Mais, ce décrochage, l'État-major général des Forces armées allemandes (O.K.W. = Oberkommando der Wehrmacht) se charge de le transformer en débâcle dès le départ ; sur les Ourals, les blindés de Guderian y seront avant les Russes. Refoulés en Sibérie, son armée prisonnière avec tout son matériel, capitulant ou non, la Russie conquise sera hors de combat.

La rupture est prévue à Stalingrad, verrou de la Caspienne et charnière du dispositif russe. Si les propositions de paix qu'alors on renouvellera aux Occidentaux sont accueillies par la même fin de non-recevoir que celles de juillet 1940 à l'Angleterre, Stalingrad deviendra le point d'appui des opérations qui, dans un second temps, auront pour objectif la jonction à Bassorah sur le Golfe persique, des armées engagées en Russie avec celles qui opèrent en Afrique du Nord sous le commandement du maréchal Rommel.

Hitler, cependant, espère bien n'être pas obligé d'aller jusqu'à Bassorah pour obtenir la décision ; la Russie écrasée, pour éviter la perte du Moyen-Orient et de l'Égypte qui signifierait l'écroulement du Commonwealth et le réduirait au rôle mineur de tête de pont de l'Amérique, l'Angleterre fléchira et d'autant plus sûrement que, dans ce cas, il n'est pas pensable que l'Amérique soit décidée à continuer la guerre.

Les troupes allemandes sur les Ourals et à Bassorah, cela signifie, en effet, la levée des dernières hésitations de l'Espagne, de la France et, par voie de conséquence, de l'Afrique du Nord. Économiquement ;

---

[44] Anglais et Russes avaient occupé l'Iran pour assurer une voie de ravitaillement à la Russie par le Golfe persique et ils l'avaient occupé en violation des mêmes principes juridiques qu'ils ont reproché à l'Allemagne d'avoir si souvent violés.

une énorme masse de près de 700 millions d'êtres disposant, sous contrôle allemand, de plus de la moitié des richesses du monde, leurs trop-pleins de production trouvant un déversoir naturel en Afrique et surtout en Asie conquise et protégée des Américains par le Japon. Et militairement, 700 millions d'êtres bardés de fer, solidement retranchés derrière une floraison de Murs de l'Atlantique et de lignes Siegfried en tous genres, une forteresse inexpugnable, à la mesure des temps atomiques et contre laquelle les plus puissantes vagues d'assaut anglo-saxonnes ne peuvent que venir se briser ou mourir d'épuisement. Pour tout dire, le leadership du monde. Alors non ; si l'Angleterre s'entêtait envers et contre tout, l'Amérique, à coup sûr, ne la suivrait pas dans cette folie.

Tel est le calcul de Hitler. Audacieux, téméraire ou ambitieux, il ne l'est donc qu'au conditionnel ; l'écrasement de la Russie mettra fin à la guerre et, apparemment, il est dans ses moyens.

Apparemment.

La tactique allemande n'a rien de classique ; le mérite de Hitler, pourtant stratège d'occasion, est d'avoir compris que la longueur démesurée des fronts qui est la caractéristique de la guerre moderne et la bête noire des états-majors, ne permettait plus de concevoir une offensive comme une combinaison de mouvements harmonieusement articulés sur un centre et ses deux ailes, tradition de la stratégie classique. Sur un front de 2 000 km comme celui qui servit de base de départ à l'invasion de la Russie en juin 1941, éloignés les uns des autres par des distances de 1 000 km., les trois points de la stratégie classique l'étaient d'évidence trop pour qu'ils se pussent mutuellement et alternativement servir de points d'appui. Découper ce front en trois ou quatre tronçons autonomes ayant mission de procéder par bonds successifs et alignements par étapes dans les plus pures traditions de l'art était incompatible avec les impératifs du *Blitzkrieg* imposé par le facteur temps dont Hitler savait que, économiquement parlant, il jouait contre lui. Il en fit donc une ligne ininterrompue de points d'appui solidement accrochés au sol, d'où pouvaient jaillir en flèche des colonnes blindées qui s'enfonçaient en coin dans le dispositif de l'adversaire, puis s'allaient rejoindre jusqu'à des profondeurs de 200 km et plus sur ses arrières tandis que, dans le même temps, cet adversaire était attaqué de front par l'infanterie d'assaut et pilonné en piqué par les bombardiers de la Luftwaffe.

Les résultats furent extraordinaires, non seulement en Pologne et en France où les fronts restèrent toujours relativement courts mais aussi en Russie ; arrivant devant Moscou au terme d'une progression moyenne de près de 1 000 km. En six mois, sur toute l'étendue de cet immense front, les armées allemandes avaient à leur actif deux millions de prisonniers russes, neuf mille chars d'assaut, dix-sept mille canons. Quant à l'aviation russe, grâce à l'effet de surprise, plusieurs milliers de ses appareils avaient été détruits au sol dans la première journée par les bombardements massifs de la Luftwaffe.

Les extraordinaires ressources en hommes et en matériel de la Russie étaient connues ; qu'après un tel désastre elle ait pu se ressaisir étonna cependant les spécialistes de l'art militaire dans le monde entier.

Toujours est-il qu'elle se ressaisit et qu'il fallait repartir.

D'Astrakhan à Mourmansk, il y a 2 700 km en ligne droite, et, en ligne développée, près de 3 500. Hitler n'ignorait pas que se fixer cet objectif, c'était allonger encore, et de près de 1 500 km, un front qui en avait déjà 2 000 et que cela posait en tout premier lieu un problème d'effectifs. Aussi résolut-il ce problème par priorité en décidant, avant toute chose, l'utilisation dans l'industrie de guerre des prisonniers et des populations civiles des pays occupés pour récupérer au profit de ce front, le plus possible d'affectés spéciaux allemands ; pour l'application de cette décision, Speer avait été nommé ministre des armements et des munitions en février, et, sur sa proposition, Sauckel, plénipotentiaire à la main-d'œuvre le 21 mars.

Il y eut ici une petite difficulté à surmonter au plan du droit international ; les conventions de Genève et de La Haye qui interdisaient l'utilisation d'une telle main- d'œuvre dans les industries de guerre et dans l'Armée[45].

---

[45] Les conventions de Genève et de La Haye auxquelles les procureurs et les Juges de Nuremberg se référeront si souvent sont, au moins en ce qui concerne celles de La

Ce fut assez simple ; la Russie qui avait refusé de les reconnaître et ne les avait, en conséquence, respectées ni en Pologne, ni dans les Pays Baltes, n'en pouvait, honnêtement, revendiquer le bénéfice et, quant aux pays qui les avaient signées, dès octobre 1941, la question y avait été résolue juridiquement à l'échelon gouvernemental par des accords qui avaient abouti à l'organisation du volontariat puis à des lois

---

Haye, assez peu connues. Peut-être n'est-il donc pas inutile de donner au lecteur un aperçu de ce que, outre cette disposition et celles qui visent la guerre des partisans, ces conventions contiennent et qui me semble se pouvoir résumer ainsi :

A. Sur l'initiative de la Russie et des États-Unis qui voulaient donner une solution à la question de la limitation des armements terrestres et navals et à celle du règlement pacifique des différends internationaux, des conférences internationales eurent lieu à La Haye en 1899 (18 mai - 29 julep) et en 1907 (15 juin - 18 octobre).

B. À la première conférence (due à l'initiative de Nicolas II) se réunirent la totalité des États européens, quelques États de l'Amérique et de l'Asie, en tout 27 États. Des conventions y furent adoptées : a) sur les lois et coutumes de la guerre sur terre- b) sur l'adaptation à la guerre maritime des principes de Genève en date du 22 août 1864 ; sur le règlement pacifique des différends internationaux. Des déclarations vinrent compléter ces conventions qui furent, elles aussi adoptées : interdiction du lancement des projectiles du haut des ballons ; interdiction des gaz asphyxiants ou délétères ; interdiction des projectiles éclatant dans le corps humain. Enfin, une Cour permanente d'arbitrage y fut créée ainsi qu'une Cour permanente de Justice internationale.

C. À la seconde conférence (due à l'initiative de Th. Roosevelt et qui groupa 44 États) 13 autres conventions furent adoptées qui ont trait notamment : à l'arbitrage obligatoire des différends internationaux, à la guerre sur terre, à la guerre maritime, à l'ouverture des hostilités, aux prises maritimes, à l'occupation des territoires ennemis, etc. Une déclaration relative au lancement des projectiles par ballons confirmait celle de 1899. Enfin, une Cour des prises fut créée, mais sa création ne fut pas ratifiée.

D. Deux autres conférences eurent encore lieu en 1929 et en 1939 pour le règlement des dettes financières de la guerre 1914-1918 : le plan Young y fut adopté et l'évacuation de la Rhénanie décidée.

E. En 1945, la Cour permanente de justice internationale a été supprimée et remplacée par la Cour de Justice internationale instituée par la Charte des Nations-Unies. Quant à la Cour permanente d'arbitrage, qui subsiste, elle est, en réalité, une liste d'arbitres parmi lesquels les parties en litige choisissent un tribunal mais elle est doublée d'un sureau international et d'un Conseil administratif, tous deux permanents. Reste la Cour des prises (maritimes) ; créée en 1907, elle est un tribunal d'appel contre les décisions des tribunaux nationaux charges de se prononcer sur les prises maritimes en temps de guerre et de dire si les décisions de ces tribunaux sont conformes à la convention des prises.

Pour la compréhension du texte, il fallait que cela fût dit et le fût maintenant.

instituant le service du travail obligatoire[46]. Restaient les pays comme la Belgique et la Hollande où le pouvoir légal avait constitutionnellement démissionné ou disparu ; on n'y devait faire appel qu'au volontariat.

À la main-d'œuvre ainsi obtenue, on pouvait ajouter par avance et à l'échelle de l'Europe occupée, un important contingent d'oppositionnels, résistants et francs- tireurs qui, se mettant d'eux-mêmes en infraction avec les conventions de Genève et de La Haye, ne seraient plus protégés par aucun statut international et pourraient être déportés et mis au travail dans des camps de concentration ; de fait, les déportations massives commencèrent en mars 1942 et Eugen Kogon donne comme ayant été officiellement retenu le chiffre de 2 791 000 déportés de toutes nationalités[47].

D'office, on y ajouta encore les quatre millions à quatre millions et demi de juifs qui vivaient à l'intérieur du périmètre européen tenu par les armées allemandes et dont près de la moitié étaient en âge d'être mis au travail... La situation des juifs était juridiquement et matériellement tragique. Depuis 1933, une longue suite de mesures prises par décret en application du programme du Parti proclamé à Munich le 24 février 1920, puis les lois raciales promulguées en conformité avec les décisions acclamées au congrès de Nuremberg en septembre 1935, leur avaient progressivement enlevé la nationalité allemande dans le IIIe Reich. Comme il n'y avait pas d'État juif avec lequel passer des accords bilatéraux ou, au plan de Genève et de La Haye des accords internationaux, comme, d'autre part et malgré les offres réitérées du gouvernement national-socialiste, aucun pays n'avait accepté ni de les autoriser à immigrer, ni même de les prendre en tutelle, ils vécurent en Allemagne, jusqu'à la déclaration de guerre, avec le statut des étrangers apatrides qui ne les garantissait contre rien, en ce que, dans tous les pays du monde, les apatrides étaient et sont encore livrés aux caprices du pouvoir. En novembre 1938, l'assassinat du conseiller d'ambassade von

---

[46] En France, les lois sur le travail obligatoire ne furent promulguées qu'en octobre 1942.
[47] Déportation raciale non comprise et non compris aussi les quelque 640.000 déportés des cinq premiers mois de 1945 (*Enfer organisé*, pp. 34 et 147).

Rath à Paris par le juif Grynspan qui souleva toute l'Allemagne d'une vague d'indignation, d'ailleurs orchestrée, les avait jetés en pâture à la vindicte publique tandis que, par manière de représailles, étaient prises à leur encontre des mesures de spoliation jusque-là inhabituelles et relancés tous les mécanismes d'une immigration non-officielle, mi-clandestine et, dans tous les cas, forcée. En septembre 1939, dès l'ouverture des hostilités, les autorités représentatives du Congrès mondial juif ayant, comme pour reprocher à l'Angleterre et à la France d'avoir tant tardé, rappelé que « les juifs du monde entier avaient déclaré la guerre économique et financière à l'Allemagne dès 1933 » et qu'ils étaient « résolus à mener cette guerre de destruction jusqu'au bout » avaient, par là-même, autorise Hitler à mettre en camp de concentration tous ceux qu'il avait sous la main ; ainsi qu'en cas de guerre il est d'usage de faire de tous les étrangers ennemis dans tous les pays. Au fur et à mesure que les événements militaires le permirent, les juifs européens se trouvèrent logés à la même enseigne que les juifs allemands et, quand il n'y eut plus aucun espoir de les faire émigrer hors d'Europe le dernier on le verra, s'évanouit avec l'échec du plan Madagascar à la fin de 1940 on décida de les regrouper tous et de les mettre au travail dans un même et immense ghetto qui, après les succès de l'invasion de la Russie se trouva être, à fin 1941, situé dans les territoires dits de l'Est, à proximité de l'ancienne frontière russo-polonaise ; Auschwitz, Chelmno, Belzec, Maidaneck, Treblinka, etc. Là, ils devaient attendre jusqu'à la fin de la guerre la reprise des pourparlers internationaux qui fixeraient leur sort. Cette décision avait été mise au point au stade de la mise en application à la célèbre conférence interministérielle de Berlin-Wannsee, le 20 janvier 1942 et le transfert avait commencé en mars.

Si l'on tient compte qu'au printemps 1942, il y avait en Allemagne un minimum de quatre millions de prisonniers français, russes, polonais ou yougoslaves et des ressources humaines de la Russie déjà conquise, Hitler pouvait très raisonnablement espérer une main-d'œuvre étrangère d'une bonne vingtaine de millions de personnes.

De quoi mettre l'économie de guerre et l'armée allemande à l'abri de toute crise des effectifs.

Pour plus de sûreté, aux cent soixante-dix-huit divisions primitivement engagées sur le front de l'Est en juin 1941, on avait ajouté quatorze divisions d'infanterie et deux de panzers rappelées du front de l'Ouest où l'inactivité anglo-américaine ne les paraissait pas rendre indispensables. Les Finlandais contribuèrent au dispositif pour quatorze autres divisions, les Roumains pour vingt-deux, les Hongrois pour treize, les Italiens pour dix, les Slovaques et les Espagnols, chacun pour une.

Au total, deux cent cinquante-cinq divisions.

Exécution : au Nord de Moscou, une colonne forte de deux armées s'enfoncera dans le dispositif ennemi jusqu'à Gorki (Nijni-Novgorod) sur la Volga ; au Sud, l'autre branche de la pince, dont l'objectif est Stalingrad aura en outre pour mission de nettoyer le Caucase, tandis qu'allant à la rencontre l'une de l'autre en suivant le cours de la Volga, les deux branches se refermeront sur les armées russes qui, gagnées de vitesse n'auront sûrement pas pu décrocher à temps. Les effectifs de la seconde branche avaient été calculés en conséquence ; cent quinze divisions, près de deux millions d'hommes, sept mille chars. On a dit plus tard que la mission confiée à la partie sud du dispositif avait obligé Hitler et l'O.K.W. à la porter à un niveau potentiel qui affaiblissait d'autant sa partie nord et sa partie centrale ; de fait...

Les difficultés commencèrent avant l'heure H ; contrairement à toute attente, les Russes tentèrent de prévenir l'offensive en la désarticulant. Au Sud, une action qu'ils prononcèrent en force contre Kharkov se solda pour eux par un sanglant échec deux cent quarante mille prisonniers, plus de deux mille canons, près de mille cinq cents chars mais ils réussirent à en retarder le départ jusqu'au 3 juillet, ce qui donna près de deux mois à Stalingrad pour l'organisation de sa défense. Au Nord, les succès qu'ils remportèrent en été et en automne furent décisifs pour la suite des opérations ; après avoir réussi à dégager Leningrad encerclé par la prise de Schlusselbourg, ils purent se porter jusqu'à Velikij-Luki derrière les Monts du Valdaï, s'y accrocher solidement, et, les deux armées allemandes qui devaient se porter en colonne jusqu'à Gorki ne purent plus jamais prendre le départ. Ainsi apparut la première erreur de calcul de Hitler ; la sous-estimation du potentiel russe par sous-estimation, d'une part de l'aide anglo-américaine, de l'autre, de la capacité de productions de guerre des usines repliées par Staline dans l'Oural et en Sibérie et qui, nous dit le major Bauer dans *La Guerre des Blindés* étaient, dès l'été 1442, en mesure de produire mille cinq cents chars par mois dont deux nouveaux types, le T. 35 de quarante tonnes (trois canons, trois mitrailleuses, dix hommes d'équipage) et le KV (Klim Vorochilov) de quarante-trois tonnes, armé d'une pièce de 152 et de quatre mitrailleuses lourdes.

Entre temps, l'offensive des armées du Sud n'en avait cependant pas moins pris un départ foudroyant ; par une brèche de 100 km de large ouverte dès le premier jour (3 juillet) dans le dispositif ennemi, la colonne prévue s'y était, dès le 12, enfoncée de près de 500 km. Détachée de son aile droite, une colonne se rabattit alors sur le Caucase en direction de Grozny où elle devait faire jonction avec une autre venant en droite ligne de la presqu'île de Kertch d'où les Russes avaient été jetés à la mer au début de juin. De là, les deux colonnes devaient continuer à progresser de front jusqu'à Bakou, nettoyer la région pétrolifère, puis remonter les rives de la Caspienne jusqu'à l'embouchure de la Volga, puis celles de la Volga jusqu'à Stalingrad.

Rostov tombe le 24. Le 11 août, le drapeau à croix gammée flotte sur l'Elbrouz. Le 20, les blindés de von Paulus font sauter les défenses extérieures de Stalingrad et s'emparent des aérodromes de banlieue. Le 27, les puits de pétrole de Grozny sont en vue. Un communique du D.N.B. triomphe en annonçant 590 000 prisonniers et la destruction de 5 271 chars et de 6 142 canons depuis le début de l'offensive.

Soudain, ce gigantesque mécanisme qui avait, jusque-là, fonctionné avec une précision d'horloge se trouva bloqué comme par un grain de sable placé au bon endroit et de nouvelles difficultés imprévues se développèrent en chaîne. En fait, il y avait plusieurs grains de sable. D'abord, on s'aperçut que si on voulait entrer dans Stalingrad, pratiquement il y faudrait entrer à pied ; la ville étant composée d'immenses bâtiments de ciment armé, les pilonnages d'aviation avaient entassé dans les rues d'énormes blocs de béton qui interdisaient le passage aux blindés ou ne permettaient leur emploi qu'en nombre très limité. Staline ayant, dans un ordre du jour désespéré, ordonné « la lutte à mort à l'exemple des soldats d'Alexandre et de Koutouzov », la garnison puissamment ravitaillée en armes et en munitions individuelles, n'avait pas été évacuée et on devait, d'autre part, s'attendre à une conquête, ruine par ruine, au couteau et à la grenade, ce qui nécessiterait des effectifs supplémentaires appropriés et prendrait beaucoup de temps. On occupa effectivement le mois de septembre à la préparation de l'assaut et celui d'octobre à la conquête.

Dans le même temps, les colonnes du Caucase étaient stoppées par un obstacle plus inattendu encore ; l'immensité russe. À 150 km de Grozny, quelques jours avant de planter le drapeau sur l'Elbrouz, le général von Kleist, qui commandait l'opération, télégraphiait à l'O.K.W. ; « Devant moi, plus d'ennemi et, derrière, plus de ravitaillement. » Crise du matériel roulant ou crise de la production et probablement les deux déjà ; les vivres, les munitions et surtout l'essence nécessaire aux blindés ne suivaient pas. Les Russes avaient, ici, décroché à la vitesse de route ; on sut plus tard que c'était pour se retrancher sur un front d'acier de plus de 100 km de profondeur adossé à la Caspienne dont les deux extrémités étaient la ligne Grozny-Bakou au Sud et, au Nord, la Volga, de Stalingrad à son embouchure.

La situation ainsi créée posait des problèmes ; comme l'offensive nord n'avait pu être prononcée en direction de Gorki, les Russes n'avaient pas été contraints de décrocher dans le secteur de Moscou et, devenue à la fois trop longue et trop frêle, la flèche de Stalingrad se trouvait profondément engagée entre les deux branches d'une pince que seule une augmentation considérable des effectifs et du matériel de l'artillerie de protection et de l'aviation d'appui pouvait empêcher de se refermer sur les 19 divisions — 330 000 hommes !— de tête de von Paulus.

À la première demande de renforts de von Bock, commandant en chef sur l'ensemble du front sud, il fallut se rendre à l'évidence ; les effectifs, le matériel, les armes et les munitions disponibles n'étaient pas au niveau des besoins. Pour ne citer qu'un exemple, l'aviation dont le rôle était capital, avait perdu la maîtrise du ciel... Le repli s'imposait ; sur le théâtre des opérations, les responsables de l'exécution ne voyaient pas d'autre solution et depuis, tous les stratèges du monde ont été d'avis qu'il n'y en avait pas d'autre encore qu'à leurs yeux, et à tort ou à raison, même un repli n'était plus susceptible de modifier sensiblement le cours des événements ultérieurs, sauf sous le rapport de la durée de l'effondrement allemand qu'il pouvait seulement retarder. Hitler décréta qu'il ne s'agissait que d'un ajustement de l'ensemble de la production aux nécessités militaires, que le problème était simple, qu'en peu de temps il serait résolu et que, d'ici là, il fallait tenir avec les moyens du bord.

C'était, en effet, un problème assez simple. Mais c'était un problème politique et il semble bien que si, quoique naturellement peu enclin aux moyens politiques, Hitler en perçut cependant les données, ceux qu'il chargea de les interpréter sur place n'en tinrent aucun compte. Si l'on en croit le journal du général Halder, parlant le 30 mars 1941 devant une assemblée de généraux, Hitler avait ainsi défini ses intentions politiques en Russie ; « La Russie du Nord sera jointe à la Finlande. Protectorats ; les états baltes, l'Ukraine, la Russie blanche. » Et, le 17 juillet suivant, la guerre germano-russe ayant entre temps éclaté, Rosenberg précisait, en prenant son poste de ministre des territoires occupés de l'Est, que le but poursuivi était « le démembrement de la Russie en ses composantes qui deviendraient des états indépendants ou bien les fédérations d'Ukraine, de Ruthénie, de Russie et du Caucase ». Enfin, la directive n° 21 (cas Barbarossa ; plan d'invasion de la Russie) stipulait dans son paragraphe *Cas particuliers* : « Les territoires russes qui seront occupés au cours des opérations doivent être, dès que l'éloignement des combats le permettra, constitués en états, avec un gouvernement en propre, conformément aux directives particulières. »

Vulgarisées par les services de Rosenberg et les agents secrets de Canaris, ces déclarations et instructions ont entretenu chez les Baltes, les Ruthènes, Ukrainiens et Caucasiens, traditionnellement hostiles à Moscou et plus encore au bolchevisme, l'espoir de se constituer ou reconstituer en états indépendants dès l'arrivée des Allemands qu'ils accueillirent d'abord en libérateurs. Mises en application, elles eussent, non seulement procuré à l'économie allemande la main-d'œuvre sur laquelle comptait Hitler, mais aussi à l'armée des légions autonomes qui eussent combattu à ses côtés ; il y avait là une quasi-intarissable source de volontaires. Il y en eut au début ; on les envoya en Allemagne avec des contrats de neuf mois ou un an. Puis il y en eut de moins en moins. Puis ceux qui revinrent ne repartirent pas ; les déclarations de Rosenberg et les instructions de Hitler étaient restées lettres mortes, les conditions de vie faites aux populations de l'Est par les services policiers de Himmler, les Gauleiter ou les protecteurs avaient provoqué un revirement de l'opinion et changé la sympathie en une hostilité, d'autre part accrue par le fait que, sur les instances du ministère des affaires économiques et du commissariat au plan, on avait maintenu la structure bolchevique de la propriété rurale (kolkhozes et sovkhozes) que ces populations avaient en abomination.

Pour toutes ces raisons et d'autres encore, comme le refus des légions militaires autonomes (il fallut, par exemple, deux longues années de pourparlers pour que le général transfuge Vlassov fût autorisé à lever deux armées en Ukraine), les services de Sauckel chargés de recruter la main-d'œuvre sur place durent se livrer à une véritable chasse à l'homme. Et, quoique pour des raisons toutes différentes, il en fut de même à l'Ouest. Interrogé à Nuremberg le 31 mai 1946 par le procureur soviétique Alexandrov, le plénipotentiaire général à la main-d'œuvre Sauckel déclara que, sur les trente millions de personnes en permanence occupées par l'économie de l'Allemagne en guerre, il n'y eut jamais plus de cinq millions de travailleurs étrangers, non compris les prisonniers de guerre et les concentrationnaires. La veille, le procureur lui en avait voulu faire avouer dix millions et il n'avait accepté ce chiffre qu'à la condition qu'y soient compris les prisonniers de guerre. En l'absence de données certaines, on ne risque rien à prétendre que si l'accusateur exagérait à dessein, l'intérêt de l'accusé était de minimiser. Si, faisant à notre tour une cote mal taillée et tenant en outre compte des concentrationnaires, nous disons qu'à un moment donné il y eut entre douze et treize millions de travailleurs étrangers en Allemagne, soit un peu plus des 2/5 et un peu moins de la moitié de la main-d'œuvre totale, nous ne serons, très probablement, pas très loin de la vérité. C'était déjà énorme mais à la fois très loin des espoirs de Hitler et des possibilités.

Autre inconvénient : à l'insuffisance du nombre, il fallut ajouter celle de la qualité, car cette main-d'œuvre raflée tout-venant n'était pas qualifiée et ne permit pas la récupération des affectés spéciaux dans la proportion nécessitée par les besoins du front en effectifs. Enfin, sous le rapport de la production, si le rendement des prisonniers de guerre se situait à un niveau, dans l'ensemble assez voisin de la normale, quoique nettement en-dessous, celui des travailleurs recrutés de force et, d'autre part, en butte aux mesures policières des services de Himmler était très faible et quant à celui des concentrationnaires soumis à un régime atroce, il était à peu près nul. Le sabotage aidant...

Il est clair que, jointe au demi-échec de la mission Sauckel, une si importante proportion de la main-d'œuvre qui rendait si peu dans son ensemble soit qu'elle ne fut pas qualifiée, soit qu'elle fut placée par le régime dans des conditions telles qu'elle ne pouvait pas rendre ou qu'elle était naturellement portée au sabotage interdisait tout espoir de porter les effectifs et la production de guerre au niveau des nécessités militaires dans une opération d'une telle envergure. Elle l'interdisait d'autant plus que cet état de fait se dessinait sur la toile de fond de ce gaspillage inouï des forces productives dont, au moins au stade de l'exécution des ordres, le régime se rendit coupable de propos délibéré ; les concentrationnaires non raciaux qui mouraient à un rythme catastrophique, non du travail auquel ils étaient astreints mais des mauvais traitements qui leur étaient infligés, et les quelque quatre millions à quatre millions et demi de juifs qui ne furent jamais intégrés à un appareil de production que, par ailleurs, les mesures prises à leur endroit paralysèrent considérablement.

Du côté russe, par contre, dès octobre 1942, le redressement se révéla spectaculaire ; aux 255 divisions de l'Axe, ils en pouvaient opposer, près de 300 toutes fraîches et aussi bien, sinon mieux armées.

Leur aviation tenait avantageusement le ciel et, dans le domaine de l'artillerie, ils avaient adopté une tactique de concentration des tirs préconisée par le général Voronov qui fut pour l'O.K.W. une véritable et douloureuse surprise.

Depuis longtemps, le général Voronov pensait et expliquait que, confinée comme elle l'était dans le rôle de préparation et d'appui à l'échelon de la division ou de l'Armée, l'artillerie n'était pas en mesure de jouer le rôle qu'on était en droit d'attendre d'elle et que si, par exemple, on la constituait en divisions autonomes dans la dépendance directe de l'État-major général des Forces armées, plus mobile, on la pourrait plus facilement utiliser à l'échelle du front tout entier, et, en particulier, concentrer selon les besoins pour en faire une artillerie de barrage dont la mission serait de dresser devant les colonnes ennemies ce qu'il appelait des « murs d'artillerie » infranchissables.

Prise en considération par le haut-commandement russe, la théorie de Voronov avait abouti à ceci : à la fin du mois d'octobre, il se trouvait à la tête d'une dizaine de divisions d'artillerie exactement ; trente-quatre régiments dont la mission était de commencer aussitôt à cisailler la colonne ennemie de Stalingrad sur la rive droite du Don. Pour un coup d'essai, ce fut un coup de maître ; à l'abri du mur qu'il dressa et qui coupa radicalement von Paulus de ses bases de ravitaillement, cent cinquante divisions russes armées de cinq mille chars, moitié venant du Nord, moitié venant du Sud effectuèrent leur jonction sur le Don, à hauteur de Stalingrad, sous le commandement de Vorochilov. Le 22 novembre, l'opération était terminée et les dix-neuf divisions de von Paulus dont huit blindées se trouvaient encerclées entre le Don et la Volga, vouées à l'extermination si on ne réussissait pas à les dégager.

Les dégager, l'O.K.W. le tenta : le 12 décembre, avec huit divisions seulement, à grand-peine réunies et dont Voronov règle le compte en un tournemain. Dans le même temps, les Russes traversaient le Don gelé au nord du secteur de Stalingrad, repoussaient les Germano-Italiens de 100 km et faisaient ainsi s'évanouir à jamais tout espoir de débloquer Paulus à qui, dès lors, il ne restait plus que la capitulation.

Mais, capituler, c'était libérer les énormes masses russes et leur permettre de poursuivre leurs avantages contre un front très ébranlé, par exemple de foncer sur Rostov, de s'en emparer et, ainsi, de couper aussi de leurs bases les armées du Caucase. Or, Hitler n'avait pas perdu l'espoir de redresser assez rapidement la situation ; dans sa conception de l'affaire, il suffisait que Paulus tienne le temps relativement court qui lui était nécessaire pour remettre tout en ordre. Il lui donna donc l'ordre de « résister jusqu'au dernier homme ».

Pilonné par les tirs de concentration de Voronov et l'aviation de bombardement russe, manquant de vivres, de carburant, de munitions et de médicaments, coupé de tout dans une atmosphère d'apocalypse, Paulus tint pourtant jusqu'à l'extrême limite ; le 2 février 1943, après cinq mois de combats furieux dont deux et demi d'un siège dantesque, l'armée de Paulus laissant 240 000 morts sur le terrain, réduite à 90 000 hommes dont vingt-trois généraux, capitulait, abandonnant aux mains de l'ennemi 1 600 chars, 6 700 canons, 70 000 camions et automobiles.

À partir de là, les événements se précipitèrent : il fallut évacuer le Caucase à marches forcées et en brûlant les étapes pour éviter aux troupes de Kleist d'être à leur tour coupées de leurs bases par la prise de Rostov qui devenait inévitable et qui tomba le 13 ; le 16, les Russes font une entrée triomphale à Kharkov que, dans un effort surhumain et sans pouvoir pousser plus loin, les Allemands reprennent au début de mars en jetant dans la bataille vingt-deux divisions assez imprudemment prélevées sur le front de l'Ouest ; au 31 mars, sur tout le front de l'Est, l'armée rouge avait repoussé la Wehrmacht bien au-delà de ses bases de départ du printemps 1942.

Entre temps, les troupes américaines qui ont débarqué sans coup férir en Afrique du Nord le 8 novembre 1942, sous le commandement du général Eisenhower, sont arrivées en Tunisie et ont rallié l'Afrique noire. Et l'Afrika-Korps qui avait refoulé les Anglais jusqu'à Sollum en territoire égyptien sous le commandement de Rommel est, après deux aller et retour Tripoli-Benghazi auxquels il a été contraint parce que l'intendance ne suivait pas mieux que dans le Causase, repousse une troisième fois mais, cette fois, jusqu'à la frontière tunisienne par les Anglais sous le commandement de Montgommery ; pris entre deux feux, il est, à brève échéance, irrémédiablement condamné au rembarquement par la Sicile et l'Italie.

Dans le Pacifique, les États-Unis qui avaient subi toute une série de douloureuses épreuves de la part des Japonais depuis décembre 1941 et tout au long de l'année 1942, ont retrouvé leur suprématie navale et, sur le front européen de l'Ouest, l'Allemagne n'est plus en mesure de les empêcher d'organiser l'Angleterre en tête de pont d'où commencent à partir les envols de bombardiers lourds, les *Liberators* que rend tout de suite célèbres la tactique dite du « tapis de bombes ».

En ce début d'avril 1943, la guerre est virtuellement gagnée par les Alliés, du moins en ont-ils la certitude et il est temps pour eux de penser à l'organisation de l'Europe et du monde de l'après-guerre ; l'ère des conférences commence.

Au vrai, cette ère des conférences, on avait essayé de l'ouvrir bien plus tôt. Il est même à peine exagérer de dire que la première riposte des États-Unis à la déclaration de guerre du Japon, puis de l'Allemagne fut une manifestation de ce genre ; la réunion à Washington, le 15 janvier 1942 de vingt-cinq nations déjà en guerre avec les puissances de l'Axe ou prêtes à y entrer et qui constituaient le noyau de ce qui fut plus tard les Nations-Unies. Mais, ce jour-là, il n'avait pas été possible d'aller au-delà d'un « engagement commun et solennel de soutenir solidairement et jusqu'au bout la guerre contre les Puissances de l'Axe ». Et, depuis, rien n'avait plus été tenté dans ce sens, les Alliés ainsi engagés s'étant, à l'expérience, révélés beaucoup moins « solennellement solidaires » qu'ils ne l'avaient déclaré ; sur les Anglo-Américains pesait, en effet, le souvenir du pacte germano-soviétique et le sentiment dans lequel ils étaient, à juste titre, que Staline était capable de tous les retournements politiques ; on a seulement su après la guerre par de discrètes allusions de quelques témoins qualifiés et par les révélations de Peter Kleist[48] que, tout au long de l'année 1942 et même après Stalingrad, Staline avait multiplié les ouvertures de paix séparée avec l'Allemagne par la Finlande ou la Suède et que les Anglo-Américains en avaient eu vent et, quant aux Russes, parfaitement

---

[48] « Entre Hitler et Staline ».

conscients de cette évidence qu'à bout d'arguments, Hitler ne leur avait déclaré la guerre que pour contraindre l'Ouest à un compromis, même après le débarquement américain en Afrique du Nord, ils lui accordaient d'autant plus de chances de réussite que les Anglo-Américains tardaient visiblement à ouvrir sérieusement un second front à l'Ouest.

C'est seulement au printemps de 1943 que cette situation ambiguë fut surmontée et seulement par la certitude que l'Axe, désormais hors d'état de reprendre l'initiative sur le terrain militaire, était virtuellement vaine. Encore fallut-il attendre que cette certitude fut confirmée au cours de l'été par l'éviction des Germano-Italiens en Afrique et le débarquement des Anglo-Américains en Sicile, puis en Italie qui annonçait la chute imminente de Mussolini, et jusqu'en octobre pour organiser un nouveau contact duquel on pouvait espérer que sortiraient des solutions constructives de l'Europe sur les ruines de l'Allemagne.

Ce nouveau contact eut lieu à Moscou du 19 au 30 octobre 1943 entre les ministres des affaires étrangères de l'URSS. (Molotov), Eden (Angleterre) et Cordell Hull (États-Unis). Il fut suivi d'autres : du 22 au 26 novembre au Caire (Roosevelt, Churchill, Tchang-Kai-Chek), du 28 novembre au 1er décembre à Téhéran (Roosevelt, Churchill, Staline), qui fut la première rencontre des « Trois Grands ». Ensuite, ce fut Yalta et, enfin, Postdam...

Le 30 octobre 1943, la mission de Moscou prit fin sur la déclaration suivante ;

> « Considérant que les Nations-Unies ont, à diverses reprises, proclamé leur intention de traduire en justice les criminels de guerre, les Ministres soussignés de la Grande Bretagne, des États-Unis et de l'U.R.S.S. déclarent que les officiers et soldats allemands et les membres du parti nazi qui sont responsables d'atrocités et de crimes, ou qui ont pris volontairement part à leur accomplissement en Europe occupée, seront renvoyés dans les pays ou leurs forfaits abominables ont été perpétrés afin qu'ils puissent être jugés et punis conformément aux lois de ces pays libérés et des gouvernements libres qui y sont établis. »

Encore impossible sur tous les autres problèmes de l'après-guerre, l'unanimité l'était au moins sur le souci de se venger : se venger d'abord et avant tout. Depuis, on n'a pas arrêté de se venger et ainsi s'explique que le caractère dominant de cette après-guerre soit celui d'un règlement de comptes de même nature que celui qui est de tradition entre gens du milieu. Que pouvait-on faire d'autre d'ailleurs ? Entre le bolchevisme et les démocraties occidentales, le mariage, fût-il de raison, était tout aussi contre-nature sinon plus, qu'entre le nazisme et le bolchevisme et sur rien d'autre il n'offrait de possibilité d'accord. On s'aperçoit, aujourd'hui seulement, que, croyant avoir réglé définitivement le compte de l'Allemagne, l'Est et l'Ouest ont déjà commencé à régler celui qu'ils se sont enfin découvert entre eux.

Dans ses *Mémoires sur la deuxième guerre mondiale*, Churchill a raconté qu'un mois plus tard, l'heure des toasts qui scellent les accords ayant sonné à la conférence de Téhéran, dans les vapeurs de champagne et de vodka, la Déclaration de Moscou fut à nouveau évoquée. Se penchant à l'oreille de Roosevelt, Staline lui aurait glissé qu'il suffirait de fusiller purement et simplement 50 000 officiers et personnalités.

– 49 500, aurait répondu l'autre.

Et cela qui définit le sérieux de ces hommes dont dépendait le sort du monde, dit en même temps tout ce qu'on en pouvait attendre.

Chapitre II : Nuremberg

A - Définition du crime et du criminel

Virtuellement gagnée par les Alliés, cette guerre au finish se poursuivit cependant près de deux années encore : justement parce qu'après la déclaration de Moscou, elle ne pouvait plus se terminer qu'au *finish*.

Le 8 août 1945 donc, chargés de tous les ressentiments nés de ce combat sans dimensions, sans mesure et sans merci, les États-Unis, l'Angleterre et la Russie auxquels la France avait été admise à se joindre, se retrouvaient en vainqueurs à Londres pour mettre au point « la poursuite et le châtiment des grands criminels de guerre des Puissances européennes de l'Axe », autrement dit, pour tirer les conclusions pratiques de la Déclaration de Moscou.

On remarquera le glissement de la formule : il ne s'agissait plus seulement des Allemands mais des ressortissants « des Puissances de l'Axe » et plus des « officiers, soldats et membres du parti nazi qui sont responsables de crimes ou qui ont volontairement pris part à leur accomplissement », mais des « grands criminels de guerre n sans autre précision, ce qui permettait l'élargissement du champ des poursuites de l'individu à la collectivité et l'introduction de la notion de châtiment collectif dans l'accord en préparation.

Cet accord, qui porte la signature des juristes Robert Falco (représentant le gouvernement provisoire de la République Française), Robert H. Jackson (États-Unis d'Amérique), Jowitt (Royaume-Uni de Grande-Bretagne et d'Irlande), I. Nikitchenko et A. Trainin (URSS) se présente en sept points et prévoit :

> a) La création d'un Tribunal militaire international pour juger les criminels de guerre dont les crimes sont sans localisation géographique, précise qu'ils soient accusés individuellement ou à titre de membres d'organisations ou de groupements ou à ce double titre (Art. 1).

b) Le renvoi des autres criminels de guerre dans les pays où ils ont commis leurs crimes (art. 3).

c) Pour ces derniers, seront compétents « les tribunaux nationaux » déjà établis ou qui seront créés (art. 6).

d) Entrant en vigueur au jour de la signature, cet accord y « restera pendant une période d'un an et portera ensuite effet, sous réserve du droit de tout signataire d'indiquer par la voie diplomatique, avec préavis d'un mois, son intention d'y mettre fin » (art. 7).

Un article 2 précise que « la constitution, la juridiction et les fonctions du Tribunal militaire international sont prévues dans le statut annexé au présent Accord » et qui en fait « partie intégrante ». L'article 3 institue la chasse à l'homme dans le monde entier en stipulant que « les signataires devront employer tous leurs efforts pour assurer la présence aux enquêtes et aux procès de tous ceux des grands criminels qui ne se trouvent pas sur le territoire de l'un d'eux ». Et l'article 5 donne à « tous les gouvernements des Nations-Unies, la possibilité d'adhérer à l'accord par avis donné par voie diplomatique au gouvernement du Royaume-Uni lequel notifiera chaque adhésion aux autres gouvernements signataires ». Dix-neuf pays seulement ont profité de cette possibilité : Grèce, Danemark, Yougoslavie, Pays-Bas, Tchécoslovaquie, Pologne, Belgique, Éthiopie, Australie, Honduras, Norvège, Panama, Luxembourg, Haïti, Nouvelle-Zélande, Inde, Venezuela, Uruguay et Paraguay. Au total, vingt-trois signataires sur les quelque cinquante nations que comptait alors le monde : à Washington, vingt-cinq nations étaient représentées le 1er janvier 1942... En août 1945, les protagonistes de cette affaire ne remarquèrent pas que ces comparaisons chiffrées résonnaient déjà comme un blâme aux yeux de beaucoup de bons esprits.

Mais les applications pratiques prévues par l'article 2 de cet accord et contenues dans le statut annexe n'étaient pas moins étranges : l'étrange ne peut engendrer que l'étrange et ne l'engendre qu'en le multipliant. Que cette idée de créer tout à la fois un tribunal, une juridiction et une procédure sans références, ni historiques, ni juridiques, ni jurisprudentielles n'ait pas effrayé des nations dites civilisées par son ampleur et sa délicatesse, ne s'explique au surplus que par le désarroi des temps qui les avait ravalées au niveau des peuples sans expérience et sans culture. C'est là un phénomène qui relève de la psychologie des foules dont on sait que l'âge mental baisse à proportion de leurs dimensions et on aura tout dit quand on aura remarqué que la foule qui s'exprimait ici par quelques-uns des siens comprenait plusieurs centaines de millions de personnes.

Ce que contenait ce statut annexe qui méritât un jugement aussi sévère ? Voici d'abord la définition du crime prévu au titre II, article :

a) LES CRIMES CONTRE LA PAIX : c'est-à-dire la direction, la préparation, le déclenchement ou la poursuite d'une guerre d'agression ou d'une guerre de violation des traités, assurances ou accords internationaux ou la participation à un plan concerté ou à un complot pour l'accomplissement de l'un quelconque des actes qui précèdent ;

b) LES CRIMES DE GUERRE : c'est-à-dire les violations des lois et coutumes de la guerre. Ces violations comprennent, sans y être limitées, l'assassinat, les mauvais traitements ou la déportation pour des travaux forcés, ou pour tout autre but, des populations civiles dans les territoires occupés, l'assassinat ou les mauvais traitements des prisonniers de guerre ou des personnes en mer, l'exécution des otages, le pillage des biens publics ou privés, la destruction sans motif des villes et des villages ou la dévastation que ne justifient pas les exigences militaires ;

c) LES CRIMES CONTRE L'HUMANITÉ : c'est-à-dire l'assassinat, l'extermination, la réduction en esclavage, la déportation, et tout autre acte inhumain commis contre toutes populations civiles, avant ou pendant la guerre, ou bien les persécutions pour des motifs politiques, raciaux ou religieux lorsque ces actes ou persécutions, qu'ils aient constitué ou non une violation du droit interne des pays où ils ont été perpétrés, ont été commis à la suite de tout crime entrant dans la compétence du Tribunal ou en liaison avec ce crime.

Ces trois chefs d'accusation en faisaient, en réalité, quatre : dans le réquisitoire, en effet, le premier se dédouble en crimes contre la paix et en complot dans l'intention de les commettre, quelque chose comme ce que la loi française réprime sous la rubrique « association de malfaiteurs ». Sans doute les rédacteurs de ce statut voulaient-ils permettre aux procureurs-requérants d'établir la préméditation et de la faire intervenir au titre de circonstance aggravante : la circonstance aggravante devint elle-même un crime en soi.

Les deux autres chefs d'accusation faisaient déjà l'objet d'une sorte de législation qui, pour être assez sommaire, n'en existait pas moins sous les espèces des conventions de La Haye, puis de Genève : en cas de guerre, les belligérants s'obligeaient à ne pas employer l'un contre l'autre des procédés réputés déloyaux qui lui feraient perdre son caractère chevaleresque ou qui constitueraient une violation considérée comme criminelle des lois de l'humanité. Exemples : les populations civiles étaient protégées contre les bombardements, le viol des femmes, le pillage, les prisonniers de guerre ne pouvaient être utilisés, ni comme soldats ni comme ouvriers dans les industries d'armement par l'adversaire ; on n'avait pas le droit d'achever un blessé ou de torturer, mais les francs-tireurs et les espions n'étaient protégés par aucun texte...

Tout cela figurait à la rubrique du « crime de guerre » : le statut de Nuremberg en dissocia le « crime contre l'humanité » mais ce n'était là qu'une innovation de pure forme, les deux choses ainsi distinguées par les mots ne se distinguant pas dans les faits.

Au plan de l'interprétation des textes et de leur respect, chacun des belligérants était tenu, à peine d'être accusé de forfaiture, de faire la police dans ses rangs et de réprimer les infractions. Dans la pratique, cette théorie héritée des combats singuliers de la Chevalerie et des batailles rangées du type Fontenoy, dont personne ne vit jamais qu'elle n'était susceptible d'aucune adaptation aux affrontements sur terre, sur mer et dans les airs de masses pourvues des armements assassins modernes, se concrétisa en un scénario standard valable pour toutes les guerres et offrant des possibilités infinies à la propagande destinée à l'entretien du moral des combattants de part et d'autre de la ligne de feu : la guerre justifiée par des accusations mutuelles de violation des traités dans leur esprit ou dans leur lettre, se poursuivait, en se justifiant par des accusations mutuelles de forfaiture : l'enfant belge aux mains coupées, les camps d'extermination, le tapis de bombes contre les populations civiles, Dresde, Leipzig, Hiroshima, Nagasaki, etc. La guerre terminée, la conscience universelle ne retenait plus que les exactions des vaincus : le jugement de Dieu rendu dans la forme moderne du duel judiciaire hérité des ordalies.

Génératrice de ces crimes en somme mineurs, la guerre qui les impliquait inévitablement n'était cependant pas considérée comme un crime comportant des suites judiciaires : le sort des vaincus était réputé de la compétence du pouvoir politique des vainqueurs. Au niveau de l'opinion publique, ils faisaient bien l'objet de sarcasmes injurieux de la part des vainqueurs, voire de demandes de sanctions de caractère tribal visant leurs chefs, mais ces manifestations relevaient plus de la gouaille ou du besoin de défoulement que du souci de se venger. Le pouvoir politique, lui, tenait à honneur de ne pas revenir aux mœurs universellement condamnées d'un Jules César faisant étrangler Vercingétorix dans sa prison ou de ces féodaux du Moyen Âge qui s'envoyaient pourrir dans des oubliettes au hasard du sort des armes : depuis longtemps il n'allait plus au-delà de l'exil quand, de hasard, les chefs vaincus ne s'exilaient pas d'eux-mêmes. En prévoyant que le Kaiser Guillaume II fût livré aux Alliés pour être jugé comme responsable d'une guerre à laquelle sa durée, l'ampleur et le caractère meurtrier jusqu'alors jamais atteint de ses combats avaient attaché la notion de crime, la Convention d'armistice et le Traité de Versailles qui mirent fin à la première guerre mondiale avaient fait, en direction de la création d'une instance judiciaire d'exception, un pas que n'avaient osé ni les Traités de Vienne de 1815 contre Napoléon Ier, ni celui de Francfort en 1871 contre Napoléon III. Mais, en 1919, le niveau intellectuel des dirigeants des peuples n'était point encore tombé si bas que cette disposition pût être mise en application et on y avait renoncé. Il faut d'ailleurs noter qu'en 1919, un fort courant de l'opinion mondiale tendait à englober dans la même réprobation les dirigeants vainqueurs ou vaincus de tous les peuples belligérants et qu'il fut à deux doigts de triompher.

Si donc le statut de Nuremberg a innové en matière de définition, c'est seulement en ce qui concerne le crime contre la paix assorti du crime de complot en vue de sa préparation et de son accomplissement (§ a de l'art. 6). Mais, son caractère scandaleux, aussi bien du point de vue moral que du point de vue juridique, cette innovation ne le tient pourtant pas de ce qu'elle se présente sous la forme d'une loi pour la première fois écrite mais de ce que cette loi était conçue pour entrer en vigueur en commençant par réprimer des infractions non qualifiées à divers titres dont le plus apparent, sinon le principal, était qu'elles avaient été commises antérieurement à sa promulgation. La non-rétroactivité des lois est, en effet, un des principes sacrés de notre culture. Et, si notre morale prétend que « nul n'est censé ignorer la loi », du moins prétend-elle aussi que là où il n'y a pas de loi, il ne peut y avoir ni délit, ni crime et, par voie de conséquence, ni sanction : *nulla pena sine lege*, la conscience universelle se félicite encore d'avoir trouvé dans l'héritage que nous ont laissé les Romains, cette formule dont ils avaient fait le fondement du Droit et qui, à plus de deux mille ans de distance, reste toujours la seule — et bien mince ! — garantie de l'individu contre l'arbitraire des pouvoirs.

Pur formalisme, tout cela importe peu puisqu'aussi bien et de toutes les façons, ces gens sont des criminels, ils ne peuvent prétendre à tant d'égards, a-t-on répondu sur le moment à ceux qui mettaient ces réserves en avant. Mais, quinze ans après, le procès Eichmann qui fut une réédition — en pire ! — de Nuremberg et qui s'est déroulé dans une atmosphère dont il serait vain de nier qu'elle impliquait la réprobation universelle a mieux encore mis en évidence que le problème du criminel était loin d'avoir été réglé par la définition qu'en donnait le Statut à la suite de celle du crime : tout s'enchaîne. Il sautait aux yeux que l'objection était sans valeur : on y pouvait en effet répondre que, de toutes façons, la violation d'un principe d'usage courant au préjudice de qui que ce soit créait, une fois admise, un précèdent qui légitimerait celle de tous les autres et que, la loi ne pouvant être la loi qu'à la condition d'être la même pour tous, le criminel aussi avait droit à la Justice, même purement formelle. Ici, d'ailleurs, la forme était un des impératifs de la Morale reconnus par le Droit et, par la même constituait le fond du problème juridique.

On peut, certes, soutenir que cinq années de massacres aux dimensions de l'Apocalypse avaient jeté un désarroi assez profond dans tous les esprits pour que les mieux structurés n'échappent pas à la règle commune et que les impératifs de la morale ne leur fussent plus si sensibles au plan des principes. Sans aucun doute, on le soutiendra et on n'aura pas tort. Mais fallait-il qu'il fût profond, ce désarroi, pour que ces impératifs échappent à presque tout le monde, y compris chez les élites au plan de l'expérience aussi ! Car, tout de même, sur ce point au moins, l'histoire est pleine à craquer de criminels que leur postérité a refusée de reconnaître et de juridictions de circonstances désavouées le lendemain.

Dans un livre qui eut un certain retentissement et qui valut à son auteur son heure de célébrité en son temps, un grand universitaire français, le philosophe Jean-Marie Guyau, trop tôt disparu (1854-1884) jetait les bases d'une morale sans obligations ni sanctions, qui, transposée au plan du Droit, rendait totalement inutiles et même nuisibles « les juges, les genes, les potences et les bourreaux » de Molière.

Si J.-M. Guyau est aujourd'hui à peu près oublié, à la fin du siècle dernier et au début de celui-ci, on a beaucoup dit et écrit de sa morale et parfois des sottises. Les anarchistes, dont l'étoile montait au ciel de la renommée, l'ont adopté d'emblée et non seulement les anarchistes, mais une importante fraction de l'opinion libérale aussi quoique seulement en principe. Lorsque, par le biais du droit de grâce dont il fit un usage systématique durant tout son septennat, le Président de la République Fallières supprima pratiquement la peine de mort tandis qu'Anatole France, dont les aphorismes ne furent pas toujours heureux, se prononçait bruyamment pour cette suppression en matière de Droit commun mais non en matière de Droit politique, beaucoup de bons esprits les justifièrent l'un et l'autre au nom de Guyau, mais à tort, car c'était une toute autre histoire.

Quoiqu'il en soit, l'idée maîtresse qui me semble se dégager de ce livre remarquable est la suivante : ne s'adressant pas à la conscience individuelle qui est la seule valeur permanente en ce que seule elle se peut prononcer en termes de justice, mais à la conscience collective dont elle est l'expression et dont on peut dire qu'elle est affaire de circonstances et ne se prononce qu'en termes d'intérêts, la loi n'est qu'un précepte sans références fondamentales et son respect, purement mécanique, ne peut être obtenu que sous menace de contrainte. Or, qui dit contrainte dit révolte et qui dit révolte, dit rapport des forces entre la société et les individus. On voit ce qui est grave : ce rapport de forces qui ne cesse de se définir et de se redéfinir au gré des circonstances étant, en fin de compte, sa seule référence et sa seule justification, la loi écarte peu à peu tous les impératifs de la conscience et laisse aux circonstances le soin de définir le vice et la vertu, le délinquant et l'honnête homme entre lesquels la marge devient alors moralement inexistante.

Et nous voici ramenés au procès de Nuremberg : le rôle de l'individu y était tenu par l'Allemagne prise en la personne de ses représentants *de facto* la règle étant toujours et de plus en plus que Brutus assassine César ou l'élimine, se peut-il concevoir qu'un peuple ait des représentants *de jure ?* et celui de la société par le groupe des nations associées qui l'accusaient après l'avoir réduite à merci. Tout y était donc affaire de circonstances et de rapport des forces. Qui niera, par exemple, que si le sort des armes en avait décidé autrement, le procès eût tout aussi bien pu se concevoir et se dérouler dans les mêmes termes à ceci près que les Alliés se fussent retrouvés au banc des accusés et l'Allemagne à celui des juges ? Si l'on en croit Hans Franck (*Sous le signe de la potence*, édité par sa veuve à Neuhaus près de Chiemsee en 1955), Hitler aurait décidé, la guerre gagnée, de traduire en justice Roosevelt, Churchill, etc. pour « crimes de guerre ». Sans aucun doute sa définition du crime n'eût-elle pas davantage respecté les formes et pas moins hypothéqué celle qu'il eût donné du criminel.

Ce criminel, voici comment l'article 6 du Statut de Nuremberg le présente :

« Les dirigeants, organisations, provocateurs ou complices, qui ont pris part à l'élaboration ou à l'exécution d'un plan concerté ou d'un complot, pour commettre l'un quelconque des crimes ci-dessus définis... ».

Et la première observation qui s'impose ici d'elle-même, c'est que si dans l'esprit de ses auteurs, ce texte ne vise que des Allemands, ce qui représente, pour un peuple, une proportion si élevée de criminels que la raison se refuse à l'admettre, dans sa lettre, il ne vise pas que des Allemands, ce qui étend cette proportion à l'échelle du monde et la raison l'admet encore moins.

Lorsque, le 18 octobre 1945, l'acte d'accusation étant rédigé, le Tribunal se réunit à Berlin en première audience publique, pour mettre la dernière main aux préparatifs du Procès et qu'il fallut mettre des noms sur ces criminels dont les crimes étaient « sans localisation géographique », voici ce qu'on trouva :

« Hermann Wilhelm Göring, Rudolf Hess, Joachim von Ribbentrop, Robert Ley, Wilhelm Keitel, Ernst Kaltenbrunner, Alfred Rosenberg, Hans Frank, Wilhelm Frick, Julius Streicher, Walter Funck, Hjalmar Schacht, Gustav Krupp von Bohlen und Halbach, Karl Dönitz, Erich Raeder, Baldur von Schirach, Fritz Sauckel, Alfred Jodl, Martin Bormann, Franz von Papen, Arthur Seyss-Inquart, Albert Speer, Constantin von Neurath et Hans Fritzsche, individuellement et comme membres des groupements et organisations suivants auxquels ils appartenaient respectivement, à savoir :

Die Reichsregierung (Cabinet du Reich), das Korps der politischen Leiter der Nationalsozialistischen deutschen Arbeiterpartei (corps des chefs politiques du parti nazi), die SchutzstaïTelnder nationalsozialistischen deutschen Arbeiterpartei (communément appelé SS) comprenant der Sicherheitsdienst (communément appelé SD.), die GeheimeStaatspolizei (Police secrète d'État, communément appelée Gestapo), die Sturmabteilungen der N.S.D.A.P (communement appelées S.A.), ainsi que l'état-major général et le Haut commandement des Forces armées allemandes tels qu'ils sont déjà définis à l'appendice B de l'Acte d'accusation. »

Si l'on tient compte que les complices sont aussi visés par le texte et que, pour être présumé complice il suffisait d'avoir appartenu à la SS, qui compta jusqu'à 3 000 000 de personnes (complices de Himmler) ou à la jeunesse hitlérienne qui en compta jusqu'à 13 000 000 (complice de Baldur von Schirach) ou à *l'organisation La Force par la joie* qui correspondait à nos *Amis de la Nature* et qui en compta jusqu'à 30 000 000 (complices de Ley), etc. autant dire que cela signifie toute l'Allemagne ou peu s'en faut. Et c'est ainsi que, le crime devenant collectif dans les apparences, la punition collective devant laquelle, hormis les tribales, toutes les morales du monde reculent horrifiées, s'est introduite dans la jurisprudence internationale d'où Me Raymond de Geouffre de la Pradelle, juriste français de réputation mondiale ne réussit à la faire disparaître en 1953 qu'au prix de huit années d'efforts incessants.

Toute l'Allemagne ou peu s'en faut, ai-je dit. De fait, après quinze ans la pyramide des âges ayant été notablement renouvelée par la base, l'Allemagne ne compte toujours qu'une infime minorité d'Allemands dont le père ou le grand-père, la mère ou la grand-mère, l'oncle ou la tante, le cousin ou la cousine, le frère ou la sœur, c'est-à-dire au moins un très proche parent si ce n'est eux-mêmes, n'ait été condamné par les tribunaux de dénazification, le plus souvent à des peines très lourdes. Et, d'autre part, il suffit de lire les comptes-rendus des treize procès de Nuremberg pour s'apercevoir qu'à travers les accusés, c'était toute l'Allemagne qui était visée aussi bien par l'Acte d'accusation que par les réquisitoires des procureurs et que c'est elle qui fut condamnée par les jugements rendus. Procureurs ou juges, il ne vint à l'idée de personne qu'un peuple de soixante-dix millions d'habitants dont on voudrait faire soixante-dix millions de coupables était forcément un peuple de soixante-dix millions d'innocents, qu'à en décider autrement, si on pouvait obtenir l'adhésion de l'opinion mondiale ce n'était que par surprise et qu'en tout état de cause, ni la morale, ni l'histoire ne pourraient entériner purement et simplement la décision.

Par quelles lézardes dans le mur de l'inconscience, la morale et l'histoire ont- elles déjà réussi à se frayer une voie triomphale, il sera toujours temps d'en discuter et il ne fait aucun doute qu'un jour viendra où l'on ne s'en privera pas. De deux d'entre elles on ne contestera cependant jamais plus, ni la matérialité, ni qu'elles se sont produites sous la pression des nécessités politiques : la Russie et Israël.

C'est en effet la Russie qui donna le premier coup de pioche dans l'édifice juridique laborieusement construit à Nuremberg : le jour où pour mieux justifier sa politique d'isolement de l'Allemagne occidentale, elle décida d'en faire un repaire de nostalgiques du nazisme, de militaristes impénitents par tradition, de revanchards à la dévotion des Américains et, pour profiter d'un effet de contraste, levant l'hypothèque de culpabilité qui pesait sur les dix-huit à vingt millions d'Allemands de l'Est, elle en fit dix-huit à vingt millions de personnes ayant agi sans discernement, c'est-à-dire d'innocents. On voit bien qu'il suffit de faire le même raisonnement à propos des Allemands de l'Ouest pour qu'ils deviennent à leur tour cinquante à cinquante-deux millions d'innocents, fît d'admettre que l'aptitude à la prise de conscience n'est pas sensiblement plus développée chez les chefs des peuples que chez les peuples eux-mêmes — ce qui, par parenthèse, ne semble guère discutable pour que même les pendus de Nuremberg ne fassent plus exception à cette règle générale d'innocence.

Ne nous faisons pas d'illusions : c'est dans ce sens que notre postérité tranchera. Déjà, plus personne ne croit que si l'on refaisait le Procès de Nuremberg les accusés seraient pendus et, dans son *Carnet de Nuremberg*, le Dr Gilbert qui fut le « psychologue » du procès, qui passa une année à étudier les accusés dans leur prison et qui, à ce titre, témoigna au procès d'Eichmann à Jérusalem, les présente comme ne différant en rien de la foule des honnêtes gens qu'on rencontre dans toutes les rues du monde, à tous les étages de la hiérarchie sociale et affirme que ce qui s'est passé en Allemagne peut arriver n'importe où, la nature humaine pouvant, dans certaines circonstances, fournir d'autres exemples de ce qui leur fut reproché. On ne saurait mieux dire : un crime qui peut être commis par n'importe qui, n'importe où, qui ne relève que de la nature humaine et des circonstances n'est pas un crime. Ou alors nous sommes tous des assassins et notre Juge n'est pas parmi nous.

Le cas d'Israël est à peine différent de celui de la Russie. Massés au pied d'une sorte de Mur des Lamentations agrandi à l'échelle de la Terre, jour et nuit depuis quinze ans, les sionistes du monde entier — tous les Israélites ne sont, fort heureusement, pas des Sionistes[49] — ne cessent de pousser, sur un mode chaque jour plus macabre, des cris d'une douleur chaque jour plus déchirante, dans le but de porter publiquement à ses justes proportions qu'ils estiment pour le moins apocalyptiques, l'horreur des sévices dont le monde juif a été victime de la part du nazisme et d'augmenter d'autant le montant des réparations que l'État d'Israël reçoit de l'Allemagne.

Il s'agit ici d'une assez sordide affaire d'argent. En 1956, lorsqu'il fut acquis que la conscience universelle se refusait à emboîter le pas au mouvement sioniste international dans cette entreprise et à faire de l'Allemagne, en quelque sorte *ad vitam aeternam*, la vache à lait de l'État d'Israël, sous le titre *L'histoire de Joël Brand* et le sous-titre *Un troc monstrueux, un million de juifs pour dix mille camions*, un certain Alex Weissberg publia un livre qui, au regard du paragraphe c) de la définition du crime par le statut de Nuremberg, était un véritable acte d'accusation contre l'Angleterre et les États-Unis à juste titre considérés par le mouvement sioniste comme responsables de son échec. Le chantage était évident. Il n'en reposait pas moins sur des bases sérieuses. L'Angleterre et les États-Unis ne s'en émurent pas.

En gros, la thèse se présentait ainsi : parce qu'elle s'était opposée, même après 1933, à l'émigration des juifs européens vers Israël par

---

[49] On estime que la population juive mondiale se situe actuellement aux environs de 17 millions d'individus. Sur ce nombre, prétend Arthur Koestler (*L'Ombre du Dinosaure*) 11 millions 1/2 seulement, soit les 2/3 sont inscrits dans les synagogues où ils continuent à chanter « l'An prochain à Jérusalem » mais sans conviction et sans le moindre désir de s'y aller installer à demeure L'État d'Israël] comptant 20 000 km^2, si les 17 millions d'Israélites du monde s'y allaient installer, la densité de la population y serait portée à 850 au km^2, ce que, à peine de pratiquer avec succès, contre les autochtones arabes, une politique du *Lebensraum* en tous peints identique à celle du national-socialisme allemand, il ne pourrait économiquement pas supporter : avec 2 250 000 habitants soit une densité à peine supérieure à 100 au km^2, la vie économique d'Israël est déjà singulièrement compromise.

application de la Déclaration Balfour, notamment parce qu'elle avait, en décembre 1938, éconduit le Dr Schacht envoyé par Hitler à Londres pour lui proposer la négociation de leur transfert massif en Palestine, l'Angleterre devait être déclarée co-responsable de leur massacre. Elle le devait être d'autant plus qu'en 1944, une initiative de Himmler ayant ouvert la voie du Salut à un million de juifs, elle la fit encore échouer. Les États-Unis, eux, étaient responsables parce qu'ils avaient, en toutes circonstances, soutenu cette politique de l'Angleterre. Il n'était pas jusqu'à la France qui ne fût visée quoique plus discrètement : en 1940-1941, elle avait fait échouer un projet de transfert de tous les juifs européens à Madagascar.

L'opération ayant fait long feu en 1956 fut relancée en mai 1961 au cours du procès Eichmann et dans des termes tels que beaucoup de bons esprits ont été amenés à se demander si cette relance n'était pas un des buts principaux de ce procès. Toujours est-il que furent annoncées en même temps pour la fin du mois de mai 1961, la comparution à la barre des témoins de Joël Brand, le principal acteur survivant de l'échange de dix mille camions contre un million de juifs, la production des documents jusqu'alors inédits des conversations engagées dans ce sens qui étaient, en fait, un violent réquisitoire contre l'Angleterre et les États-Unis, et… un voyage qu'à titre privé M. Ben Gourion devait faire en France et au Canada, dont il avait l'intention de profiter pour effectuer une visite officielle à Londres de Paris et à Washington d'Ottawa » (les journaux, 24 mai [1961]).

En son temps, on ne manqua pas de relever la coïncidence en la prétendant calculée : plutôt que Paris et Ottawa, les véritables buts du voyage de M. Ben Gourion n'étaient-ils pas Londres et Washington où il désirait se rendre pour négocier un silence éventuel ?

L'Angleterre et les États-Unis ne s'émurent pas plus qu'en 1956. Ben Gourion ne fut invité ni à Londres ni à Washington et on ne manqua pas non plus de relever le camouflet.

À la barre du Tribunal de Jérusalem, Joël Brand déballa son paquet les 29 et 30 mai. Le procureur enchérit encore et, pour ne pas faire de jaloux, mit en cause la Russie aussi, à propos d'un bombardement des chambres à gaz d'Auschwitz demandé par les dirigeants juifs de Palestine en 1944 et que, s'alignant sur l'Angleterre et les États-Unis, elle avait, elle aussi, déclaré « impossible pour des raisons techniques » : comment, en effet, détruire les chambres à gaz par bombardement aérien, sans anéantir en même temps une grande, sinon la plus grande partie des cinq cent mille détenus[50] pour la plupart juifs du camp ? Ce genre d'argument s'articule d'ailleurs sur un de ces faits qui ne laissent aucune échappatoire quoi qu'on fasse : les Alliés eussent-ils déféré à la demande des dirigeants juifs de Palestine qu'ils seraient aujourd'hui accusés d'avoir aidé l'Allemagne à exterminer le peuple juif sous le fallacieux prétexte de détruire des chambres à gaz qu'ils auraient au surplus intentionnellement, diraient leurs accusateurs, ratées comme ils ont raté tant d'autres de leurs objectifs tout au long de la guerre.

Voici donc où nous en sommes : tandis que l'Allemagne se trouve indirectement innocentée par une fausse manœuvre russe, une fausse manœuvre du mouvement sioniste international et de l'État d'Israël envoie les Alliés, qui l'ont jugée, rejoindre l'Allemagne sur le banc des accusés. On ne reviendra pas sur la première de ces fausses manœuvres. De la seconde, on pourra déplorer qu'elle se soit articulée sur un chantage et qu'elle comporte des arguments sans valeur mais, en gros au regard du Statut de Nuremberg, elle aboutit à des conclusions amplement justifiées. Des deux enfin, on dira seulement qu'elles sont complémentaires en ce qu'elles ont, de concert et fût-ce à leur insu, rouvert la voie à la thèse de la responsabilité collective de tous les belligérants dans toutes les guerres qui eut la faveur de l'opinion mondiale au lendemain de celle de 1914-18.

Pour réconfortant que soit ce résultat, il ne doit cependant pas nous faire oublier que cette thèse de la responsabilité des Alliés n'est mise en circulation par Israël et le mouvement sioniste qu'en ce qui concerne les crimes mes contre l'Humanité (paragraphe c de l'art. 6 du Statut)

---

[50] Ce chiffre donné par la propagande juive n'a jamais été vérifié par les statistiques et ne peut être considéré comme certain. Il paraît, en tout cas, fort exagéré : il ne semble, en effet, pas, qu'il y eut jamais 500 000 personnes à la fois à Auschwitz-Birkenau.

l'Allemagne restant seule responsable au regard des paragraphes b (crimes de guerre) et a (crimes contre la Paix).

S'il est aussi possible d'appliquer ces deux autres paragraphes au comportement des Alliés pendant et avant la guerre, c'est de la réponse à cette question que la démarche de l'historien est maintenant tributaire.

B - LES CRIMES DE GUERRE

La notion de crime de guerre a considérablement évolué depuis 1945 quant aux applications qu'on en peut faire par référence aux Conventions de Genève et de La Haye. Au vrai, les corps des onze pendus de Nuremberg étaient à peine refroidis que, sur le bon droit des Alliés à s'ériger en juges et à condamner, la conscience universelle se posait les questions les plus graves et, comme elle avait choisi de s'exprimer par la voix des gens les plus estimables, il fut, dès 1e départ, totalement impossible de les éluder. Parmi eux figuraient, en effet, des hommes aussi universellement réputés que le professeur Gilbert Murray, le plus connu des hellénistes britanniques, le doyen de Rhodes House, tous deux de l'université d'Oxford, le critique militaire Lidell Hart, l'éditeur israélite anarchisant Victor Gollancz, le député aux Communes R.R. Stokes, Lord Hankey, secrétaire du célèbre Comité de défense de l'Empire de 1912 à 1938, du cabinet anglais de 1920 à 1921, le juge américain Tennerstrum, de la Cour suprême de l'État d'Iowa qui, nommé au siège du Tribunal de Nuremberg, quitta son poste en claquant la porte au bout de quelques mois, le sénateur Taft, le lord-évêque Chichester qui intervint en termes sévères à la Chambre des Lords le 23 juin 1948, l'évêque de Berlin Dibelius, etc. La plupart d'entre eux avaient d'ailleurs protesté bien avant que les corps des pendus ne fussent refroidis : avant même que le verdict ne fût rendu et, pour les mieux informés, dès le début de l'année 1944, date à laquelle fut rendue publique l'intention des Alliés de faire un procès dans les formes mais, la conspiration du silence ayant joué contre eux, on ne le sut que longtemps après.

Il y eut peu d'Allemands : l'abominable campagne de presse

déclenchée contre l'Allemagne ayant réussi à faire de chacun d'eux un accusé, les Allemands donnèrent l'impression qu'ils courbaient l'échine sous les coups. Pour tout honnête homme qui se reporte à la presse et à la littérature de l'époque, il n'y a pas de doute possible : les avocats qui défendirent les accusés du Procès des grands criminels de guerre accomplirent un véritable acte d'héroïsme. Limitées dans leur objet par le Statut et les règles de la procédure, odieusement dénaturées par la presse, leurs interventions et plaidoiries parurent souvent timides et parfois inconsistantes : beaucoup d'entre elles n'en seront pas moins, un jour, jugées dignes de l'anthologie. Je pense notamment à la requête collective concluant à l'incompétence du tribunal présentée en leur nom par le Dr Stahmer, défenseur de Göring, dès l'ouverture du procès le 19 novembre 1945 et rejetée le 21 « motif pris de ce que, dans la mesure où elle mettait en question la compétence du Tribunal, elle se trouvait en contradiction avec l'article 3 du Statut ». L'article 3 déclarait en effet péremptoirement que « ni le Tribunal, ni ses membres, ni leurs suppléants ne (pourraient) être récusés par le ministère Public, par les accusés ou par leurs défenseurs. »

Je pense aussi aux interventions du Dr Sauter, défenseur de Ribbentrop sur le Traité de Versailles, des Prof. Exner et Jahreiss, défenseurs de Jodl sur les violations du Droit international, du Flottenrichter Kranzbücbler, défenseur du grand-amiral Dönitz sur le Droit maritime, du Dr Robert Servatius, défenseur de Sauckel sur la procédure et le travail forcé, et de quelques autres encore qui, pour s'être montrés plus modestes, n'en témoignèrent pas moins d'une hauteur de vue de cent coudées plus élevée que celle des juges et des procureurs.

En France et qui fussent dignes d'être cités, il n'y eut guère que les deux admirables livres de Maurice Bardèche : *Nuremberg ou la Terre Promise* et *Nuremberg II ou les Faux-Monnayeurs*. Du contenu de ces deux livres, la gauche française au pouvoir ne retint que les opinions politiques de leur auteur qui se dit ouvertement et très crânement fasciste. Elle dressa contre eux un infranchissable barrage et le premier fut même assez scandaleusement interdit. À partir d'une rare objectivité, les thèses qui y sont soutenues n'en sont pas moins celles qu'au temps de ma jeunesse, prenant pour chef de file des Bertrand Russell, des Mathias Morhardt, des Romain Rolland, des Anatole France, des Jeanne et Michel Alexandre, les partis socialistes européens et la gauche mondiale ont unanimement soutenues et presque fait triompher au lendemain de la guerre de 1914-1918 et jusqu'en 1933. Il serait aisé de démontrer que, de tradition assez ancienne, ces thèses sont effectivement de gauche. Sur ce chassé-croisé qui se traduisit devant le phénomène guerre, par un retrait de la gauche sur les positions traditionnelles de la droite, tandis que la droite se portait sur celles de la gauche, il y a beaucoup à dire, mais l'historien doit ici céder la plume au sociologue. On se bornera donc à citer encore un fait qui, dans cet ordre d'idées, permettra des comparaisons utiles : en 1914 aussi, la gauche s'était ralliée aux conceptions de la droite en matière de guerre mais, en 1918, elle était redevenue la gauche et, quant à la droite, arrogante et imperméable, elle était avant comme après, restée bêtement figée sur des dogmes d'un autre âge. Sur ces dogmes d'un autre âge, c'est aujourd'hui la gauche qui est bêtement figée. Et ce balancement historique est pour le moins curieux.

Bref. D'où qu'elles viennent et qu'il s'agisse de n'importe lequel des crimes reprochés à l'Allemagne et aux Allemands, ces protestations s'accordaient unanimement sur le fait qu'ils pouvaient être aussi reprochés aux Alliés et qu'en conséquence, toutes les parties en cause devant être indistinctement envoyées au banc des accusés, si l'on voulait à toute force faire un procès, procureurs et juges ne pouvaient être choisis que parmi les neutres dont il ne faisait pas de doute à leurs yeux qu'ils eussent renvoyé tout le monde dos à dos.

En matière de crimes de guerre et de crimes contre l'humanité, cette thèse articulait des arguments solides. Les premiers, les Russes y étaient mis en cause : à propos de la déportation et des camps de concentration allemands dont le gigantesque appareil allié de propagande avait fait le point par excellence de sensibilisation de l'opinion dans le monde entier.

Interrogé à Nuremberg le 21 mars 1946 par le général Rudenko, procureur russe, le *Feldmarshall* Göring avait répondu que « un million et demi de Polonais et d'Ukrainiens furent déportés des territoires occupés par l'Union soviétique et emmenés en Orient et en Extrême-Orient » (C.R. des débats T. IX, p. 673) et on ne lui avait permis ni de citer ses références, ni d'aller plus loin. Le premier gouvernement polonais de Londres avait cependant publié un document selon lequel les déportations de Polonais se situaient entre un million et 1 600 000 personnes dont 460 000 périrent durant leur voyage à l'intérieur de la Russie, parmi lesquelles 77 834 enfants sur 144 000. Cela se passa, paraît-il, en février, avril, juin 1940 et en juin 1941. Et M. Montgomery Belgion qui se réfère au premier gouvernement polonais de Londres ajoute que, d'après des renseignements fournis à Miss Keren par la Croix-Rouge américaine et le livre polonais *The dark Side of the Moon*) les Russes élargirent le procédé aux Baltes : 60 940 Esthoniens, 60 000 Lestons, 70 000 Lithuaniens.

Ajouterai-je que, dans un petit livre, *Le problème de la Silésie et le Droit* paru en 1958, le grand juriste français Raymond de Geouffre de la Pradelle se référant à l'*Annuaire statistique* 1947 de l'Office central des statistiques de Varsovie publié par le gouvernement polonais sous contrôle russe fait état de 7 300 000 Allemands déportés de Silésie vers l'Allemagne par les Russes entre le 1er juillet 1945 et le 1er janvier 1947 en application d'une convention anglo-américano-soviétique de transfert de populations ? Et que, d'après M. Jean de Pange qui a étudié ce problème dans la *Revue des Deux Mondes* du 15 mai 1952) le nombre des malheureux qui sont morts de cette opération faite dans des conditions matérielles d'inhumanité en tous points comparables à celles dans lesquelles nous avons été déportés dans les camps par les Allemands pendant la guerre, dépasse quatre millions ?

Mais de cela, le Statut interdisait évidemment que le Tribunal de Nuremberg fût saisi.

À l'encontre des Russes, on citait encore : les charniers découverts à Katyn dont une notable partie de la presse mondiale continue à charger la conscience allemande bien que le Tribunal de Nuremberg s'y soit refusé et qu'il soit aujourd'hui établi qu'ils sont à porter au compte de la conscience russe ; les représailles exercées en 1944 contre les populations civiles ukrainiennes et polonaises qui avaient accueilli les Allemands en libérateurs en 1941 ; le traitement infligé aux prisonniers allemands ; l'entrée des troupes russes dans toutes les villes allemandes, les viols, les pillages et les massacres[51] auxquels elles s'y sont livrées contre les populations civiles, etc. Sur le front de l'Est, la guerre entre Allemands et Russes fut sauvage, atroce et, avec un égal mépris des conventions internationales, totalement déshumanisée par les deux parties. L'affrontement des armées s'y doublait d'un affrontement des idéologies et des doctrines : illégale aux yeux des conventions internationales, la guerre des partisans était, par exemple, un des dogmes sacrés de l'émancipation populaire ou nationale aux yeux des Russes. La formule « œil pour œil dent pour dent » est profondément immorale, nul n'a le droit de se rendre justice soi-même et chacun l'a d'autant moins qu'il reconnaît une instance habilitée à la rendre pour tous : les *Einsatzgruppen*, les « cinquante à cent otages exécutés pour un soldat allemand assassiné » (ordre de Keitel du 16 septembre 1941), la liquidation des commissaires politiques russes considérés comme des partisans, non des soldats, etc. n'en doivent pas moins être examinés et jugés comme une riposte des Allemands à une violation des conventions internationales par les Russes. Le fait qu'ayant assisté en spectateurs à l'occupation par les Russes de la partie de la Pologne qui leur était attribuée par le pacte germano-soviétique, les Allemands ont pu apprécier leurs méthodes de guerre, a été, d'autre part, un des éléments déterminants de l'attitude adoptée en la matière par l'*Oberkommando der Wehrmacht* (O.K.W.).

Disqualifiés comme juges, les Anglo-Américains et les Français ne

---

[51] En octobre 1944, dans un « Appel à l'Armée rouge » l'écrivain russo-caméléonien Ilya Ehrenbourg qui ne fut pas traduit devant le Tribunal de Nuremberg, écrivait : « Tuez, tuez ! Chez les Allemands il n'y a pas d'innocents, ni parmi les vivants, ni parmi ceux à naître ! Exécutez les instructions du camarade Staline en écrasant pour toujours la bête fasciste dans son antre. Brisez par la violence l'orgueil des femmes germaniques. Prenez-les en butin légitime. Tuez, tuez, vaillants soldats de l'Armée rouge dans votre assaut irrésistible. » (Cité par le grand-amiral Dönitz, Dix ans et vingt jours, pp. 343-344.)

l'étaient pas moins que les Russes[52] et par des violations des lois et coutumes de la guerre non moins graves et non moins délibérées. Au compte des premiers figurait l'extermination des populations civiles de presque toutes les villes allemandes par la pratique de ce que les Anglais appelaient l'*obliteration bombing*, que nous avons appelé le « tapis de bombes » et qui, comme son nom l'indique en anglais était d'autant plus susceptible « d'effacer » des villes entières, population comprise, qu'il s'agissait de bombes au phosphore. À Dresde, à Leipzig et à Hambourg, les malheureux qui moururent écrasés sous des amas de pierrailles et brûlés vifs dans des incendies monstres qu'on ne pouvait pas éteindre ou, véritables, hurlantes et tout aussi inextinguibles torches humaines, en se sauvant vers des points d'eau insuffisants et le plus souvent inexistants, se comptèrent par centaines de milliers en une seule nuit dans chacune de ces trois villes.

La thèse faisait encore état des bombes atomiques lâchées sur Nagasaki et Hiroshima qui dépassèrent à l'époque tout ce qu'on pouvait alors imaginer dans l'horreur et le cynisme en matière de crimes de guerre. Enfin, une mention spéciale visait les bombardements en mer de sous-marins et de navires de guerre allemands qui procédaient à des sauvetages de naufragés après avoir averti en clair par radio sur longueur d'onde internationale : le cas le plus typique fut celui de l'U. 156, de l'U. 506 et de l'U. 507 qui, le 13 septembre 1942, conformément aux coutumes de la mer s'étaient portés au secours de l'équipage et des passagers du *Laconia* (navire de commerce armé de quatorze canons dont deux de 150 mm, d'armes antiaériennes, de grenades, etc. ce qui le définissait « de prise ») que l'U. 156 venait de torpiller.

Contre les Français, le dossier produit était à peine plus léger : la Résistance et la guerre des partisans qu'aucune des conventions de La Haye ne protégeaient, d'innombrables assassinats de soldats allemands,

---

[52] Le cas des Russes est d'autant plus singulier que le 14 décembre 1939, ils avaient été condamnés comme agresseurs de la Pologne et de la Finlande par l'Assemblée et le Conseil de la Société des Nations Qu'on les retrouve comme juges à Nuremberg indique pour le moins une étonnante évolution du Droit international entre 1939 et 1945.

poignardés dans le dos par des ennemis invisibles et jusqu'à des massacres de prisonniers protégés par les conventions de Genève, comme ce fut le cas le 19 août 1944 à Annecy (Savoie) et comme ce le fut encore à tel point dans beaucoup de camps de France après mai 1945, que la Croix-Rouge Internationale s'émut et réussit à émouvoir le président Eisenhower lui-même.

Toutes ces violations des conventions de Genève et de La Haye, c'est-à-dire du droit écrit, n'innocentent certes pas l'Allemagne qui en a sa part et si j'en ai fait ici le recensement sommaire, c'est seulement pour montrer qu'elles ont été multilatérales et démontrer premièrement que si l'Allemagne pouvait être jugée ce n'était pas par ces juges-là, deuxièmement que, dans l'éventualité, un tribunal qualifié n'aurait pas pu ne pas user de son pouvoir discrétionnaire pour exiger la comparution de la Russie, de l'Angleterre, de l'Amérique et de la France à ses côtés au banc des accusés.

Déclaré irrecevable par l'article 3 du Statut parce qu'il mettait en cause la compétence du Tribunal érigée en postulat, cet argument que les juges de Nuremberg baptisèrent *argument tu quoque*[53] l'était aussi par l'article 18 parce qu'il fallait aller vite :

> « Le tribunal devra, disait en effet cet article : a) Limiter strictement le procès à un examen rapide des questions soulevées par les charges ; b) Prendre des mesures strictes pour éviter toute action qui entraînerait un retard non justifié et écarter toutes questions et déclarations étrangères au procès de quelque nature qu'elles soient. »

Or, la justice qui a besoin de postulats ne peut pas ne pas être expéditive et, expéditive, elle n'est plus la justice.

Si j'ai cité l'incident du *Laconia* par préférence à tout autre et si je l'ai déclaré typique, c'est que, mieux que tout autre, il met en évidence un certain machiavélisme de l'accusation : typique de ce machiavélisme en somme.

Le *Laconia* était un bâtiment de commerce que l'Amirauté avait

---

[53] Toi aussi (sous-entendu : « Toi aussi tu l'as fait »).

transformé en transport de troupes. Toutes autres considérations mises à part et notamment son armement de caractère offensif, son équipement qui lui permettait de détecter les sous-marins ennemis et l'ordre qu'il avait de les signaler dès qu'il les avait repérés, etc. rien que cela le plaçait, au regard des conventions internationales, dans le cas d'être légitimement torpillé par l'adversaire. Aussi bien la légitimité de son torpillage par l'U. 156 ne fut-elle, à ma connaissance, discutée par personne, au moins officiellement : tout au plus essayait-on de sensibiliser l'opinion au moyen des quatre-vingts femmes et enfants qu'il avait à son bord mais sans trop insister cependant, tant il était facile de rétorquer que ces quatre-vingts femmes et enfants ne se trouvaient là qu'en infraction aux conventions internationales et un peu comme si, sur terre, une troupe de soldats s'avançant au combat les avait placés devant elle pour empêcher l'ennemi de tirer.

Bref. Ce qui fut discuté à Nuremberg c'est l'ordre que, tirant les conclusions logiques de l'attitude des Américains bombardant les sauveteurs qui avaient adopté une attitude conforme à la grande tradition de la mer et même les naufragés — sans distinction d'âge ou de sexe ! — qui étaient leurs alliés[54], le grand amiral
Dönitz donna pour l'avenir :

> « Il est désormais interdit d'essayer de sauver les gens se trouvant sur un navire torpillé, de repêcher les hommes à la mer pour les conduire à une embarcation, de redresser les canots chavirés, de délivrer des vivres et de l'eau. Le sauvetage est en contradiction avec le principe le plus élémentaire de la guerre qui commande de détruire les navires et les équipages ennemis. »

Le procureur britannique, Sir David Maxwell-Fyfe, ne manqua pas de s'emparer de cet ordre pour prétendre qu'il prescrivait « de tuer les

---

[54] Le *Laconia* transportait aussi 1 800 prisonniers de guerre italiens qui prétendirent, nous dit l'Amiral Doenitz (*Dix ans et vingt jours*, p. 203) que « les Britanniques fermèrent les portes des cales où ils se trouvaient au moment du torpillage et les empêchèrent en faisant usage de leurs armes, de monter dans les embarcations » — mises à la disposition de tous les naufragés par les Allemands. Comme crime de guerre, on ne peut pas beaucoup faire mieux !

naufragés de propos délibéré ». Tout se passait en somme, comme si les Anglo-Américains qui avaient acculé les Allemands à ne plus procéder au sauvetage des naufragés en voulaient prendre texte pour les accuser des inéluctables conséquences de ce crime en le grossissant par des exercices d'une exégèse alignée sur les règles du pilpoul, et en taisant soigneusement le crime lui-même.

Fort heureusement, un témoin courageux, le grand-amiral américain Nimitz, chef des opérations de la flotte des États-Unis, déclara que :

> « Par principe, les sous-marins des États-Unis ne procédaient pas au sauvetage s'il devait en résulter des dangers supplémentaires pour eux ou bien s'ils risquaient, de ce fait, de ne plus pouvoir remplir leur mission. » (Nur. T. XVII - p. 389, audience du 2 juillet 1946).

Dans cette déposition, le grand-amiral Nimitz faisait, en outre, état de l'ordre, donné en date du 7 décembre 1941 par les autorités navales américaines, d'attaquer sans avertissement les navires marchands japonais sous prétexte qu'ils « étaient ordinairement armés ».

Ce grief ne fut donc pas retenu contre le grand-amiral Dönitz ni par conséquent contre l'Allemagne par le Tribunal de Nuremberg mais l'opinion publique mondiale n'en fut jamais informée par la presse qui, rendant compte des débats, répandit dans le monde entier, à des millions d'exemplaires, que le grand-amiral Doenitz avait ordonné de massacrer délibérément les équipages des navires torpillés.

Aujourd'hui encore, une notable partie de cette presse continue ses prouesses dans ce sens sur cette lancée.

Ce machiavélisme auquel l'accusation a donné libre cours dans sa présentation des documents et des faits à propos de l'affaire du *Laconia*, semble avoir été la règle générale à propos de presque tous les documents tout au long du procès. On le retrouve justement dans l'affaire de l'*obliteration bombing* dont il a été question par ailleurs.

Mais d'abord, comment cette idée a-t-elle pu venir aux Anglais et aux Américains ensuite ?

Sur ce problème, deux thèses sont en présence : celle qui est communément admise et que reprend William L. Shirer dans son livre

Le Troisième Reich et celle de J.-M. Spaight, directeur du cabinet du ministre britannique de l'air dans son livre *Bombing Vindicated*. Toutes deux d'ailleurs ne portent que sur le point de savoir qui a commencé ce qui, pour être moralement sans importance, n'en a que plus au regard des conventions de La Haye, lesquelles prétendent qu'il n'est pas du tout indifférent de savoir s'il s'agit de représailles des Anglo-Américains ou de représailles des Allemands.

Voici donc ce que dit William L. Shirer et qu'il présente comme la thèse officielle :

> « Pour commencer dans la nuit du 23 août 1940, les pilotes d'une douzaine de bombardiers allemands firent une minime erreur de navigation. Ayant reçu l'ordre de lancer leurs bombes sur des usines d'aviation et des réserves de pétrole dans les faubourgs de Londres, ils manquèrent leur but et jetèrent leurs bombes sur le centre de la capitale, détruisant des maisons et tuant des civils. Les Anglais crurent à une action délibérée et bombardèrent Berlin, en représailles, la nuit suivante [...]. La R.A.F. revint en force dans la nuit du 28 au 29 août et, comme je l'ai noté dans mon journal, pour la première fois, tua des Allemands dans la capitale du Reich. Le bilan officiel fut de 10 tués et 29 blessés. » (*op. cit.*, tome 2 p. 160)

Que cette erreur de navigation officiellement reconnue ait été sur le moment interprétée comme une action délibérée des Allemands et qu'elle ait provoqué, en réaction immédiate, un raid sur Berlin la nuit suivante, on le comprend et même on le pardonne aisément. Qu'ils soient revenus en force quelques jours plus tard sans que les Allemands leur en aient donné d'autre motif, on commence à le comprendre moins bien. Et que, bien que la thèse officielle et W. L. Shirer soient muets là-dessus, ils aient continué jusqu'à provoquer les bombardements de représailles des Allemands sur Coventry, Birmingham, Sheffield et Southampton au nom desquels ils ont justifié Dresde, Leipzig et Hambourg ! on ne le comprend plus du tout et on ne saurait l'excuser.

La thèse du directeur de cabinet du ministre britannique de l'air rend un son bien différent et jette une autre lumière sur cette affaire.

Selon lui, cette méthode de bombardement aurait commencé bien avant le 23 août 1940 : le 11 mai exactement. Ce jour-là, l'état-major général de l'Amirauté l'aurait décidée et, le soir même, 18 bombardiers. Whitley seraient partis en vague lâcher des bombes en nappes sur des installations ferroviaires de la Ruhr et auraient, ce qui ne pouvait manquer, fait un nombre appréciable de victimes civiles. Puis, ils auraient continué dans la mesure des possibilités qui leur étaient laissées par la Flak.

> « Comme nous étions ennuyés de l'effet psychologique qui aurait pu être produit par la révélation que c'est à nous que revient l'initiative de l'offensive par bombardements stratégiques, nous nous sommes abstenus de donner à notre grande décision du 11 mai 1940 toute la publicité qu'elle méritait[55], dit J.-M. Spaight. Ce silence fut une feinte. C'était là une splendide décision. Elle était aussi héroïque, aussi pleine d'abnégation que celle de la Russie lorsqu'elle adopta sa politique de la terre brûlée. Elle nous valut Coventry et Birmingham, Sheffield et Southampton, elle nous valut le droit de regarder en face Kiev et Kharkov, Stalingrad et Sébastopol. Nos alliés soviétiques auraient été moins durs pour notre inertie en 1942, s'ils avaient compris ce que nous avions fait. » (*Bombing Vindicated*, p. 74, cité par Maurice Bardèche dans *Nuremberg ou la Terre promise*).

Les Allemands, toutefois, ne s'émurent que lorsque les bombes tombèrent sur Berlin : le 31 août et le 1er septembre, après « une semaine de constants bombardements nocturnes anglais » dit W L Shirer, « la plupart des quotidiens de la capitale portaient la même manchette « *Les Anglais attaquent lâchement* », puis « *Pirates de l'air anglais sur Berlin* ».

Le 4 septembre enfin, au *Sportpalast*, dans son discours d'ouverture de la campagne du Winterhilfe ou Secours d'hiver, Hitler porta jusqu'au délire l'enthousiasme de la foule indignée qui l'écoutait en déclarant :

> « Pendant trois mois je n'ai pas riposté parce que je croyais que pareille folie cesserait. M Churchill a pris cela pour un signe de faiblesse. À présent, nous répondrons nuit pour nuit. Alors que

---

[55] Ce livre a été publié (en Angleterre seulement) en avril 1944.

l'aviation anglaise lance 2 ou 3 ou 400 kg de bombes, nous en lancerons en une nuit 150, 200, 300 ou 400 000 kg. »

Jusque-là, en effet, à part l'erreur de navigation signalée par W. L. Shirer, l'aviation allemande n'avait pas riposté. À partir de là, ce furent Coventry, Birmingham, Sheffield, Southampton et... même Londres. De fil en aiguille, en 1944, le degré d'horreur avait atteint Dresde, Leipzig, Hambourg et autres lieux, mais, en 1944 l'Allemagne ne pouvait plus riposter et les tapis de bombes tombaient sur un ennemi qui avait déjà les épaules au sol.

De ce crime dont, aussi bien d'après W. L. Shirer que d'après J.M. Spaight, le mécanisme a été mis en marche par l'état-major de l'Amirauté et dont les deux parties, le juge comme l'accusé sont de toutes façons coupables, le tribunal de Nuremberg ne retint que les réactions allemandes sous la forme de mesures décrétées contre les aviateurs anglo-américains, pour une raison ou pour une autre obligés d'atterrir en territoire allemand et, en quelque sorte pris en flagrant délit.

La plus connue de ces mesures, celle qui fit le plus de bruit en ce qu'elle fut considérée comme la plus inhumaine fut celle que révéla une note trouvée dans les dossiers de l'O.K.W. en date du 21 mai 1944 relative à une décision de Hitler de faire fusiller sans jugement les équipages des avions anglais et américains qui auraient commis certains actes déterminés nés (Doc. P.S. 731, Débats du Procès de Nuremberg, pp. 275-276 T. XXVI).

Voici ce que disait cette note d'après le livre de documents ci-dessus. Cité :

« Le Führer a décidé dans des cas spéciaux de prendre les mesures suivantes vis- à-vis des équipages anglo-américains : les aviateurs ennemis sont abattus, sans procédure judiciaire dans les cas suivants :

1. Lorsqu'ils ont fait feu sur des équipages allemands descendant en parachute ;

2. Lorsqu'ils ont attaqué avec des armes de bord les appareils allemands qui ont dû atterrir et à proximité desquels se trouvent des

membres de l'équipage ;
   3. Au cours d'attaques sur les trains civils assurant des trafics ;
   4 Lorsqu'ils auront attaqué avec les armes de bord des personnes civiles isolées : paysans, travailleurs, véhicules isolés, etc. »

Ainsi présentée, cette *note* devient un *ordre* dont rien ne dit qu'il n'a pas été exécuté. Et, en l'auréolant d'un concert d'imprécations contre « l'éternelle et inhumaine Allemagne », en la reliant à d'autres notes du même genre ou à des extraits isolés de leur contexte d'autres ordres qualifiés crimes, c'est tout ce que la presse accréditée au procès en a dit lorsqu'elle fut produite devant le tribunal le 20 mars 1946 (op. cit. pp. 604-605, T. IX) et les jours suivants. Mais, si on se reporte à l'interrogatoire de Göring (même date) on apprend qu'elle porte des mentions marginales de Warlimont, chef d'état-major adjoint des opérations de la Wehrmacht, de Keitel, de Jodl, d'un général Korten, etc. et qu'il s'agit d'une enquête auprès des membres de l'état-major de l'O.K.W. sur un projet d'ordre décidé dans ce sens par le Führer. Et si on se rapporte à l'interrogatoire de Keitel (*op. cit.* p. 572, TX et p. 21 T. SI, 4 et 8 avril 1946) on apprend qu'il s'agit

> « d'un échange continuel d'idées exprimées çà et là au sujet d'une mesure souhaitée par Hitler et qui, Dieu merci, ne s'est pas réalisée, parce que les instructions nécessaires n'ont pas été transmises et qu'aucun ordre de l'O.K.W. ne fut jamais établi ou donné à ce propos ».

Il fallut bien que le Tribunal se rendît à l'évidence. Il s'y rendit mais non la presse. Aujourd'hui encore, beaucoup de propagandistes d'un anti-nazisme après-coup qui se prétendent historiens continuent à présenter dans la presse ou dans des livres cette note rédigée en cours d'étude comme un ordre effectivement exécuté et en série.

Ce qui est vrai, c'est qu'il y eut réellement des aviateurs anglo-américains lynchés ou abattus sur place par la foule indignée qui se ruait sur eux lorsqu'ils touchaient terre. Mais c'est une autre histoire et une réaction grégaire blâmable, certes, mais bien compréhensible.

L'accusation voulut que cette réaction grégaire fût télécommandée par les dirigeants du IIIe Reich en guerre et, pour le démontrer, elle produisit d'autres documents encore. En tout premier lieu des notes relatives à l'affaire émanant du général Warlimont, adjoint de Keitel les documents P.S. 735 et P.S. 740 (op. cit. pp. 276 et 279 T. XXVI). Ces deux documents mettaient en cause Göring et Ribbentrop au sujet d'une conférence qui aurait eu lieu quelque temps avant le 6 juin 1944 au château de Klessheim et au cours de laquelle ils auraient, en compagnie de Himmler, arrêté une position commune conforme à ce qui est décrété dans la note du 21 mai qui leur était reprochée : malheureusement, cette réunion de Klessheim n'eut jamais lieu que dans l'imagination de Warlimont, lequel notait qu'il tenait le renseignement de Kaltenbrunner. On ne dit pas de qui le tenait Kaltenbrunner. Au surplus, Ribbentrop et Kaltenbrunner démontrèrent aisément qu'en matière de traitement des aviateurs anglo-américains même terroristes, ils ne partageaient pas plus que Keitel les vues qui paraissent avoir été celles de Hitler en la matière.

Comme ses arguments s'effritaient les uns après les autres, l'accusation voulant à toute force marquer un point, n'hésita pas à citer jusqu'à un ordre de Fless en date du 13 mars 1940 relatif aux instructions à donner à la population civile sur l'attitude à adopter en cas d'atterrissage d'avions ou de parachutistes ennemis sur le territoire du Reich (P.S. 062 p. 119 T. XXV). Au quatrième paragraphe, il y était dit que « les parachutistes ennemis devaient être immédiatement arrêtés ou mis hors d'état de nuire ». M. Justice Jackson traduisit : « hors d'état de nuire » par « liquidés » sans doute parce que c'était plus à la mode à l'époque et sa traduction fit et continue encore son petit tour du monde dans la presse.

Vint ensuite un ordre de Himmler en date du 10 août 1943 (doc. R. 110 pp. 313-314 T. XXXVIII). À l'intention de tous les officiers supérieurs du service d'opérations des SS et de la Police, Himmler déclarait : « Ce n'est pas le rôle de la police d'intervenir dans les conflits entre la population civile allemande et les aviateurs terroristes anglais ou américains qui ont dû sauter en parachute ». Traduction de l'accusation : « ...l'armée reçut des ordres pour ne plus les protéger contre le lynchage de la populace. Le gouvernement nazi, par ses agences de propagande et de police, prit soin d'inviter la population civile à attaquer et à tuer les aviateurs qui s'écraseraient au sol » (Audience du 21 novembre 1945 T. II p. 147). Mais, dans sa plaidoirie, le Dr Gawlik (défenseur du S.D. à partir du 18 mars 1946) prétend, premièrement que cet ordre ne s'adressait qu'à la police, non à l'armée, ce qui est tout de même visible et, secondement qu'effectivement ce n'était pas le rôle de la police mais du S.D. sur qui ce soin devait entièrement continuer à reposer (T. XXII, p. 40, Audience du 27 août 1946).

Vint ensuite l'ordre de Hitler en date du 18 octobre 1942 relatif à la destruction des commandos et des parachutistes (Doc. P.S. 498 T. XXVI, pp. 100 101). Du moins, est-ce sous ce titre que cet ordre est présenté par l'accusation, mais il suffit de le lire pour se rendre compte que ce n'est pas de parachutistes ni de simples commandos qu'il s'agit mais bien de « commandos parachutistes » envoyés derrière les lignes pour y faire une guerre rigoureusement interdite par les conventions de Genève. Qu'on en juge par les trois points essentiels ci-dessous reproduits dans une traduction aussi littérale que possible :

> « 1. Depuis assez longtemps déjà, nos adversaires utilisaient dans la conduite de la guerre des méthodes contraires aux conventions internationales de Genève. Les troupes des commandos dont il s'agit qui elles-mêmes ainsi que cela fut prouvé, sont recrutées en partie parmi les criminels libérés des pays ennemis, se conduisent d'une façon particulièrement brutale et basse. Il ressort d'ordres qui ont été saisis sur l'ennemi qu'ils sont chargés non seulement d'enchaîner les prisonniers, mais encore de tuer purement et simplement des prisonniers sans défense, dès l'instant où ils peuvent croire que des prisonniers représentent un obstacle à la poursuite de leur but ou qu'ils peuvent être une gêne. Finalement, on a trouvé des ordres dans lesquels l'assassinat des prisonniers est formellement exigé.
>
> 2. Se fondant sur ces faits, un supplément au communiqué de l'armée du 7 octobre 1942 a déjà annoncé qu'à l'avenir l'Allemagne agira de la même manière à l'égard de ces troupes de sabotage des

Britanniques et de leurs complices : c'est-à-dire qu'elles seront sans considération abattues en combat par les troupes allemandes, quel que soit le lieu où elles se produisent.

3. En conséquence, j'ordonne :

Dorénavant, tous les adversaires placés en face de troupes allemandes en Europe ou en Afrique au cours de ces entreprises de commando, même s'il s'agit apparemment de soldats en uniforme ou de troupes de destruction avec ou sans armes, doivent être abattus jusqu'au dernier homme au combat ou en fuite. Il est indifférent qu'ils aient été déposés à terre pour leurs actions par bateau ou par avion, qu'ils aient été parachutés. Même si, lors de leur découverte, ces individus .se préparaient apparemment à se rendre, on doit leur refuser formellement tout pardon. Dans chaque cas particulier, un rapport détaillé doit être adressé à l'O.K.W. : publication en sera faite dans le communiqué de l'Armée. »

Trois autres paragraphes précisaient encore que si certains de ces espions ou saboteurs tombaient aux mains de l'armée, ils devaient être remis immédiatement au S.D. ; que cet ordre ne s'appliquait pas aux soldats ennemis faits prisonniers en combat ouvert ; et que les chefs d'unité et officiers coupables de négligence dans l'exécution seraient passibles du conseil de guerre.

Enfin, un ordre complémentaire du Führer en date du même jour (P.S. 503 T. XXVI, p. 115) explicitait encore les raisons données au paragraphe I de l'ordre principal.

On peut soutenir que, par bien des points, cet ordre est en contradiction avec les conventions de Genève et de La Haye, mais, si on l'admet juridiquement, il faut aussi admettre qu'il s'agit d'une violation qui répond à une autre et que les deux doivent être jugées. Or, par application de l'article 18, la violation initiale était « étrangère au procès » donc, on ne retint que la seconde. Et on la porta à la connaissance du public en mettant l'accent sur des expressions comme « soldats en uniforme ou non »... (ces commandos étaient dotés d'uniformes pour le cas où ils seraient pris en action et d'habits civils pour fuir, l'action accomplie) « avec ou sans armes » (une fois en civil ils jetaient leurs armes) et en taisant soigneusement que cet ordre ne visait pas les soldats des troupes régulières ainsi qu'il le dit expressément. Si j'ai dit qu'on pouvait soutenir que cet ordre était, lui aussi, en contravention avec les conventions de Genève et de La Haye, c'est qu'au moins dans le cas des civils pris sans armes, la culpabilité ne pouvait être établie que par une enquête suivie d'un jugement. Mais, de toutes façons, cette affaire de « commandos parachutistes » n'a rien de commun avec celle des aviateurs à laquelle elle fut associée et c'est là que réside le machiavélisme. Il faut, au surplus, ajouter que le document était lu en allemand aux accusés qui étaient allemands, que le titre réel « *Geheime Kommandosache* » leur était donné en soulignant qu'ils étaient « *durch Flugzeuge angelandet oder mittels Fallschirmen* » à quoi ils ne pouvaient qu'acquiescer et qu'on traduisait dans toutes les autres langues « affaire secrète des commandos et des parachutistes » pour permettre l'association et ceci non plus n'est pas dépourvu d'un certain machiavélisme.

Une affaire d'aviateurs anglo-américains, il y en eut cependant une et une vraie : celle des évadés du Luft Stalag III de Sagan (Silésie). De ce camp affecté aux prisonniers de l'Armée alliée de l'air, 76 officiers de la R.A.F. s'étaient évadés dans la nuit du 24 au 25 mars 1944. À l'exception de trois d'entre eux, ils furent tous repris : vingt-trois ne dépassèrent pas les environs du camp et y furent ramenés dans la journée par les services de surveillance de la Wehrmacht et les cinquante autres qui tombèrent dans les mains de la police en différents points de l'Allemagne dans les quarante-huit heures, furent fusillés : la Croix-Rouge internationale, puis la puissance protectrice, en l'occurrence la Suisse, s'émurent et il y eut une protestation d'Eden aux Communes. Le 12 juin, le ministre de Suisse à Berlin reçut du ministère allemand des affaires étrangères, une note officielle aux termes de laquelle ces cinquante évadés avaient été abattus par la police « soit au cours de la résistance qu'ils lui avaient opposée au moment de leur reprise, soit au cours de tentative d'évasion après leur reprise ». Mais l'enquête de la Croix-Rouge internationale et de la puissance protectrice établit aisément que c'était faux et qu'ils avaient été fusillés sur ordre donné à Himmler par Hitler à l'insu de tous les accusés du procès de

Nuremberg, sauf un : Kaltenbrunner, qui avait retransmis aux échelons d'exécution du R.H.S.A. dont il était le chef, l'ordre de Hitler qu'il avait reçu *via* Himmler. La violation de la convention de Genève qui reconnaît le droit à l'évasion est ici patente. Sur le point de savoir si Hitler a réellement donné cet ordre, tous les témoignages sont concordants. Ceux de Keitel (T. XI, pp. 8 et suiv.) et de Göring (T. IX, pp. 380 et suiv.) sur lesquels l'accusation voulait faire peser les responsabilités de cette affaire sont même d'une rare honnêteté. L'un et l'autre démontrèrent indiscutablement que, non seulement ils n'y avaient pris aucune part, mais encore qu'ils avaient été placés dans des conditions telles qu'ils n'auraient pu l'empêcher : Hitler agissant par-dessus la tête de Keitel, Göring prévenu trop tard. Quant à Kaltenbrunner et à Ribbentrop, le premier déclara qu'il s'était borné à retransmettre un ordre qui lui venait de son supérieur et qu'il n'avait pas à discuter, le second fournit une explication qui lui avait été donnée comme résultant d'une enquête.

À ma connaissance, on n'a pas relevé d'infractions exactement similaires à l'encontre des Anglo-Américains en matière de traitement de prisonniers de guerre. J'ai montré qu'on en a relevé d'autres qui ne le cèdent en rien à celle-ci en horreur. Et quant aux Russes qui n'avaient signé ni les conventions de La Haye, ni celles de Genève et se permettaient en conséquence tout, on en a relevé de pires. Même les Français ne sont pas blancs comme neige : on a vu qu'en un cas au moins (Annecy) ils n'avaient pas attendu que des prisonniers de guerre s'évadent pour les fusiller en masse.

Pour conclure sur l'ensemble, la règle établie par les textes était qu'en Allemagne les aviateurs abattus fussent envoyés dans des camps de prisonniers, sauf ceux qui étaient qualifiés de terroristes qui étaient remis à la police puis jugés sommairement et condamnés à mort ou envoyés dans des camps de concentration selon le cas. Dans cette catégorie entraient ceux dont la note trouvée dans les dossiers de l'O.K.W. et datée du 21 mai 1944 établit que Hitler voulut, sans y réussir on l'a vu, faire fusiller sans procédure judiciaire. À Nuremberg, Göring prétendit de ceux-là (T. IX, p. 382) que des interrogatoires auxquels les autres avaient été soumis, il résultait que leurs gouvernements leur interdisaient de se livrer aux actes auxquels ils s'étaient livrés et qu'ils étaient des criminels de guerre dans toute l'acception du mot. Les Alliés n'agissaient d'ailleurs pas différemment : le lieutenant de vaisseau Eyck, commandant l'U. 582 de la Kriegsmarine, qui avait anéanti au canon les épaves et les naufragés d'un cargo qu'il venait de torpiller, fut, ayant à son tour été coulé et fait prisonnier, condamné à mort avec tous les officiers de son bord par un conseil de guerre britannique qui les fit exécuter le 30 novembre 1945.

Tels sont, au niveau de la matérialité des faits, quelques-uns des exemples qui montrent que l'accusation de crime de guerre s'appliquait autant aux juges qu'aux accusés et, par voie de conséquence, établissent irréfutablement l'incompétence du Tribunal au regard du Droit International alors en vigueur.

C - LES CRIMES CONTRE LA PAIX

Par définition, les crimes contre la Paix (paragraphe a de l'art 6) s'assortissaient de la circonstance aggravante de complot ourdi dans l'unique dessein de les perpétrer : il fallait, ainsi qu'il a déjà été dit, établir la préméditation.

En vertu de quoi, voici en gros comment se présenta la thèse soutenue par l'Acte d'accusation sur ce point : dans le courant de l'année 1920, un certain nombre d'individus peu recommandables, épars dans toute l'Allemagne, s'y donnèrent des rendez-vous en différents points mais principalement à Munich où, dans le but de déclencher des guerres. D'agression contre les états voisins, ils finirent par se constituer en une association de malfaiteurs dont Hitler devint le chef en 1921. Selon toute vraisemblance, ils devaient être assez astucieux, puisqu'ils réussirent à donner à ce te association le nom de baptême et les allures d'un parti politique : la N.S.D.A.P.[56]. Et assez intelligents puisqu'ils ont compris que, pour déclencher des guerres d'agression contre les états voisins, il fallait absolument le faire au nom

---

[56] National Sozialistische Deutsche Arbeiter Partei.

de l'Allemagne, ce qui impliquait qu'ils y prissent tout d'abord le pouvoir. Ainsi ce complot contre la paix, qu'en langage plus moderne et plus diplomatique on baptiserait aujourd'hui contre la sécurité collective, se trouva-t-il lui-même subsidiairement assorti d'un complot contre la sûreté intérieure d'un État. Quant à la préméditation, elle se trouvait étalée sur près de vingt années : il faut convenir que rarement criminels disposèrent de plus de temps pour prendre conscience de leur crime et donc furent plus coupables. La mule du Pape elle-même... Bref.

Adoptant l'ordre chronologique, le Tribunal eut donc d'abord à condamner les conditions dans lesquelles les accusés avaient pris le Pouvoir en Allemagne et s'y étaient consolidés puis maintenus, les moyens qu'ils avaient employés et notamment la subversion par le terrorisme, la doctrine intérieure qu'ils y avaient appliquée, etc.

Qu'on m'entende bien : je condamne moi aussi le national-socialisme, le fascisme, le bolchevisme et, d'une manière générale, toutes ces doctrines qui, sous prétexte de cultiver l'esprit de Révolution, prêchent l'insurrection et la prise du pouvoir au moyen de la subversion par le terrorisme pur, en cas de réussite dans un bain de sang, y maintiennent leurs sectateurs par une répression plus ou moins ouverte et toujours féroce. Mais la condamnation que je porte est purement philosophique, un abîme la sépare de la condamnation par autorité de justice. Autant je réprouve leurs conceptions de la vie et leurs méthodes, autant il m'est impossible d'accepter qu'on use de la coercition contre le national-socialiste, le bolcheviste, le fasciste, etc. pour les empêcher de s'exprimer ou pour les envoyer à l'échafaud si d'aventure ils perdent la belle après avoir gagné la manche. Au nom de cette singulière liberté qui appartenait seulement à ceux qui l'avaient conquise, Saint-Just a tué la Révolution française : la liberté appartient à tout le monde, y compris à ceux qui la combattent. Tous ces êtres aberrants ne sont, au surplus, que les droits de formes sociales elles-mêmes aberrantes qu'il s'agisse de Spartacus ou de Hitler, de Mussolini ou de Castro, de Lénine ou de Franco. Déclarer les uns coupables de crime et les autres bienfaiteurs de l'Humanité n'est qu'une opinion politique et ne résiste pas à l'examen. C'est le même problème pour tous et c'est un problème sociologique au regard duquel, tous moralement ou philosophiquement condamnables ils sont tous juridiquement innocents, ce qu'on ne peut pas dire des formes sociales qui, elles, sont toutes à la fois moralement ou philosophiquement et juridiquement condamnables. Tant qu'il y aura des formes sociales qui oppriment, il y aura des révoltés pour les combattre par la violence et hélas ! beaucoup plus de révoltés qui se prennent pour des révolutionnaires, que de révolutionnaires authentiques. C'est donc dans les formes sociales qu'il faut trancher, non dans les hommes : la guillotine, dit la Sagesse des Nations, peut supprimer le criminel, mais pas le crime, et rien n'est plus vrai.

Mais ces considérations ne sont que subjectives et l'objectivité réclame ses droits pour prétendre que, parmi les juges, un au moins n'avait pas qualité pour condamner le national-socialisme dans ses origines, ses conceptions et ses méthodes parce que ses origines à lui, ses conceptions et ses méthodes étaient en tous points semblables à celles du national-socialisme, et qu'à ce titre encore sa place était au banc des accusés, non à celui des juges. Et que, quant aux autres, ils n'étaient guère plus qualifiés en ce que, de ses s origines, de ses conceptions et de ses méthodes, ils n'avaient pas tellement tenu rigueur à cette association de malfaiteurs puisque, jusqu'en 1939, elle eut des ambassadeurs et des mandataires reconnus et considérés dans toutes les capitales du monde, donc chez eux ; et à Genève dans le concert des Nations, une place dont ils avaient eu jusqu'à la politesse de regretter qu'un jour elle l'eut quittée en claquant les portes. Et puis, de quoi se mêlaient-ils tous ? Depuis quand le Droit international est-il habilité à sanctionner le gouvernement que, par un moyen ou par un autre, un peuple se donne ou subit, au-delà de la faculté qu'il laisse à chacun de ceux des autres peuples, de le reconnaître ou pas et d'entretenir ou non des relations avec lui ? À la rigueur on eût compris que ce soin fût dévolu au peuple allemand : parce qu'il est de tradition qu'une insurrection victorieuse massacre les représentants du pouvoir qu'elle a vaincu ou, inversement, que le Pouvoir massacre les chefs d'une insurrection qui a échoué de tradition, non de Droit, sinon de droit tribal. Mais qu'un Tribunal, international de surcroît, non élu si ce n'est par les armes et par lui-même, se déclare qualifié passe l'entendent : que je sache il n'a jamais été et il ne sera, je l'espère, jamais question de mettre sac au dos pour aller délivrer les Russes de Khrouchtchev, les Cubains de Castro ou les Espagnols de Franco. Nous ne sommes plus au temps de Metternich, des Congrès de Vienne et de la Sainte-Alliance.

Au reste, au plan de la conquête du pouvoir par la subversion, les méthodes reprochées aux accusés n'ont jamais rien eu de comparable avec celles employées par Khrouchtchev en Hongrie, Fidel Castro à Cuba ou Franco en Espagne. S'il s'agit effectivement de subversion par la violence insurrectionnelle, jusqu'au 8 novembre 1923 (putsch manqué de Munich) à partir de cette date, la N.S.D.A.P. n'envisagea plus la conquête du pouvoir que par des moyens constitutionnels et légaux. Que sa propagande ait gardé un caractère violent, que toutes ses réunions publiques se soient tenues sous la protection de son propre service d'ordre (S.A. — *Schutzabteilung* = service de protection, puis S.S. = *Schutzstaffel* — groupe de protection) n'est sûrement pas discutable et pas davantage que ces S.A. et ces S.S. armés jusqu'aux dents, avaient à la fois le réflexe rapide et la main lourde. Encore faut-il tenir compte qu'il s'agissait, de la part de la N.S.D.A.P., d'une réplique à la prétention émise par les communistes d'interdire ces réunions par la violence et d'y envoyer dans ce but, des éléments eux aussi armés qui n'avaient ni le réflexe moins rapide, ni la main moins lourde et sur lesquels il faut, en sus, faire peser la responsabilité de la provocation.

À ceci près qui ne dépendait pas d'elle mais des circonstances, la N.S.D.A.P. poursuivit la conquête du pouvoir par les moyens qu'emploient tous les partis dans tous les pays du monde où le jeu des partis est libre, c'est-à-dire par les voies électorales. Qu'il s'agisse encore d'une subversion, ce n'est pas moi qui en disconviendrai, mon opinion étant que dans tous les pays démocratiques du monde, aux élections ceux qui l'emportent sont ceux qui possèdent l'argent et parmi eux, ceux qui ont le plus de moyens de procéder à la subversion de l'opinion par la presse écrite ou parlée, c'est-à-dire d'acheter le plus de journaux. Ce ne fut pas le cas de la N.S.D.A.P. jusqu'en 1930 et, jusqu'à cette date, ses résultats électoraux ne furent pas brillants. Mais, à partir de 1930, l'industrie lourde ayant pris fait et cause pour elle, tout changea, qu'on en juge par ce tableau des élections allemandes au Reichstag de 1924 à 1933 (en regard des résultats obtenus par la N.S.D.A.P., le nombre des chômeurs au moment du scrutin) :

I. De 1924 à 1930				
Dates	Voix obtenues	%	Sièges	Nombre des chômeurs
4 mai 1924	1 918 000	6,6	32	320 711
7 décembre 1924	908 000	3	14	282 645
20 mai 1928	810 000	2,6	12	269 443
II. De 1930 à 1933				
14 septembre 1930	6 407 000	18,3	107	1 061 570
31 juillet 1932	13 779 000	37,3	230	5 392 248
6 nov. 1932	11 737 000	33,1	196	5 355 428
5 mars 1933	17 265 800	43,7	288	5 598 855

Devant la montée du chômage, l'industrie lourde était aussi inquiète que la classe ouvrière : les économistes contemporains admettent généralement qu'au-delà de 5% de la population active, le pourcentage des chômeurs représente un danger de troubles sociaux et, justement, au début de l'année 1930, ce taux de tolérance se trouvait non seulement atteint mais dépassé et, d'autre part, les conséquences du krach financier de Wall Street qui commençaient à se faire sentir en Europe indiquaient une tendance inquiétante à l'augmentation de ce taux. Enfin, depuis la chute de la monnaie allemande, l'industrie lourde avait à la fois imputé cette faillite aux partis de gouvernement et enregistré leur impuissance à redresser la situation. Pour tout dire, elle ne voyait plus d'autre carte à jouer que celle du national-socialisme et cette carte, elle la joua. Timidement d'abord et en coulisse, puis ouvertement. Ainsi s'explique le renversement de la tendance électorale à partir du scrutin du 14 novembre 1930.

Dans la seconde moitié de l'année 1932, les deux dissolutions qui provoquèrent les scrutins des 31 juillet et 6 novembre ayant démontré qu'il n'y avait plus aucune possibilité de trouver au Reichstag de majorité de gouvernement dans le style et le cadre des coalitions parlementaires anciennes, les partis nationaux (Parti du centre et Parti catholique du peuple bavarois) menés par Papen et Hugenberg se tournèrent vers la N.S.D.A.P. et c'est ainsi que, le 30 janvier 1933, Hitler fut désigné pour le poste de chancelier du Reich par le vieux maréchal Hindenburg alors président de la république. Dans les mêmes conditions, le président Coty désigna le général de Gaulle pour le poste de premier ministre, le 30 juin 1958. Aux élections qui eurent lieu le 5 mars suivant, le tandem Hitler-Papen triomphait : 288 députés au premier, 52 au second, soit au total 340 sur les 648 que comprenait le Reichstag, donc une majorité assurée de 16 voix et, dans le corps électoral 52 % des suffrages.

Jusque-là, les événements se sont donc déroulés dans un style conforme aux plus pures traditions de la démocratie, telle que la conçoivent les démocrates de notre temps.

Si complot il y eut, le nombre des complices est sûrement impressionnant et on aurait tort de croire que tous furent allemands. On sait, je viens de le dire, que la montée au pouvoir de la N.S.D.A.P. fut financièrement et fort substantiellement aidée par l'industrie lourde allemande. Cette aide se faisait par le truchement de sa caisse centrale de propagande dont les distributeurs étaient le banquier Schröder et Plusenberg. Or, à partir de la chute de la monnaie allemande sous la République de Weimar, à peu près toutes les industries qui alimentaient cette caisse furent subventionnées par des banques ou des trusts anglais ou américains. On cite le cas du consortium chimique américain Dupont de Nemours et du trust anglais *Imperial Chemicals Industrie*, qui subventionnaient l'I.G. Farben avec laquelle ils s'étaient partagé le marché mondial de la poudre, et de la banque Dillon de New York qui subventionnait le *Vereinigte Stahlwerke*, trust allemand de l'acier. D'autres étaient subventionnés par Morgan ou Rockfeller, etc. Ainsi la livre et le dollar participèrent- ils au complot qui porta Hitler au Pouvoir. Mais on n'a pas entendu dire que les Dupont de Nemours, les

Dillon, les Morgan, les Rockfeller, etc. avaient été cités à comparaître comme complices devant le Tribunal de Nuremberg.

Dans sa phase durant laquelle ce « complot » était dirigé contre la sécurité collective, les complicités politiques venues de l'extérieur ne manquèrent pas non plus à cette « association de malfaiteurs » : celle de l'Angleterre en matière de réarmement (accord naval du 18 juin 1935), celle de la Russie en matière d'agression (Pacte germano-soviétique et partage de la Pologne), même celle de la France (si l'on tient compte de la condamnation de ses gouvernements d'avant-guerre par ceux d'après-guerre à propos de Munich) et il ne fut pas pour autant question de leur faire quitter le banc des juges pour celui des accusés.

Mais nous abordons ici le fond du problème des crimes contre la Paix. Voici donc comment, par application de l'art. 6, § a, l'Acte d'accusation présentait ce fond du problème :

> « Le parti nazi, les accusés et d'autres personnes associées à diverses reprises au parti nazi en tant que chefs, membres, partisans ou adhérents (dénommés ci-après collectivement « conspirateurs nazis ») avaient ou en sont arrivés à avoir pour buts et desseins d'obtenir par tous les moyens jugés opportuns, y compris des moyens illégaux et, en dernier ressort, la menace, l'emploi de la force ou la guerre d'agression, les résultats suivants :
> 1. Destruction du Traité de Versailles et des restrictions qu'il comportait quant à l'armement et à l'activité militaire de l'Allemagne ;
> 2. Acquisition des territoires perdus par l'Allemagne à la suite de la guerre mondiale de 1914-1918, ainsi que d'autres territoires en Europe, dont les conspirateurs nazis affirmaient qu'ils étaient principalement occupés par des prétendus « Allemands de race » ;
> 3. Acquisition encore en Europe continentale et ailleurs aux dépens des pays voisins ou autres, de nouveaux territoires que les conspirateurs nazis réclamaient comme nécessaires aux (« Allemands de race » en tant que « *Lebensraum* » ou espace vital. » (T.I., p. 32).

Le premier point visait : la politique de réarmement de l'Allemagne en secret de 1933 à 1935, puis ouvertement dans la suite ; le départ de la S.D.N. le 14 octobre 1933 ; la décision de reconstruire une force militaire aérienne le 10 mars 1935 ; le service militaire obligatoire rétabli le 16 du même mois avec 500 000 hommes en temps de paix comme objectif ; la réoccupation de la Rhénanie le 7 mars 1936.

Le second visait principalement la Silésie écartelée entre les nouveaux états minuscules et artificiels créés par les Traités de Versailles et de Saint-Germain, le couloir de Dantzig, Teschen, Malmédy, etc. Il eût pu viser aussi la Sarre si elle n'avait plébiscité à la presque unanimité son retour à l'Allemagne le 2 février 1935.

Et quant au troisième qui englobait tous les territoires conquis par les armées allemandes en opérations contre la Pologne, la Russie, la Norvège, le Danemark, le Luxembourg, la Belgique, les Pays-Bas, la Grèce, la Yougoslavie, etc. et qui devait faire l'objet d'un traité de Paix, la guerre terminée, il précisait en outre le mécanisme par lequel, la responsabilité de tout ce qui s'était passé incombait uniquement à l'Allemagne :

> « ...Leurs buts et leurs desseins prirent finalement une telle ampleur qu'ils suscitèrent une résistance qui ne pouvait plus être brisée que par la force armée et la guerre d'agression, et non plus simplement par l'application des méthodes variant selon les circonstances, qui avaient été jusque-là employées, telles que le dol, la duplicité, les menaces, l'intimidation, les activités de propagande de la cinquième colonne : alors les conspirateurs nazis conçurent délibérément, décidèrent et déclenchèrent leurs guerres d'agression, leurs guerres faites en violation des traités, accords et engagements internationaux... ».

Le Tribunal a fait droit à ces conclusions de l'accusation et les a enregistrées comme fondées dans le jugement qu'il a rendu. (T. I pp. 184 et suivantes). Des documents produits à la base, il résultait clairement à ses yeux qu'était réel le complot ourdi par eux dès 1920 dans l'intention de commettre ces crimes qui leur étaient reprochés et qu'en conséquence ils les avaient commis délibérément et en connaissance de cause. Parmi ces documents, les plus importants sont : le programme de la N.S.D.A.P. rendu public à Munich le 25 février

1920 (en 25 points dont les trois premiers ont été considérés comme particulièrement accusateurs) ; un certain nombre d'extraits isolés de leur contexte, de discours prononcés par Hitler soit au Reichstag, soit au Sportpalast, soit en d'autres lieux publics ; un certain nombre de conférences du même auteur prononcées devant État-major général de l'Armée, notamment celui du 5 novembre 1937 (Document Hossbach, P.S 386 en original au T. XXV pp. 402 à 413 et en langue française, T. II pp. 267 à 277), celui du 23 mai 1939 (Document Schmundt, L. 79 en original T. XXXVII pp. 546 et 556 et en langue française, T. II, pp. 281-288).

Dès maintenant, je voudrais noter un caractère qui est commun à tous ces documents : les sollicitations dont ils ont été l'objet, qui apparaissent dans les traductions qui en ont été données et qui constituent les références — les sollicitations, pas les textes eux-mêmes ! — de l'argumentation qui a été soutenue par l'accusation et retenue par le jugement.

Si je lis, par exemple, 12 points du programme de la N.S.D.A.P. du 25 février 1920, à savoir :

« Wir forden den Zusammenschluss aller Deutschen auf Grund des Selbestbestimungrechtes der Völker zu einem Gross-Deutschland »,

et si j'en trouve, dans le jugement, la traduction suivante :

« Nous demandons la réunion de tous les Allemands dans la « Plus Grande Allemagne » en accord avec le principe du droit des peuples à disposer d'eux-mêmes » (T. II, p. 184),

je suis bien obligé de remarquer que si, l'original parlait seulement *de Grande- Allemagne* sans guillemets, on le fait parler de *Plus Grande Allemagne* avec guillemets, il y a là une sollicitation qui altère le sens du texte.

Même remarque pour le point III où on lit à l'original :

« Wir fordern Land und Boden (Kolonien) zur Ernährung

unseres Volkes und Ansiedlung unseres Bevolkerungsüberschusses »,

traduit par :

« Nous demandons de la terre et des territoires pour nourrir notre peuple et la possibilité d'employer à la colonisation l'excédent de notre population » (T. II, p. 185).

Ici, la suppression des parenthèses et de leur contenu permet de faire passer au second plan ce qui était l'unique objet de l'article : les colonies.

Même chose encore pour le document Hossbach, suite de suppositions écrites au conditionnel hypothétique et traduites par une suite d'affirmations au présent, d'où il a été déduit à Nuremberg que Hitler avait déjà décidé comme chef de gouvernement dès le 5 novembre 1937, de recourir à la guerre considérée par lui comme seul moyen de résoudre le problème allemand[57] ainsi qu'il l'avait, selon l'accusation, déjà décidé en 1920 comme chef de parti.

---

[57] Le document Hossbach a été considéré comme le plus accusateur parce qu'il contenait cette phrase : « La question allemande ne pourrait être résolue que par la force, laquelle ne va jamais sans risques » qui a été traduite par : « La question allemande ne peut être résolue, etc. » À l'époque, dans tous les pays du monde, tous les hommes politiques, à quelques exceptions près, ont formulé la même opinion dans la forme : « Il n'y a de possibilité d'empêcher l'Allemagne d'arriver à ses fins que par la force »). C'était là une des applications du célèbre adage romain « *Si vis pacem para bellum* » qui était la règle et qui l'est encore dans tous les pays du monde, témoin le message du Jour de l'An que le général de Gaulle a adressé aux troupes françaises le 1-1-1962 : « Préparez-vous, a-t-il dit, préparez-vous aux grandes actions guerrières qui pourraient être imposées à la nation et à ses alliés en Europe. Jamais il ne fut plus vrai que le destin de la France est lié à sa puissance militaire ». C'est encore bien plus précis que ce que le document Hossbach met dans la bouche de Hitler s'adressant à ses chefs d'armes. Doit-on en conclure que, si cette guerre à laquelle il faut se « préparer » ne pouvait être évitée, et qu'elle se termine par un autre Nuremberg, le général sera pendu ?
D'autre part lorsqu'il fut, l'année suivante, question de passer à l'action dans la première des éventualités prévues au conditionnel par le Document Hosstach (Tchécoslovaquie) la directive de Keitel décidant des mesures préparatoires à prendre, précisait à la date du 17 décembre 1938 : « Extérieurement, il doit être bien clair qu'il s'agit seulement d'une action pacifique et non d'une opération militaire » (non retenue à Nuremberg, ni par l'accusation, ni par le jugement)

Mais ici nous avons une explication qui nous est donnée par W. L. Shirer à moins que ce ne soit par son traducteur français car elle ne figure pas dans l'édition allemande en note à la page 333 de son livre *Le IIIe Reich des origines à la chute* :

> « Presque tous les comptes rendus allemands des propos de Hitler ou d'autres personnages, tenus au cours de conversations privées, sont écrits à la troisième personne, en discours indirect, bien que le texte glisse fréquemment au discours direct, écrit à la première personne, sans aucun changement de ponctuation. Cette question posait un problème de traduction. Désireux de conserver l'authenticité du document original et les termes exacts employés ou cités, j'ai décidé que mieux valait se garder d'altérer ces comptes rendus en les transcrivant en discours direct à la première personne ou en supprimant les guillemets. Dans ce dernier cas, j'aurais eu l'air de me permettre de les paraphraser librement alors qu'il n'en était rien. Les rédacteurs des comptes rendus allemands ont surtout modifié le temps des verbes, mettant le présent au passé et remplaçant pour les pronoms, la première personne par la troisième. Si l'on tient compte de ces changements, aucune confusion ne sera, je crois, possible. »

C'est Hossbach, le rédacteur du compte rendu qui s'est trompé de temps. M. Shirer le sait mieux que personne. Les procureurs et les juges le savaient bien, eux aussi. On ne saurait, je crois, avouer plus ingénument une falsification. Ainsi, sur ce point au moins, les accusés furent-ils condamnés sur ce que Hitler *avait dû dire*, non sur ce qu'il avait dit. S'ils savent qu'au surplus ce compte rendu n'avait rien d'officiel, qu'il a été rédigé le 10 novembre 1937, soit cinq jours après, sur des notes hâtivement prises en séance le 5, qu'il n'a été ni relu par l'intéressé, ni porté à la connaissance de personnes en son temps, etc. (T. XIV p. 40) l'historien et le juge de l'avenir ne seront pas sans en éprouver quelque effroi[58]. Et on en peut dire autant du Document

---

[58] À propos de ce document, on peut encore ajouter que, le 16 mai 194d, le Dr Siemers, Avocat du Grand Amiral Roeder ayant mis en doute son authenticité parce qu'il ne portait pas la mention habituelle « Secret d'État » (T. XIV, 9. 40) on demanda une déposition écrite à son auteur pas sa comparution, c'eût été trop dangereux qu'on

Schmundt.

Un jour de relâche du procès qu'il était venu passer à Paris, un de mes amis d'alors, journaliste envoyé à Nuremberg par un grand journal parisien, s'étonnait devant moi de l'attitude des accusés :

> « C'est marrant, me disait-il dans son langage, on leur lit des textes dans leur langue et naturellement ils les reconnaissent. Puis, quand on reprend un à un les arguments que ces textes contiennent contre eux, ils font semblant de ne plus comprendre et leurs avocats encore plus. Tu parles, qu'ils ne comprennent pas !... J't'en foutrais, moi ! »

La lecture de ces documents qui n'avaient pas été rendus publics à l'époque explique tout. Si on leur parlait de Grande-Allemagne et si on argumentait sur une Plus Grande Allemagne, ou de colonies pour argumenter sur la Silésie ou la Pologne ou l'Ukraine, ou si on leur lisait un texte au conditionnel hypothétique pour en tirer, un à un, des arguments au présent affirmatif, comment pouvaient-ils comprendre ?

Ce procédé qui consistait à lire à des accusés allemands, un texte écrit dans leur langue maternelle, à le leur faire reconnaître comme authentique, à en donner en anglais, en russe et en français des traductions qui n'avaient rien de commun avec l'original, puis à tirer de ces traductions des arguments qu'on retraduisait ensuite en allemand, n'était, je l'ai déjà dit, pas dépourvu d'un certain machiavélisme. Beaucoup de sollicitations de textes par ce moyen furent corrigées en séance par les accusés ou leurs avocats en flagrant délit en quelque sorte mais il y en eut tant que, fatalement, quelques-unes réussirent à leur échapper et le malheur voulut qu'elles ne fussent pas toujours les moins importantes.

Mais, comme les crimes de guerre, ces crimes contre la Paix requièrent qu'on descende dans la matérialité des faits. Bien entendu,

---

avait retrouvé. Or, le 18 mai 1946, il déclara qu'il ne pouvait pas garantir que le texte présenté au Tribunal était une copie exacte de ses notes (T. XLII, pp 228-230). Sans autre commentaire. À ma connaissance, on n'a pas retrouvé Schmundt et pas cherché à le retrouver.

comme pour les crimes de guerre, on n'y descendra que juste ce qu'il faut pour en donner au lecteur une idée d'ensemble qui lui permettra de comprendre le problème proposé à ses méditations.

Après avoir fait quatre parts du butin, le lion de La Fontaine ayant chassé en compagnie de la génisse, de la chèvre et de la brebis, leur expliqua, si je me souviens bien, que la première lui revenait parce qu'il était le Roi, la seconde parce qu'elle était sa part, la troisième parce qu'il était le plus fort et que, quant à la quatrième, si quelqu'un émettait quelque prétention sur elle, il l'étranglerait tout d'abord. Le fabuliste n'eut pas l'idée de réunir une cour de justice pour se prononcer contre cette violation caractérisée des lois et coutumes de la chasse. L'eût-il eue, que sans doute eût-il aussi trouvé quelque juriste Renard pour requérir qu'il y avait violation, que cette violation constituait un crime de chasse mais sûrement pas qu'elle en constituait quatre : pour le juriste Renard comme pour l'accusé Lion, la division artificielle du produit de la chasse, en l'occurrence le Cerf, en quatre parts laissait un le corps du délit et une l'infraction (en l'espèce le Droit du plus fort), analysée et répartie sous quatre rubriques explicatives seulement.

Prétendre que la destruction du Traité de Versailles, le réarmement de l'Allemagne, l'acquisition de territoires perdus à la suite de la première guerre mondiale et l'acquisition d'autres territoires d'expansion assortis de l'intention délibérée de faire des guerres d'agression peuvent constituer autant de chefs d'accusation est peut-être une idée ingénieuse en ce qu'à la préméditation elle ajoute la récidive et permet au procureur des effets de manche d'un lyrisme percutant. Mais, n'eût été cette ambiance de surexcitation grégaire dans laquelle se déroula le procès, cette extraordinaire prolifération de femmes des Halles et de tricoteuses ou de leur équivalent, qui avaient envahi le prétoire improvisé et tenaient à la fois la presse et le haut du pavé dans toutes les rues du monde, le spectateur le moins averti se fût vite rendu compte que, si crime il y avait, sous cette infinité de rubriques accumulées, il n'y en avait en réalité qu'un seul : la destruction du traité de Versailles ou le droit du plus fort de la fable.

Pour continuer le raisonnement dans le style de l'apologue et que l'analogie fût parfaite, il suffirait d'imaginer que la génisse, la chèvre et la brebis démocratiques auxquelles se seraient joints un âne pour sa représentativité, un dindon parce qu'il en faut dans toutes les farces, un renard pour la mise en scène et un loup pour entretenir le moral, aient réussi à prendre le Lion dans des rets solidement amarrés au sol et à l'y faire mourir à petit feu, prenant bien soin de faire durer le spectacle et s'y rendant en chœur tous les jours afin de n'en rien perdre : nous aurions alors une S.D.N. d'animaux dans laquelle le rôle d'appariteur serait avantageusement tenu par un singe chamarré et celui de la presse par une vieille poule caqueteuse. Imaginer, que dis-je ?... Cette place dans le concert des nations, ce Lion dans ces rets, n'est-ce pas, à peu près exactement, ce à quoi le Traité de Versailles a voulu condamner l'Allemagne ? Un jour, exsangue et mort plus qu'à moitié, le Lion allemand réussit à briser ses chaînes et c'est tout. Comme dans l'univers de La Fontaine, un rat anglais, à moins qu'il ne fût américain ou les deux par croisement, sorti de terre au bon moment, avait rongé une maille au bon endroit.

Pour rentrer dans l'univers des hommes, la question qui se pose est de savoir si le Lion allemand avait le droit de briser ses chaînes, et cette question est, en d'autres termes, celle de l'intangibilité des traités et, plus précisément, des traités de Paix.

Il peut arriver qu'un traité quelconque ne soit pas l'expression écrite d'un rapport de forces : une convention douanière, le Marché commun européen... Dans le cas du Marché commun européen, encore faut-il cependant convenir que l'entente est imposée aux Six par un danger extérieur qui leur est commun, que l'Allemagne, assez peu avantagée par cette entente, y fut néanmoins contrainte par la nouvelle situation dans le monde qui résultait pour elle de l'issue de la seconde guerre mondiale et l'Angleterre parce que sa non-participation équivaudrait à son éviction des marchés les plus importants du Continent. Il y a des rapports de forces qui sont seulement économiques. Initialement, ils le sont même toujours et, ce caractère, ils le conservent tant que les problèmes posés par la pratique des échanges commerciaux et de la conquête des marchés se peuvent régler par le moyen de la concurrence pacifique et que les marchands ne demandent pas à l'État d'envoyer les soldats à leur secours pour leur garder ou leur conquérir un marché qui leur est interdit ou qu'ils ont perdu au plan des prix. Sous réserve de ces observations, des traités qui se font ou se défont pacifiquement sont donc très concevables et, dans la mesure où les intérêts en jeu ne sont que d'une importance relative, ils sont somme toute assez courants. Il est remarquable qu'à propos de ceux-là, il n'est jamais venu à l'esprit d'aucun juriste d'invoquer l'argument de l'intangibilité.

Il n'en va pas de même des traités de paix qui, eux, sont toujours l'expression écrite d'un rapport de forces militaires, en ce qu'il s'agit toujours d'un vainqueur qui dicte sa volonté à un vaincu et que le vaincu n'y souscrit jamais que le couteau sur la gorge. De toute éternité et sans arrêt dénoncé au nom de la morale, le procédé n'a jamais été codifié au nom du Droit, dans le sens de la limitation des droits du vainqueur et de la sauvegarde de droits imprescriptibles à reconnaître au vaincu : *vae victis*.

Jusqu'au début de ce siècle, la tradition venue du fond des âges voulait qu'on se déclarât la guerre pour la seule raison que l'intérêt supérieur de la Patrie l'exigeait, sans qu'il soit nécessaire d'en justifier moralement ou juridiquement ; qu'on se battît à un niveau de sauvagerie dont la seule limite était celle des progrès accomplis à l'époque dans l'art de détruire ; et qu'on se rançonnât ou qu'on fût rançonné à la discrétion du vainqueur et au gré de ce qu'avaient décidé les armes. Drapeaux blancs, armistices, traités, etc. de la déclaration de guerre à la conclusion de la paix, tout se déroulait selon une sorte de code dit de l'honneur hérité de la chevalerie. Il y avait toujours un chevalier félon et c'était évidemment toujours l'ennemi. Après la signature du traité qui mettait fin à la guerre, les adversaires se séparaient protocolairement, se serraient cérémonieusement la main, le vaincu acceptant les conditions du vainqueur, se drapant dans sa dignité et comme lui promettant qu'on se retrouverait bien un jour. La guerre franco-allemande de 1870-1871 s'est encore déclarée et déroulée, la paix s'y est encore conclue dans ce style et, bien qu'entre- temps de nombreuses tentatives aient été faites (notamment à La Haye, cf. note

2 p. 18) pour que la guerre relevât d'un code établi par des juristes et non plus par des gens d'épée, celle de 1914-18 aussi comme en porte témoignage, au moins quant à sa préparation et à sa déclaration, la politique de revanche pratiquée à ciel ouvert par Poincaré — criminel de guerre indiscutable au regard du statut de Nuremberg ! — sans que l'Allemagne, qui n'avait rien fait à Francfort pour l'empêcher, en prît ombrage autrement que dans le style traditionnel, c'est-à-dire en répliquant à des rodomontades par d'autres et en se déclarant prête, s'il le fallait, à relever le gant qui lui fut, de longues années durant, quotidiennement jeté. L'intangibilité des traités n'était pas un article de Droit, mais un fait acquis, dont il était, malgré des conventions internationales déjà au point, de part et d'autre admis qu'il ne le resterait que tant que les armes n'en décideraient pas autrement. À Poincaré proclamant que le traité de Francfort était une honte pour la France et le voulant détruire par la force des armes, disait-on à juste titre en Allemagne, correspondait Bethmann-Hollweg décrétant, disait-on en France, « chiffons de papier »[59] tous les autres qui le liaient en Europe centrale et balkanique, en Afrique et au Moyen-Orient.

Si ces exemples sont des exceptions qui ne permettent aucune généralisation ou, au contraire, des cas-types sur lesquels on peut bâtir des règles, pour en décider, il suffit au lecteur de se demander dans quelle situation se trouveraient devant l'opinion d'aujourd'hui, des juristes qui viendraient proclamer l'intangibilité des traités de Verdun (843 : partage de l'empire de Charlemagne) à Cateau-Cambrésis (1559 : fin des guerres d'Italie et liquidation des séquelles de la guerre de Cent ans laquelle s'était terminée en 1453 sans autre traité qu'en 1420, celui de Troyes, duquel le roi d'Angleterre tenait le titre de roi de France qui figurait encore dans les apanages de sa couronne à la fin du siècle dernier), Westphalie (1648 : fin de la guerre de Trente ans), Vienne (1814-15 : fin des guerres napoléoniennes), etc. Car enfin, il n'y a pas de milieu : si l'intangibilité des traités est une loi, tous le sont, et si tous

---

[59] Cette expression a fait le tour du monde dans la presse et même dans les Écoles et les Universités. En réalité, Bethmann-Hollweg avait seulement dit « un bout de papier » (Renouvin).

ceux-là le sont, il n'y a plus de sortie puisque chacun d'eux est la négation de l'intangibilité du précédent. Ce qui est vrai, c'est que lorsque les juristes de Nuremberg parlaient de l'intangibilité des traités, il s'agissait, en réalité, d'une règle générale dont le Traité de Versailles était à la fois la seule référence et la seule application. Mais pourquoi Versailles plutôt que Francfort ? Et pourquoi Francfort plutôt que Vienne ou Verdun ?

On voit bien que cette thèse de l'intangibilité du seul Traité de Versailles n'a ni références morales, ni références historiques, ni références juridiques, qu'elle ne repose que sur le sort des armes et que, si les armes avaient donné la victoire aux vaincus, c'est la thèse contraire qui aurait triomphé et qui serait aujourd'hui cautionnée par d'autres juristes non moins nombreux et non moins qualifiés. D'autre part, elle est assez élastique si l'on tient compte qu'en ce qui concerne les sanctions financières, les mêmes juges n'avaient pas considéré que le Traité était intangible puisque, de 1919 à 1930, les indemnités que l'Allemagne avait été condamnée à payer passèrent, avec leur assentiment, de 132 milliards de marks-or[60] à une somme voisine de zéro, et qu'en ce qui concerne ses clauses territoriales, c'est seulement pour l'Allemagne qu'il était intangible puisqu'elles sont, aujourd'hui, toutes abolies avec de nouvelles et sensibles aggravations au profit de la Russie. J'ai déjà dit qu'en ce qui concerne ses clauses militaires, l'Angleterre, dont les États-Unis encourageaient la politique en coulisse, ne les avait jamais considérées comme intangibles et même pas sous Hitler (Accord naval de juin 1935). Quant à la Russie, jusqu'au 18 septembre 1934, date à laquelle elle fut admise à la S.D.N. sur la requête de Litvinov, et la recommandation de MM. Yvon Delbos et Barthou, le Traité de Versailles fut à ses yeux un « Diktat de haine et de brigandage », la S.D.N. étant elle-même, une « Ligue de bandits ». Le 17 avril 1922, sur cette idée-maîtresse, elle avait même signé avec

---

[60] Sur ce chiffre, les différentes éditions des décisions de la Commission des réparations, instituée par le Traité de Versailles ne sont pas d'accord : Benoist-Méchin, par exemple, a retenu celle qui dit 212 milliards (*Histoire de l'Armée allemande*). Le chiffre exact est, en réalité, 132 milliards.

l'Allemagne le Traité de Rapallo (complété par le premier pacte germano-soviétique de non-agression, le 24 avril 1926), premier acte de sa politique étrangère qui était alors de rassembler dans un bloc tous les pays vaincus dans la guerre de 1914-1918 et que le « Diktat des bandits vainqueurs » opprimait. Par quoi l'on voit qu'aux yeux d'au moins trois des juges de Nuremberg, cette intangibilité élastique du traité de Versailles était aussi à éclipses.

Si donc, je conclus maintenant qu'aucun traité ne peut être considéré comme intangible, je ne pense pas qu'on me puisse accuser de le faire abusivement. Dans le style qui fut la mode jusqu'à Versailles, ils ne le sont pas parce qu'ils sont l'expression de rapports de force, que les rapports de force ne sont pas immuables, que chaque moment historique a le sien qui emporte, dans le déchaînement de la violence, le traité qu'un précédent déchaînement de la violence avait apporté. C'est un cercle vicieux : comme de tous les cercles vicieux, on n'en peut sortir qu'en le brisant et, peut-être le moment est-il venu de donner un aperçu des tentatives qui ont été faites dans ce sens et dont on verra qu'elles situent, à la fois le Traité de Versailles et le Procès de Nuremberg dans un contexte historique assez curieux si ce n'est original.

Dans le mouvement intellectuel, la fin du XIXe siècle et le début du XXe furent marqués, quant à la guerre, par une prise de conscience qui la réprouvait, qui s'étendit au mouvement ouvrier et à l'opinion puisque et détermina chez tous les peuples ou peu s'en faut, les dirigeants à envisager son humanisation présentée comme devant aboutir progressivement à sa mise hors-la-loi : les conventions adoptées aux conférences internationales de La Haye en 1899 et en 1907, doivent être considérées comme des matérialisations de cette prise de conscience. Paradoxe : ce n'est pas la France qui s'enorgueillit volontiers d'être à l'origine de toutes les idées généreuses, mais la Russie tsariste qui prit, en 1899, l'initiative de ce mouvement et, en 1907, ce ne fut encore pas la France mais les États-Unis qui le relancèrent. La France, elle, était occupée à préparer contre l'Allemagne la revanche de Francfort et elle s'y donnait corps et âme tout en participant aux conférences et en s'associant aux décisions qui y furent prises. Autre paradoxe : au fur et à mesure que grandissait, pendant toute cette période, la faveur des conférences dans l'opinion mondiale (27 participants en 1899, 44 en 1907) et que, dans les textes adoptés, s'y prédisaient les mesures limitatrices du recours à la guerre susceptibles de l'éviter ou de l'empêcher de prendre des proportions inhumaines, grandirent aussi et se précisèrent tous les dangers qui, s'accumulant, finirent par rendre la guerre inévitable en 1914... Beaucoup de gens estimables ont alors pensé que, dans l'esprit de la plupart des participants, les conférences de La Haye n'avaient d'autre but que de donner le change.

Bref : on se battit du 2 août 1914 au 11 novembre 1918. La Conférence de la Paix s'ouvrit à Paris le 19 janvier 1919 et, le 28 juin suivant, le Traité qui mettait officiellement fin à l'état de guerre était signé à Versailles. Sur les conditions dans lesquelles il fut élaboré, puis signé et sur ses clauses, le lecteur est prié de se reporter au chapitre spécial qui lui est consacré dans cette étude. Il y verra que, de mémoire de guerrier, jamais pareille humiliation ne fut infligée à un vaincu et, de mémoire de juriste, jamais pareille atteinte portée au Droit des Peuples à disposer d'eux-mêmes sauf, évidemment, dans la suite, en 1945 et depuis. Seules les clauses militaires étaient acceptables en ce qu'elles comportaient une réciprocité. Mais, pour le reste, on ne comparera, par exemple, pas sans quelque stupeur les 132 milliards de marks- or, soit 165 milliards de Francs-or[61] auxquels l'Allemagne fut condamnée au titre des réparations, avec les cinq milliards de la même monnaie qu'elle avait exigés de la France à Francfort et qui firent déjà pousser les hauts cris à Thiers. Ni non plus les amputations de territoires et ce qui en a été fait avec leurs justifications et ce qu'il en est advenu.

Au lendemain de la signature du Traité de Versailles, les vainqueurs se trouvaient dans la situation suivante : partis en guerre pour « le Droit et la Civilisation » dont les conférences de La Haye avaient créé l'ambiance, contre « La Force prime le Droit », formule qui était prêtée

---

[61] La fortune nationale de l'Allemagne était alors estimée à 260 milliards de marks-or et celle de la France à 250 milliards de Francs-or.

au Kaiser Guillaume II et à son chancelier Bethmann-Hollweg, ils n'avaient rien trouvé de mieux que faire application de cette dernière formule à l'Allemagne vaincue. L'occasion était pourtant unique de briser après la guerre le cercle vicieux qui n'avait pu l'être avant, de ne tenir aucun compte des résultats acquis par les armes et de faire un traité dont les dispositions eussent prouvé que, conformément aux buts de guerre des Alliés, le Droit primait la Force[62]. C'était la seule façon de sortir du cercle vicieux. Et quelle leçon les Alliés eussent donné au monde ! Au lieu de cela... Je ne veux pas dire qu'alors le Traité de Versailles eût été intangible : la loi des rapports de forces étant exclue à jamais de la vie internationale, il restait seulement à lui apporter de temps à autre et par la voie de la Cour permanente de justice instituée à La Haye en 1899, les modifications de temps à autre rendues nécessaires par l'évolution des sociétés dont les structures ne sont pas plus immuables que les rapports de forces et dont on peut dire que chaque moment historique a aussi les siennes propres[63]. On comprendra aisément, je pense, que pas plus qu'un traité passé au temps de la Féodalité — qu'il ait été l'expression d'un rapport de forces ou celle d'un consentement général librement donné — ne saurait aujourd'hui régler les rapports entre elles des grandes nations modernes, pas plus un traité passé, même du consentement de tous en 1919, n'aurait pu prétendre emprisonner dans ses dispositions ce que serait devenu le monde, disons par exemple, deux cents ans après.

Non. Si les traités ne sont pas des « chiffons de papier », ils ne peuvent non plus et en aucun cas, être des règles immuables dans un monde où rien ne l'est. Le seul problème qu'ils posent est celui de leur révision périodique et ils le posent dans une seule alternative : ou bien cette révision périodique se fera dans le style des rapports de forces et par la guerre, ou bien elle se fera dans celui que les conférences

---

[62] C'était ce que le président Wilson eût voulu, on le verra en lisant ses quatorze points.
[63] Le préambule du Traité de Versailles constitué par le pacte de la S.D.N. dont il était inséparable contenait d'ailleurs un article 19 qui prévoyait sa révision au cas où il deviendrait caduc. Les différentes demandes de révision présentées par l'Allemagne de 1920 à 1939, se fondaient justement sur cet article 19 : caduc, le Traité l'était, en effet, dès la signature.

internationales de La Haye ont défini.

La paix revenue, on a voulu reprendre à Genève, au sein de la S.D.N. instituée par le Traité de Versailles, les conversations commencées à La Haye. Elles n'ont conduit à rien, justement parce qu'elles se sont déroulées en porte-à-faux sur le rapport des forces et sur le consentement général : d'une part, il y avait les anciens alliés vainqueurs, armés jusqu'aux dents et qui, parce qu'ils l'étaient, avaient la possibilité de faire prévaloir leurs plus invraisemblables prises de position, de l'autre, il y avait l'Allemagne désarmée et sans recours, obligée d'en passer par où les autres voulaient comme le lion de La Fontaine dans ses rets si un rat n'était opportunément entré en scène.

Cette situation était intenable. Elle l'était d'autant plus qu'elle constituait, de la part des vainqueurs, une violation caractérisée du Traité de Versailles, dont le préambule aux cinq sections des clauses militaires disait :

> « En vue de rendre possible la préparation d'une limitation des armements de toutes les nations, l'Allemagne s'engage à observer strictement les clauses militaires navales et aériennes ci-après stipulées. »

L'Allemagne ayant tenu ses engagements et étant désarmée au niveau qui lui était imposé par le Traité de Versailles, les vainqueurs ne voulurent plus tenir les leurs, la France surtout et les autres pour ne la pas désobliger ou porter atteinte à ses intérêts. On a vu, par exemple, et on verra encore que jusqu'en 1935, l'Angleterre n'y eût vu aucun inconvénient.

L'erreur — pour ne pas dire plus — des procureurs et des juges de Nuremberg a été de se prétendre en droit de se prononcer comme si le Traité de Versailles n'avait pas été l'expression d'un rapport de forces, comme si ceux qui en avaient établi les clauses n'avaient pas été les premiers à les violer et comme si, en Allemagne, la décision prise de le détruire n'avait pas été qu'une réplique à des violations dont l'initiative revenait aux vainqueurs.

Ce caractère de réplique, on le retrouve en effet dans toutes les phases du réarmement de l'Allemagne qui lui sont imputées à crime par l'Acte d'accusation :

– *14 OCTOBRE 1933, l'Allemagne quitte la S.D.N.*

Depuis des années, l'Allemagne a rempli les clauses militaires du Traité de Versailles, les Accords de Locarno (16 oct. 1925) en ont pris acte et le maréchal Foch l'a confirmé en 1927 au retour d'une tournée d'inspection en Allemagne. Malgré cela, la France se refuse à remplir celles qui lui incombent par voie de conséquence et cela malgré les objurgations de l'Angleterre et des États-Unis. La S.D.N. est impuissante à fléchir la France mais maintient sa position d'hostilité à l'égard de l'Allemagne au plan de l'égalité des droits qu'elle réclame. La conférence du désarmement achoppe sur ce problème : le plan Mac Donald de limitation des armements (abolition de toutes les armes offensives : bombardiers, tanks, artillerie lourde, etc.) n'est pas accepté par la France. Le 16 mai 1933, le président Roosevelt adresse aux chefs d'État de quarante-quatre nations un message qui reprend le plan Mac Donald. Le 17 mai, Hitler prononce au Reichstag un discours qui est une acceptation du plan Mac Donald. La France ne fléchit pas, la S.D.N. impuissante à la fléchir n'essaie même pas et se maintient de surcroît sur sa position de refus de l'égalité des droits à l'Allemagne dont la doctrine était : ou bien la France et les autres nations tiennent comme nous les engagements qu'ils ont pris à Versailles et désarment eux aussi, ou bien nous réarmons. Ce point de vue ayant été écarté, l'Allemagne quitte la S.D.N. en claquant les portes le 14 octobre 1933. Le 12 novembre suivant, un plébiscite organisé en Allemagne approuve cette décision à 95% des électeurs inscrits.

Le 15 octobre, à la Chambre des Communes, M. Lloyd George rejette la responsabilité de l'affaire sur la France en ces termes :

> « Pendant des années et davantage, la France s'était refusée à tenir son engagement de désarmer et même, après Locarno, elle n'a cessé d'accroître ses armements d'année en année »,

ajoutant, pourrait-on préciser, la violation de l'esprit de Locarno à celle du Traité de Versailles. Et, dans son livre, *La France a sauvé l'Europe*, M. Paul Reynaud convient que cette attitude de la France la fit

> « paraître aux yeux du monde comme responsable de la course aux armements dont il était clair qu'elle conduisait à la guerre » (T. I p 294).

– 10-16 MARS 1935, l'Allemagne crée une force militaire, rétablit le service militaire obligatoire et porte l'effectif de l'armée allemande à 500 000 en temps de paix.

Le 6 février 1934, le gouvernement Doumergue est arrivé au pouvoir en France. Barthou en est le ministre des Affaires étrangères et, d'entrée de jeu, il renverse la politique de Locarno, lui substituant celle de l'encerclement de l'Allemagne en amorçant le rapprochement avec la Russie des Soviets dont il obtiendra l'entrée à la S.D.N. le 18 septembre. En mars 1935, les conversations qui conduisirent au Pacte franco-soviétique signé le 2 mai suivant battent leur plein : Staline a déclaré que la France était « en droit de porter ses armements au niveau des besoins de sa sécurité » l'allongement de la durée du service militaire en France est acquis, etc. Prenant acte de cette violation des traités de Versailles et de Locarno, Hitler répudie officiellement toutes les clauses militaires du Traité de Versailles, décide la création d'une flotte aérienne et le rétablissement du service militaire obligatoire... Si la sécurité de la France avait des besoins, celle de l'Allemagne désormais encerclée en avait aussi.

Il faut noter que, continuant à rejeter sur la France et à bon droit, cela est indiscutable, la responsabilité d'un état de fait qui s'aggravait sans cesse, l'Angleterre qui, à Nuremberg, accusait l'Allemagne d'avoir violé le Traité de Versailles à cette occasion, ne lui en avait pas tellement tenu rigueur puisqu'en juin suivant, elle passait avec l'Allemagne un accord naval qui augmentait, par rapport à ce qui avait été prévu à Versailles, son tonnage militaire maritime de façon très sensible aussi bien en ce qui concerne sa flotte de surface que sa flotte sous-marine.

La création d'une flotte aérienne, le rétablissement du service obligatoire, l'augmentation des effectifs de l'armée de terre furent imputés à crime à l'Allemagne, mais évidemment pas le réarmement maritime consécutif à cet accord qui n'avait d'ailleurs pas l'assentiment de la France : il eût fallu accuser l'Angleterre de complicité et l'Angleterre était juge. Il y avait des grâces d'État même à Nuremberg !

– *7 MARS 1936, l'Allemagne réoccupe « symboliquement » la zone démilitarisée de Rhénanie.*

C'est une violation caractérisée du Traité de Versailles. Elle est la suite logique de l'affaire précédente et la dernière réplique de l'Allemagne au dernier acte de la signature du Pacte franco-soviétique. Signé le 2 mai 1935, ce pacte ne devait être ratifié par le Parlement français que le 27 février 1936. Du Parlement français, Hitler attendait un renversement de majorité : contrairement à ses espoirs, il ratifia par 353 voix contre 164. Le 21 février, Hitler avait déclaré à Bertrand de Jouvenel qui était venu lui prendre une interview pour le compte de *Paris-Midi* :

> « Vous avez devant vous une Allemagne dont les neuf dixièmes font confiance à leur chef et ce chef vous dit : Soyons amis. Oui, je sais ce que vous pensez tous. Vous dites : Hitler nous fait des déclarations pacifiques mais est-il de bonne foi ? Est-il sincère ? Voyons, réfléchissez ! Ne serait-il pas ruineux pour nos deux pays de s'entre- déchirer sur de nouveaux champs de bataille ?
> Mes efforts personnels vers un tel rapprochement subsisteront toujours, cependant ; dans le domaine des faits, ce pacte plus que déplorable, créerait naturellement une nouvelle situation. Vous vous laissez entraîner dans le jeu diplomatique d'une puissance qui ne désire que mettre dans les grandes nations européennes, un désordre dont elle sera la bénéficiaire.
> Il y a dans la vie des peuples des occasions décisives. Aujourd'hui la France peut, si elle le veut, mettre un terme à tout jamais à ce péril « allemand » que vos enfants, de génération en génération, apprennent à redouter. Vous pouvez lever l'hypothèque redoutable qui pèse sur l'histoire de la France : la chance vous est donnée à tous.

Si vous ne la saisissez point, songez à votre responsabilité vis-à-vis de vos enfants. »

De peur qu'elle ne compromît le résultat du vote sur lequel Hitler fondait tant d'espoirs il y a peu de chance qu'elle l'eût compromis le gouvernement intervint auprès de la direction de *Paris-Midi* pour que cette interview qui devait paraître le 23[64] ne parût que le lendemain du vote au Parlement, c'est-à-dire le 28 février. La réponse de Hitler à la manœuvre du gouvernement français et au vote du Parlement ne se fit pas longtemps attendre : le 7 mars, il réoccupait militairement la Rhénanie.

Et ainsi de tous les griefs articulés contre les accusés de Nuremberg par l'Acte d'Accusation et retenus par le jugement. Il suffisait de citer ces quelques exemples pour démontrer que, dans l'infernale course aux armements qui conduisit à la guerre, l'Allemagne même hitlérienne n'était pas seule à porter toutes les responsabilités, que les juges y avaient autant de part que les accusés et que, pour être plus précis, les responsabilités initiales incombaient à la France puisqu'elle seule avait empêché la Conférence du désarmement d'arriver à des conclusions dont elle était seule à ne pas vouloir.

On s'est souvent demandé à quoi correspondait l'entêtement de la France à ne pas vouloir du désarmement. À cette question, la réponse est donnée par le *Journal officiel de la République française* du 26 mars 1938 qui, sur demande du sénateur Paul Laffont, adressée au ministre de l'économie nationale, en ce qui concerne les quantités de minerai de fer exportées en Allemagne par la France depuis 1934, obtenait les renseignements suivants :

> Les quantités de minerai de fer (N· 204 du tarif des douanes) exportées à destination de l'Allemagne au cours des années 1934, 1935, 1936 et 1937, sont consignées dans le tableau ci-après :

Années	Quantités en quintaux métriques

---

[64] Jean Galtier-Boissière et Michel Alexandre : *Histoire de la Guerre de 1939-45*, Tome I, p. 12.

1934	17 060 916
1935	58 616 111
1936	77 931 756
1937	71 329 234

On mesure quelle perte n'eût pas été celle de M. François de Wendel et de ses confrères en sidérurgie de Meurthe-et-Moselle, si la France n'avait pas fourni à l'Allemagne des raisons de se réarmer : pour en avoir une idée exacte, il n'est que de comparer ce que furent ces exportations avant que l'Allemagne n'eût décidé de se réarmer (1934) et après (1935 et suivantes).

MM. Jean Galtier-Boissière et Michel Alexandre à qui j'emprunte ce détail en concluent que

> « ce sera une consolation pour les combattants français atteints dans leur chair au cours de la campagne 1939-40 d'apprendre que les projectiles qui les mutilèrent avaient été fondus dans le minerai patriotiquement exporté par M. François de Wendel et ses confrères sidérurgistes de Meurthe-et-Moselle. »

C'est que M. François de Wendel était un personnage dont l'influence sur la politique française d'entre les deux guerres fut considérable : le 11 janvier 1923, pour lui procurer à bon compte le coke rhéno-westphalien — complément indispensable du fer lorrain — sans lui condamné à l'exportation, M. Poincaré avait fait occuper la Ruhr, sous prétexte qu'une livraison de poteaux télégraphiques effectuée par l'Allemagne au titre des réparations était incomplète, et, l'opération ayant échoué, plutôt que de l'obliger à payer à son prix le coke allemand, son ami Barthou qui ne voyait que par lui, n'avait pas hésité à torpiller la conférence du désarmement pour lui trouver, en la personne de l'Allemagne, un client sérieux pour son minerai de fer.

Mais on n'a pas entendu dire que M. François de Wendel ait été cité à comparaître devant eux comme complice par les juges de Nuremberg.

Pas plus qu'on ne l'avait entendu dire des Dupont de Nemours, des dirigeants de l'Imperial Chemicals Industrie anglaise, de la Banque Dillon, des Morgan, des Rockfeller, etc. qui subventionnèrent les industries allemandes dont la caisse de propagande alimentait la N.S.D.A.P. (cf. p. 60).

D - LES CRIMES CONTRE L'HUMANITÉ

Ce que, dans ce style ampoulé par la recherche de l'effet, le paragraphe de l'article 6 définit crimes contre l'humanité, ce sont les conditions dans lesquelles des centaines de milliers et même des millions d'hommes, de femmes, vieillards et d'enfants, ont été déportés[65] dans des camps de concentration, y ont vécu, y sont morts

---

[65] Les circonstances ont voulu que je puisse étudier de plus près l'exemple du camp de Buchenwald où j'ai été déporté moi-même. Je suis arrivé aux conclusions suivantes : dans ce camp et ses 136 commandos paraissent avoir été déportés en tout, de 1937 à 1944 238 980 hommes dont les statistiques disent que, pendant ces sept années, 56 545 sont morts. Le taux de mortalité serait donc de 26 %. C'est énorme si on tient compte que, dans la vie courante le taux annuel de mortalité en Europe se situe aux environs de 20 pour mille. Je ne puis cependant pas garantir ce taux de 26 % pour la raison suivante : les entrants étaient enregistrés une seule fois, mais les sortants par mort risquent, dans certains cas, de l'avoir été deux fois la première dans le commando où ils sont morts (Dora, par exemple) et la seconde à Buchenwald où, jusqu'au jour où les commandos ont été dotés de crématoires, ils ont été incinérés. Dans les statistiques produites, ont en effet été additionnés les morts de tous les commandos avec les incinérations à Buchenwald. Le taux de mortalité pourrait alors être un peu plus faible, mais pas très sensiblement : 20 % par exemple serait encore énorme. L'évêque auxiliaire de Munich s'est livré aux mêmes recherches que moi sur le camp de Dachau où il fut interné et il arrive, pour ce camp, aux mêmes conclusions que moi pour Buchenwald : entre 199 519 et 206 206 internés l'incertitude provient ici de ce qu'il y a eu deux séries de numérotages au registre des inscriptions) dont 67 665 sont morts, soit 2S %. Mêmes remarques que pour Buchenwald en ce qui concerne les additions des morts, les commandos et de ceux du camp central. Il faut cependant noter ici que la cartothèque de la direction SS du camp n'accuse que 26 000 morts environ. (D'après le livre de l'évêque auxiliaire de Munich, Mgr Neuhäussler « so war es in Dachau ») Mais le Pasteur Niemöller prétendit dans une conférence prononcée le 3 juillet 1946 et éditée sous le titre « *Der Weg ins Freie* » chez Franz M. Hellbach à Stuttgart que « 238 756 personnes furent incinérées à Dachau », soit un nombre supérieur à celui des internés.
(Depuis que cette note a été rédigée, de nouvelles découvertes ont été faites dans la cartothèque du camp de Dachau, et Mgr Neuhäussler les a honnêtement rendues publiques le 16 mars 1962 dans un discours qu'il fit à Dachau même devant les représentants de 15 nations qui y étaient venus commémorer la libération du camp. Voici en quels termes *Le Figaro* du 17 mars rend compte des données statistiques que ce discours contenait : « Cet après-midi, par un froid rigoureux et en dépit de la tourmente de neige, les pèlerins se sont rassemblés au camp de Dachau où trente

dans des proportions qui font reculer la plume devant les chiffres, froidement assassinés ou à petit feu, des indicibles mauvais traitements qui leur ont été infligés et, parmi ces assassinats et ces mauvais traitements, ceux qui ont plus particulièrement été infligés aux juifs, des lois raciales aux chambres à gaz si discutées.

Le peu d'intérêt que, contrairement aux espoirs de ses protagonistes, le Procès Eichmann a suscité dans le monde, le fait que les réactions de leur clientèle aient amené les grands journaux à rappeler leurs grands reporters qu'ils avaient tout d'abord envoyés à Jérusalem, pour n'y laisser que leurs correspondants particuliers ou des informateurs de trente-sixième ordre, la réprobation et même l'indignation dont il a fait l'objet dans tous les milieux jusques et y compris dans les milieux israélites, sont autant de signes que, dans cet ordre d'idées, une autre vérité que celle de Nuremberg a déjà conquis droit de cité et que cette autre vérité se peut formuler ainsi : jusqu'ici, dans son aspect racial comme dans son aspect commun, la déportation a été présentée à l'opinion mondiale, non pas comme un fait historique soumis aux habitudes de l'histoire, mais en fonction des applications politiques qu'en pourraient faire le mouvement sioniste international et les homme d'État européens remis en selle par la défaite de l'Allemagne, le Procès de Nuremberg n'ayant eu d'autre but que de rendre cette opération possible en lui fournissant des justifications. La vérité historique promue par décision de justice est encore une des tragiques

---

mille hommes furent exterminés parmi les deux cent mille originaires de trente-huit nations qui y furent internés de 1933 à 1945 ». Et tous les journaux du jour ont publié les mêmes chiffres. C'est donc 30 000 déportés qui ont été incinérés à Dachau (soit un taux de mortalité de 13 % qui est encore énorme) et non 67 665 comme il résultait des premiers calculs de Mgr Neuhäussler)

Dans les camps spécialement réservés aux juifs comme Auschwitz le taux de mortalité, sans atteindre et de loin les proportions qui ont été publiées dans la presse pour les besoins d'une propagande sont certainement plus élevés, bien qu'on ne possède pas ou pas encore de documents certains en ce qui concerne ces camps, on verra plus loin ce qu'on en peut déjà penser. Des autres, la responsabilité de ces taux de mortalité incombe à la SS. bien sûr, mais aussi aux détenus chargés de leur administration, car, ainsi qu'on l'ignore généralement, les camps étaient administrés par les détenus eux-mêmes pour le compte de la SS. dont la garde était installée à la porte. Sur cet aspect du problème, je renvoie le lecteur au *Mensonge d'Ulysse*.

originalités de notre temps.

Disséquée et vulgarisée dans ses moindres détails par la presse, la radio, les moyens de propagande les plus perfectionnés, sans oublier la littérature concentrationnaire, cette décision de justice en était arrivée à ce résultat que, dans l'opinion et jusque dans l'esprit de gens très avertis des choses de l'histoire, ce n'était plus le fait historique qui définissait les applications politiques qu'on en pouvait faire, mais, l'inverse, les applications que la politique avait besoin d'en faire qui le définissaient dans sa matérialité. On ne pouvait manquer de s'en apercevoir, et on s'en est aperçu. Tant il est vrai que, si on peut tromper quelqu'un très longtemps, beaucoup de monde pendant quelque temps, il n'est pas possible de tromper tout le monde éternellement.

Le mécanisme de l'opération était assez simple :

« Le Tribunal, disait l'article 19 du Statuts ne sera pas lié par les règles techniques relatives à l'administration des preuves » ;

Et l'article 21 :

« Le Tribunal n'exigera pas que soit rapportée la preuve de faits de notoriété publique, mais les tiendra pour acquis ».

Et voici comment, dans la pratique, ces deux dispositions jouèrent : lorsque, pour ne citer qu'un exemple, le 11 janvier 1946, le Dr. Franz Blaha, un communiste tchèque vint déclarer à la barre :

« La chambre à gaz de Dachau fut achevée en 1944 et le Dr Rascher me chargea d'examiner les premières victimes. Sur les huit ou neuf personnes qui se trouvaient dans cette chambre à gaz, il y en avait trois encore en vie ; mais les autres étaient mortes. Leurs yeux étaient rouges, etc. » (T. V. p. 175).

Le Tribunal qui n'était pas lié par les règles techniques de l'administration des preuves (art. 19) ne lui en demanda pas et le fait, déclaré de notoriété publique, fut tenu pour acquis (art. 21) sans plus de formalité.

Or, on sait aujourd'hui que la chambre à gaz de Dachau n'a été achevée et mise en état de fonctionnement qu'après la fin de la guerre par les SS. qui avaient pris la suite des concentrationnaires dans le camp, et que jamais personne n'y a été gazé.

On peut donc dire que le Dr Franz Blaha, communiste tchèque, n'était qu'un vulgaire faux-témoin.

Mais on peut aussi poser la question suivante : combien y eût-il de Dr. Franz Blaha dans les « témoins » qui ont défilé à la barre ou dont on a lu les affidavits produits sous serment et qui y ont « témoigné » dans le même sens à propos des camps de Bergen-Belsen, Ravensbrück, Mauthausen, Auschwitz, etc. ?

Toujours est-il qu'en août 1960, très probablement contraint de le faire par l'émotion qu'avait produite en Allemagne une tournée de conférences très suivies que j'y avais faite en avril et au cours de laquelle j'avais posé cette question, l'institut d'histoire contemporaine (*Institut für Zeitgeschichte*) de Munich communiquait à la presse :

> « Les chambres à gaz de Dachau n'ont jamais été terminées ni mises en action... Les exterminations massives de juifs par les gaz ont commencé en 1941-42 et seulement en peu d'endroits de la Pologne occupée, au moyen d'installations techniques prévues à cette fin, « mais en aucun cas sur le territoire allemand » (*Die Zeit*, 19 août 1960).

Bien que des « témoins » soient encore venus déclarer en juin 1961 devant le tribunal de Jérusalem qui jugeait Eichmann qu'ils avaient vu de leurs compagnons d'infortune partir pour la chambre à gaz de Bergen-Belsen et qu'on ne les ait pas ou chassés du prétoire comme faux-témoins, ou arrêtés en pleine audience pour injure à magistrats dans l'exercice de leurs fonctions, la question des chambres à gaz ne subsiste donc plus que pour Auschwitz et « les camps de la Pologne occupée ».

Voilà qui simplifie singulièrement le problème par rapport à 1948, époque à laquelle pour mettre en doute l'existence des chambres à gaz, je ne disposais encore que du compte rendu du Procès de Nuremberg, de l'Analytique de celui des responsables du camp de Dachau (rédigé par les autorités américaines à l'intention de la Commission chargée de statuer sur les recours en grâce) et de ma propre expérience à Buchenwald-Dora, c'est-à-dire à une époque où les documents rendus publics étaient rares et où, pour faire compensation, cette littérature immonde que fut et restera la littérature concentrationnaire se venait d'abattre sur l'opinion et plaçait des chambres à gaz à peu près dans tous les camps de concentration. Je commençai donc, documents visiblement sollicités à l'appui, par faire la preuve que celle de Dachau était un mythe dont le caractère macabre ajoutait à l'odieux. En me référant à ma propre expérience, j'en fis autant de celles de Buchenwald et de Dora, dont un curé qui fut mon compagnon de bagne, venait d'écrire qu'il y avait vu entrer « des milliers et des milliers de gens » (Abbé Jean-Paul Renard, *Chaînes et Lumières*, Paris 1947). Et ainsi de suite, au fur et à mesure que, les treize procès de Nuremberg faisaient venir au jour les documents qui s'y rapportaient... Je fus certes abondamment vilipendé et même traduit en justice où je fus naturellement acquitté et, dès lors, la partie était gagnée : aujourd'hui, c'est acquis, sur tout le territoire allemand, il n'y eut aucun camp doté d'une chambre à gaz, l'Institut d'histoire contemporaine de Munich qui est le parangon de l'hostilité et de la résistance au nazisme en convient enfin. Il ne reste donc plus qu'à examiner les documents et témoignages produits à l'appui de l'existence et de l'utilisation criminelle des chambres à gaz dans les camps de la Pologne occupée, avec autant de soin que ceux qui ont été produits soit devant un tribunal, soit directement devant l'opinion publique, et dont le contenu a été repris et considéré par un tribunal comme « de notoriété publique » en application des articles 19 et 21 du Statut de Nuremberg.

À ma connaissance, ces camps de la Pologne occupée sont : Auschwitz-Birkenau, Chelmno, Belzec, Maïdanek, Sobibor et Treblinka. Dans les cinq derniers de cette liste, l'existence et l'utilisation des chambres à gaz[66] pour exterminer les juifs est attestée par un seul

---

[66] Il s'agit ici du gaz d'échappement de moteurs Diesel arrivant dans des chambres de 25 m^2 de superficie et de 1 m 90 de hauteur dans lesquelles on asphyxiait par fournées

document : le document dit Gerstein produit à Nuremberg le 30 janvier 1946 par M. Dubost, procureur français sous la référence PS. 1533. On en trouvera l'analyse et d'importants extraits en appendice dans ce volume. Son histoire est si étrange, son contenu si visiblement apocryphe que le Tribunal refusa d'en entendre la lecture (T. VI, p. 377) et qu'il ne fut pas retenu à charge contre les accusés. Malgré cela, il fut considéré comme authentique par toute la presse, produit à nouveau contre autres accusés dans les procès suivants de Nuremberg, notamment dans celui qui fut fait aux organisations nazies, et des gens tels M. Poliakov qui se disent historiens ! en parlent encore dans leurs livres (*Le Bréviaire de la Haine*, pp. 228 et suivantes) comme s'il était indiscutable et avait été retenu.

On cite encore le document N.O 365 qui est une lettre d'un certain Dr Wetzel[67] en date du 15 octobre 1941 où il est question « d'appareils à gaz » (*Gasapparaten*). On cite, enfin, le témoignage de Rudolf Hoess, commandant du camp d'Auschwitz qui eut à en connaître incidemment (P.S. 3868, T. XI, p. 425, XXI p. 560, XXXIII p. 275) et ses mémoires rédigés en prison après sa condamnation à mort (publiés après qu'il eût été pendu, sous le titre « *Der Lagerkommandant von Auschwitz spricht...* ») : on verra par ailleurs ce qu'il faut penser de ce témoignage.

Reste le camp d'Auschwitz-Birkenau[68]...

---

de 750 à 800 (!) de 20 à 30 000 personnes par jour (!!...). À Jérusalem, Eichmann a déclaré qu'on lui avait montré de loin « les petites maisons », dans lesquelles on « lui avait dit que, etc... ».

[67] Ce Wetzel a été arrêté à Hanovre le 17 août 1961 et les journaux allemands du 18 août ont publié, à la fois qu'il vivait d'une pension d'État de 1 600 DM par mois (200 000 A.F.) et qu'il devait à l'historien anglais Reitlinger, auteur d'un livre accréditant l'existence des chambres à gaz sur renseignements qui lui auraient été fournis par lui, de n'avoir jamais été inquiété jusqu'alors. Je cite d'après l'*Allgäuer Anzeigeblatt* du 18 août 1961 : « *Nach Ansicht der Behörde verdankt Wetsel senn jahrelanges Inkognito dem Britschen Historiker Gerald Reitlinger, der in 6 : seinem als Standardwerk anerkannten Buch « Die Endlösung » Wetzels Vornamen irrtümlicherweise mit « Ernst » angab* ». Si c'était vrai, cette particularité réduirait alors singulièrement la portée du document N.O. 365 en ce qu'elle autorise les historiens à se demander si, comme le document Gerstein, il n'a pas été fabriqué après coup pour les besoins de la cause. De toutes façons, l'homme est arrêté et on ne peut manquer de le faire parler.

[68] À l'actif ou au passif de ce camp ont également été portées les expériences médicales dont on a relevé d'autres exemples dans d'autres camps et sur d'autres sujets que les juifs, qui ont été conduites ici par le célèbre SS. Oberstrumführer Dr Mengele actuellement vivant et en fuite, qui sont aussi visées par l'art. 6, § c au titre de crimes

Sur ce camp qui est, en fin de compte, le nœud de la question, la documentation est à la fois abondante et précise si abondante même et si précise que c'est ce qui la tue : les différentes pièces de cet immense dossier qui affirment toutes l'existence et l'utilisation des chambres à gaz pour exterminer les juifs ne sont, à la balance des comptes, d'accord que sur cela, les détails qu'elles produient sur la description des lieux et le mécanisme de l'opération s'y contredisent avec un tel esprit de système qu'on en peut déduire qu'elles se détruisent mutuellement. Si, par exemple, de deux témoins qui prétendent avoir vu, l'un nous dit que le Cyclon B (c'est le gaz employé) se présente en tablettes d'où le gaz s'échappe au contact de la vapeur d'eau (Hoess) et l'autre que la vapeur d'eau empêche le gaz de s'échapper (Dr Miklos Nyiszli, auteur de « *Médecin à Auschwitz* ») il est évident qu'on ne peut pas croire l'un si on croit l'autre et que la sagesse commande de croire que l'un des deux au moins est un faux-témoin. Si un témoin nous dit qu'il est entré dans une chambre à gaz dont un document officiel dit qu'elle a 400 m^2 de superficie, qu'il y a des bancs de chaque côté pour s'asseoir et, au centre, des colonnes creuses tous les vingt mètres, qu'on y circule aisément à 3

---

contre l'humanité et qui ont, pour l'ensemble, fait l'objet de l'un des treize procès de Nuremberg. Il n'en sera pas question dans ce chapitre de cette étude, l'auteur désirant se borner, pour l'instant, au renvoi du lecteur à la thèse du Dr François Bayle, *Croix Gammée contre Caducée* qui les prend pour objet et qui, malgré les quelques inévitables erreurs ou confusions inhérentes à tout travail de défrichement, est d'une indiscutable bonne foi et d'une facture remarquable. On notera cependant qu'avant comme pendant et après la seconde guerre mondiale, des expériences médicales de même nature ont toujours été la règle sous toutes les latitudes et que, notamment, tous les hôpitaux du monde et quelques prisons comme Sin-Sin aux États-Unis sont toujours pleins de cobayes pour médecins. L'erreur de l'Allemagne hitlérienne a été de les pratiquer sur des sujets qui n'étaient pas ses nationaux : mais, en ce qui concerne l'étude des vaccins, par exemple, les autres nations du monde l'ont pratiquée à grande échelle sur leurs coloniaux… Au niveau de la matérialité des faits, on notera encore que Himmler les a interdites dans tous les camps par lettre- circulaire en date du 15 mai 1944 (op. cit., p. 236) et que par conséquent, à moins qu'il n'ait été possible de continuer, après cette date à envoyer officiellement leurs résultats à l'*Institut fur Rassenbiologische und Anthropologische Forschungen* qui avait précisément répercuté partout l'interdiction de Himmler ! comme le prétend le Dr communiste hongrois Miklos Niysli dans son livre « *Médecin à Auschwitz* », au moins celles qui sont retenues après cette date par les « historiens » du centre de documentation juive contemporaine ne relèvent .que de l'affabulation.

000 personnes et qu'à vue de nez elle à 200 m. de long, il n'est pas possible de ne pas penser, à la lecture d'une telle accumulation d'invraisemblances, qu'il n'y a jamais mis les pieds. Et si comme c'est le cas de ce Dr. Miklos Nyiszli, il ajoute qu'« on tondait les morts à la sortie de la chambre à gaz » après les avoir asphyxiés, ou qu'en 1944 ce mode d'extermination existait « depuis quatre ans », etc. il n'est pas non plus possible de ne pas penser qu'il s'agit d'un vulgaire imposteur.

Bref. Au premier procès de Nuremberg, celui des grands criminels de guerre, on disposait :

1. De témoignages des rescapés qui ont, sans exception, authentifié les chambres à gaz, non d'après ce qu'ils avaient vu, mais d'après ce qu'ils avaient entendu dire. Leurs témoignages sont du type de celui du Dr Benedikt Kautsky qui fut, à la suite de son père, leader du Parti social-démocrate autrichien, qui passa trois années à Auschwitz-Birkenau, qui écrivit un livre sur son expérience, *Teufel und Verdammte* publié en Suisse en 1946 et qui précisait :

> « Ich will hier noch eine kurze Schilderung der Gaskammern einflechten, die ich zwar selbst nicht gesehen habe, die mir aber von so rielen glaubwurdig dargestellt worden sind.[69]
> Die nackten Opfer wurden... in einem anderen Raum zuasammengepfercht, der gekachelt und mit Duschen an der Decke versehen war... War der Raum voll, wurden die Turen zugeschlagen und die Duschen in Tatigkeit gesetzt ; ihnen entstromte kein Wasser, sondern Gas...
> In Auschwitz sind durch Masservergasungen mindestens... 3 1/2 Millionen Menschen getotet worden. »

Ainsi, ce témoin qui dit dans une autre page que le maximum de survie à Auschwitz était de l'ordre de *trois mois*, qui y a survécu *trois ans*, n'a jamais vu de chambre à gaz, il en convient et n'en parle que d'après ce qu'il a entendu dire par des personnes dignes de foi. On remarque

---

[69] « ...Que je n'ai pas vues moi-même mais dont l'existence m'a été affirmée par tant de gens dignes de foi... »

qu'il n'en est pas plus avare de détails pour cela : il sait que 3 1/2 millions de personnes y ont été exterminées de cette façon et aussi que le gaz employé était plus lourd que l'air puisqu'il tombait du plafond[70] ce qui est encore une autre version puisque les autres témoins font venir ce gaz de tablettes jetées sur le sol et d'où il se dégageait sous l'influence de la vapeur d'eau selon les uns, de l'air selon les autres.

2. Des témoignages corroborants de Rudolf Hoess, commandant du camp dont il a déjà été question, et de ceux de deux collaborateurs d'Eichmann, l'Obersturmfuhrer Hoettl et l'Obersturmfuhrer Wizcliceny, dont seul le second est encore en vie, les deux autres ayant été pendus.

Pour ce qui est de Rudolf Hoess, je renvoie le lecteur à ce que, dans « *Ulysse trahi par les siens* » j'ai dit de son témoignage : écrit au crayon sur de vieux papiers, donc dans une forme difficilement déchiffrable parce que difficilement lisible, par un homme sur qui pesait une condamnation à mort et qui ne pouvait pas ne pas être tenté de dire ce qu'il croyait susceptible de faire accepter son recours en grâce qui se contredit d'ailleurs d'une page à l'autre, etc.

De Hoettl, on tient seulement le nombre de juifs exterminés qui lui aurait été donné en confidence par Eichmann : 4 à 5 millions que, pour faire bonne mesure, on arrondit à 6. Mais, à Jérusalem, Eichmann a déclaré au cours de son procès qu'il n'avait pas fait de confidence de ce genre à Hoettl.

Enfin, de Wisclinecy vient, outre la confirmation de ce chiffre, une affirmation selon laquelle Eichmann lui aurait montré une lettre de Himmler lui enjoignant de procéder à « la solution finale du problème juif » en termes de chambres à gaz. Or, là encore Eichmann a déclaré qu'il n'avait jamais reçu d'ordre écrit de personne, qu'il avait seulement

---

[70] À Nuremberg, le colonel Storey, Avocat général américain a soutenu cette thèse et présenté avec le plus grand sérieux, le Doc. PS 2285 (T. IV, p. 270) où il était dit : « Lorsqu'un arrivage de prisonniers « K » était trop important, au lieu de perdre du temps à les « mesurer » on les exterminait par asphyxie au moyen de gaz envoyé dans les salles de douches par les canalisations d'eau. »

dit à Wisclinecy que « Heydrich l'avait convoqué pour l'informer que le Führer avait ordonné la destruction physique des juifs »[71]. Wisclinecy a donc menti et, cela on le peut affirmer sans crainte d'être démenti puisqu'aussi bien, le problème des ordres d'extermination est aujourd'hui réglé : dans *La Terre retrouvée*, du 15 décembre 1960, le Dr Kubovy, du centre de documentation juive de Tel-Aviv reconnaît, en effet, « qu'il n'existe aucun document signé par Hitler, Himmler ou Heydrich parlant d'exterminer les juifs et que le mot « EXTERMINATION » n'apparaît pas dans la lettre de Göring à Heydrich concernant la solution finale de la question juive... » Il est évidemment un peu tard pour le reconnaître, mais enfin mieux vaut tard que jamais. C'est donc acquis : tous ces ordres que tant de gens avaient reçus en 1946 n'existaient que dans l'imagination de ceux qui prétendaient les avoir reçus.

Dans la suite, les autres procès de Nuremberg, notamment celui de la Wilhelmstrasse et celui des organisations nazies, amenèrent d'autres documents au jour : le Protocole de Wannsee (N.G. 2586 g), la déclaration d'un certain Wolfgang Grosch (N.O. 2154) concernant des ordres de construction des chambres à gaz, etc.

Le protocole de Wannsee est le compte rendu d'une conférence qui eut lieu le 20 janvier 1942 et à laquelle participèrent les secrétaires d'État administrativement intéressés à la solution de la question juive et les chefs des services chargés de l'exécution. Il s'agit là d'un texte où il n'est pas question de chambres à gaz ni d'extermination, mais seulement de transfert de juifs dans l'Est européen. La rédaction et la présentation en sont assez habilement étudiées pour qu'on en puisse déduire que s'il ne la mentionne pas expressément, il contient cependant implicitement la décision d'extermination[72].

---

[71] Procès de Jérusalem - Audience du 10 avril 1961, aveux d'Eichmann enregistrés sur bande magnétique produite devant le tribunal.
[72] Dans les versions françaises qui en ont été données, on a par exemple traduit « die Zurückdrängung der Juden aus dem Lebensraum des deutschen Volkes » par « l'élimination des juifs de l'espace vital du peuple allemand » en donnant dans le commentaire, au mot « élimination » le sens de « extermination » alors qu'il s'agit du « refoulement des juifs hors de l'espace vital du peuple allemand » on a procédé de même en anglais et en russe. Puis, sans arrêt, pendant des années, la presse allemande

Au reste, ce compte rendu présente toutes les caractéristiques d'un document apocryphe, si on s'en rapporte à la photocopie qui en a été publiée dans le livre de M. Robert N. W. Kempner, *Eichmann und Komplizen*, pp. 132 et suivantes (Europa Verlag 1961) : pas de cachet, pas de date, pas de signature, caractères de machine à écrire normaux sur un papier de format réduit, etc...

De toutes façons, il n'y est pas question de chambres à gaz, je le répète. La déclaration Wolfgang Grosch se présente ainsi :

« Je soussigné Wolfgang Grosch, jure, atteste et déclare ce qui suit :

En ce qui concerne la construction des chambres à gaz et des fours crématoires, elle eut lieu sous la responsabilité du groupe de fonction C, après que le groupe de fonction D en eût fait la commande. La voie hiérarchique était la suivante : le groupe de fonction D se mettait en rapport avec le groupe de fonction C. Le bureau C. I établissait les plans pour ces installations, dans la mesure où il s'agissait des constructions proprement dites, les transmettait

---

a reproduit ces versions retraduites en allemand, commentaires compris. Cependant, pour exprimer leur décision de refouler les juifs hors de ce qu'ils appelaient leur espace vital, les Allemands employèrent plus volontiers d'autres expressions de même sens, comme *Auschalung* (exclusion, éviction élimination) ou surtout *Ausrottung* (extirpation, déracinement). C'est ce dernier mot qui a été traduit par extermination qui, en allemand se dit *Vernichtung*. Exemple : dans son discours de Posen devant les Obergruppenführer (généraux de division des Waffen SS) le 4 octobre 1943, Himmler a dit « Ich meine jetzt die Judenevakuirung, die Ausrottung des judischen Volkes... Das Judische Volk wird ausgerottet, etc. ». Précisant sa pensée, dans la phrase suivante, il emploie le mot *Auschaltung*... (P.S 1919, T XXIX p 145) Autrement dit : « Je pense maintenant à l'évacuation des juifs, à l'extirpation du peuple juif, etc... Mais dans le *Dossier Eichmann* M. Billig traduit : « J'entends par là l'évacuation des juifs, l'extermination du peuple juif » (p. 55) et « évacuation des juifs, C'EST-À-DIRE extermination » (p. 47). Autre exemple : Dans une note du 16 décembre 1941, sur un de ses entretiens avec Hitler (P S. 1517 T. XXVII p. 270) Rosenberg emploie l'expression « Ausrottung des Judentums ». À l'audience du 17 avril 1946, l'avocat général américain Dodd traduit « Extermination des juifs » (Tome XI, p. 562). Rosenberg protesta en vain. Mais, dans les discours des nazis, l'expression à Ausrottung des Christentums qui revient souvent, est chaque fois traduite par « extirpation du Christianisme de la culture allemande » (Cf. *Revue d'Histoire de la seconde guerre mondiale*, 1er octobre 1956, p. 62). C'est seulement quand il s'agit du judaïsme (*Judentum*) ou du peuple juif (*das judische Volk*) que le mot « *Ausrottung* » signifie extermination et qu'il s'applique à des individus alors qu'il s'agit d'entités.

alors au bureau C. III qui s'occupait de l'aspect mécanique de ces constructions comme par exemple la désaération des chambres à gaz, ou l'appareillage pour le gazage. Le bureau C. III confiait alors ces plans à une entreprise privée, qui devait livrer les machines spéciales ou les fours crématoires. Toujours par la voie hiérarchique, le bureau C. III avisait le bureau C. VI lequel transmettait la commande par le truchement de l'Inspection des constructions Ouest, Nord, Sud et Est, aux directions centrales des constructions. La direction centrale des constructions transmettait alors l'ordre de construction aux directions respectives de construction des camps de concentration, lesquelles faisaient exécuter les constructions proprement dites par les détenus que le bureau du groupe D. III mettait à leur disposition. Le groupe de fonction D. donnait au groupe de fonction C. les ordres et les instructions concernant les dimensions des constructions et leur but. Au fond, c'était le groupe de fonction D. qui donnait les commandes pour les chambres à gaz et les fours crématoires. »

Les réalités que ce charabia visiblement calculé pour entretenir la confusion désigne, sont définies par des documents trouvés dans le service des constructions (*Bauleitung*) du Reichsicherheithauptamt (R.S.H.A.), portant la date du 28 janvier 1942 et les n° 932 et 938, complétés par un autre trouvé dans les services économiques et financiers portant la référence N. 11450/42/BI/H à la date du 3 août 1942.

Les deux premiers sont les plans de construction de quatre fours crématoires à Auschwitz-Birkenau, numérotés II-III-IV et V, ce qui laisse supposer que le n° 1 n'a pas été retrouvé du moins à ma connaissance. Chacun d'eux devait comporter en sous-sol une salle qui était désignée sous le nom *Leichenkeller* pour II et III et de *Badeanstalt* pour IV et V. Les dimensions étaient précisées : 210 m² de superficie avec une hauteur de 2,4 m pour II, 400 m² et une hauteur de 2,3 m pour III, 580 m² et même hauteur pour IV et V[73].

---

[73] On ne saura jamais comment ces plans ont été réalisés sur le terrain : les chambres à gaz d'Auschwitz ont été détruites à l'approche des troupes russes, le 17 novembre selon certains documents, le 25 selon d'autres. Celles qu'on peut encore visiter aujourd'hui dans le camp ont été, comme celles de Dachau, reconstruites après la

Le document N. 11450/42/BI/H du 3 août 1942 est la lettre de commande de ces quatre fours crématoires à la Maison Topf und Söhne d'Erfurt. Dans le procès de la Wilhelmstrasse et des organisations nazies, il est indiqué, sans autre précision, que la commande a été livrée « au début de 1943 ». Dans son livre « *Médecin à Auschwitz* » le Dr. Miklos Nyiszli parle du « cœur de l'hiver », ce qui devrait signifier fin janvier-début février et la *Revue d'histoire [de la seconde guerre] mondiale* publiée à Paris sous le contrôle du résistant Henri Michel (la seule où, en dehors des C.R. des débats, j'ai trouvé mention de ces textes) reprend l'expression « au début de 1943 » (N° d'octobre 1956, p. 62). Hoess, enfin, dit qu'à la fin de 1942 les chambres à gaz et les fours crématoires n'étaient pas encore construits.

Ce sont ces salles construites en sous-sol sous les fours crématoires et dont l'affectation officielle est *Leichenkeller* ou *Badeanstalt* que le témoin Wolfgang Grosch baptise chambres à gaz. Comme on a retrouvé des factures de Cyclon B livrées à Auschwitz-Birkenau, on les a utilisées comme support de sa déclaration sinon — ce qu'on est autorisé à se demander par ce qui s'est passé avec le document Gerstein — pour... la lui suggérer ! Mais le cyclon B était un insecticide désinfectant dont l'usage dans l'armée allemande remontait à 1924. Pendant la seconde guerre mondiale, il a été utilisé dans tous les corps de troupes et dans tous les camps de concentration, d'autres factures retrouvées le prouvent pour Orianenbourg, Bergen- Belsen, etc. où il n'y avait pas de chambres à gaz. Et, quant aux fours crématoires, je puis attester qu'avec ce que nous appelions sa « cave » celui de Buchenwald était exactement construit sur le même modèle que ceux d'Auschwitz-Birkenau. Et que, cependant, il n'y fut jamais procédé à aucune

---

guerre : conformément aux plans ? C'est la question. Je signale en passant que le visiteur qui se rend à Buchenwald pour y visiter les vestiges du camp, est pris en mains par un gardien qui lui montre la chambre à gaz et lui explique avec force détails comment elle fut utilisée pour exterminer les juifs. L'aventure est arrivée à Claude-Henri Salerne de la R.T.F. qui s'apprêtait à mettre ces renseignements en ondes pour la rétrospective qu'il avait été chargé de monter sur les camps de concentration à l'occasion de l'ouverture du procès Eichmann (avril 1961) quand de hasard, quelques jours avant il m'a heureusement rencontré (! ...).

extermination par les gaz[74].

---

[74] Ce qui est curieux, c'est qu'on ait retrouvé des ordres de construire ces *Badanstalten* et ces *Leichenkeller* mais aucun sur la manière de les utiliser : on ne voit alors pas bien comment ceux qui ont eu à utiliser des établissements conçus soit comme des salles de douches, soit comme des morgues, ont pu deviner qu'en fait, il s'agissait de chambres à gaz... On prétend par contre qu'il y a eu des ordres de cesser les exterminations de juifs par ce moyen : on nous dit que s'il n'y eut pas d'ordres de les utiliser comme chambres à gaz, c'est que les nazis n'étaient pas si bêtes que de donner des ordres pareils dont on pourrait retrouver la trace pour les accuser, mais alors on ne voit pas comment ils ont été assez bêtes pour donner l'ordre tout aussi accusateur et dont on pouvait aussi facilement retrouver la trace, de cesser de les utiliser. En réalité, on n'a pas non plus retrouvé cet ordre, mais seulement quelqu'un qui atteste son existence et la date de « entre la mi-septembre et la mi-octobre » (Doc. P.S. 3762 - T. XXXIII pp. 68-70) ce qui est d'une précision... disons remarquable. Ce quelqu'un c'est le Standartenführer Kurt Becher qui participa, aux côtés d'Eichmann, à la déportation de juifs hongrois mais qui, plus adroit que lui, sut s'attirer la reconnaissance du Dr Rudolf Kasztner (qui le fit acquitter à Nuremberg et n'écrivit très probablement son « *Bericht* », cité dans cet ouvrage que pour cela) et de la baronne Weiss (propriétaire des usines Manfreid Weiss de Budapest) qu'il fit transporter par avion spécial à Lisbonne avec les quarante-cinq membres de sa famille. Les circonstances de son témoignage étant ainsi définies pour l'édification du lecteur, voici ce que déclara ce témoin : « Je soussigné Kurt Becher, ancien SS. Standartenführer, né le 12 septembre 1909 à Hambourg, déclare ce qui suit sous la foi du serment : entre la mi-septembre et la mi-octobre 1944, j'ai obtenu du Reichsführer SS. Himmler qu'il promulguât l'ordre suivant que je reçus en deux exemplaires destinés chacun aux SS. Obergruppenfuhrer Kaltenbrunner et Pohl, plus un exemplaire pour moi : j'interdis, avec effet immédiat, toute extermination de juifs et j'ordonne qu'au contraire, des soins soient donnés au : personnes malades et affaiblies. Je vous tiens et il veut désigner ici Kaltenbrunner et Pohl pour personnellement responsables même dans le cas où cet ordre ne serait pas strictement observé par les échelons subalternes J'apportai personnellement l'exemplaire de Pohl à son bureau à Berlin et je remis également l'exemplaire de Kaltenbrunner à son secrétaire à Berlin ». Mais il ne produisit pas cet ordre dont cependant un exemplaire lui avait été remis. On ne le lui réclama d'ailleurs pas. Et on refusa de le confronter avec Kaltenbrunner qui ne niait pas l'ordre mais seulement la responsabilité qui en découlait pour lui. Eichmann qui ne niait pas non plus cet ordre, niait par contre qu'il fût écrit et le situait au 15 mai 1944 qui est justement la date à laquelle Himmler a ordonné la cessation de toutes les expériences médicales dans tous les camps. (Texte retrouvé et cité par François Bayle dans *Croix Gammée contre Caducée* (p. 236) et aurait conçu le projet d'échange d'un million de juifs contre 10 000 camions. Il est au moins vraisemblable que Himmler ne pouvait en même temps concevoir ce projet d'échange et faire exterminer les juifs dans les chambres à gaz d'Auschwitz, les deux choses étant contradictoires. Mais cet ordre a-t-il vraiment existé ? On conçoit aisément que, pour l'accusation qui n'avait jusque-là trouvé aucune trace écrite possible des exterminations raciales, qui ne la pouvait trouver que là et qui ne l'y trouva quand même pas ! il fallait qu'il existât mais on conviendra que, n'étant authentifié que de

Le moins que l'on puisse dire, c'est que tout cela, non seulement n'est guère probant, mais encore tend plutôt à démontrer qu'il n'y a jamais eu ni chambre à gaz ni extermination par ce moyen à Auschwitz-Birkenau, ou alors que s'il y en a eu, l'existence de ces chambres ne peut être considérée comme indiscutablement établie, ni par les témoignages et les documents qui ont été produits aux différents procès de Nuremberg, ni par les récits abondamment répandus dans le public, des rescapés qui disent tous, à l'exception de deux (Hoess et le Dr. Miklos Nyiszli en contradiction flagrante entre eux et parfois même avec eux-mêmes) qu'ils n'ont rien vu mais qu'ils le tiennent « de gens dignes de foi » qu'on n'a jamais retrouvés.

Je ne dirai rien des célèbres « autobus de la mort » dont l'existence et l'utilisation est attestée par le Doc. P.S. 501 (T. XXVI p. 102-10) qui est, à la date du 15 mai 1942 un rapport d'un sous-lieutenant de Marioupol. Ces « Autobus » que l'acte d'accusation appelle des « camions » auraient été équipés pour asphyxier par récupération des gaz d'échappement du moteur. Par ce moyen, 100 000 juifs auraient été gazés : à 50 ou même 100 par « Autobus » ou « camions » au choix, on voit le travail ! Au cours de son procès, Eichmann a déclaré qu'il avait vu une de ces voitures, qu'il n'avait regardé ni au départ, ni en cours de route, ce qui se passait à l'intérieur mais qu'à l'arrivée, on en avait déchargé un monceau de cadavres. Ce que vaut ce témoignage ? Je n'en sais rien. Mais, ce qui me chagrine, c'est que pour désigner ces « autobus » ou ces « camions » ou ces « voitures » comme on dit souvent dans la presse, le document produit à Nuremberg le 21 novembre 1945 par le procureur américain Justice Jackson (T. II p. 135) et repris le 14 décembre par son substitut le commandant Walsh (T III p. 563.65) désigne ce genre de véhicules par le mot « *wagen* » que les Allemands n'emploient jamais à cet usage. De deux choses l'une en

---

cette manière, aucun historien digne du nom n'acceptera jamais qu'il ait réellement existé. Car tout repose sur le crédit qu'on peut accorder au sieur Kurt Becher et le sieur Kurt Becher... Bref, on m'a compris : testis unus, testis nullus. Et il y a des contre- témoignages qui valent autant que celui de Becher (Eichmann) ou mieux (la lettre de Himmler sur les expériences dans les camps datée du 15 mai 1944 et retrouvée par François Bayle).

effet, ou ce sont des Autobus et il s'agit de P.K.W. (*Personalkraftwagen*) ou ce sont des camions et il s'agit de L.K.W. (*Lastkraftwagen*) et si l'auteur de ce document ne le savait pas, je me permettrai de douter de sa nationalité. D'autre part, cet auteur, un certain SS. Untersturmführer Dr. Becker, dont le témoignage est unique, est, comme Gerstein et comme tant d'autres dont les témoignages sont à la fois les plus rares et les plus accablants, donné pour mort : dans ce procès de Nuremberg, il y a trop de témoins qui sont morts trop opportunément et dont on utilise les (prétendus ?) écrits. Enfin, à part Eichmann qui a « refusé » de voir, on n'a jamais, à ma connaissance en tout cas, retrouvé ni aucun de ces « Autobus-camions- voitures » ni aucun de ceux qui les avaient utilisés ou même seulement conduits. Un fait historique qui n'a pas laissé de traces, en somme. Par bonheur, l'inventeur de ces machines infernales, un certain Harry Wentritt, contremaître mécanicien de son métier, dit-on, a été arrêté le 29 janvier 1961 à Hanovre. Depuis, on n'a plus entendu parler de lui. Sans doute est-on en train de préparer son procès ou... d'attendre qu'il meure à son tour. S'il ne meurt pas trop tôt, il parlera donc un jour. Mais, par malheur, étant donné les conditions dans lesquelles il parlera si on lui en donne l'occasion, il n'est d'ores et déjà pas possible d'accorder à ce qu'il dira le crédit que le croyant doit aux Évangiles : une longue pratique enseigne, en effet, qu'il y a peu de témoins sur qui pèse la menace d'une lourde condamnation qui, après une longue incarcération, ne finissent par dire à peu près tout ce qu'on attend d'eux, Hoess, Hoettl, Wisclinecy, etc. en sont des témoignages significatifs. Cet état de fait n'est cependant ni sans consolation, ni même sans issue : nous ne sommes plus en 1946 mais en 1962 et nous disposons aujourd'hui d'une documentation suffisante pour que n'importe qui ne puisse plus, comme en 1946, nous venir raconter n'importe quoi.

S'il se penche maintenant sur l'étendue des dégâts, je veux dire sur les chiffres au moyen desquels on a fixé les dimensions du crime, l'historien n'est ni plus heureux ni moins perplexe et voici pourquoi : s'il est admis dans les milieux politiques officiels du monde que six millions de juifs ont été exterminés et comment expliquer cette monstrueuse hécatombe autrement que par la mise en œuvre de moyens aussi radicaux que les chambres à gaz ? les données statistiques qui nous sont livrées par les documents sont très loin de corroborer cette évaluation.

Requérant à Nuremberg, le 21 novembre 1945, M. Justice Jackson s'exprimait ainsi :

> « Des 9 500 000 juifs qui vivaient dans l'Europe dominée par les « nazis, on estime en toute connaissance de cause à 60% le nombre de ceux qui périrent : 5 700 000 juifs manquent dans les pays où ils « vivaient auparavant et plus de 4 500 000 ne peuvent être portés ni au compte du taux normal des décès, ni à celui de l'immigration dans les autres pays » (T. II p. 128).

Telle est donc l'accusation : 4 500 000.

Le jugement ne retint pas ce chiffre et, à partir de là, chacun se crut libre d'évaluer le nombre des victimes au gré de son imagination ou de sa fantaisie. Au cours même des débats, Sir David Maxwell-Fyfe, procureur anglais, interrogeant Göring, le 21 mars 1946 donne le feu vert aux évaluations les plus insensées en lui déclarant

> « Il est prouvé qu'approximativement 10 000 000 de juifs et d'autres personnes ont été froidement massacrés, non comptés ceux qui ont été tués en combattant. »

La presse entendit et retransmit : « 10 000 000 de juifs... » C'était un peu gros : des Billig, des Poliakov, des Alexandrov, des Jacob Lechtinsky, des Shalom Baron (titulaire de la chaire d'histoire juive à l'université américaine de Columbia), etc. se sont livrés aux spéculations de la plus haute école, pour situer le chiffre entre le niveau le plus bas (4 500 000) donné par M. Justice Jackson et le niveau le plus élevé (10 000 000) tendancieusement tiré de la déclaration de Sir David Maxwell-Fyfe et ont arrêté le nombre des juifs exterminés à 6 000 000 qui est assez voisin — ceci est remarquable — de la moyenne arithmétique des deux et dont, pour se donner des airs d'avoir sérieusement étudié la question, certains d'entre eux précisèrent que 4 millions à 4 millions 1/2 avaient été exterminés à Auschwitz-Birkenau, le reste dans les autres camps.

Voyons donc ce qu'il en est.

Lorsque M. Justice Jackson évalue à 9 500 000 le nombre des juifs qui vivaient dans l'Europe dominée par les nazis, il s'agit d'une évaluation forcée. Dans *Le Mensonge d'Ulysse* et *Ulysse trahi par les siens*, j'ai cité le plus autorisé et le plus célèbre parce que le plus autorisé des statisticiens juifs, M. Arthur Ruppin qui, dans les années 1930-32 évaluait cette population à 8 710 000, chiffre admis par tous les historiens, juifs ou autres. Le centre de documentation juive de Paris était vraisemblablement encore d'accord avec lui lorsque, le 4 juin 1960, il communiquait une statistique l'évaluant à 8 294 500 à la déclaration de guerre et défalcation faite de l'émigration de l'Europe centrale vers les autres pays depuis 1933. Or, dans ces chiffres figuraient 3 000 000 de Russes qui, si on les défalque à leur tour, ramènent cette population juive directement aux prises avec le nazisme à 5 710 000 d'après Arthur Ruppin ou à 5 294 000, d'après le Centre de documentation juive de Paris[75]. La question qui se pose est seulement de savoir si on peut considérer comme acquis que ces 3 000 000 de Russes ne sont pas tombés entre les mains des nazis pendant l'avance victorieuse des armées allemandes en Russie au cours de l'hiver 1941-1942. À cette question, je répondrai alors sans la moindre hésitation que non seulement la presque totalité de ces 3 000 000 de juifs russes, mais encore la plupart des juifs polonais et baltes n'ont jamais eu maille à partir avec les services nazis de la police pour la bonne et simple raison qu'ils avaient fui devant l'avance allemande.

---

[75] D'autres statistiques corroborantes ont encore été publiées celle qui figure au Protocole de Wannsee et qui fait état de 11 millions de juifs pour toute l'Europe, Angleterre, Italie, Espagne, Portugal Suède, Suisse, Turquie (478 000) et Russie (5 000 000) comprise, ce qui donne 5 500 000 directement aux prises avec le nazisme ; et celle du Dr Korherr qui fait état de 10 millions pour toute l'Europe aussi, à la date de 1937, en comptant la Russie pour 5 000 000, ce qui nous ramène toujours à 5 500 000. Au reste, 5 294 000, 5 500 000 ou 5 710 000 ce sont les nuances qui ne sont pas tellement éloignées les unes des autres : 5 500 000 parait être le plus proche de la vérité.

Il n'est pas qu'en France qu'il y ait eu une course aux Pyrénées. À la date du 5- 12-1942, le journaliste juif David Bergelson écrivait dans un journal moscovite : « Grâce à l'évacuation, la majorité des juifs d'Ukraine, de Russie blanche, de Lithuanie et de Lettonie (80 %) a été sauvée ». L'annexion de la Galicie, de la Bessarabie, de la Bukovine et des états baltes par la Russie a, d'autre part, placé tous les juifs de ces pays sous contrôle soviétique. Et quant aux juifs polonais, jusqu'à la prise de Varsovie, ils s'enfuirent aussi devant les troupes allemandes pour chercher refuge soit du côté russe, soit en Hongrie. De septembre à décembre 1939, pendant que les troupes allemandes et russes s'installaient de part et d'autre de la ligne de partage de la Pologne, définie par le Pacte germano-soviétique, il y eut même une politique allemande qui consistait à livrer aux Russes les juifs de la zone affectée à l'Allemagne et ceci est attesté par deux témoins, MM. Zwi Patcher et Yacov Goldfine, tous deux polonais, qui le vinrent déclarer le 1er mai 1961 à la barre du Tribunal de Jérusalem chargé de juger Eichmann. Voici ce que déclara le premier :

« On nous avait raflé tout notre argent et tous nos bijoux. Puis, en colonne par quatre, nous fûmes dirigés vers l'Est. C'était en décembre. Il faisait froid, pluvieux et nous grelottions. Quand l'un de nous tombait de fatigue, il était conduit à l'écart et un coup de pistolet mettait fin à ses souffrances.

Mais défense aux autres de tourner la tête, sans quoi ils étaient exécutés, eux aussi. Au bout de trois jours de marche, notre malheureuse troupe avait été largement décimée. Nous arrivâmes à la frontière de la zone d'occupation soviétique en Pologne. Nos bourreaux nous avaient ordonné de mettre nos mains sur la tête et de crier « Vive Staline » ! Mais les sentinelles russes nous refoulèrent néanmoins dans une localité allemande où nous fûmes enfin abandonnés à nous-mêmes. Pendant la nuit, nous traversâmes la frontière pour rejoindre un petit village juif situé en zone russe où nos coreligionnaires nous hébergèrent. » (*Le Figaro*, 2 mai 1961.)

Le second fit une déclaration analogue.

On ne peut, c'est évident, chiffrer le nombre des juifs qui furent protégés contre les camps de concentration allemands, soit par leur fuite dans le camp russe devant les troupes allemandes, soit qu'ils aient été livrés aux Russes par les Allemands : ce qui précède permet seulement de dire qu'il fut très important.

Il y eut aussi ceux qui, n'aimant pas Hitler n'étaient pas davantage séduits par Staline et qui s'enfuirent en Hongrie non occupée où, nous dit Joël Brand, le régent Horthy pratiqua jusqu'à l'arrivée des Allemands le 19 mars 1944, une politique libérale à l'égard des juifs. Dans son *Bericht des judischen Rettungskomitees aus Budapest*, le Dr Reszo Kaztner dit en effet[76] que « l'occupation de la Hongrie par les Allemands signifiait la condamnation à mort des 800 000 âmes que « comptait à peu près la communauté juive hongroise » (Introduction) ce qui permet d'inférer par comparaison avec les statistiques antérieures à l'ère hitlérienne qu'environ 500 000 juifs de la Communauté hongroise ne lui appartenaient que de fraîche date. D'où étaient-ils venus ? D'Autriche (1938), de Pologne (1939), puis de Tchécoslovaquie. Pendant ces années sombres et jusqu'au 19 mars 1944, la Hongrie fut le grand espoir des juifs de l'Europe centrale pour qui elle était le relais vers la liberté via Constanza ou Constantinople...

Si bien que, lorsque le Centre de documentation juive contemporaine vient nous dire qu'en 1946, il ne restait plus que 500 000 juifs en Pologne sur 3 300 000, tous les autres ayant été exterminés, c'est sûrement faux : parmi ces autres, un nombre important étaient sûrement vivants en Russie, en Asie centrale (où les Russes les dirigeaient au fur et à mesure qu'ils les recueillaient, nous dit encore David Bergelson) en Israël, en Afrique ou dans les deux Amériques.

Le Centre de documentation juive contemporaine a tout bonnement compté les manquants dans l'Europe occupée par les Allemands, mais il n'a tenu aucun compte de l'accroissement de la population dans le reste du monde[77]. Passez muscade.

---

[76] *Die Beseuzung brachte das Todesurteil fur die nahezu 800 000 Seelen zahlende ungarische Judenheit.* (*Op. cit.* Introduction p. 1).

[77] Pour arriver au chiffre de 6 millions de juifs exterminés, les spécialistes de la démographie juive ont employé 6 méthodes dont la seconde, la plus probante est seule arithmétique, les autres se fondant sur des propos de témoins du genre Hoess, Hoettl, Wiscilceny, etc. Cette seconde de ces méthodes, nous dit M Poliakov (*Revue*

Veut-on une autre preuve de la fantaisie de ces calculs ? Le Centre de documentation juive contemporaine nous a encore dit, par exemple, qu'en Russie, 600 000 juifs seulement étaient encore en vie en 1946. Or, en juin 1961, au congrès de l'Agence juive dont il est le président, M. Nahum Goldman nous a informés qu'en Russie, 3 000 000 de juifs étaient en butte aux persécutions du bolchevisme : comment expliquer, autrement que par la falsification des statistiques relatives à l'année 1946, que 600 000 personnes se sont reproduites à un rythme tel qu'en quinze ans, elles sont devenues 3 000 000 ?

En brandissant son titre d'historien, le 24 avril 1961, M. Shalom Baron, professeur d'histoire juive à l'université de Columbia, témoin de l'accusation, est venu déclarer à la barre du Tribunal de Jérusalem que, depuis 1945, le taux de croissance de la population juive dans le monde était de l'ordre de 20 % pour cette période de quinze années et c'est très vraisemblable : si les chiffres publiés par le Centre de documentation juive contemporaine étaient justes, il faudrait alors qu'il n'y ait que 600 000 + 20 % = 720 000 juifs en Russie et non 3 000 000 comme c'est le cas reconnu par M. Nahum Goldman. Mais M. Shalom Baron a précisé en substance : « En 1939, nous étions environ seize millions dans le monde[78]. Nous devrions être 19 millions aujourd'hui. Et nous ne sommes que 12 millions » (*Le Figaro*, 25 avril 1961, C.R. d'audience). Entre les trois chiffres, les rapports sont corrects, c'est

---

d'histoire de la deuxième guerre mondiale - octobre 1956) « appliquée en particulier par l'économiste et statisticien de New-York, M. Jacob Lechtinsky, consiste à comparer les données respectives sur la population juive des différents pays européens avant et après la guerre. C'est de cette manière que certaines organisations juives internationales, telles le Congrès juif mondial sont arrivées en 1945 au chiffre, toujours le même, de 6 millions ». Cette méthode vérifie en quelque sorte les 5 autres. Il suffisait de préciser qu'il n'y avait pas lieu de tenir compte de l'augmentation de la population juive dans les autres pays qui ne sont pas européens. Encore fallait-il décréter qu'il ne restait que 600 000 juifs sur 3 millions en Russie, chiffre manifestement faux, on le verra plus loin. Et diviser par deux ou trois le nombre de juifs ayant survécu dans les autres pays européens que la Russie comme on l'a d'ailleurs visiblement fait pour la Russie (cf. p 93) si, encore, dans ce cas on n'a pas divisé par quatre (!...)

[78] C'est le chiffre que j'ai retenu dans *Ulysse trahi par les siens* auquel je renvoie le lecteur désireux d'éléments statistiques plus détaillés qui ne peuvent trouver place dans cet ouvrage.

sûr : seize millions — six millions d'exterminés + 20 % = 12 millions. C'est le résultat qui est faux et il l'est parce que le distingué professeur depuis la fin de la guerre — il y a décidément de tout et n'importe qui dans notre métier : j'avais déjà rencontré un Eugen Kogon… — a posé en principe que six millions de juifs avaient été exterminés : à eux seuls, les États-Unis, les Russes et Israël font presque les douze millions et cela signifierait qu'il n'y a pas ou presque pas de juifs dans le reste du monde. En réalité, il y a de nouveau 16 à 17 millions de juifs dans le monde.

Conclure ? Pas encore. À ce moment du discours, on peut seulement affirmer avec certitude que 5 710 000, 5 294 000 ou 5 500 000 juifs au maximum et non 9 600 000 comme l'a prétendu M. Justice Jackson ou 9 800 000 comme l'a prétendu le singulier professeur Shalom Baron à la barre du Tribunal de Jérusalem (Audience du 24 avril 1961) se trouvaient dans l'espace européen qui fut occupé par l'Allemagne entre 1939 et 1945.

Et qu'en tablant comme il l'a fait pour la Russie, la Pologne et la Hongrie[79] sur ce nombre, le Centre de documentation juive

---

[79] Pour la Pologne, le Centre de documentation juive contemporaine a retrouvé 500 000 survivants. Mais le « Professeur » Shalom Baron, dans sa déposition du 24 avril 1961 devant le Tribunal de Jérusalem, en a retrouvé 700 000 et l'*Institute of Jewish Affairs* du World Jewish Congress ou Congrès mondial juif en a retrouvé 400 000 (*Eichmann's confederates and the Third Reich Hierarchy*, 1961, p. 59). Par rapport à l'estimation la plus optimiste, la plus pessimiste représente, dans tous les cas, une marge d'erreur qui va presque du simple au double. Encore compte tenu de ce que le « professeur » Shalom Baron a affirmé qu'en 1961, il n'y avait plus que 12 millions de juifs dans le monde, peut-on être assuré que lorsqu'il dit 700 000, ce chiffre est sûrement déjà minimisé : si par exemple, il en avait en réalité trouvé 1 million et non 700 000 ce qui est de l'ordre de son exagération dans l'évaluation de la population juive mondiale, donc très vraisemblable et probablement vrai l'évaluation la plus pessimiste représenterait 40 % du chiffre réel. C'est un peu moins criant que pour la Russie où les chiffres publiés en 1946 par le centre de documentation juive représentent 25 % de ce qu'ils étaient réellement, soit une marge d'erreur du simple au quadruple si on fonde sa conviction sur ceux qui ont été publiés par M. Nahum Goldman en juin 1961. Pour expliquer qu'il ne restait plus que 200 000 survivants juifs dans la Hongrie de 1945, il a fallu décréter que 434 000 d'entre eux (sur les 404 000 de la statistique établie par le même statisticien !…) avaient été déportés à Auschwitz et qu'ils y avaient tous été exterminés ce que, ayant moi-même vu arriver deux de ces trains à Dora, fin mai 1944, j'affirme d'autant plus faux que d'autres témoins en ont vu arriver à Buchenwald, à Dachau,

contemporaine a retrouvé 1 651 000 survivants[80]. Si on applique à ce chiffre la plus vraisemblable des marges d'erreurs (relevée pour la Pologne) je veux dire s'il ne représentait que 40 % du chiffre réel[81] le nombre des survivants serait alors de l'ordre de 4 200 000 et celui des manquants à l'appel, de l'ordre d'un million à un million et demi au maximum... Dans *Ulysse trahi par les siens* en comparant les statistiques juives de « de l'avant-guerre avec celles de l'après-guerre à l'exception de celle du « professeur » Shalom Baron que je ne connaissais pas et dont je viens de faire la preuve qu'elle était sans la moindre valeur j'avais conclu que le nombre des juifs manquant à l'appel en 1946 se pouvait situer autour d'un million, ce qui était, par une autre méthode, un résultat du même ordre de grandeur. Je précisais, en outre, que cela représentait déjà un pourcentage fort important des juifs qui furent

---

et, d'une manière générale dans tous les camps de l'Ouest. D'autre part, à partir d'octobre 1944, Auschwitz, Ravensbrück, etc. ont été repliés sur ces mêmes camps de l'Ouest et cela jusqu'à la fin de la guerre : j'ai vu moi-même à Dora des dizaines de ces transports arriver qui avaient fait passer la population du camp du simple au quintuple ou au décuple. À Buchenwald, la population avait fini par atteindre 90 000 personnes et il y avait des tentes partout. À Bergen-Belsen, elle atteignit un niveau astronomique. Tous ces gens qui avaient été enregistrés à leur arrivée à Auschwitz Ravensbrück, etc., qu'on n'y a plus trouvés au moment de la libération de ces camps, dont on ne retrouvait nulle part ailleurs de traces écrites dans les camps de l'Ouest où ils arrivaient à un tel rythme qu'il était absolument impossible de les y enregistrer (cf. *So war es Dachau* de Mgr Neuhäussler, évêque auxiliaire de Munich), mais qui étaient cependant bien vivants, ont été considérés comme morts. Les juifs d'Auschwitz, qui y avaient été enregistrés mais n'y étaient plus à la libération du camp, ont été considérés par les statisticiens à la petite semaine du Centre de documentation juive contemporaine comme ayant été exterminés dans les chambres à gaz. Encore un exemple personnel : M. Georges Wellers, maître de recherches au Centre national de la recherche scientifique de Paris encore un « professeur » ! est venu témoigner à la barre du tribunal de Jérusalem, le 9 mai 1961, que 4.000 enfants juifs rassemblés à Drancy avaient été déportés à Auschwitz à partir d'août 1942 et que, quand il y était arrivé, il n'en avait retrouvé aucun, de quoi il conclut qu'ils avaient tous été envoyés à la chambre à gaz. Mais moi je puis témoigner que de janvier à mars 1943, j'ai vu à Buchenwald des centaines d'enfants de toutes nationalités qui y avaient été ramenés d'Auschwitz.

[80] 2 251 000 dit la statistique qu'il a publiée sous sa signature le 4 juin 1960 dans *Le Figaro Littéraire* et diverses autres publications ou revues. Défalcation faite des 600 000 Russes qu'on n'y peut maintenir puisqu'il est démontré que la Russie ne peut entrer en ligne de compte, ce nombre se trouve ainsi ramené à 1 651 100.

[81] Voir note 15.

arrêtés et envoyés au camp de concentration. Car il ne faut pas non plus croire que tous les juifs des pays européens occupés par les Allemands furent arrêtés : en France, sur 300 000, il n'y eut que 100 000 déportés si l'on en croit le fichier du ministère des anciens combattants[82], en Italie presque pas, en Hongrie 50 % par référence aux chiffres de Kasztner, en Pologne 60% peut-être[83], en Allemagne, un maximum de 40 % (ici on sait que 300 000 environ des 500 000 qui y existaient à l'arrivée de Hitler au Pouvoir, avaient réussi à fuir l'Allemagne[84] de 1933

---

[82] 120 000, dit le *Centre de documentation juive contemporaine* n'en sont pas revenus. Or, je puis attester que, parmi les pensions payées par le ministère des anciens combattants, un nombre très important le sont à des déportés juifs qui sont revenus. Voici, d'autre part, une déclaration du ministre des anciens combattants et victimes de la guerre parue au *J.O.* (Débats parlementaires) du 24 février 1962, p. 289 : « Selon les renseignements statistiques relevés à la date du 1er décembre 1961 dans le fichier mécanographique des déportés et internés de la guerre 1939-1945, tenu par l'Institut national de la statistique et des études économiques, le nombre de cartes délivrées à des déportés et internés ou à leurs ayants-cause s'élève à :

	Vivants	Décédés
Déportés (Résistants)	16 702	9 783
Déportés (Politiques)	13 415	9 235
Internés (Résistants)	9 911	5 759
Internés (Politiques)	10 117	2 130
Totaux	50 145	26 907

(Réponse à une question du député Ziller)
Il y aurait donc eu, au total et en y comprenant les juifs, 77.052 déportés français. Cela ne signifie pas qu'il n'y a pas eu, effectivement, 110 000 juifs raflés en France par la Gestapo pour être envoyés à Auschwitz, comme le dit Hoess (voir plus loin) : tout simplement, la plupart d'entre eux n'étaient pas de nationalité française, mais des réfugiés politiques venus d'Europe centrale.

[83] Le n° 44 de décembre 1961 du périodique mensuel *L'Europe réelle* paraissant à Bruxelles, prétend avoir lu dans le journal israélien *Jedoth Hajem* paraissant à Tel Aviv (n° 143 de l'année 1961) que « le nombre des juifs polonais vivant actuellement hors de Pologne serait de deux millions » Je n'ai pu me procurer ce journal Si c'était vrai, voilà qui confirmerait au-delà de tout espoir la thèse que je soutiens p. 91 de cette étude, relativement à la fuite des juifs polonais devant les armées allemandes, en Hongrie et en Russie et ferait singulièrement baisser ce pourcentage : il y avait, en effet 3 100 000 juifs en Pologne en 1939 et si ces deux millions-là ont été sauvés.

[84] L'Allemagne est un exemple significatif : 500 000 juifs en 1932-33, 200 000 en 1939 qui, presque tous ont été déportés. En appliquant le pourcentage maximum de 45 % de morts, on arriverait à 85 000 ce qui représente un pourcentage de 16 % du nombre des vivants de 1932-33. Or, les statistiques officielles nous disent qu'actuellement il n'y a plus que 55 000 juifs en Allemagne Et le raisonnement du centre de

à 1939), en Roumanie 50 %, etc. et cela ferait, si on retenait que 40 % du total général avaient échappé à l'arrestation et à la déportation, CE qui est vraisemblable, un maximum de 60 %, soit entre 3 200 000 et 3 500 000 qui n'y auraient point échappé. Par rapport à ces chiffres, un nombre de morts qui se situerait entre 1 000 000 et 1 500 000 représenterait un pourcentage oscillant entre 30 et 45 % qui sont, l'un et l'autre, déjà énormes.

Les documents écrits qui ont été produits devant le Tribunal de Nuremberg militent en tout cas en faveur d'une thèse qui conclurait à une marge d'erreur évidemment non accidentelle mais au contraire volontaire et minutieusement calculée de l'ordre du simple au double dans les estimations des déportés, ce qui est confirmé par un certain nombre d'entre eux et notamment la déposition de Hoess qui fut, du 4 mai 1940 au 10 novembre 1943, le commandant du camp d'Auschwitz-Birkenau :

> « Dans mes dépositions précédentes, écrit-il dans ses mémoires (p. 238 de l'édition française) j'ai indiqué que le nombre des juifs envoyés à Auschwitz pour y être exterminés, s'élevait à deux millions et demi. Ce chiffre a été fourni par Eichmann à mon chef hiérarchique Glucks lorsqu'il fut appelé pour faire un rapport à Himmler peu de temps avant l'encerclement de Berlin. Glucks et son remplaçant permanent Gunther étaient d'ailleurs les seuls à disposer de bases pour établir le chiffre total des exterminés... »

Mais, quand il s'agit de donner les détails de ces 2 500 000 personnes, il commence par déclarer (p. 239) : « Moi, pour ma part, je n'ai jamais connu ce total et ne dispose pas de point de repère pour l'établir. »

Et il poursuit :

> « Je me souviens uniquement du chiffre des actions les plus

---

documentation juive contemporaine consiste à dire que tous les autres ont été exterminés, soit 84 %. Mais pour significatif qu'il soit, l'exemple de l'Allemagne est une heureuse exception : c'est le pays où le moins de juifs ont été arrêtés parce qu'un maximum a pu fuir.

importantes qui m'ont souvent été indiquées par Eichmann ou ses délégués :

De Haute-Silésie ou du gouvernement général de Pologne	250 000
D'Allemagne et de Theresienstadt	100 000
De Hollande	95 000
De Belgique	20 000
De France	110 000
De Grèce	65 000
De Hongrie	400 000
De Slovaquie	90 000
Total	1 130 000

Les chiffres concernant les actions de moindre importance ne sont pas restés gravés dans ma mémoire, mais ils étaient insignifiants en comparaison de ceux indiqués ci-dessus.

Je considère le chiffre de deux millions et demi comme beaucoup trop élevé ».

Ici, Hoess à raison : Auschwitz n'a reçu qu'en nombre insignifiant des déportés juifs venant d'autres pays que ceux qui figurent sur cette liste ou, de ces pays en dehors de ces « actions » et je considère qu'au total, le nombre des juifs déportés dans ce camp ne dépasse guère 1 130 000 ce qui, par rapport aux 2 500 000 représente bien une marge d'erreur volontaire et calculée, de l'ordre du simple au double, même plus. Sur ce nombre, d'autre part, beaucoup se promènent par bandes de 50 000 dans certaines grandes rues du monde et qui ne peuvent prétendre avoir été gazés : je ne serais pas étonné si on me disait un jour que, rien qu'en Israël, il y en a deux à trois cent mille de ceux-là[85]... De toutes façons, dans *Eichmann's Confederates and the Third Reich Hierarchy*, publié en 1961 par l'Institute of Jewish Affairs of World

---

[85] Thème de ceux-là : « Mon père, ma mère, ma sœur (ou mon frère) ma fille (ou mon fils) et tous les miens ont été exterminés à Auschwitz. » Bien entendu, le père, la mère, la sœur (ou le frère) la fille (ou le fils) et « tous les miens » peuvent tenir le même raisonnement dans d'autres grandes rues du monde sans que personne les puisse démentir.

Jewish Congress, on peut lire, p. 18 :

« Auschwitz (with its daughter camps, best known among them (Birkenau) to the south, not far from Cracow, where about 900 000 Jews perished... ».

Quel crédit accorder à des estimations aussi divergentes et qui viennent toutes, non seulement des milieux juifs mais encore, dans ces milieux, de gens qui se prétendent tous aussi qualifiés les uns que les autres ? Par rapport aux 2 500 000, celle-ci accuse une marge d'erreur qui est presque du simple au triple et qui passe du simple au quintuple par rapport aux 4 500 000 de certains « historiens » juifs cautionnés par le Centre de documentation juive contemporaine[86].

Dans quelles conditions Hoess a-t-il été amené à dire que 2 500 000 juifs avaient été déportés à Auschwitz, c'est une affaire qui se définit par les rapports qui existent entre un détenu et les policiers qui l'interrogent la réserve qu'il a lui-même apportée à ce chiffre (cf. p. 97) ne le dit que trop. À quels mobiles ont obéi les « historiens » du Centre de documentation juive contemporaine qui sont passés de 2 500 000 à 4 500 000, nous ne le savons que trop aussi[87].

Ils n'ont reculé devant rien, et même pas devant la falsification des documents.

En veut-on un exemple ?

Dans son *Bericht des judischen Rettungscomitees aus Budapest 1942-1945*, le Dr Rezso Kasztner, président de ce comité pendant cette période,

---

[86] Plus prudent que ces historiens du *Centre de documentation juive contemporaine*, l'Acte d'accusation du procureur général Gédéon Hausner contre Eichmann, daté du 21-2-1961 (5. Tage des Adar 5721) retient « des millions » sans autres précisions pour ce camp. Et pour les autres (Chelmno, Belzec, Sobibor, Treblinka et Maïdanek) à propos desquels ces mêmes historiens brandissent d'autres millions de gazés en précisant pour chaque camp, il ne donne aucun chiffre ! Curieux.

[87] Ce qui est curieux, ici, c'est qu'après avoir opéré une réduction aussi considérable sur les chiffres en quelque sorte officiels du centre de documentation juive contemporaine à propos d'Auschwitz, l'Institute *of Jewish Affairs of World Jewish Congress* donne, page 59, comme certain que 5 700 000 juifs au total ont été exterminés (!)

écrit, p. 30, à la date de mai 1944 :

> « Meldungen aus Bratislava bestatigten auch diese Befürchtungen[88]. Die dortige Waadah leitete uns die Meldungen ihres Nachrich tendientes weiter. Demgemsess war die SS im Begriffe die Gaskammern und Krematorien in Auschwitz die seit dem Herfst 1943 aussen Gebrauch waren[89], auszubessern und zu renovieren... »

Ce rapport a été publié en juillet 1961 avec une préface du professeur Carlo Schmid, député socialiste au Bundestag, sous le titre *Der Kasztner Bericht* (Kindler, Munich). Le passage qu'on vient de lire s'y trouve p. 82 dans la transcription suivante :

> « Meldungen aus Pressburg bestätigten diese Befürchtungen. Das dortige Komitee leitete uns die Meldungen seines achrichtendienstes weiter. Demgemäss war die SS. im Begriff die Gaskarmmern und Krematorien in Auschwitz auszubessern und zu renovieren... ».

Le membre de phrase souligné dans la citation tirée de l'original en a été expurgé parce qu'il signifiait que, pendant huit mois, étant hors d'état, les chambres à gaz d'Auschwitz n'avaient pas fonctionné. J'ajoute que, dans ce livre, on ne trouve pas non plus une lettre en date du 23 mai 1944 signée de 6 juifs internés à Theresienstadt (Dr. Franz Kahn, Dr. Erick Munk, Dr. Paul Eppstein, Ing. Otto Zucker, Dr. Erich

---

[88] Il s'agit pour les juifs hongrois de la crainte de la déportation à Auschwitz, dans laquelle ils vivent depuis le 19 mars 1944, date de l'invasion de la Hongrie par les Allemands. Cette crainte était motivée par le fait que, comme on le voit dans la phrase qui suit, on était en train de rénover les chambres à gaz et les fours crématoires d'Auschwitz hors service depuis l'automne 1943, ce qu'à leurs yeux on n'aurait pas eu besoin de faire si on n'avait pas eu l'intention de les déporter, puisque depuis huit mois on n'y avait pas songé.

[89] « ...qui depuis l'automne 1943 étaient hors service ». Spécialement rénovées pour asphyxier les juifs hongrois, il fallait que ces chambres à gaz fonctionnassent pendant au moins le temps nécessaire à les asphyxier. Par quoi l'on voit, qu'en situant « entre la mi-septembre et la mi-octobre » l'ordre de Himmler de cesser les exterminations des juifs (cf. note p. 87) le Standartenfuhrer Kurt Becher avait assez bien calculé son affaire. Ah ! ces « témoins »...

Oesterreicher et Herr Gert Korbel) dont la photocopie se trouve à l'original et qui dit, des conditions de vie dans ce camp, exactement le contraire de ce qui en a été dit par des « témoins » à la barre du Tribunal de Jérusalem chargé de juger Eichmann.

Mais, pour en revenir à notre problème de statistiques, si les marges d'erreurs relevées à propos du camp d'Auschwitz se sont reproduites pour tous les autres camps où ont été internés des juifs et pourquoi pas puisque ces marges d'erreurs étaient volontaires et calculées ? c'est-à-dire peuvent aller du simple au quintuple, on voit ce que devient le chiffre de six millions de juifs exterminés dans des chambres à gaz dont l'existence n'est, au surplus, ainsi qu'on le verra par l'étude du document Gerstein publié en appendice à ce volume, pas plus et pas mieux établie pour les camps de Chelmno, Belzec, Maïdanek, Sobibor et Treblinka (où l'on asphyxiait au gaz d'échappement de moteur Diesel !...) qu'elle ne l'est pour Auschwitz-Birkenau.

Alors, peut maintenant se demander le lecteur, si l'existence des chambres à gaz n'est pas établie, ce qui se peut indiscutablement déduire des documents produits et paraît très vraisemblable si le nombre des morts peut être ramené de six millions à un c'est à une réduction du même ordre de grandeur qu'a procédé l'*Institute of Jewish Affairs du World Jewish Congress* lorsqu'il a ramené à 900 000 le nombre des juifs morts à Auschwitz-Birkenau que signifiait cette concentration de juifs dans des camps spéciaux et comment a pu naître cette idée des chambres à gaz ?

L'Allemagne hitlérienne était un État raciste et c'est la réponse à la première question. Or, on le sait, l'État raciste postule L'expulsion de la race minoritaire hors des frontières de la communauté nationale : l'État d'Israël est une autre illustration de ce postulat.

« Seul, disait l'article 4 du programme du Parti national-socialiste en 25 points rendu public à Munich le 24 février 1920, un compatriote[90] peut être citoyen. Celui seul qui est de sang allemand,

---

[90] Le mot employé ici dans le texte original est « *Volksgenosse* » qui n'a pas de correspondant en français ni dans aucune autre langue « Compatriote » n'en est qu'une traduction approchée Il faudrait dire un « camarade du peuple », un

indépendamment de sa confession, peut être compatriote. Un juif ne peut pas être compatriote... ».

Et l'article 5 concluait :

« Celui qui n'est pas citoyen ne peut vivre en Allemagne que comme hôte et se trouve soumis à la législation sur les étrangers. »

Lorsque, le 30 janvier 1933, le national-socialisme accéda au pouvoir, les juifs allemands se trouvèrent donc automatiquement dotés du Statut des étrangers qui, dans tous les États du monde, les exclut des postes de commandes de l'État ou de l'Économie. Tel est le fondement juridique des lois raciales dans l'Allemagne hitlérienne.

Qu'aucune morale ne puisse justifier une telle mesure, c'est bien évident et point n'est besoin de le démontrer. Mais enfin, par là-même qu'il n'existe aucun État au monde où un étranger soit mis aux postes de commande, ce n'est pas la question. La seule différence entre l'Allemagne hitlérienne et ces autres états, c'est que dans ces autres états, on est étranger en fonction de la nationalité, tandis qu'aux yeux du national-socialisme, on l'était en fonction de la race. Mais, en Israël il n'y a pas non plus d'Arabes qui sont instituteur, fonctionnaire des Finances, administrateur d'un Kibboutz ou ministre. Que ce qui se passe en Israël ne justifie pas ce qui s'est passé en Allemagne, j'en conviens encore ne serait-ce que parce qu'on ne peut pas justifier le mal par le mal mais je ne justifie pas, j'explique et, pour expliquer je démonte un mécanisme : si je cite Israël, c'est seulement pour montrer, à la fois que le mal raciste dans le sens où le national-socialisme entendait le mot, est beaucoup plus grand qu'on ne le pense puisque les champions de cet anti-racisme là en sont aujourd'hui des protagonistes, et par manière de dire que, contrairement à ce qu'on pense généralement, l'Allemagne hitlérienne n'en est pas la seule illustration.

« ressortissant du peuple ». La difficulté vient de ce que le mot « Volk » en allemand ne signifie pas seulement « Peuple » mais encore « le sang » et le « sol » associés à l'idée de peuple.

Au niveau de la conjoncture, c'est-à-dire des faits et non plus des principes, il y a pourtant une autre différence entre l'Allemagne et Israël : en 1933, les 500 000 juifs qui y vivaient, qu'elle avait mis *de jure* hors de la communauté nationale, elle ne put les y mettre *de facto*, en les conduisant *manu militari* à une quelconque de ses frontières avec ou sans les 30 kg de bagages devenus légendaires, comme le fit Israël des 900 000 Arabes de Palestine qu'en 1948, il a refoulés en Jordanie. Avec les États modernes, bien organisés, aux frontières bien dessinées, entretenant entre eux des rapports politiques et économiques très précis, l'Europe de 1933 n'offrait pas, sous cet angle, les mêmes facilités à un État raciste que le Moyen-Orient de 1948, dont les États embryonnaires aux frontières mal définies, n'entretenaient au surplus entre eux que des rapports régis par les lois de la jungle : passage des individus d'un pays à un autre y était soumis aux lois de l'immigration et, quand il s'agissait d'une immigration massive comme dans le cas des juifs allemands, il s'appelait un Transfert de Population et était subordonné à des négociations préalables.

Ces négociations, le gouvernement nazi les voulut engager et d'abord sur la base de la Déclaration Balfour[91], avec l'Angleterre à laquelle le Traité de Versailles avait confié un mandat sur la Palestine où le mouvement sioniste international réclamait à cor et à cri le rétablissement de l'État biblique juif dans ses droits. De toutes façons, c'était une utopie et la création de cet État juif en 1948 l'a démontré. À l'époque, les Arabes hostiles ils le sont encore à cette interprétation de la Déclaration Balfour cherchaient à en limiter les applications, voire à les interdire et, pour des raisons de pétrole, l'Angleterre ne les prenait

---

[91] Voici le texte de la déclaration Balfour (2 nov. 1917) : « Le gouvernement de Sa Majesté Britannique considère favorablement l'établissement en Palestine d'un Foyer national pour le peuple juif et fera tous ses efforts pour favoriser l'accomplissement de ce dessein, étant bien entendu qu'il ne sera rien fait qui puisse porter préjudice aux droits civils et religieux des communautés non-juives existant en Palestine, ni aux droits et aux statuts dont jouissent les juifs dans d'autres pays ». Soutenir que cette déclaration devait aboutir à la création de l'État d'Israël dans les conditions dans lesquelles il a été créé et à son soutien dans celles où il vit actuellement est un non-sens. C'est aussi l'avis du célèbre historien anglais Arnold Toynbee et de beaucoup d'autres bons esprits aussi bien juifs que non-juifs.

pas de front : avec l'Allemagne, elle ne voulut avoir aucun rapport direct sur le règlement de ce problème et elle la dirige a vers l'Agence juive de M. Chaïm Weizman envers laquelle elle était engagée par la Déclaration Balfour. De son côté, l'Allemagne hitlérienne qui, comme celle de la République de Weimar et comme celle des Kaisers, était décidée à soigner sa popularité commerciale chez les peuples arabes, n'insista pas. Avec l'Agence juive, elle situa le problème sur un plan beaucoup plus vaste que le plan palestinien mais elle ne réussit à passer en 1933 qu'un accord, le *Chaïm Arlossaroff's Transfer-Abkommen*, disaient les Allemands, le *Haara*, disaient les juifs qui prévoyait l'immigration en Palestine de tous les juifs en mesure d'y arriver avec 1 000 livres sterling, mais limitée à 1 500 juifs par mois pour tous les autres[92]. Telles étaient les conditions imposées par l'Angleterre à l'Agence juive et c'était là l'extrême limite de ce qu'elle pouvait consentir pour ne pas mécontenter les peuples arabes du Moyen- Orient.

Ces 1 000 livres sterling par juif constituèrent finalement tout le problème : il y avait environ 500 000 juifs en Allemagne et ils représentaient globalement l'exportation de 500 millions de livres sterling, soit approximativement 3 milliards de marks. C'était, à peu de choses près, à ce chiffre que le Dr. Schacht évaluait la fortune totale des 500 000 juifs allemands : 2 à 3 milliards de marks, disait-il. On n'engagea cependant pas les négociations sur la somme, car une autre difficulté préalable était à surmonter : tandis que l'Allemagne hitlérienne déclarait dans l'impossibilité d'exporter d'un seul coup une telle masse de capitaux qui correspondait à près de deux fois son budget annuel et demandait que le règlement se fît à longue échéance sur la base d'accords économiques de compensation, non seulement avec l'Angleterre impliquée dans l'affaire par la Palestine, mais encore avec n'importe quelle autre nation, ces autres nations et l'Angleterre laissaient clairement entendre que si elles étaient disposées à accueillir les juifs allemands et même à envisager une somme qui pourrait sans doute être inférieure, quoique très peu, à la moyenne fixée de 1 000

---

[92] Dans *Le Bréviaire de la Haine*, M. Léon Poliakov fait état de cet accord (p 32 de la seconde édition française) mais ses commentaires en dénaturent le sens.

livres sterling par tête, il ne leur était par contre pas possible d'entamer quelque négociation que ce soit, si l'Allemagne ne prenait d'abord l'engagement de les laisser exporter avec eux la somme sur laquelle on tomberait d'accord. Et tout s'écroula. La dernière tentative dans ce sens fut faite en novembre 1938 : mandaté par Hitler quoique déjà en disgrâce, le Dr. Schacht se rendit personnellement à Londres. En vain.

Or, il était exact que l'Allemagne de 1933 ne pouvait exporter sans accord de compensation et sans délai une somme de trois milliards de marks, ni même de deux : à l'époque, ni la France, ni l'Angleterre ni même peut-être les États-Unis ne l'eussent pu.

Voici donc ce qui se passa : dès 1933, l'Agence juive fut autorisée à ouvrir à Berlin un Bureau central d'immigration juive[93] pour distribuer, sous contrôle nazi, les 1 500 passeports[94] mensuels pour la Palestine autorisés par l'Angleterre. Par là même qu'aucun accord de compensation n'avait pu être conclu, aucun passeport ne put être délivré qui comportât l'exportation de la contre-valeur de 1 000 livres sterling. Mais pour les autres, l'Agence juive et les nazis tombèrent d'accord pour forcer un peu la dose et en distribuer plus de 1 500 (sous le couvert de fausses nationalités d'emprunt, notamment) et d'autre part, les nazis facilitèrent un courant d'émigration clandestine tant et si bien qu'à la déclaration de guerre, environ 300 000 juifs et non les seuls 108 000 autorisés par le *Chaïm-Arlossaroff's Transfer- Abkommen* ou accord de *Haara*, avaient réussi à quitter l'Allemagne.

À la déclaration de guerre, une autre complication était intervenue et l'expérience était sur le point de tourner court : en mars 1939 l'Angleterre avait décidé de ne plus accorder, en tout et pour tout, que 75 000 autorisations d'émigrer en Palestine pour les cinq années à venir.

Cet aspect peu connu des choses très soigneusement tenu sous le boisseau par les « historiens » du Centre de documentation juive contemporaine et quelques autres aussi est révélé par un certain nombre de documents et notamment ceux qui portent les références N.G. 1889 (Note du Ministère des Affaires étrangères en date du 10

---

[93] *Zentralstelle für judische Auswanderung.*
[94] En réalité, cette pièce qui valait passeport s'appelait un « Certificat » (*Attest*).

mars 1938, produit au procès de la Wilhelmstrasse) et P.S. 3558 (Rapport du même Ministère en date du 25 janvier 1939, produit au premier procès de Nuremberg).

Pendant toute cette période, le régime qui fut appliqué aux juifs allemands par le régime fut celui d'une minorité de citoyens défavorisés et humiliés », nous dit M. Joseph Billig[95] du Centre de documentation juive contemporaine qui ajoute quelques phrases plus loin que « l'activité des juifs dans l'économie allemande ne fut pas sérieusement entravée » et, à propos des juifs autrichiens tombés sous la coupe nazie en vertu de l'Anschluss « qu'il s'agissait encore d'une action assez anodine ».

Si l'on sait que c'est justement pendant cette période que furent prises à leur encontre toutes les mesures législatives raciales publiquement promulguées le 15 septembre 1935 au congrès de Nuremberg du parti nazi et si on le compare à la montagne de littérature indignée et vengeresse dont ces mesures raciales ont fait l'objet dans le monde, ce jugement, très modéré, ne peut manquer de surprendre sous la plume d'un Israélite. Inadvertance ?

En novembre 1938, tout changea brusquement : l'assassinat le 7 de ce mois à Paris, du conseiller d'ambassade von Rath, par un jeune juif nommé Grynspan qui provoqua en Allemagne la nuit d'horreur et de cauchemar du 9 au 10 novembre 1938, caractérisée par une véritable chasse aux juifs, le pillage et le saccage de leurs magasins, le bris de leurs vitrines d'où le nom de *Kristallnacht* ou Nuit du cristal que lui ont donné les Allemands les molestations sans mesure et sans nombre, etc[96].

Sur les conditions dans lesquelles ces manifestations se sont produites, nous ne disposons que d'un seul document officiel et certain : le rapport du juge suprême du parti national-socialiste, Walter Buch, chargé de l'enquête (Doc. P.S. 3063 portant la date du 13 février

---

[95] *Le Dossier Eichmann*, p. 28.
[96] Pillage et destruction de 815 magasins de 171 maisons, de 276 synagogues, 14 autres monuments de la Communauté, arrestations de 20 000 juifs, 7 Aryens, 3 étrangers, 36 morts et 36 blessés (Rapport de Heydrich à Goering en date du 11 novembre 1938, Nur. T. 5 p. 554. Document reconnu authentique par Goering et tous les accusés contre lesquels il a été produit).

1939, Nur. T. XXXII, pp. 20 à 29) et de présider le Tribunal qui devait juger les 174 membres du Parti arrêtés dès le 11 novembre sur ordre de Heydrich pour les avoir organisées et y avoir participé. Dans ces 174 personnes ne figuraient que des cadres subalternes, tous les cadres dirigeants, le gouvernement, les accusés et le Führer lui-même ne les ayant apprises qu'après coup et les ayant désavouées à l'exception de Goebbels qui, ne les ayant apprises qu'après coup comme les autres et n'y ayant pas davantage participé, s'en félicita.

C'est en effet Goebbels qui en eut connaissance le premier. Le 9 novembre 1938, comme tous les ans, les chefs du Parti étaient réunis à Munich, pour la commémoration du putsch de 1923. Tard dans la soirée, Goebbels fut télégraphiquement informé que des graves démonstrations antisémitiques se déroulaient dans les provinces de Hesse, de Magdebourg et un peu dans toute l'Allemagne. Après un bref colloque entre les principaux dignitaires du Parti et le Führer, à 1 h. 20 de la nuit, un télégramme fut envoyé par Heydrich à tous les bureaux de police de toute l'Allemagne (Doc. P.S. 3051 Nur. T. XXXI pp. 515 à 519) : il enjoignait à tous les commissaires de police d'entrer immédiatement en rapport avec les cadres régionaux du Parti pour que les juifs ne soient pas molestés, que leur vie ou leurs propriétés ne soient pas menacées, que leurs magasins ou leurs appartements ne soient pas pillés, etc. en somme que tout continue à se dérouler dans l'ordre et le calme revenus.

Or, voici comment, le 21 novembre 1945, à Nuremberg, ce télégramme dont le but était de mettre fin à des manifestations inattendues, contraires aussi bien à l'esprit du national-socialisme qu'au régime gouvernemental et contre les responsables desquelles des poursuites étaient parallèlement engagées, a été présenté au tribunal par M. Justice Jackson soi-même, à la séance inaugurale :

« La campagne antisémite devint forcenée en Allemagne, après l'assassinat à Paris du conseiller de la Légation allemande von Rath, Heydrich, chef de la Gestapo envoya un télégramme à tous « les bureaux de la Gestapo et du S.D. ordonnant de diriger un soulèvement « spontané » fixé *pour les nuits des 9 et 10 novembre 1938*[97] afin d'aider à la destruction des biens juifs et de protéger seulement les biens allemands... » (Nur. T. IL, p. 130).

Ainsi naissent les légendes...

Mais la Nuit de Cristal ne fut pas la seule conséquence de l'assassinat de von Rath : par l'importance des troubles qu'il avait provoqués et dont il fallait éviter le retour, cet assassinat fit apparaître la nécessité pour les dirigeants du IIIe Reich d'apporter une solution d'ensemble au problème juif. Comme cette solution traînait depuis cinq ans, on employa dès lors, pour la désigner dans son nouveau style, l'expression « die Endlösung der Judenfrage » à laquelle depuis quinze ans, l'imagination déboussolée de tous les rôdeurs de barrières du journalisme, et les singuliers historiens du centre de documentation juive contemporaine, ont donné tant d'autres significations qui sont autant de faux[98]. Tandis que sur ordre de Hitler, le Dr Schacht faisait ses valises pour Londres dans le but d'y renouer avec l'Angleterre et un certain nombre d'états, les négociations au point mort depuis 1933 et qu'une conférence internationale convoquée à Evian le 6 juillet 1938 sur initiative du président Roosevelt n'avait pas réussi à relancer, Göring, lui aussi muni d'un mandat de Hitler convoquait en conférence interministérielle les représentants de tous les ministères du IIIe Reich intéressés par les mesures à prendre dans l'immédiat. À cette

---

[97] Souligné par moi-même. On admirera : a) le pluriel « LES nuits des 9 ET 10 novembre » au lieu de la nuit DU 9 AU 10 novembre... ; b) que ce télégramme qui « ordonne » (*sic*) ces manifestations pour cette nuit-là en porte précisément la date à 1 h. 20 du matin du 10... ; c) qu'il les « ordonne » alors qu'il veut y mettre un terme dans le style où elles se déroulent.

[98] L'expression originale est en réalité *die Gesamtlosung der Judenfrage* ou la solution d'ensemble, totale sur laquelle il n'y aurait plus à revenir. Mais Goering qui l'employa pour la première fois dans le 1er paragraphe d'une lettre en date du 31-7-1941 par laquelle il donnait à Heydrich l'ordre de la préparer (P.S. 710 T. XXVI, p. 2M) employa dans le dernier paragraphe l'expression *die Endlosung der Judenfrage* et, dans l'usage, ce fut celle-ci qui prévalut, mais dans le même sens et non pas dans celui de liquidation du problème par la liquidation de ceux qui en faisaient l'objet. Pris en flagrant délit de traduction tendancieuse par Goering lui-même, à Nuremberg le 20 mars 1946. Le piètre Justice Jackson fut bien obligé d'en convenir (T. IX, p. 552). Mais, de cet incident qui détruisait à jamais toute une théorie, la presse ne souffla mot.

conférence assistaient entre autres, outre Göring qui présidait, Goebbels (ministre de la propagande), Heydrich (chef du R.S.H.A., représentant Himmler), Frick (Ministre de l'Intérieur), Funk (ministre de l'Économie), Schwerin-Krosigk (ministre des finances), etc... Ouvrant la séance, Göring déclara :

> « Messieurs, j'en ai assez de ces démonstrations qui ne font pas de « mal aux juifs mais à moi, la plus haute autorité pour l'économie allemande. Si aujourd'hui, une boutique juive est détruite, si des « biens sont jetés dans la rue, la compagnie d'assurances paiera le dommage au juif, de telle façon qu'il ne subira aucun préjudice. De plus, des biens de consommation, des biens qui appartiennent au peuple sont détruits. Si, à l'avenir, ces démonstrations se produisent, et si elles sont nécessaires, alors je demande qu'elles soient dirigées de façon à ne pas nous faire du tort. Et je veux que l'on agisse de sorte qu'on ne nuise pas à soi-même, car il serait fou de vider et d'incendier un magasin juif parce que cela nuirait à la compagnie d'assurances, de couvrir les dommages et de payer pour des marchandises dont j'ai besoin. Alors, je pourrais aussi bien prendre et incendier les matières premières à leur arrivée. »[99](P.S. 1816, T. XXVIII, pp. 499-540 et T. IX, p. 561).

Une discussion sur l'organisation de l'émigration massive des juifs n'aboutit à rien : Goering ne la croyait pratiquement pas possible en raison de l'exportation massive de capitaux qu'elle impliquerait et à propos desquels il ne voyait, au surplus, aucune chance d'obtenir des accords de compensation import-export de la part des autres états[100].

---

[99] À cette conférence, on entendit un certain Herr Hilgard, représentant des compagnies d'assurances : il estima les dégâts matériels à plus de 25 millions de marks, rien que pour les vitrines et les bijoux (matières obtenues en Allemagne par exportation de capitaux) Il précisa, en outre, que, pour réparer les vitrines, la société belge qui seule pouvait le faire, demandait un délai de six mois rien que pour la fabrication du verre nécessaire. Mais il ajouta qu'il n'avait pas encore en main tous les autres éléments du désastre, sur quoi Heydrich déclara qu'on pourrait chiffrer le tout à 100 millions de marks et les expertises qui ont suivi ont démontré qu'il n'avait pas exagéré.

[100] Le lecteur sera sans doute indigné que les nazis se soient refusés à envisager cette sortie massive des juifs d'Allemagne, en les autorisant à emporter avec eux la contre-valeur de tout ce qu'ils possédaient. C'est effectivement d'une injustice criante. Mais

Aussi bien, il fallait attendre les résultats de la démarche du Dr Schacht en direction de la reprise des négociations internationales et dont on a déjà vu (p.102) qu'elle avait échoué.

En fin de compte, on arrêta le principe de trois décrets que prendrait Göring :

— le premier qui frapperait les juifs allemands d'une amende collective d'un milliard de marks (P.S. 1412, *Reichsgesetzblatt* 1938, partie I, page 1579) ;
— le second qui exclurait les juifs de la vie économique allemande (P.S. 2875 *Reichsgesetzblatt* 1938, partie I, p. 1580) ;
— le dernier décidant que les compagnies d'assurances verseraient à l'État, non à l'intéressé juif, le remboursement du dommage à lui causé au cours de la Nuit de Cristal (P.S. 2684 *Reichsgesetzbatt* 1938, partie I, p. 1581).

L'assassinat avait ainsi obtenu des résultats analogues à ceux qu'obtinrent plus tard, sous l'occupation allemande en France, ces singuliers résistants qui provoquaient seulement l'arrestation de centaines d'otages et une aggravation du statut d'occupation lorsqu'ils faisaient sauter une pharmacie ou un café au plastic, le plus souvent

---

c'est aussi un usage constant et il caractérise tous les transferts de population. Je le renvoie donc à deux ouvrages : *European Population Transfer* (Oxford University - 1946) et *Les Transferts internationaux de populations* (Presses universitaires de France) où il pourra relever à son aise une bonne vingtaine de ces transferts décidés par des traités et qui impliquaient pour les malheureux en cause, qu'ils quittent leur pays avec 30 kg de bagages, souvent moins et toujours sans argent. Entre le 1er juillet 1945 et le 1er janvier 1947, les Russes ont encore refoulé de Silésie en Allemagne, environ 7 300 000 personnes dans des wagons à bestiaux, avec beaucoup moins et en plus sans vivres pour des voyages de 4 ou 5 jours... Dans la *Revue des Deux Mondes* du 15 mai 1952 (p. 374) M. Jean de Pange prétend que plus de 4 millions en sont morts, ce qui constituerait alors un nombre de victimes bien plus important que celui des victimes juives des camps de concentration ! Et en pleine paix !... Il faut savoir qu'il s'agit ici d'un problème humain, c'est sûr mais aussi économique et qu'à ce titre il implique des transferts de la richesse nationale que la structure actuelle des échanges internationaux ne permet qu'assorti d'une compensation égale, à peine de ruiner l'économie du pays qui s'y résoudrait sans cette compensation. L'inhumanité vient donc des structures non des hommes dont les possibilités de les réformer et aussi la volonté, hélas ! sont très limitées.

pour assouvir une vieille rancune personnelle ou assassinaient un soldat allemand dans une rue sombre et déserte, etc. sous prétexte de combattre l'Allemagne ou le nazisme : après le 7 novembre 1938, la vie des juifs allemands, que des négociations internationales sur des propositions raisonnables eussent sauvée, fut rendue encore plus difficile par leur exclusion de la vie économique du pays et ses conséquences la mise sous séquestre des biens juifs et les expropriations, notamment.

En 1939, un autre événement la rendit sans issue : la guerre. D'autant plus sans issue qu'en date du 5 septembre, deux jours après la déclaration de guerre de l'Angleterre et de la France à l'Allemagne M. Chaïm Weizman, président de l'Agence juive écrivit à M. Chamberlain, premier ministre de Sa Majesté la Reine d'Angleterre, une lettre par laquelle il l'informait que « nous juifs, sommes au côté de la Grande-Bretagne et combattrons pour la démocratie » en précisant que « les mandataires des juifs étaient prêts à passer immédiatement un accord pour permettre l'utilisation de toutes leurs forces en hommes, de leurs techniques, de leur aide matérielle et de toutes leurs capacités ». Reproduite dans le *Jewish Chronicité* du 8- 9-1939[101], cette lettre constituait une authentique déclaration de guerre du monde juif à l'Allemagne et posait le problème de l'internement de tous les juifs allemands dans des camps de concentration comme « ressortissants d'un peuple en état de guerre avec l'Allemagne ». C'est là encore une mesure qui est la règle dans tous les pays du monde en état de guerre… Il faut cependant reconnaître qu'avant même la publication de cette lettre, le gouvernement allemand avait déjà pris toutes les dispositions dans ce sens. Au total, la déclaration de guerre, non pas seulement de

---

[101] Peut-être n'ai-je pas bien cherché, mais je n'ai trouvé le texte de cette lettre dans aucune publication de langue française. Voici le passage incriminé de ce texte d'après H G Adler dans son livre « Die Verheimlichte Wahrheit » : « *Ich wünsche in nachdrücklichster Form die Erklärung zu bestätigen, dass wir Juden an der Seite Grossbritanniens stehen und für die Demokratie kampfen werden. Aus diesem Grunde stellen wir uns in den kleinsten und grössten Dingen unter die zusammenfassende Presse, keinen Rundfunk und kein deutsches Fernschen, keine Dokumentartllme einzutreten, um alle menschlich-judische Kraft ihre Teknik, ihre Hilfsmittel und alle Fähigkeiten nützlich einzutreten.* »

Chaïm Weizman, mais surtout de l'Angleterre et de la France à l'Allemagne, mettait fin à tout projet de transfert des juifs sur quelque base négociée que ce soit.

Après la défaite de la France et l'échec des tentatives de paix en direction de l'Angleterre, naquit dans l'esprit des dirigeants nazis cette idée que les juifs pourraient être rassemblés puis transférés dans un territoire colonial français, Madagascar, par exemple. Un rapport en date du 21 août 1942, qui porte la signature de Luther[102], secrétaire d'État aux affaires étrangères du IIIe Reich, conclut à la possibilité de négociations avec la France dans ce sens et fait état de conversations qui se déroulèrent de juillet à décembre 1940 et qu'après l'entrevue de Montoire (13 décembre 1940) Pierre-Étienne Flandin, successeur de Laval aurait fait échouer : durant toute l'année 1941, les Allemands ont conservé l'espoir de reprendre ces négociations et de les conduire à un terme heureux.

C'est pendant la seconde moitié de cette année 1941 que la solution du problème juif prit un tour meurtrier : il y eut d'abord la déclaration de guerre à la Russie, extrémité à l'occasion de laquelle le Dr Goebbels fit répandre le bruit que Hitler y avait été contraint par les juifs qui auraient manœuvré Staline. Il y eut ensuite le fameux livre *Germany must perish* d'un certain Theodor N. Kaufman, juif américain dont le moins qu'on puisse dire est qu'il était le signe annonciateur de l'entrée à brève échéance des États-Unis dans la guerre aux côtés de l'Angleterre, de la France et de la Russie.

Dans son livre, Theodor N. Kaufman déclare tout net que les Allemands, du seul fait qu'ils sont Allemands, même antinazis, même communistes, même philosémites ne méritent pas de vivre et qu'après la guerre on mobilisera 20 000 médecins pour stériliser chacun 25 Allemands ou Allemandes par jour de sorte qu'en trois mois il n'y ait plus un seul Allemand capable de reproduire en Europe et qu'en 60

---

[102] Document N.G. 2586 le même auquel appartient le célèbre protocole de Wannsee produit au procès de la Wilhelmstrasse. M. Billig le cite aussi dans le *Dossier Eichmann*. Et V. Alexandrov romance ces négociations dans le livre qu'il écrivit, lui aussi, sur Eichmann.

ans, la race allemande soit totalement éliminée du continent. Il affirmait en outre que les juifs allemands étaient de cet avis.

Hitler ayant fait lire ce livre à tous les postes de radio, on devine l'effet qu'il produisit sur l'opinion allemande : j'ai personnellement rencontré des Allemands qui me dirent qu'à partir du jour où ce plan fût connu, on se mit à parler dans le peuple, dans l'armée, dans la police, partout, de la nécessité de liquider physiquement tous les juifs, à exprimer l'espoir que Hitler en donnerait l'ordre et très souvent la conviction que cet ordre avait été donné à Himmler ou à Heydrich[103]. Il y avait des gens qui se prétendaient bien informés, qui disaient le tenir d'un tel très bien placé et quand un juif tombait entre les mains d'un pauvre type illettré de policier qui l'avait entendu et le croyait ferme, son cas n'était certes pas enviable. Pour tout dire, la lecture à la radio du livre de Theodor Kaufmann déchaîna la fureur populaire contre les juifs. Et, quand en décembre de la même année, il fallut entrer en guerre contre les États-Unis, ce fut le comble. Tout espoir de reprendre les conversations avec la France s'évanouit à jamais.

À vrai dire, on sentait plus ou moins confusément aussi bien dans le peuple que dans les sphères dirigeantes, bien avant l'entrée en guerre des États-Unis, qu'il faudrait envisager pour les juifs une autre solution que Madagascar et qu'on serait obligé de les garder en Europe jusqu'à la fin de la guerre : la lettre de Göring à Heydrich, du 31 juillet 1941 dont il a été parlé (p. 105, note 34), reflétait sans doute déjà ce sentiment. La déportation des juifs vers l'Est avait commencé le 15 octobre 1941 et la convocation de Heydrich à la conférence de Berlin-Wannsee qui porte la date du 29 novembre 1941 (P.S. 710 - T. XXVI, p. 266) fixait primitivement au 9 décembre cette conférence que les événements ont repoussée au 20 janvier et qui avait pour but d'organiser la concentration des juifs précisément dans les territoires de l'Est. Mais Hoess nous dit dans son *livre Der Lagerkommandant von*

---

[103] À Nuremberg, le ministre Lammers, secrétaire de la chancellerie du Reich, confirmant le fait, déclara : « Mon opinion est que ces bruits (qui passèrent souvent pour des ordres) provenaient de l'écoute clandestine des émissions radiophoniques étrangères qui les répandaient et que les gens ne voulaient pas l'avouer. » (T. XI, p.58)

Auschwitz spricht... qu'en mai 1941, lorsque Himmler le vint voir à Auschwitz, il projetait encore d'y faire un camp capable de contenir 100 000 prisonniers de guerre qui y travailleraient pour la Défense militaire du Reich et non un camp spécial de regroupement des juifs. En fait, la déportation massive des juifs de toute l'Europe vers Auschwitz et les autres camps de Pologne commença en mars 1942[104]. Les ordres portaient qu'ils étaient dirigés vers des camps spéciaux (*Sonderlagern*) qui constituaient le traitement spécial (*Sonderbehandlung*) auxquels ils étaient soumis, par comparaison avec la déportation des autres oppositionnels qui étaient dirigés au hasard des possibilités, pêle-mêle, sur n'importe quel camp. La déportation des juifs vers l'Est devint elle-même l'action spéciale (*Sonderaktion*) ou spécialement dirigée contre eux. Tout cela se fit dans l'atmosphère de haine du juif créée par le livre de Theodor N. Kaufmann et la précipitation des événements vers la « guerre totale » expression qui entra vers _ moment, dans le vocabulaire courant et dont, aux yeux de tous les Allemands, il était censé avoir à la fois inspiré et avoué la préparation par ceux de sa race : cette déportation fut

---

[104] Le dernier convoi semble être arrivé à Auschwitz le 7 juillet 1944 (juifs hongrois). Elle avait donc duré 27 mois. La déportation massive des non-raciaux commencée à la même date, fut approximativement de même durée : de France, le dernier convoi partit le 14 août 1944. On remarquera le synchronisme, et en particulier la date de départ qui coïncide avec l'arrivée de Speer au ministère des Armements (février 1942) et dont les déportations massives pour pallier la crise de main-d'œuvre avec laquelle l'Allemagne se trouva aux prises dès la seconde moitié de 1941, furent la conséquence. Dans l'esprit de Speer, il n'y avait pas de raison que les juifs ne fussent pas mis au travail comme les autres, de nombreux textes signés de son nom le prouvent. Autre coïncidence : nous possédons une lettre de Himmler qui porte la date du 5 décembre 1941, qui est adressée à Heydrich (chef du R.S.H.A.) à Pohl (chef de l'office économique des K.Z.) et à Glucks (inspecteur général des K.Z.), qui fait état du caractère meurtrier qu'il vient de découvrir à tous les K.Z., qui demande aux intéressés d'y mettre un terme sans mentionner aucune exception pour les juifs et qui contient cette phrase : « ...en opposition avec certains spécialistes de la S.S., j'arriverai à améliorer le régime des K.Z. et à en transformer tous les intéressés en bons ouvriers spécialisés. » (citée par Billig - *Dossier Eichmann*, p. 60). L'année 1942 a été jalonnée d'une quantité de lettres émanant des services centraux du R.S.H.A. et tendant à l'amélioration du régime de tous les camps. Dans *Der Lagerkommandant von Auschwitz spricht*, Höss en cite d'Himmler lui-même qui « voulait toujours plus de détenus spéciaux pour l'industrie des armements » (op. cit. p. 225) et donc que ces détenus spéciaux (juifs) fussent traités en conséquence.

brutale et meurtrière, de cela, tout le monde convient[105]. Les juifs n'en parlaient jamais entre eux qu'avec effroi, avant même de la subir. Et, quand ils la subirent ses effets s'en trouvèrent multipliés par l'appréhension de ce qui viendrait ensuite. Or, à Auschwitz, tout un secteur du camp, Auschwitz III (Monovitz) nous dit Hoess, était affecté à l'I.G. Farben et l'on sait que cette industrie des colorants et des teintures comporte l'utilisation de chambres à gaz. En outre, il y avait dans le camp des chambres de désinfection des vêtements, opération pour laquelle on utilisait précisément le cyclon B... De là à dire que ces chambres à gaz étaient destinées à asphyxier les juifs, il n'y avait qu'un pas que les détenus franchirent dans le camp même[106] et plus allègrement les historiens du centre de documentation juive contemporaine : chaque fois que, dans un texte, ils ont trouvé les expressions *Sonderlager*, *Sondebehandlung*[107] ou *Sonderaktion*, ils ont

---

[105] En passant, je dois dire que j'ai l'impression d'avoir été conduit au camp de Buchenwald (4 jours de voyage sans eau et sans autre nourriture qu'un repas à Trèves à 100 par wagon) et d'y être arrivé (livré aux matraques des kapos et aux morsures des chiens, à la descente du wagon) dans des conditions aussi meurtrières que les juifs ont été conduits et sont arrivés à Auschwitz. C'est au moins ce qui ressort de mes lectures.

[106] À Dora, j'ai connu des détenus qui croyaient dur comme fer que les douches hebdomadaires n'étaient qu'un trompe-l'œil, qu'un jour nous y recevrions du gaz au lieu de l'eau et qui n'y allaient jamais. Ceux d'entre eux qui étaient pris en flagrant délit étaient roués de coups par les kapos.

[107] Le 12 avril 1944, le colonel Amen, procureur-adjoint américain ayant reproché à Kaltenbrunner d'avoir demandé le traitement spécial au *Walseltraum* dans le Walsertal et à la *Winzerstube* à Godesberg, s'attira la réponse suivante : « Savez-vous ce que sont *Walsertraum* dans le Walsertal ou *Winzerstube* à Godesberg et leur rapport avec ce que vous appelez la *Sonderbehandlung* ? *Walsertraum* est l'hôtel de montagne le plus élégant et le plus mondain de toute l'Allemagne et le *Winzerstube* à Godesberg est l'hôtel bien connu où furent tenues de nombreuses conférences internationales. Dans ces deux hôtels furent logées des personnes de marque telles que M. Poncet et M. Herriot, etc. Ils recevaient des rations triples de la ration normale d'un diplomate, c'est-à-dire neuf fois la ration d'un Allemand en temps de guerre. Ils recevaient tous les jours une bouteille de Champagne, correspondaient librement avec leur famille ou pouvaient recevoir d'elle des colis. Ces internés recevaient de fréquentes visites et l'on s'enquérait de leurs désirs. Voilà ce que nous appelions *Sonderbehandlung* (T. XI, p. 248). En vertu de quoi le *Sonderbehandlung* qui signifiait que les détenus raciaux étaient envoyés dans des *Sonderlager* et les distinguait du commun, signifiait aussi que les détenus de marque étaient distingués de ceux du commun en ce qu'ils étaient, eux, envoyés non pas dans des camps de concentration mais dans des hôtels, Et c'est assez

d'autorité décrété que c'était là un langage de code et qu'il s'agissait de chambre à gaz.

Comme argumentation, c'est un peu frêle et c'est le moins que l'on puisse dire. Mais les témoins ? Jusqu'ici, on a produit Höss, commandant du camp d'Auschwitz dont on a vu ce que valait de témoignage parlé (à Nuremberg) puis écrit (dans sa cellule à Cracovie) entre la menace d'une condamnation à mort et l'espoir d'une grâce ou d'une commutation, au surplus plein de contradictions d'une page à l'autre ou en contradiction avec tous les autres. Gerstein ? Après avoir écrit (?) son témoignage, celui-ci a pris la sage précaution de se suicider : sans doute parce que, s'il ne l'avait pas fait, il lui aurait fallu venir soutenir à Nuremberg qu'il y avait eu des chambres à gaz de 25 m^2 de superficie et d'1,90 m. de hauteur où l'on réussissait ce tour de force de faire entrer les juifs, par fournées de 750 à 800 pour les asphyxier au gaz d'échappement de moteurs Diesel. Ou bien s'agit-il d'un document de toutes pièces fabriqué pour les besoins de la cause par un *minus habens* et prêté à un être fictif ? Quant au Dr hongrois Miklos Nyiszli qui a vu des chambres à gaz de 200 m de long et d'une largeur de 1,05 à 2,55 m et tondre les morts qu'on en sortait ou asphyxier à 20 000 par jour en français et 10 000 en allemand, je ne pense pas qu'il soit besoin d'insister. Les autres ? Ils ont placé des chambres à gaz qu'ils ont vues en action dans les camps où nous savons aujourd'hui qu'il n'y en avait pas (Dachau) ou bien ils ont vu partir leurs camarades pour des chambres à gaz dont ils ne connaissaient l'existence que par ouï-dire et c'est le cas général, etc. Il reste le malheureux qui prit la suite de Höss comme commandant du camp d'Auschwitz en novembre 1943, qui est actuellement en prison à Francfort et de qui on est en train de préparer le procès : il parlera comme Höss sous la menace d'une condamnation à mort et on se trouvera en droit de faire, sur son témoignage, les mêmes réserves que sur celui de Höss.

Ce n'est pas sérieux.

---

loin de l'interprétation qui en a été donnée et continue de l'être ! par les « historiens » du centre de documentation juive contemporaine.

En tout cas, s'il était un jour établi qu'en plein milieu du XXe siècle, un fait historique de cette importance qui implique de toutes façons la participation, bourreaux et victimes mêlées, de millions de personnes dont six millions sont mortes exterminées dans des chambres à gaz ou d'autre aussi horrible manière ne peut être étayé que par un si petit nombre de documents et de témoins au surplus de qualité aussi douteuse, on pourrait alors affirmer sans aucune chance de commettre la moindre erreur qu'il s'agit, non pas d'un fait, mais d'un mensonge historique : la plus tragique et la plus macabre imposture de tous les temps.

E - ...ET AUTRES BROUTILLES

Définition du crime et du criminel, point de départ et clé de voûte de l'Acte d'accusation, l'article 6 était la pièce maîtresse du Statut de Nuremberg. Par là-même, il impliquait pour l'historien l'obligation d'affronter tous les éléments de cette définition aux faits sur lesquels ils étaient articulés et, pour en donner une image aussi exacte que possible de situer ces faits, à la fois dans leur contexte historique et dans leur contexte juridique : pièce maîtresse du Statut de Nuremberg, cet article 6 le devenait alors aussi de cette étude et c'est ce qui explique la place prépondérante qu'il y tient.

Au terme de son examen, la conclusion qui s'impose, c'est qu'au vrai, il ne s'agit même pas d'une définition, mais tout au plus d'une banale pétition de principe qui déduit les données du problème qu'elle pose de la solution qu'elle lui propose, à savoir : la condamnation d'un seul des criminels arbitrairement choisi entre tous ceux qui l'ont commis. Ceux qui ont désigné ce criminel et décidé de sa mise en jugement étant ceux qui ont, de concert avec lui, créé par le menu toutes les circonstances du crime, donc ses co-auteurs ligués contre lui, on conviendra qu'il ne pouvait rien sortir d'autre de leurs cogitations. Comme ils s'étaient en même temps institués ses juges, la condamnation devenait automatique et les autres articles du Statut n'interviennent plus que pour codifier cet automatisme.

De ces articles qui sont autant de déclarations de nullité des principes et des règles habituelles du Droit, les plus importants ont déjà été cités : celui qui habilite des juges qui sont en même temps parties (art. 1) ; celui qui décrète qu'ils ne pourront être récusés (art. 3), celui qui fait appel à la justice expéditive en imposant un examen rapide des questions soulevées par les charges et de celles-là seulement (art. 18), celui qui délie le Tribunal des règles techniques relatives à l'administration des preuves (art. 19) et celui qui lui donne le droit de tenir pour acquis des faits de notoriété publique sans exiger qu'en soit rapportée la preuve (art. 21). On a vu comment ces deux derniers articles, notamment, ont permis au Tribunal d'accepter au présent affirmatif des documents écrits au conditionnel hypothétique (cf. p. 63 Document Hossbach), qu'il y avait des chambres à gaz à Dachau (cf. p. 78), que 6 000 000 de juifs avaient été exterminés et, d'une manière générale, tout ce qui était raconté sur les camps de concentration par tous les déportés dont la preuve est aujourd'hui faite qu'ils réagissaient alors, bien plus en victimes avides de réparations ou de vengeance qu'en témoins objectifs.

On peut encore citer l'article 20 ainsi conçu :

« Le Tribunal pourra exiger d'être informé du caractère de tout moyen de preuve AVANT[108] qu'il ne soit présenté afin de pouvoir statuer sur sa pertinence. »

Car il fallait éviter tout débat scabreux en public et ainsi les accusés se trouvèrent-ils privés de la dernière garantie du droit international qui est le caractère public de la Justice.

Et, quand on aura cité l'article 8, on aura tout dit, le reste n'étant plus que broutille sans la moindre importance. Voici ce que disait cet article 8 :

« Le fait que l'accusé a agi conformément aux instructions de son gouvernement ou d'un supérieur hiérarchique ne le dégagera pas de sa responsabilité mais pourra être considéré comme un motif de

---

[108] Souligné par moi - P.R.

diminution de peine si le Tribunal estime que la justice l'exige. »

Ainsi les Allemands apprirent-ils en 1945 que, depuis l'accession de Hitler au pouvoir, ils avaient non seulement le droit mais le devoir de se comporter en objecteurs de conscience et en furent-ils informés par des juristes (*sic*) qui ne reconnaissaient pas ce droit aux ressortissants de leurs propres nationalités[109] et dont aucun ne l'a reconnu en ces termes depuis. De quoi frémir si l'on tient compte que, dans le cas de sa victoire en Algérie ayant fait prisonniers tous les soldats français qui ont combattu contre lui, le F.L.N. les eût pu tous condamner par application de cet article 8.

À Nuremberg, tous les avocats excipèrent de ce fait que c'était là ébranler les assises fondamentales de l'État dans son acception universelle, en des termes qu'à l'audience du 13 décembre 1961 du tribunal de Jérusalem, le Dr. Robert Servatius, défenseur d'Eichmann reprit sous cette forme :

> « Le principe fondamental dans tous les pays est de faire confiance aux dirigeants. L'acte est muet, l'obéissance aveugle. Telles sont les qualités sur lesquelles l'État repose. Ces qualités sont-elles récompensées ? Cela dépend du succès de la politique. Si la politique échoue, le vainqueur considérera l'ordre comme un crime.
> « Celui qui aura obéi n'aura pas eu de chance et il aura à répondre de sa fidélité. La potence ou les honneurs, c'est là la question.

---

[109] Qui couvrirent même d'honneurs certains d'entre eux dont la participation sur ordre à des crimes reconnus évidents par le Tribunal n'était pas discutable. Exemple : le professeur Balachowski, sujet russe naturalisé français en 1932 chef de laboratoire à l'Institut Pasteur de Paris, déporté à Buchenwald le 18 janvier 1944 et affecté au bloc 50, dit des expériences criminelles. Interrogé à Nuremberg comme témoin, le 29 janvier 194d, après avoir convenu que « chacune de ces expériences équivalait à un assassinat » (T. VI, p. 322) ce Balachowski se justifie en disant « qu'il fallait exécuter à la lettre les ordres qui étaient donnés ou bien disparaître » (*op. cit.* p 328) Non seulement le Tribunal ne lui appliqua pas l'article 8 du Statut pour avoir « obéi à des ordres criminels » mais, comme il est dit plus haut il vit à Paris, couvert d'honneurs et très confortablement, n'en vitupérant que de plus belle les criminels auxquels il fait aux Allemands un crime de ne pas avoir désobéi. « Selon que vous serez... » En cela le jugement de Nuremberg ne se distingua pas des jugements de cour du fabuliste et Balachowski n'est pas seul dans son cas !

Lorsqu'il se solde par un échec, l'ordre est un crime infâme, s'il aboutit au succès, il est sanctifié. » (*Le Monde*, 14 décembre 1961).

Et dans son livre *Dix ans et vingt jours*, l'amiral Dönitz donne à cet article 8, le commentaire suivant :

« ... Réclamer d'un soldat autre chose que l'obéissance, c'est ébranler la base même de l'État militaire et compromettre la sécurité de son pays... D'ailleurs, les nations se sont bien gardées de l'appliquer, aussi bien pendant la guerre de Corée que lors de l'expédition de Suez, en novembre 1956. Bien au contraire, un soldat anglais ayant refusé de participer à cette dernière expédition a été traduit devant un Conseil de guerre et condamné pour refus d'obéissance, en violation du Statut de Nuremberg. » (op. cit. p. 41 de l'édition française).

Ce qui m'inquiète, ce n'est pas que les assises de l'État soient universellement ébranlées, mais qu'elles le soient de cette façon qui place l'individu dans la situation de se demander, avant d'obéir, non pas si l'ordre est conforme aux impératifs de la justice, mais si celui qui le donne est le plus fort de tous ceux qui, de par le monde, ont reçu, du Ciel ou du hasard, mission de commander.

Car voici la Justice de nouveau installée dans les meubles de la Force qui prime le Droit.

Le Statut de Nuremberg a d'ailleurs connu bien d'autres violations depuis 1945 : le comportement de l'Angleterre en Égypte (1952-1954), de la Russie en Hongrie (1956), de la France en Indochine (1945 1954), puis en Algérie (1954-19...), de la Belgique, des États-Unis et de l'O.N.U. au Congo (1958.19....) sans compter Mao Tsé Toung en Chine et Castro à Cuba, sont autant de crimes au regard de l'article 8 et il n'a jamais été, pour autant, question de réunir un Tribunal à Nuremberg pour y déférer les coupables.

Ne restent plus que les débats...

En donner une image exacte nécessiterait un examen détaillé de la façon dont ils ont été conduits et autant de volumes d'autant de pages qu'il en a fallu pour en rendre compte, soit 23 d'une moyenne d'environ

600 pages chacun sur un format respectable pour le Procès, soit encore 77 pour l'ensemble des 13 procès : malgré le plaisir qu'y prendrait le polémiste que je n'arrive pas facilement à chasser de moi, c'est là un travail qui sortirait du cadre de cette étude en ce qu'il relève plus du juriste que de l'historien et ne peut, en conséquence, entrer dans mes intentions.

Je pense d'ailleurs avoir cité assez d'exemples assez précis pour donner une idée suffisante des conditions dans lesquelles les articles que j'ai cités ont joué soit pour imposer le silence à la défense (sur des faits par exemple aussi importants et aussi abondamment utilisés à charge par l'accusation que le traité de Versailles), soit pour faire accepter comme authentiques des témoins aussi visiblement faux que le Dr Blaha (cf. p. 78) ou que les *Hauptsturmfuhrer* Hoettl et Wiscliceny (cf. p. 83), des documents aussi visiblement sollicités que le *rapport Hossbach* (cf. p. 63) ou aussi visiblement faux que le *Rapport Gerstein* (cf. en appendice), des statistiques aussi fantaisistes que celles déduites des mémoires de Hoess, commandant du camp d'Auschwitz, au surplus désavoués par leur autour même (cf. pp. 97-98), etc. Rien que pour ce Procès des grands criminels, c'est-à-dire le premier, on relève des centaines de cas de ce genre, dont le nombre et le manque de scrupules des juges ont encore été multipliés par les douze qui ont suivi.

Pour conclure, je voudrais cependant signaler encore deux des 11 règles de procédure annexées au Statut pour pallier ses imperfections au regard du but poursuivi : la règle n° 2 et la règle n° 4.

Sous le titre « Notification aux accusés et droit à l'assistance d'un avocat, la première s'exprime ainsi dans son paragraphe a) :

« Chaque accusé détenu recevra dans un délai de trente jours au « moins avant le Procès, une copie traduite dans une langue connue de lui :
1°) De l'Acte d'accusation ;
2°) Du Statut ;
3°) De tous les documents annexés à l'Acte d'accusation ;
De l'exposé de ses droits à l'assistance d'un avocat tel qu'il est défini au paragraphe d) de la présente règle accompagné d'une « liste

d'avocats. »

Rien à signaler en ce qui concerne le paragraphe d). Par contre, le paragraphe c) de la règle n° 4 apporte une restriction importante aux dispositions de la règle n° 2, relativement au droit de recevoir tous les documents mentionnés à l'Acte d'accusation en précisant qu'il les recevra « seulement dans la mesure où les procureurs généraux pourront les mettre à sa disposition. »

Par quoi l'on voit que les rédacteurs du Statut n'avaient reculé devant aucune précaution. Il est juste de dire que cette dernière disposition joua beaucoup plus en matière de « témoins » qu'en matière de « documents » : le nombre de « témoins » qui avaient rédigé des « documents » soit avant de mourir, soit toujours vivants mais que les procureurs généraux ne furent pas « en mesure » d'amener à la barre, est incalculable. Comme par un fait exprès, c'est par ceux-là que les « documents » les plus accablants avaient été rédigés...

Mais c'est surtout sur le contenu de la règle n° 2 que je voudrais attirer l'attention. D'abord, le délai de trente jours fixé pour la remise des documents aux accusés ne fut que rarement respecté : il n'est pas un seul d'entre eux qui, au procès des grands criminels de guerre au moins, ne se soit, à une ou deux audiences au moins, trouvé brusquement en présence d'un document dont il ne lui avait jamais été donné connaissance. Le président s'en tirait alors en déclarant que l'acte d'accusation n'était pas au point : les débats terminés, on s'aperçut que ces petites forfaitures n'empêchèrent pas le jugement d'être, lui, très au point. Et comme le Tribunal jugeait en dernier ressort, la défense n'eut même pas la possibilité d'objecter le vice de forme. Ceci n'est très grave que parce que les décisions de ce premier tribunal de Nuremberg firent jurisprudence pour les douze autres procès qui suivirent : bien plus que par les faits relevés contre eux au Struthof, les médecins de ce camp furent déclarés coupables de ces faits parce qu'ils l'avaient déjà été à Nuremberg, de cette manière ou à peu près[110].

---

[110] À ce procès du Struthof, le capitaine Henriet, commissaire du gouvernement reconnut publiquement qu'il ne pouvait pas apporter la preuve que les expériences

Il y a plus grave encore. Ici cependant, pour n'être point taxé de parti-pris ou d'exagération, je préfère laisser la parole à quelqu'un qui n'est l'objet d'aucune suspicion dans le clan des justiciers. Voici donc ce que, dans l'Avant-Propos de son livre *Le IIIe Reich, des origines à la chute*, raconte William L. Shirer sur les moyens de preuves susceptibles de départager les parties en cause :

> « Le brusque effondrement du Troisième Reich, au printemps de 1945, permit aux vainqueurs de mettre la main, non seulement sur quantité de ses dossiers confidentiels, mais aussi sur d'autres matériaux précieux : journaux personnels, allocutions ultra-secrètes, procès-verbaux de conférences et jusqu'aux sténos des conversations téléphoniques entre chefs nazis, interceptées par un service spécial que Goering avait créé au Ministère de l'Air. Le général Franz Halder, par exemple, notait dans son journal les moindres faits, jour par jour et même heure par heure. Sa minutie nous vaut une source exceptionnelle d'informations précises sur la période allant du 14 août 1939 au 24 septembre 1942, pendant laquelle, chef de l'état-major général de l'Armée, il fut en contact direct avec Hitler et les autres dirigeants nazis. En dehors de ce document, le plus révélateur de toute cette catégorie, d'autres, bien que moins complets, paraissent tout aussi précieux, comme le journal du petit Docteur, Joseph Goebbels, Ministre de le Propagande et intimement lié à Hitler par leur lutte commune à la tête du Parti, ou encore celui du général Alfred Jodl, chef des opérations du Haut Commandement des Forces Armées (le fameux O.K.W. Oberkommandt der Wehrmacht). Mentionnons également les dossiers & de l'O.K.W. lui-même et de l'état-major de la Marine.

---

du Dr Haagen sur le typhus avaient provoqué des décès. Mais il ajouta que le Tribunal pouvait fonder sa conviction sur des présomptions de culpabilité et ces présomptions de culpabilité il dit les trouver suffisantes dans les attendus du Procès de Nuremberg. À l'époque (1954) je notai (Introduction à la 2e édition du *Mensonge d'Ulysse*) : « Ceci ne peut manquer de frapper le lecteur s'il sait que le Tribunal de Nuremberg n'avait, lui non plus, fondé sa conviction que sur des témoignages dont on sait aujourd'hui ce qu'ils valent ! et sur ce qu'il appelait les mensonges de Haagen donc sur d'autres présomptions et par conséquent, fait le même raisonnement. Ainsi le Procès de Nuremberg inaugura-t-il l'ère des condamnations, non plus sur des faits juridiquement établis mais sur de simples présomptions déduites de vagues racontars. »

En fait, les 60.000 dossiers constituant les archives navales allemandes saisies au château de Tambach, près de Cobourg, contiennent la quasi-totalité des codes, journaux de bord, journaux personnels, notes de service de la Marine, etc... Les 485 tonnes de documents provenant des Affaires étrangères furent saisies par la première armée américaine dans divers château et mines du Hart, au moment même où ils allaient être brûlés sur ordre de Berlin. Etc...

...Les révélations ainsi obtenues sont nombreuses et d'un grand choix. C'est notamment le cas des sténos partielles de conférences du Führer, relatives à la situation militaire examinée chaque jour au Quartier général de Hitler, ainsi que du dossier plus complet, de ses conversations familières avec ses vieux compagnons du parti et avec ses secrétaires pendant la guerre. Le premier fut découvert... Par centaines de mille, des pièces nazies ainsi saisies furent hâtivement rassemblées à Nuremberg, en vue du Procès intenté aux principaux criminels de guerre, etc... » (*op. cit.* pp. 9 et 10 de l'édition française).

Je demande au lecteur de méditer ces données chiffrées : des dossiers de la Marine évalués à 60 000, des documents des Affaires étrangères dont le poids fait au total 485 tonnes, en tout des centaines et des centaines de milliers de documents... À qui fera-t-on croire qu'entre le 8 août 1945, date de la réunion de la commission de Londres et le 14 novembre 1945 — trois mois ! — les procureurs désignés ont pu examiner cette montagne de pièces à conviction avec assez de sérieux pour en tirer un Acte d'accusation historiquement et juridiquement fondé ? Et que trente jours suffisaient aux accusés et à la défense pour en tirer tout ce qui y figurait à décharge ?

Car, la vérité juridique dont, en l'occurrence, la vérité historique est le seul fondement, c'est tout cela, Et, pour examiner sérieusement tout cela, il faudra sans aucun doute des dizaines et peut-être des centaines d'années à des milliers d'historiens[111].

---

[111] Pendant plusieurs années après la guerre, nous dit William L. Shirer, « ces masses de papier provenant de l'époque nazie restèrent en Amérique, sous scellés, dans un vaste magasin militaire d'Alexandria (Virginie) ; le gouvernement américain ne montrait nul souci d'ouvrir les caisses, ne fût- ce que pour constater l'intérêt historique de leur contenu. Finalement, en 1955, dix ans après leur saisie, grâce à l'initiative de l'*American Historical Association* et à la générosité de deux fondations privées, ces caisses furent ouvertes et un tout petit groupe de savants et de chercheurs,

On reste confondu à la pensée qu'après quelques mois d'étude de cet immense dossier une poignée de procureurs et de juges associés aient pu se déclarer suffisamment éclairés, les uns pour dresser un Acte d'accusation, les autres pour prononcer une condamnation.

Je sais : quinze ans après, le rouge de la honte ne leur est pas encore monté au front. Je les préviens cependant qu'ayant réussi à faire assassiner le duc d'Enghien sans que la honte lui monte jamais au front, Napoléon lui-même n'a pas échappé au jugement de l'histoire.

Le Procès Eichmann posait un problème délicat. D'une étude qui paraît si peu de temps après le jugement rendu par le Tribunal de Jérusalem, le lecteur attendait sûrement qu'elle en fît mention spéciale. Mais, « si peu de temps », c'est « trop peu de temps » pour que l'historien en puisse donner une image objective et je ne pense pas qu'il soit déjà possible d'ajouter beaucoup aux références que j'y ai faites en cours d'argumentation dans cet ouvrage.

Il ne paraît d'ailleurs pas qu'il ait enrichi le dossier de beaucoup d'éléments nouveaux. Des documents qui ont été produits par l'accusation, il n'est aucun qui ne l'ait déjà été à l'un ou à l'autre des treize Procès de Nuremberg. Les témoins qui ont défilé à la barre, n'ont rien dit d'autre que ce qui y avait été dit et dans les termes mêmes. Beaucoup d'entre eux ne sont venus que pour y réciter, non pas ce qu'ils avaient vu, mais ce que, visiblement ils avaient lu dans l'un ou l'autre des innombrables livres publiés depuis quinze ans sur la question : ceux qui sont venus attester l'existence des chambres à gaz à Bergen-Belsen, celui qui a vu Eichmann écouter avec plaisir, le 18 juillet 1942, le compte rendu des opérations d'asphyxie par les gaz à Auschwitz alors qu'à cette date il n'existait dans ce camp ni chambres

---

peu secondés, insuffisamment outillés, procéda au choix des pièces à relever et à photographier avant que le gouvernement singulièrement pressé en la circonstance, ne renvoyât l'ensemble en Allemagne. » (*op. cit.* p. 10). Ces masses de papier sont donc maintenant en Allemagne et il ne dépend plus que du gouvernement allemand qu'y aient accès non plus seulement un petit groupe d'historiens privilégiés parce qu'ils soutiennent les thèses officielles, mais tous les historiens dignes de la qualification. En 1960, au cours d'une tournée de conférences en Allemagne et en Autriche, j'avais demandé aux historiens allemands de se constituer en comité indépendant pour cette étude, on me permettra de le rappeler.

à gaz, ni fours crématoires, puisque tout cela n'a été, les documents officiels le prouvent, commandé que le 8 août 1942 à la Maison Topf und Söhne d'Erfurt (cf. p. 86), etc. Il n'est pas jusqu'au jugement qui n'ait été, longtemps à l'avance, aisément prévisible.

Le quatorzième Procès de Nuremberg, en somme.

Et s'il se distingua des autres, il semble bien que ce ne soit que par ceci : les conditions dans lesquelles il a pu avoir lieu, la procédure selon laquelle il s'est déroulé n'ont fait qu'ajouter les forfaitures du Droit israélien à celles du Statut de Nuremberg.

On trouvera, cependant, au chapitre suivant, le maximum de ce qu'il est déjà possible d'en dire.

Chapitre III – Le procès Eichmann ou… les nouveaux maitres-chanteurs de Nuremberg

Le 28 mai 1960, le nom d'Adolf Eichmann, jusqu'alors inconnu, hormis de quelques spécialistes de l'histoire du national-socialisme et des camps allemands de concentration, conquit brusquement la notoriété dans la presse mondiale. Ce jour-là, Ben Gourion, président du conseil de l'État d'Israël, était monté à la tribune de la Knesseth (Parlement israélien) et avait annoncé aux députés que « le responsable de la mort de six millions de juifs et leur bourreau » avait été enlevé le 11 mai précédent en Argentine où il bénéficiait du droit d'asile, par un commando des services secrets israéliens, qu'il était en prison à Tel-Aviv et qu'il serait jugé par un tribunal israélien. Depuis cette date, les « six millions de juifs » — des journalistes zélés ont même parlé de 9 millions — « hommes, femmes, vieillards et enfants exterminés dans les chambres à gaz d'Auschwitz » et autres lieux, ont de nouveau été servis tous les matins au petit déjeuner du monde entier.

Le 11 avril 1961, au terme d'une instruction qui ne dura pas moins de onze mois, le procès en question s'est ouvert à Jérusalem devant un parterre de journalistes, venus de tous les coins du monde.

Et, le 11 décembre, le Tribunal rendit son jugement : condamnation à mort. Sur la personnalité d'Eichmann, sur les conditions dans lesquelles s'est déroulé son procès, les arguments qui ont été produits, le contexte politique dans lequel il faut replacer les faits invoqués contre lui et les interprétations qui en ont été données, les juristes, semble-t-il, avaient beaucoup plus à dire que les historiens et en voici les raisons.

I - Qui est Adolf Eichmann ?

Adolf Eichmann est né le 19 mars 1906 à Solingen (et non en Palestine, dans la colonie allemande de Saron comme avait réussi à l'accréditer Mme Nina Gourfinkel, préfacière du livre de Joël Brand « *Un million de Juifs contre dix mille camions* » et qui tient une place honorable dans la longue théorie des historiens nés du résistantialisme).

Son père était Prokurist (fondé de pouvoir) de la compagnie des tramways de la ville. En 1913, la famille se transporta à Linz où, après avoir occupé, pendant un certain temps, les mêmes fonctions qu'à Solingen, le père prit sa retraite et créa un commerce d'appareils électriques. Mais, en 1913, la famille Eichmann se composait du père, de la mère et du seul Adolf : des cinq enfants qu'elle compta (dont un d'un second mariage du père), l'aîné était Allemand et les quatre autres Autrichiens. Dans les années 1930, sous le chancelier Dolfuss, ceci eut son importance, puisque l'aîné, considéré comme étranger en Autriche, n'y put plus trouver de travail. Comme sa famille était en relations avec Kaltenbrunner, alors leader du national-socialisme autrichien à Linz, il devint militant appointé du parti, mais en Allemagne, à Passau, puisque les activités de ce genre lui étaient aussi et plus encore interdites en Autriche. Ainsi commença la carrière d'Adolf Eichmann.

Peu à peu, il conquit ses grades dans les S.S. jusqu'à celui d'*Obersturmbannführer* (Lieutenant-colonel) du *Reichsicherheithauptamt* (Office Central de sécurité du Reich) où, dès sa création en 1936, il avait été affecté au Bureau (ou service) IV B 4 (affaires juives).

Pour situer sa responsabilité dans le drame juif, il faut situer l'homme à son rang dans ce service et c'est le moment de dire que le *Reichsicherheithauptamt* comprenait sept bureaux, tous d'exécution : dans le quatrième de ces bureaux et dans la section B (il y avait deux sections : A et B) Eichmann était le chef du quatrième sous-bureau. Au-dessus de lui, dans la hiérarchie, il y avait un colonel : Muller, chef de tous les sous-bureaux groupés sous la dénomination IV B et dont personne n'a jamais parlé (il serait actuellement ou aurait été un très haut fonctionnaire de la police dans l'Allemagne de l'autre côté du Rideau de fer).

Au-dessus de Müller, il y avait un autre colonel, chef des deux sections A et B du Bureau IV : Roth. Et, au-dessus de Roth,

Kaltenbrunner[112] chef des sept bureaux. Enfin, le chef suprême : Heinrich Himmler.

Dans le *Reichsicherheithauptamt*, le lieutenant-colonel Adolf Eichmann était donc au 6e rang de la hiérarchie et au stade de *l'exécution seulement* des décisions qui étaient prises à un niveau supérieur à Himmler lui-même, du moins jusqu'en 1943 puisque c'est seulement à cette date que Himmler fut élevé au rang de ministre.

Dans l'appareil du Pouvoir nazi, il y avait des milliers et des milliers de postes à ce degré de responsabilité.

À partir de mars 1942, date à laquelle commença la déportation massive des juifs, le bureau IV B 4, à la tête duquel était Eichmann, reçut mission de se consacrer à leur transport dans les camps de concentration. Comme, par exemple, celui à la tête duquel se trouvait Pohl avait reçu celle de se consacrer à l'organisation économique de ces camps, ou un autre de rechercher les juifs et de les regrouper. Mais l'ensemble des mesures visant les juifs ayant été décidé à l'échelon gouvernemental, il n'eut de part que dans l'exécution et dans la limite où cette exécution le concernait.

C'est en fonction de ces considérations que se définissent la responsabilité et la culpabilité d'Eichmann et c'est, dans toutes les sociétés de type traditionnel, le drame de l'individu à qui, sous peine d'être sévèrement condamné, le droit à l'objection de conscience est refusé. Sur ce point, le procès de Jérusalem a révélé qu'à partir de 1941, Eichmann avait vécu ce drame dans les mêmes termes qu'à Buchenwald, le professeur Balachowski de l'Institut Pasteur de Paris, contraint par le Dr Ding-Schuller d'expérimenter des vaccins sur des déportés, sachant pertinemment, il en a lui-même convenu, que cela équivalait à un assassinat (cf. p. 120). Dans les mêmes termes, dis-je, car, s'il y a une différence, elle n'existe qu'au niveau des mobiles : tandis que le lieutenant-colonel dont la culture est visiblement rudimentaire a expliqué son obéissance aux ordres reçus par la Raison d'État et l'amour de sa Patrie, le Professeur dont la culture ne devrait pas être

---

[112] Le premier responsable du *Reichsicherheithauptamt* fut Heydrich, abattu par la résistance tchèque en juin 1942. Kaltenbrunner prit sa suite.

douteuse a, en effet, expliqué la sienne par le souci de « ne pas disparaître ». Que cette différence se matérialise en fin de compte par la corde au premier et les honneurs au second, c'est toute la question. Si, comme le prétend la morale traditionnelle, il était exact que, dans tout cela, c'est d'abord le mobile qui compte, on pourrait déjà dire qu'en l'occurrence, les rôles ont été assez mal distribués par la justice.

II - LES CIRCONSTANCES DU PROCÈS

Au regard du droit international comme à celui de la morale, Adolf Eichmann s'est trouvé en qualité d'accusé devant un tribunal israélien, dans des conditions qui sont une injure au premier comme à la seconde et nul ne l'a plus indiscutablement établi que Me Raymond de Geouffre de la Pradelle, dans un article publié par *Le Figaro* le 9 juin 1960.

Le mieux est de lui laisser la parole : si ma compétence peut très facilement être discutée en la matière, il sera très difficile de discuter la sienne.

Voici donc ce que dit Me Raymond de Geouffre de la Pradelle en dehors de toutes considérations sur la culpabilité :

> « Les poursuites exercées au lendemain de la guerre par les Alliés sont fondées sur l'accord de Londres du 8 août 1945 et la déclaration de Moscou du 30 octobre 1943 à laquelle l'accord de Londres se réfère expressément.
>
> Le principe posé est celui du renvoi des criminels de guerre dans les pays où ils ont commis leurs crimes. De Plus, le statut de Londres du 8 août 1945 a créé le Tribunal militaire international pour juger les criminels dont les crimes sont sans localisation géographique précise...
>
> Ce statut de Londres a été promulgué par les Alliés après qu'ils eurent reçu, le 8 mai 1945, du chef du gouvernement du Reich, le grand-amiral Dönitz, par la reddition sans conditions, l'exercice de la souveraineté allemande....
>
> Aucun texte international ne permet de donner compétence à l'État d'Israël pour juger un ressortissant étranger auquel sont imputés des crimes contre l'humanité ou des crimes de guerre alors que ces crimes ont été commis à l'étranger. De plus, à l'époque où

ces crimes ont été commis, il ne pouvait s'agir de victimes de nationalité israélienne, puisque l'État d'Israël n'existait pas.

L'État d'Israël est souverain. Dans les limites de son territoire, Israël peut, si bon lui semble, par une loi particulière, se donner la compétence juridictionnelle qu'il voudra. Mais cette loi viole les principes généraux du droit et de la règle internationale de compétence établie pour des crimes ayant essentiellement un caractère international puisque, accomplis en Allemagne à une époque où la loi allemande les considérait comme licites, ils ne constituent des crimes qu'au regard du droit international. »

Et Me Raymond de Geouffre de la Pradelle conclut que la seule procédure licite eût été celle d'une demande d'extradition à l'Argentine et par l'Allemagne seule qualifiée.

On ne saurait mieux dire. Mais l'Argentine avait accordé le droit d'asile à Eichmann, raison probable pour laquelle comme le ferait n'importe quel autre État dans les mêmes circonstances, l'Allemagne ne demandait pas son extradition. La France demande-t-elle aujourd'hui à l'Espagne l'extradition des nombreux citoyens français qu'elle considère comme criminels et auxquels l'Espagne a accordé le droit d'asile ? Même Napoléon III ne demanda pas l'extradition de Victor Hugo à l'Angleterre.

Cependant, la France n'a pas procédé à des enlèvements en Espagne ou en Argentine. Le seul exemple historique comparable au cas d'Eichmann est l'enlèvement du duc d'Enghien par Napoléon 1er et ni le Droit, ni l'Histoire ne le lui ont pardonné.

Le lecteur m'excusera si, plutôt que d'invoquer des principes de morale toujours discutables, j'ai préféré citer des textes, bien qu'ils soient plus froids : ils donnent au procès Eichmann le caractère d'un procès de Moscou et si des griefs de culpabilité pouvaient être articulés contre Eichmann, ils ont déjà disparu derrière les circonstances impardonnables de l'enlèvement et aux yeux de la postérité, le condamné d'aujourd'hui risque d'être bien plus une victime qu'un bourreau.

III - L'ACCUSATION ET SON CONTEXTE POLITIQUE

L'accusation a été considérablement affaiblie par son motif central : les 6 millions de juifs européens exterminés dans la grande masse des chambres à gaz[113].

Au lendemain de la guerre, dans le désarroi des esprits et le désordre des choses, c'était là un argument qu'il était facile de faire admettre. Aujourd'hui, beaucoup de documents ont été rendus publics qui ne l'avaient pas été au moment où se déroula le procès de Nuremberg et ces documents tendent à prouver que, si les ressortissants juifs ont été odieusement visés et persécutés par le régime hitlérien, il n'est pas possible qu'il y ait eu six millions de victimes.

À partir du moment où l'on s'est mis à discuter le chiffre et où il a été admis par à peu près tout le monde[114] qu'il était considérablement exagéré, on s'est mis aussi à discuter le moyen. On sait, par exemple aujourd'hui, qu'il n'y avait pas de chambre à gaz à Buchenwald, ni à Bergen-Belsen, ni à Dachau, ni à Mauthausen : pris en flagrant délit de mensonge à propos de ces camps, au sujet des chambres à gaz, les témoins qui ont prétendu les avoir vues en fonction ne sont naturellement plus crus lorsqu'ils parlent de celles d'Auschwitz et il n'y a rien de plus naturel. Ils sont d'autant moins crus qu'ils se contredisent les uns les autres et que, si l'on croit l'un, on ne peut pas croire l'autre. Et, devant ces contradictions, que peut faire l'opinion, sinon les renvoyer dos à dos en les accusant les uns et les autres d'affabulation ?

Si, d'autre part, du lot des témoins à charge vivants, on en sort un de temps à autre en le lui présentant comme ne valant pas mieux que ceux qu'il accusait, qui avait été leur complice ou qui appartenait à l'Intelligence Service, etc. sa conviction réprobatrice n'y trouve que des raisons supplémentaires de s'affermir. Ce fut le cas du SS. von dem Bach-Zalewski, Obergruppenführer général des Taffen SS. et chef de l'un des célèbres *Einsatzgruppen*, sortes de corps-francs, chargés de la chasse aux partisans et aux juifs sur le front de l'Est. Grâce à lui, on connut l'activité de ces unités en marge, et même le texte d'un discours

---

[113] Ce chiffre n'a été donné que par la presse et les témoins : l'Acte d'accusation rédigé par M. Gédéon Haussner se borne à dire, on le sait déjà, « des » millions et c'est le premier pas dans la voie des aveux concernant cette imposture évidente.

[114] Y compris ceux qui en font état dans la presse et qui sont beaucoup moins affirmatifs dans les conversations particulières.

prononcé « au commencement de 1941 » sans autre précision à Weselberg et dans lequel le Reichsführer SS. aurait déclaré « que le but de la campagne de l'Est était de diminuer la population slave de 30 millions d'individus » mais que personne d'autre n'entendit et dont on ne put jamais retrouver le texte. (Nur. Audience du 7-1-1946, T. IV, p. 500) : le 16 janvier 1961, il fallut arrêter ce Bach-Zalewski pour « un assassinat politique froidement commis le 2 juillet 1932, actes de cruauté auxquels il a été mêlé lors de l'écrasement du soulèvement de Varsovie en 1944 et au cours de la lutte contre les partisans dans la campagne de Russie, ainsi que l'exécution d'otages polonais à Sosnovitz- Dendzin. » (Les journaux, 17 janvier 1961, d'après une dépêche de l'A.F.P.). Et le 11 février suivant, il était condamné à 4 ans 1/2 de prison, ce qui prouve que depuis Nuremberg, la justice est devenue singulièrement indulgente.

Ce fut encore le cas lorsque, le 25 janvier 1961, la revue anglaise *Week-End* parut, avec, sur sa couverture, une photographie de Hoettl, accompagnée de la légende suivante :

THE SPY STORY
That's stranger than fiction
He was a friend of Nazi leaders
His real boss was a British secret service man

Ainsi apprit-on que le principal témoin sur lequel on s'appuyait pour fixer à six millions le nombre de juifs exterminés[115] par le nazisme était

---

[115] Il est bon de préciser que ce chiffre ne s'appuie que sur deux témoignages : celui de Hoettl et un autre de Wisclinecy (cf. p 83). Voici ce que déclara le premier : « En avril 1944, dit aux juges de Nuremberg, l'Obersturmbannführer Dr Wilhelm Hoettl, chef du bureau adjoint de la section IV de l'Office central de sécurité du Reich, le SS. Obersturmbannführer Adolf Eichmann que je connaissais depuis 1938 eut un entretien avec moi dans mon appartement à Budapest... Il savait qu'il était considéré comme criminel de guerre par les Nations Unies puisqu'il avait des milliers de vies juives sur la conscience. Je lui demandai combien il y en avait et il me répondit que, bien que le nombre fût un grand secret, il me le dirait parce que des renseignements qu'il possédait, il était arrivé à la conclusion suivante : dans les différents camps d'extermination environ 4 millions de juifs avaient été tués alors et que deux millions avaient trouvé la mort d'une autre manière ». (Extrait du C R. du Procès de Nuremberg, tome IV, p. 657).

un agent de l'Intelligence service (!!...)

Sur le contexte politique dans lequel il faut replacer le Procès, il y a lieu d'ajouter que Me Raymond de Geouffre de La Pradelle n'a pas été seul à protester contre l'enlèvement d'Eichmann et à refuser la compétence aux juges de Jérusalem. Dans les milieux israélites eux-mêmes, il y a eu des remous avant l'ouverture du procès et il y en a encore après la condamnation de l'accusé.

Dans *Le Monde* du 21 juin 1960, on pouvait, par exemple, lire le point de vue de l'*American Council for Judaism* qui représente la majorité des Israélites américains, à savoir :

> « ...Le Conseil américain du judaïsme a adressé hier lundi une lettre à M. Christian Herter pour dénier au gouvernement israélien le droit de parler au nom de tous les juifs.
> Le Conseil déclare que le Judaïsme est une affaire de religion et non de nationalité et demande à M. Herter de s'opposer à la prétention du gouvernement israélien de juger Eichmann au nom du Judaïsme. »

À quoi, très embarrassé et comme pour répondre à cette demande de mise en demeure, M. Nahum Goldman, président du Congrès juif mondial, déclarait :

> « Comme les autorités israéliennes l'ont reconnu, l'opération est évidemment en contravention avec les lois argentines. Elle pourrait, de surcroît, constituer un précédent dangereux. Mais le cas est

---

Et le second : « Il (Eichmann) disait qu'il sauterait en riant dans la tombe, car l'impression d'avoir cinq millions de personnes sur la conscience serait pour lui la source d'une extraordinaire satisfaction. » (*Op. cit.*)

De ces deux témoignages, M. Poliakov lui-même dit : « Il serait possible d'objecter qu'un chiffre si imparfaitement étayé doit être considéré comme suspect. » (*Revue d'histoire de la seconde guerre mondiale*, oct. 1956). On ne le lui fait pas dire ! Et si l'on sait que, de ces deux témoins, l'un était un agent de l'Intelligence Service, tandis que l'autre qui a vu la signature de Himmler au bas d'un ordre d'extermination (cf. p. 83) et s'est, pour obtenir sa grâce, mis à la disposition de la justice pour retrouver Eichmann qu'il chargeait, a été, malgré sa complaisance, pendu pour avoir été son complice.

tellement exceptionnel que l'aspect illégal de l'opération ne doit pas devenir le seul ou le principal élément de l'affaire... L'État d'Israël ne peut prétendre représenter le judaïsme mondial, mais, puisqu' il existe et a réussi à capturer Eichmann, je suis d'accord pour que ce n dernier soit jugé dans l'État Hébreu. Si M. Ben Gourion veut transformer le procès Eichmann en un nouveau Nuremberg, il gagnerait à adjoindre au président israélien d'un tribunal ad hoc des représentants de tous les pays qui ont subi le joug de l'ex-colonel S.S. »

Mais, même ce point de vue n'a pas été admis par le gouvernement d'Israël.

Aussi bien, ce n'était pas un problème de Droit que l'État d'Israël prétendait résoudre au moyen de ce procès, mais un problème politique. On sait, en effet, que les indemnités que l'Allemagne a été condamnée à verser à Israël au titre de réparation de dommages que cet État n'a pas subis[116] devaient cesser au 1er janvier 1962. Comme chaque

---

[116] Rappelons que l'État d'Israël a été fondé en 1948 et que les victimes des nazis étaient les ressortissants de divers états sauf de celui d'Israël puisqu'il n'existait pas. Ces indemnités semblent d'ailleurs avoir fait rêver les Tsiganes au point qu'on pourrait dire que l'État d'Israël et le sionisme ont fait école. Si l'on en croit *Le Monde* du 29 décembre 1961, voici maintenant que les Gitans se sont donné un roi, que sous le nom de S M Vaida Voievod III, ce roi se prétend « Chef suprême et spirituel du peuple tsigane » et qu'il entend obtenir de l'ONU un coin du monde où prendrait fin la grande errance des caravanes comme, théoriquement, la création de l'État d'Israël devait mettre fin (?) à la Diaspora. Si on lui demande quel coin du monde il revendique et où il se trouve, il répond qu'il s'agit du Romanestan et il le situe tantôt dans une île du Pacifique, tantôt dans un pays proche d'Israël. Il précise en outre que le nombre de ses sujets qui déambulent sur toutes les routes d'Europe s'élève à 12 millions et que, s'il n'est pas plus élevé, c'est que, de 1939 à 1945, les nazis lui en ont exterminé 3 millions 1/2. On ne rapprochera pas sans profit ce raisonnement de celui du professeur Shalom Baron de l'université de Columbia (cf p. 94) Mais ici, il y a des statistiques et elles situent le nombre des victimes tsiganes du nazisme entre 300 et 350 000 seulement ce qui est d'ailleurs suffisamment atroce déjà Comme d'autre part, nous n'en sommes pas encore au point d'être suspectés d'antiromanestanisme aussi facilement qu'on l'est d'antisémitisme chaque fois qu'on parle des statistiques fantaisistes du Centre de documentation juive contemporaine, et qu'en tout cas, on ne risque pas d'être accusé des mêmes intentions inavouables si on parle des 3 500 000 victimes du nazisme de S.M. Vaida Voievod III sur le mode humoristique, on ne s'en prive pas. Si donc, dit-on, l'O.N.U, accordait un jour aux Tziganes le droit de se regrouper dans ce Romanestan dont seule la situation géographique est à préciser, il ne resterait plus à l'Allemagne qu'à les prendre en subsistance. Car, ayant accordé à

annuité s'élève à 200 millions de marks, l'une des plus importantes ressources de l'État était menacée d'être tarie. C'était d'autant plus grave que le budget israélien ne peut se passer d'une aide financière de cette importance : depuis douze ans, Israël ne survit que grâce aux réparations allemandes, à l'aide américaine, aux gracieusetés françaises et britanniques et aux versements de la Diaspora. Naturellement, le gouvernement israélien voulait obtenir la reconduction pure et simple des versements pour une période à déterminer et, non moins naturellement, l'Allemagne pensait que cela suffisait bien. Ce n'est donc pas Eichmann lui-même qui était mis en accusation, mais l'Allemagne menacée de voir, au cours de ce procès, tout son personnel politique dirigeant mis en accusation devant la conscience universelle : tous les Ministres et les membres les plus influents de la majorité du Chancelier Adenauer étaient susceptibles d'être accusés de connivence avec le nazisme par le truchement de ce procès. Il s'agissait donc là, rien moins que d'une entreprise de chantage : ou bien l'Allemagne accepterait le marché qu'on lui proposait implicitement, ou bien il n'y avait plus de gouvernement allemand possible. Du moins était-ce le calcul que l'on pouvait prêter aux dirigeants de l'État d'Israël. Et, par une singulière coïncidence, il recoupait admirablement les préoccupations du Kremlin.

Cette thèse, je l'ai trouvée dans beaucoup de journaux qui ne peuvent être suspects de sympathie à l'égard de l'Allemagne, ou d'hostilité à celui des juifs, notamment dans *Le Canard Enchaîné* du 12

---

l'État d'Israël une appréciable et substantielle indemnisation des victimes que le nazisme a fait dans le peuple juif, il lui serait difficile d'en refuser autant au Romanestan dont l'O.N.U. ne pourrait manquer de soutenir les revendications comme elle la fait de l'État d'Israël Les 3 500 000 Tziganes exterminés par les nazis disputeraient alors la vedette aux 6 000 000 de juifs dans la presse mondiale. Mais le R.P. Fleury, aumônier général des Gitans de France prévient déjà que S.M. Vaïda Voievod III n'est qu'un imposteur et beaucoup de gens sont de cet avis. Il faut convenir qu'à ce jour, le nombre des gens qui en pensent autant des dirigeants de l'État d'Israël et de leurs supporters, dont la politique en tous points semblable, aussi peu fondée et aussi peu sérieuse a pourtant réussi, est cependant beaucoup moins grand. Dans la mesure où elle fait apparaître que le sionisme d'après-guerre est si proche parent de ce qu'on pourrait appeler le Romanestanisme, l'histoire burlesque du héros de cette aventure méritait d'être citée ici.

avril 1961, lendemain de l'ouverture du Procès Eichmann :

« Le Procès Eichmann, disait *Le Canard Enchaîné*, va se présenter comme celui de l'Allemagne hitlérienne d'une main et celui de l'Allemagne de Konrad de l'autre. Certains, comme les Israéliens pour ne pas les nommer, pleurent qu'ils n'y sont pour rien, qu'en ce qui les concerne ils ne s'intéressent qu'au procès du National-socialisme, se balancent éperdument d'Eichmann et vont multiplier les proclamations contre Adenauer, parce qu'il emploie dans son gouvernement pas mal d'ex-nazis, comme son secrétaire d'État favori, Globke, commentateur dévoué des lois raciales de Nuremberg.

Au cours des audiences, on s'attend à ce que des centaines et des centaines de noms de personnages actuellement en cour en Allemagne fédérale soient prononcés. Des tapées de juges, d'officiers, de députés, de hauts fonctionnaires, de professeurs, etc... vont être mouillés que ça va en être un plaisir.

Tout ce qu'il y a de bon pour la propagande de Bonn. D'aucuns se marrent en disant que Nikita n'hésitera surtout pas à poser sèchement et à nouveau la question de Berlin, en plein procès, au moment où l'opinion mondiale sera très sensibilisée contre l'Allemagne. »

Deux semaines auparavant, le 29 mars, il avait déjà écrit :

« Quelques jours après sa capture (celle d'Eichmann), Ben Gourion qui faisait des conférences aux U.S.A. entendit dire qu'un certain Konrad était rappliqué à Washington pour y causer avec Ike. B. G. prit le premier taxi en partance et bondit chez Konrad.

Entré avec un certain sourire, il en sortit en se fendant la pipe. En cherchant bien, on eût découvert dans un repli de sa cravate (bien qu'il n'en porte jamais) comme un chèque de 500 millions de marks. L'Allemagne recommençait à payer. Enfin !

Les Israéliens ne se démontent nullement quand on leur remémore ce détail : faut bien couvrir les frais du procès qu'ils disent en se marrant. »

Qu'Adenauer ait ou non donné ces 500 millions de marks, je ne le sais pas : les deux hypothèses sont également plausibles. Mais, s'il les a donnés, 500 millions de marks, c'est à peine plus que deux annuités. Moyennant cette somme, assurance aurait été donnée au chancelier que certaines choses ne seraient pas dites. De fait, elles ne l'ont pas été[117].

Les choses en sont là.

Pour ce qui est de la reconduction des annuités au-delà du 1er janvier 1962, le procès terminé, l'Allemagne n'y semblait pas disposée.

Quelle sera la réaction d'Israël ? Il y a encore pas mal d'Eichmann, je veux dire de gens susceptibles d'être accusés de crimes contre l'humanité et contre le peuple juif, qui se promènent de par le monde : l'État d'Israël est-il déjà en train de mijoter l'enlèvement du prochain pour recommencer une tentative de chantage dans les mêmes termes ? On parle beaucoup du SS Obersturmbannfuhrer Dr Mengele, médecin d'Auschwitz, accusé des plus inimaginables expériences sur les détenus juifs... C'est en tout cas un expédient éminemment profitable, qui a l'avantage de pouvoir recommencer presque indéfiniment et qui, pour un nombre appréciable de siècles assurerait l'équilibre des finances de l'État d'Israël. Quand, à une date si lointaine qu'on ne la peut prévoir, le dernier des nazis aurait été pendu en Israël, il ne resterait alors plus qu'à écrire la musique de ces... Nouveaux Maîtres Chanteurs de Nuremberg, puisque c'est sous le signe des procès de Nuremberg qu'aurait été écrit le livret de cette nouvelle... Ballade des Pendus.

IV - Le mot de la fin

Si le lecteur nourrissait quelque doute sur le contexte politique du procès tel qu'il est défini ci-dessus et l'antisémitisme qu'il cultive sous prétexte de le combattre, il suffirait de préciser qu'à tous ces griefs beaucoup de bons esprits en ont encore ajouté. À la radio française

---

[117] La presse allemande qui reflète l'opinion gouvernementale (*Die Welt*, *Frankfurter Allgemeine*, *Süddeutsche Zeitung*, etc.) a été unanime à souligner « le soulagement qu'on éprouve rétrospectivement devant le déroulement même du procès. » Avant sa première audience, nous explique *Le Monde* de Paris (16-12-1961), « on s'était attendu à Bonn à ce qu'il tienne la vedette de l'actualité pendant des semaines, voire des mois, provoquant ainsi à travers le monde un regain de ressentiment anti-allemand. Rien de cela ne s'est produit. Le procès Eichmann n'a pas viré au procès de la République fédérale. » Sans commentaires.

même, la première revue de presse concernant les comptes rendus de la première journée du procès a donné l'impression que dans l'esprit de tous les journalistes présents, sans exception aucune, dominait l'idée qu'il s'agissait non d'une œuvre de justice, mais d'une vengeance des plus banales et que, de toutes façons, c'était une erreur politique.

Et, huit jours après, définitivement fixés sur ce qu'on pouvait attendre des débats, tous les grands journaux du monde, qui y avaient envoyé leurs plus grands reporters judiciaires, les rappelaient pour les déléguer à des procès plus importants.

Le 10 avril, sous le titre « Ce procès est une erreur » et sous la signature d'un M. Alain Guinay, *France-Soir* n'hésitait pas à écrire :

> « Il y a un certain nombre de gens qui estiment que tout ce procès a été une erreur. Que, loin de déraciner l'antisémitisme dans le monde ne fera qu'en attiser les flammes, que loin d'enseigner à la jeunesse israélienne la tragédie de ses pères, il poussera cette jeunesse combative à ne pas se sentir solidaire de ces six millions d'hommes qui, pour l'immense majorité, sont morts sans se défendre.
>
> Ils craignent aussi qu'ils ne nuisent aux rapports entre Israël, d'une part, la Grande-Bretagne et peut-être aussi les États-Unis, de l'autre, en révélant, comme Ben Gourion vient de le faire, que ni Londres, ni Washington n'ont rien fait pour sauver des millions de gens qu'ils auraient pu sauver. »

On a vu (cf. p. 40) comment, ayant voulu englober l'Angleterre et les États-Unis dans la tentative de chantage qu'il avait prononcée en direction de l'Allemagne, M. Ben Gourion a échoué.

Le procès terminé, Eichmann condamné, le malaise dénoncé par tous ces gens subsiste. Les campagnes d'antisémitisme redoutées par *France-Soir* prennent corps et s'amplifient[118].

---

[118] « La solution finale » du cas Eichmann, en dépit de la rigueur inattaquable de la procédure suivie et du verdict prononcé, est vouée à laisser planer un malaise... Qu'Eichmann ait mérité la mort, aucun Allemand de bonne foi n'en doute. Qu'il doive la recevoir ne semble satisfaire ni tous les esprits ni toutes les consciences. » Cette opinion formulée par *Le Monde* (16-12-1961) qui précise qu'elle est aussi très répandue dans le public allemand donne au surplus le ton général des commentaires

Le boomerang ? Peut-être.

Mais il n'est pas certain que, pour atteindre ses buts, Tel-Aviv n'ait pas besoin d'une bonne petite vague d'antisémitisme de temps à autre. Ne serait-ce que pour faire venir en Israël ces millions de juifs qui s'obstinent à préférer les douceurs de la vie occidentale aux rigueurs des Kibboutz.

En matière de justice, c'est une règle : le dernier mot appartient toujours à l'accusé. Voici donc ce que, condamné à mort, par pendaison, Eichmann déclara aux juges de Jérusalem, le 13 décembre 1961 :

> « J'ai entendu la dure sentence du Tribunal. J'ai été déçu dans mon espoir de la justice. Je ne puis pas admettre ce jugement.
>
> J'ai compris que l'on exigeait le châtiment des crimes qui ont été commis contre les juifs. Les déclarations que les témoins ont faites, ici, au Tribunal m'ont stupéfait, tout comme j'avais été frappé de stupeur de me voir considéré comme responsable des atrocités.
>
> J'ai eu le malheur d'être mêlé à ces horreurs. Mais ces méfaits ne se sont pas accomplis de par ma volonté. Ma volonté n'était pas de tuer des gens. Ces meurtres en masse sont uniquement la conséquence de la politique du Führer.
>
> J'ai essayé de quitter mon service, de partir au front combattre honorablement, mais je fus maintenu dans d'obscures fonctions.
>
> Je souligne à nouveau encore :

---

du jugement dans la presse française et Suisse. En Argentine, par contre, dit une dépêche de presse du 16 septembre : « La condamnation d'Eichmann a provoqué de vives réactions dans les milieux gouvernementaux, les cercles judiciaires et l'opinion publique en Argentine. On sait qu'après l'enlèvement d'Eichmann à Buenos-Aires en mai 1960 par un commando israélien, l'ambassadeur d'Israël fut déclaré « persona non grata » et l'Argentine provoqua un débat à l'O.N.U. pour violation du territoire et de la souveraineté argentine. « La condamnation d'Eichmann a surpris les milieux gouvernementaux, qui rappellent que, malgré la reprise des relations diplomatiques avec Israël en 1960, l'instruction judiciaire ouverte par le juge Leopoldo Insaurraide sur les circonstances de l'enlèvement suivait son cours et que le procureur général Francisco d'Albora demanderait par la chancellerie argentine en Israël l'extradition d'Eichmann. Les cercles judiciaires contestent la légalité de la juridiction israélienne et font remarquer qu'Eichmann doit être jugé par un tribunal du pays où le crime a été commis ou par un tribunal international. » Depuis, l'Argentine a eu d'autres soucis qui ont pris le pas sur celui-là. Mais ce serait s'aventurer que de dire que les choses en resteront là, sinon en Argentine, du moins à l'échelle du monde, hélas.

Ma faute est mon obéissance, ma soumission à ma tâche et aux exigences de mon service de guerre auxquelles j'étais engagé par serment. Depuis le début de la guerre, seule prévalut la loi de la guerre. Cette soumission n'était pas facile et quiconque a commandé et obéi sait ce que l'on peut exiger d'un homme.

Ce n'est ni avec avidité ni avec plaisir que j'ai poursuivi les juifs. Cela, c'est le gouvernement qui le fit. La persécution, d'autre part, seul un gouvernement pouvait la décider, mais en aucun cas moi.

J'accuse les gouvernants d'avoir abusé de mon obéissance. À cette époque, l'obéissance était exigée, tout comme elle le fut plus tard des subalternes.

L'obéissance était érigée en vertu. À ce propos, je vous prie de considérer que j'ai obéi et non pas à qui j'ai obéi. Je le répète : les autorités, auxquelles je n'appartenais pas, donnaient des ordres ; elles m'avaient imposé des tâches atroces qui, sur leurs ordres allaient faire des victimes.

Mais maintenant, les subalternes sont aussi des victimes. Je suis une de ces victimes. Cela ne peut être perdu de vue. On dit que j'aurais pu refuser d'obéir et que j'aurais dû le faire. C'est une considération après coup. Dans les circonstances du moment, c'était chose impossible. Il n'a pu en être autrement pour personne.

Je sais d'expérience que c'est une légende de soutenir comme on l'a fait après la guerre qu'il était possible de résister aux ordres.

Quelques-uns ont pu se dérober secrètement. Mais je n'ai pas été de ceux qui pensaient la chose concevable

C'est une grande erreur de dire que j'appartenais aux fanatiques de la persécution des juifs.

Depuis la fin de la guerre je suis outré de constater que toute la responsabilité de mes supérieurs et des autres retombe sur moi. Je n'ai d'évidence rien fait qui autorise à m'accuser de fanatisme et la responsabilité de ce crime sanglant ne m'incombe pas. Les témoins ont dit là une grande contre-vérité. L'ensemble des déclarations et des documents présentés au Tribunal semble à première vue convaincant mais il est mensonger.

Je vais essayer, dans les minutes qui vont suivre, d'éclaircir ces erreurs. Personne n'est venu me trouver pour me mettre en garde contre mon comportement. Même le témoin Probst Grüber ne pourrait soutenir le contraire. Il me rendit visite et souhaita seulement obtenir quelques allégements, sans critiquer mon activité professionnelle elle- même. Il confirma ici, au Tribunal que je ne lui opposai pas de refus mais que je lui expliquai que je devais prendre l'avis de mes supérieurs car je ne pouvais décider moi-même.

À ce propos, il y avait le directeur de ministère Loesener qui était rapporteur dans les questions juives (Judenreferent) au ministère de l'Intérieur. Il est mort. Dans un mémoire récemment paru, il indique qu'il était au courant des atrocités et qu'il en a informé ses supérieurs. On doit donc admettre que tout le monte au Ministère de l'Intérieur a eu connaissance de ces méthodes. Mais personne ne s'est élevé contre mes supérieurs. Le directeur du ministère Loesener se cantonna dans une opposition silencieuse et servit son Führer comme un bon Juge de l'administration judiciaire du Reich. Ainsi apparaît sous son vrai visage le courage civique d'une importante, personnalité.

Dans un rapport écrit en 1950, Loesener émet à mon propos une appréciation selon laquelle j'aurais été une des figures principales de la persécution juive. Mais on ne trouve dans ces sentiments violents rien qui permette d'étayer ces suppositions ni sur quoi reposent ces allégations. Chez d'autres témoins, c'est la même chose.

Le Juge m'a demandé si je voulais plaider coupable comme l'avaient fait le commandant d'Auschwitz, Hoess et le gouverneur général de Pologne, Frank. Tous deux avaient la même raison d'agir de la sorte : Frank, en tant que responsable des ordres qu'il avait donnés, craignait d'être chargé par ses subordonnés, Hoess étant celui qui avait réellement exécuté les massacres en masse.

Ma position est différente.

Je n'ai jamais eu la compétence ni la responsabilité de quelqu'un qui donnait des ordres. Je n'ai jamais eu à m'occuper, comme Hoess, de meurtres Si j'avais reçu l'ordre d'exécuter ces massacres, je ne me serais pas réfugié derrière de faux prétextes ; je l'ai expliqué au cours de mon interrogatoire : si je m'étais trouvé en présence d'un ordre que je ne pouvais exécuter, je me serais tiré une balle dans la tête de manière à résoudre le conflit entre ma conscience et mon devoir.

Le Tribunal pense que mon attitude actuelle est dictée par les besoins de ma cause dans ce procès. Il y a un ensemble de points qui semblant le confirmer. Les contradictions apparentes proviennent de ce que je n'ai pu me rappeler exactement tous les détails tout au début de l'interrogatoire de la police. J'ai vécu trop de choses pendant cette année.

Je n'ai pas refusé de répondre : le rapport d'instruction qui comporte 3 500 pages le montre. Il était de mon devoir d'apporter ma collaboration à l'explication des faits. Des fautes ou des erreurs se sont produites, mais je dois les rectifier. De telles erreurs ne peuvent m'être reprochées alors qu'il s'agit d'un temps long de 16 à 20 ans et ma bonne volonté dans le sens de la collaboration ne doit pas être prise pour de la ruse et du mensonge.

Ma règle de vie, qu'on m'avait apprise très tôt, était : la volonté et l'ambition d'atteindre à une éthique de l'honneur

À partir d'un certain moment, la Raison d'État m'empêcha de poursuivre dans cette voie. Je dus choisir hors de cette éthique et m'engager dans une autre des multiples voies de la morale. Il me fallut me plier aux exigences du renversement de toutes les valeurs par la Raison d'État.

J'ai fait mon autocritique personnelle, je me suis mis en accusation devant ma conscience, domaine qui est du seul ressort de mon Moi intérieur. Me considérant comme juridiquement non coupable, j'ai négligé totalement de tenir compte de ce point de vue dans cet examen.

Je voudrais maintenant demander pardon au peuple juif, confesser la honte qui m'étreint à l'idée des injustices qui ont été commises à son égard et des actions qui ont été entreprises contre lui. Mais, il n'en reste pas moins que le fond de ce jugement m'apparaît comme une imposture. Je ne suis pas le barbare que l'on a présenté je suis la victime d'une argumentation : on s'est emparé de moi à Buenos Aires, on m'a gardé ligoté sur un lit une semaine entière, puis on m'a fait une injection dans le bras et l'on m'a conduit à l'aérodrome de Buenos-Aires ; c'est de là que j'ai quitté par avion l'Argentine. Il est tout à fait évident pour ne revenir que là-dessus, que l'on me tenait pour le responsable de tout.

Tout repose sur le fait que quelques nationaux-socialistes de cette époque et d'autres ont répandu des calomnies sur mon compte. Ils ont voulu se décharger sur moi ou m'ont calomnié pour des raisons qui m'échappent. Une partie de la presse a fait auteur de ces assertions incroyables et mensongères une propagande suggestive pendant quinze années.

Cela, c'est le fondement de cette condamnation injuste. Cela, c'est la raison de ma présence ici.

Je remercie mon défenseur qui s'est porté garant de mon droit. J'ai la conviction profonde que je paie pour d'autres.

Je dois accepter ce que le sort m'a réservé. »

Cette déclaration d'innocence n'est évidemment pas remarquable et on ne risque rien à dire qu'elle ne passera sûrement pas à la postérité.

Condamné à mort par erreur au siècle dernier, dans la célèbre affaire du Courrier de Lyon, l'innocent Lesurques déclara :

« J'en appelle à la postérité. »

Tout le monde ne peut pas être Lesurques.

Eichmann, au surplus, n'était qu'un petit lieutenant-colonel d'une culture rudimentaire comme il y en avait des milliers et peut-être des dizaines de milliers dans l'armée allemande, comme il y en a toujours des centaines de milliers dans les armées du monde[119].

Et, si on rapproche cette explication ou cette justification de celle qu'a donnée d'une attitude semblable, le distingué professeur Balachowski (cf. p 114) de l'Institut Pasteur à Paris, homme cultivé ou qui du moins n'a aucune excuse s'il ne l'est pas, couvert d'honneurs et tout, force est bien de convenir que... ce n'est pas si mal que ça : entre la raison d'État à laquelle la conscience troublée du lieutenant-colonel inculte ou à peu près se réfère, et le seul souci de sauver sa peau invoqué par le professeur à la conscience claire, les gens de bon sens et même ceux qui, comme moi, substituent en tout la raison de l'Homme à la raison d'État, n'hésiteront en tout cas pas dans le choix qui s'impose.

On ne demandera au lecteur de rapprocher cette déclaration, ni des accusations mises en forme par le Procureur israélien, ni des justifications juridiques et morales du jugement rendu par le Tribunal : ici, le contraste serait encore plus désespérant.

---

[119] On ne manquera pas de sourire, je pense, écrivais-je dans « *Ulysse trahi par les siens* » en apprenant aujourd'hui que le responsable de tout ce qui peut être reproché au national-socialisme en matière de crimes contre l'humanité, est un simple colonel. C'est pourtant ainsi. Dans cette voie, M. W. Kempner, ancien commissaire de police de Prusse et procureur américain à l'un des procès de Nuremberg est allé si loin qu'à son livre sur la question il a donné pour titre, non pas « Hitler und Komplizen » mais « *Eichmann und Komplizen* », ce qui tend à démontrer que ce n'est pas Eichmann qui pourrait être un complice de Hitler, mais l'inverse !

Deuxième Partie : Versailles

Chapitre IV – De l'entrée des U.S.A. dans la guerre a l'armistice du 11 novembre 1918

Jusqu'à la première guerre mondiale, rester en dehors des querelles européennes fut une tradition chère aux Américains et ceci se conçoit aisément si l'on sait que, dans leur grande masse, ils étaient à parts à peu près égales, originaires des pays germaniques, latins, slaves, scandinaves et britanniques : dans une nation organisée dont les éléments constitutifs venaient d'horizons ethniques et culturels si divers et dont le business était la seule préoccupation commune, il n'y avait alors pas d'autre moyen de sauver l'unité politique indispensable à la prospérité des affaires.

Cette tradition était si profondément ancrée dans l'opinion qu'ayant annoncé par voie de presse (3 août 1914) que les États-Unis resteraient neutres dans le conflit qui venait d'éclater entre les empires centraux (Autriche-Hongrie, Allemagne) et l'Entente (Russie, France, Angleterre), puis demandé à ses compatriotes (19 août) « de respecter scrupuleusement cette neutralité, de réfréner même les sympathies qui attachaient beaucoup d'entre eux à leur pays d'origine », le président Thomas Woodrow Wilson[120] fut unanimement approuvé et qu'un essai de mise sur pied d'une campagne en faveur de l'entrée en guerre des États-Unis aux côtés de l'Entente par l'ancien président Théodore

---

[120] Démocrate. Aux élections présidentielles de novembre 1912, il avait brillamment triomphé de Théodore Roosevelt, ancien président (1900-1904) et Taft, président sortant (1904-1912) candidats du parti républicain divisé. Le grand homme du parti républicain d'alors était T. Roosevelt (cousin germain et oncle par alliance de Franklin Delano Roosevelt à qui nous devons les Slaves à 50 km de Hambourg) et non Taft qu'il avait mis en selle et avec lequel il s'était brouillé depuis. Thomas Woodrow Wilson élu en novembre 1912 était entré en fonction le 4 mars 1913.

Roosevelt tourna court très rapidement, les industriels et les banquiers du Parti républicain s'étant refusés à la soutenir. Démocrates ou Républicains, d'origine slave, germanique, britannique ou latine mais hommes d'affaires avant tout, les industriels et les banquiers américains étaient en effet unanimes sur ce point : la neutralité dont ils espéraient qu'elle leur permettrait de vendre indifféremment aux belligérants des deux clans, ne pouvait manquer d'être plus payante que l'entrée en guerre qui ne leur permettrait de vendre qu'à ceux du clan aux côtés duquel les États-Unis seraient rangés.

Le 3 septembre 1916 pourtant, ouvrant la campagne des élections présidentielles qui devaient avoir lieu en novembre, le président Wilson déclara lui- même : « C'en est fait de notre provincialisme traditionnel. Que nous le voulions ou non, nous aurons un rôle directeur à jouer dans le drame mondial. » Bien que cette formule ne fût pas davantage précisée par son contexte, le ton général de ce discours permettait encore de penser que ce qu'il entendait par « rôle directeur » c'était un « rôle d'arbitre » et, de fait, la suite prouva qu'il en était bien ainsi : réélu par 9 116 000 voix contre 8 547 000 au candidat du Parti républicain qui avait, entre temps, retrouvé son unité — précisément sur la nécessité pour les États-Unis d'entrer en guerre aux côtés de l'Entente — son premier soin fut, le 22 décembre 1916, de demander aux deux coalitions adverses de leur faire connaître leurs buts de guerre. Et, le 21 janvier 1917, il vint encore lire au Sénat, un message qui prônait la constitution d'une Société des Nations pour assurer la paix du monde, qui réclamait une réduction générale des armements la paix revenue, la liberté des mers et, pour mettre fin au conflit en cours, une paix a sans vainqueurs, ni vaincus ». Mais c'est à son initiative et sur sa proposition que le 3 février, moins de quinze jours après, la Cour suprême et le congrès réunis en assemblée solennelle à cet effet décidèrent, par acclamations et dans l'enthousiasme, de rompre les relations diplomatiques avec l'Allemagne puis, le 2 avril suivant, de lui déclarer la guerre. Et c'est ainsi que, le 6 avril 1917, les États-Unis se trouvèrent officiellement en état de guerre avec les Empires centraux.

Chez un homme tel que Wilson, qui avait été un grand universitaire avant d'être un grand gouverneur de l'État de New-Jersey, puis un grand président de l'Union, qui était légendaire par la rigidité de son caractère et la rigueur de ses principes, aussi probe intellectuellement qu'au plan des affaires (dont, ce qui est excessivement rare chez un homme politique, il se tint toujours très à l'écart), un tel revirement paraissait exclu. Les historiens de l'histoire historisante, anecdotique et orientée l'ont expliqué, à l'exclusion de toutes autres considérations, par les violations répétées du Droit des gens dont l'Allemagne s'était rendue coupable en matière de guerre maritime et qui auraient si profondément heurté Wilson dans sa conception de la justice qu'à elles seules, elles auraient emporté sa décision. Mais on sut plus tard, par lui-même et par sa veuve que ce revirement avait été, à un niveau beaucoup plus élevé, le dénouement d'un drame de conscience cornélien qui se joua entre son sentiment de la justice et l'avenir de l'Union. À l'origine de ce drame de conscience, il y avait le tour inattendu qu'aux yeux du monde entier, Américains ou Européens, intellectuels ou hommes politiques, militaires ou civils, la guerre avait pris : contrairement aux espoirs des deux états-majors européens dont chacun pensait qu'il l'emporterait aisément sur l'autre en quelques semaines ou, tout au plus, en quelques mois, l'un grâce au Plan Schlieffen, l'autre grâce au Plan 17, cette guerre s'était en effet très vite annoncée comme devant être une guerre très longue et, contrairement aux espoirs des industriels et des banquiers américains, il ne leur fut pas possible de vendre indifféremment à tous les belligérants — ni même à tous les neutres.

La guerre fut longue... Dans l'esprit de tous les gouvernements et de tous les états-majors européens, l'ultimatum de l'Autriche-Hongrie à la Serbie déclencherait des évènements en chaîne dont le schéma se présenterait à peu près sûrement ainsi : la Russie dont la doctrine était le panslavisme et dont les prétentions sur les détroits empêcheraient qu'elle laissât les mains libres à l'Autriche-Hongrie dans les Balkans où elle ambitionnait de s'assurer une seconde sortie sur la Méditerranée et le Proche-Orient par Salonique, interviendrait sans aucun doute ; la France qui était liée à la Russie par contrat tiendrait ses engagements et l'Allemagne qui avait, elle, un contrat avec l'Autriche-Hongrie n'en tiendrait que plus sûrement les siens à partir du moment où la France interviendrait ; quant à l'empire ottoman qui tenait à garder le contrôle des détroits que la Russie lui disputait, il ne pouvait manquer de se ranger aux côtés des Empires centraux.

À Vienne, à Paris, et à Berlin, on pensait que seule l'influence de l'Allemagne à la cour de Russie où la tsarine était une Princesse allemande, pourrait empêcher les évènements d'emprunter ce cours et, au cas où cette influence aurait été aussi réelle et efficace qu'elle le paraissait, permettrait de localiser le conflit à l'Autriche- Hongrie et à la Serbie, ce qui, pour la première, ouvrait la perspective de ne faire qu'une bouchée de la seconde. Mais, si en l'espérait à Vienne, si on en était sûr à Berlin, à Paris on le redoutait en ce qu'alors tout espoir de régler le différend franco- allemand né de la guerre de 1870-1871 et de quelques litiges coloniaux postérieurs s'évanouirait du même coup. Et on y comptait bien que, si le kaiser Guillaume II intervenait à Moscou dans le sens d'un apaisement, les effets bénéfiques de l'emprunt que les Russes avaient contracté en France l'emporteraient d'autant plus facilement sur les considérations familiales que, depuis 1905, le sort de la dynastie ne paraissait pas en cause. En fait, c'est ce qui se produisit : Guillaume II qui considérait comme satisfaisante la réponse de la Serbie à l'ultimatum austro- hongrois, n'ayant pu empêcher François-Joseph de mobiliser quand même, la Russie mobilisa, elle aussi, malgré son intervention auprès du tsar Nicolas II et, dès lors, il n'y avait plus aucune chance d'empêcher de s'enchaîner les uns aux autres, les évènements emprisonnés dans le mécanisme impitoyable ainsi et si légèrement mis en mouvement.

Espérée par la France avec laquelle elle avait des engagements, l'entrée en guerre de l'Angleterre était à peine redoutée par l'Allemagne. L'Angleterre, certes, n'avait pas vu sans inquiétude en 1892 et depuis, la politique d'expansion économique de l'Allemagne s'étendre hors d'Europe avec succès en s'appuyant sur une marine forte, donc lui disputer l'empire des mers — avec succès aussi. Cette politique l'avait même rapprochée de la France (1904). En cas de guerre franco- allemande, connaissant les intentions de l'état-major allemand de mettre en application les dispositions du plan Schlieffen qui prévoyait le passage de ses troupes par la Belgique pour tourner le dispositif français, elle avait garanti l'inviolabilité du territoire belge : autant dans son intérêt d'ailleurs que dans celui de la Belgique ou de la France et parce qu'elle aimait mieux continuer à partager le contrôle du détroit du Pas-de-Calais et de la Manche avec la France qu'avoir à le partager un jour avec l'Allemagne. Mais du plan Schlieffen, Moltke, chef de l'état-major général allemand attendait la défaite de l'armée française en six semaines au terme desquelles, placée devant le fait accompli et en butte à de sérieuses difficultés en Irlande dans la question du *Home rule*, l'Angleterre n'insisterait pas : alors, il retournerait l'ensemble de ses forces contre la Russie.

Forts de la garantie donnée par l'Angleterre à la Belgique, le gouvernement et l'état-major français ne pensaient pas que le plan Schlieffen avait la moindre chance d'entrer en application et le dispositif stratégique français, qui ne s'étendait initialement (printemps 1914) que de la frontière suisse à la frontière belge, ne fut prolongé jusqu'à Givet qu'en toute dernière minute : par la Belgique, la voie était donc libre devant les troupes allemandes. Mais, en admettant que la thèse du gouvernement et de l'état-major fût fondée, l'Angleterre n'avait plus aucune raison d'intervenir : le choc des deux armées se fût produit sur la ligne fortifiée Mulhouse-Verdun et, comme elles étaient à peu près d'égale force (850 000 Allemands, 800 000 Français) avec une légère supériorité aux Allemands dans le domaine de l'armement (mitrailleuses Hotschkiss contre canons de 75), les hommes politiques anglais ne pensant pas que, dans ce cas, l'Allemagne pût emporter aisément la décision contre la France, la voyaient plutôt s'épuiser contre ses fortifications et, après une série plus ou moins longue d'efforts infructueux, aussi considérablement affaiblie que la France, se résigner à une Paix de compromis au lendemain de laquelle l'Angleterre aurait retrouvé, en Europe, hors d'Europe et sur les mers, une hégémonie qu'avant longtemps, personne ne serait en état de lui disputer. Cette thèse se recoupait admirablement avec celle du gouvernement et de l'état-major allemands, ce pourquoi ils ne concevaient l'un et l'autre pas de guerre avec la France dans un autre cadre stratégique que celui du plan Schlieffen : l'effet de surprise et sa conséquence, la rapidité des opérations qui condamneraient l'Angleterre à une intervention de pure forme. Elle recoupait aussi les espoirs des industriels et des banquiers américains qui, dans ce cas et dans une liberté des mers à peu près assurée, eussent pu faire, au moins par le canal des neutres tout le commerce qu'ils eussent voulu avec les belligérants pendant toute la durée des hostilités. Connaissant les calculs de l'Angleterre, le gouvernement et l'état-major français n'escomptaient donc son entrée en guerre qu'en cas de violation du territoire belge par les troupes allemandes, c'est-à-dire pas trop puisqu'ils n'y croyaient pas.

Dans cette perspective, on ne voit donc guère sur quoi se fondaient leurs espoirs d'emporter la décision contre l'Allemagne dans un maximum de six mois. Le « rouleau compresseur » russe ? Dans les chancelleries du monde entier où l'on savait que l'emprunt contracté en France par les Russes dans le dessein de le mettre au point avait été gaspillé en sportules, on riait doucement des hommes politiques et des diplomates français seuls à croire qu'on pût appeler ainsi une armée dont l'état d'organisation et l'armement n'étaient que de peu supérieurs à ceux d'une horde de barbares du Moyen-Âge. Par quoi l'on voit que, dans l'hypothèse d'une guerre sur ces données, elle eût pu être tout aussi longue qu'elle l'a été par les voies qu'elle a empruntées, cela ne semble aujourd'hui faire de doute aux yeux de personne.

Relativement à la longueur de la guerre, ce n'est au reste pas la question qui se pose mais bien plutôt de savoir pourquoi, les Allemands l'ayant engagée dans le cadre du plan Schlieffen, elle a quand même été si longue et, ici, ce qui est en cause, c'est un problème de stratégie au stade de l'application. Pour remarquablement étudié qu'il ait été, le plan Schlieffen ne prévoyait pas la guerre sur deux fronts et, bien qu'il pensât que, pendant le court laps de temps qui lui était nécessaire, l'armée austro-hongroise suffirait à tenir en respect l'armée russe dont il connaissait l'état, Moltke crut que ce n'était pas en limiter les possibilités que d'en distraire dix divisions pour les envoyer par précaution sur le front de l'Est. Et ceci déjà le contraignit à raccourcir un peu le rayon du mouvement tournant prévu. Sur le terrain, von Klück, chef de la 1re armée allemande dont le rôle était de protéger la manœuvre sur son flanc droit le raccourcit encore d'autorité en obligeant les chefs des quatre autres armées (IIe, IIIe, IVe et Ve) à s'infléchir en direction du Sud plus tôt que Moltke, déjà en avance sur Schlieffen, ne l'avait prévu.

La manœuvre de Klück ayant imprudemment prêté le flanc aux « taxis de la Marne » du général Gallieni (dont, contrairement à tout ce qui a été dit, l'opération était prévue par le Haut-Commandement), il fut contraint par eux à la retraite, et, sur un front que sa faute avait raccourci les IIe et IIIe armées allemandes qui avaient traversé la Marne et qu'il ne protégeait plus, étant à leur tour contraintes à la retraite, le général Joffre put enfin envisager après une longue suite de replis d'ailleurs parfaitement articulés de passer à l'offensive avec la quasi-certitude de faire reculer les armées allemandes.

Ceci se passait le 6 septembre 1914 : le 12, l'offensive allemande est irrémédiablement stoppée, Moltke décide que, pour la reprendre, il faut à la fois envisager un repli général sur une ligne d'arrêt qui n'est pas encore fixée, mais qui deviendra la ligne Hindenburg l'année suivante, et en revenir à l'orthodoxie, c'est-à-dire au plan Schlieffen, mais il est un peu tard. En vain, il cherche à déborder le dispositif français sur son aile gauche et, pour lui échapper, celui-ci n'a d'autre ressource que de chercher à déborder le dispositif allemand sur son aile droite : la course à la mer. En fin de compte, les Français gardèrent la mer, les Allemands n'arrivèrent jamais à Calais, ni même à Dunkerque et le plan Schlieffen, parce qu'il avait été corrigé par Moltke et inconsciemment saboté par Klück, ne servit qu'à décider l'Angleterre à entrer dans la guerre.

On peut toujours se demander ce qui serait arrivé s'il avait été correctement interprété : les stratèges sont aujourd'hui à peu près unanimes à considérer que la France n'avait aucune chance de ne pas être mise hors de combat en six semaines comme le prévoyaient le gouvernement et l'état-major allemands[121]. Mais il n'en est pas pour

---

[121] « Si nous avions vraiment eu le service obligatoire, écrit le major Stein (*Schafft ein Heer !* p. 8) et de ce fait plusieurs corps d'armée de plus en 1914, le repli de la Marne

autant plus sûr que l'Angleterre eût accepté le fait accompli.

Correctement interprété, le plan Schlieffen le fut vingt-cinq ans plus tard par Hitler et l'Oberkommando de la Wehrmacht : il réussit et l'Angleterre n'accepta pas le fait accompli.

Est-ce à dire que nous eussions eu vingt-cinq ans plus tôt la guerre de 1939- 1945 ? Peut-être. Mais au regard de l'histoire, la question est oiseuse et ne comporte pas de réponse.

Ce qui est sûr, c'est seulement que l'Angleterre étant entrée en lice, la guerre prit un tour où la victoire se joua bien plus sur mer que sur terre et, par voie de conséquence, posa au regard des industriels et des banquiers américains le problème de la liberté des mers ou, en d'autres termes, des échanges commerciaux de l'Amérique avec l'Europe.

La Bataille de la Marne, la Course à la mer... Ce fut pour l'époque un combat dantesque. Près de deux millions d'hommes engagés, jamais l'histoire n'avait connu un affrontement à ces dimensions. Dotés d'un armement de part et d'autre aussi perfectionné que les progrès réalisés dans l'art de se battre le permettaient alors, jamais elle n'en avait connu d'aussi meurtrier et, par voie de conséquence, jamais d'aussi coûteux. Au terme de cette première phase du combat, les deux adversaires se retrouvaient face à face, également épuisés et tout aussi incapables l'un que l'autre d'envisager la poursuite des combats dans l'immédiat. Plus de munitions : leurs deux économies respectives s'étaient révélées l'une et l'autre incapables de pourvoir aux besoins du front. Un armement en partie détruit : il fallait le remettre en état. Une vie économique à organiser sur les arrières en fonction de ces circonstances, des civils à

---

n'eût pas eu lieu, nous eussions écrasé la France sans coup férir et pu dicter la paix en 1915. Lord Kitchener et le maréchal Haig partageaient ce point de vue. Il est certain que si l'Allemagne avait seulement pu disposer de 10 divisions de plus, Moltke eût pu faire face aux premiers besoins du front de l'Est sans les prélever sur celles qui étaient Initialement prévues par le plan Schlieffen, et qu'alors il n'eût pas été obligé de modifier ce plan. En 1913, Ludendorff qui était un fanatique du plan Schlieffen et qui n'en concevait pas l'application sans la réalisation préalable de « la Nation armée » n'ayant pas réussi à faire partager ce point de vue à l'empereur Guillaume II avait réclamé la création de 3 corps d'armée supplémentaires de réserve et n'avait pas été suivi non plus. Benoist-Méchin qui semble partager aussi le point de vue du major Stein de Lord Kitchener et du maréchal Haig, cite le fait dans son *Histoire de l'Armée allemande* (T. 1, p. 30).

nourrir et à vêtir... Or, aussi bien dans le secteur des matières premières nécessaires aux fabrications de guerre que dans celui de l'alimentation et des textiles, les belligérants ne pouvaient plus satisfaire à leurs besoins qu'en ayant recours aux neutres et parmi les neutres, seule l'Amérique avait le potentiel économique requis pour les fournir en suffisance et à peu près en tout.

Le droit maritime était à la fois assez rudimentaire et assez confus en ce qu'il n'était qu'à peine écrit. À la première conférence de La Haye (1899), l'opposition de l'Angleterre et les réticences de l'Allemagne n'avaient pas permis d'aller au-delà de l'extension à la guerre maritime de la Convention de Genève de 1864 relative à la guerre terrestre et qui n'était qu'une mesure d'humanisation. À la seconde (1907), une convention dite Convention des Prises et réglementant pour toutes les nations en guerre le droit de se saisir des bâtiments de commerce d'une nation ennemie avait bien été admise mais, si ses dispositions étaient assez précises en ce qui concernait les belligérants, elle était assez vague en ce qui concernait les relations des neutres avec eux et, d'autre part, après de longues discussions autour d'un autre texte qui eût créé une juridiction dite Cour des Prises habilitée à dire le droit en cas de litige, l'accord n'avait pu être réalisé que sur le fait qu'il n'y avait pas lieu de ratifier ce texte. La Convention des Prises n'était donc qu'une loi sans juridiction et, même si on le peut regretter, une loi sans juridiction est, à l'usage, livrée à toutes les interprétations possibles, donc n'a pas force de loi.

L'entrée de l'Angleterre dans la guerre l'ayant transportée sur mer la nécessité s'imposait à chacun des deux clans de préciser ce qui serait leur loi dans ce secteur des opérations. L'Angleterre et la France le fixent le 22 août à Londres en décidant purement et simplement de « laisser la marchandise libre sous pavillon neutre », c'est-à-dire d'accorder la liberté pleine et entière des mers à tous les bâtiments de commerce navigant sous pavillon neutre. Cette décision qui comblait les vœux des industriels et des banquiers américains — il est hautement probable qu'elle n'avait été dictée aux Alliés que par le souci de ne les indisposer pas — et, en général de tous les neutres, ne pouvait que convenir aussi aux Empires centraux qui, s'ils n'ont rien dit, ne s'en sont sûrement pas moins réjouis.

Lorsqu'après la Bataille de la Marne et la Course à la mer, les deux clans adverses se retrouvèrent face à face, condamnés à prendre position sur place et à s'y organiser en attendant que leurs économies respectives leur permissent d'envisager à nouveau des opérations offensives d'envergure, et qu'il fût acquis que la victoire de l'un sur l'autre ne pouvait plus être obtenue que par le blocus économique, soit des Empires centraux par les Alliés, soit de ceux-ci par les Empires centraux, ce fut à qui n'en prendrait pas l'initiative : le blocus, c'était la guerre aux navires de commerce, même neutres, et ni l'un ni l'autre n'en voulait prendre la responsabilité en commençant le premier. Les Allemands que la décision de Londres avantageait en ce que leurs ressources propres et le niveau de leur équipement industriel les autorisaient à espérer être de nouveau prêts à reprendre l'offensive avant les Franco- Anglais, n'avaient aucune raison de prendre cette initiative, au contraire : si on en venait à des tentatives mutuelles de blocus économique, l'avantage passait aux Franco-Anglais d'abord parce que leur marine de guerre était la plus forte et ensuite, parce que leur situation géographique et les dimensions des espaces respectifs à bloquer, mer du Nord seulement d'un côté, Atlantique de l'autre et de l'Islande au Cap, leur rendait l'entreprise beaucoup plus réalisable et beaucoup plus facile qu'aux Allemands. La flotte allemande de haute-mer ne pouvait, en effet, gagner l'Atlantique qu'en détruisant d'abord la flotte anglaise qui en gardait solidement l'entrée aux Orcades et à Shetland et la partie n'était pas égale. Il ne lui était donc possible de le gagner que par sous-marins condamnés à opérer très loin de leurs bases, et, parce qu'ils ne les pouvaient ni techniquement, ni stratégiquement remorquer vers leurs bases (dont ils étaient, en surface, coupés par la marine anglaise), à couler les bâtiments dit commerce dans des conditions inhumaines puisque, les ayant coulés ils ne pouvaient prendre leur personnel à bord. La décision de Londres faisant jouer le temps pour lui, l'état-major allemand n'avait donc pas envisagé cela. Pendant les premiers mois de la guerre, ses opérations en mer ne visèrent que la marine de guerre anglaise, et il n'engagea de combats que contre ses formations isolées et inférieures en nombre puisqu'il ne la pouvait prendre de front en bloc. Pour le reste, il se bornait à utiliser ses sous-marins pour placer des mines à l'entrée des ports de guerre anglais, opération qui obtint des résultats parfois sensationnels.

En vertu de quoi, cette affaire de blocus économique s'étant présentée comme une nouvelle bataille de Fontenoy quoiqu'à une autre échelle, ce furent les Anglais qui tirèrent les premiers : le 3 novembre 1914, exactement.

Dans les conventions internationales relatives au commerce par mer, une disposition visait la contrebande de guerre. Les bâtiments de commerce, neutres ou pas, ne devaient être armés que contre les corsaires et les pirates, c'est-à-dire, dotés seulement d'armes défensives et ils ne devaient transporter ni soldats, ni armes, ni d'une manière générale, rien qui pût être directement utilisé pour la guerre. (Sur ce dernier point, une liste des produits prohibés existait). Ils devaient scrupuleusement suivre les itinéraires indiqués sur leur feuille de route et jour après jour détaillés sur leur livre de bord. Ils ne devaient pas naviguer sous protection de navires de guerre. Sous ces conditions, la marchandise qu'ils transportaient était réputée libre — en langage de juriste : ils échappaient au droit de prise — ils étaient inviolables mais les belligérants jouissaient à leur endroit d'un droit de visite auquel ils se devaient soumettre à peine d'être coulés après sommation s'ils naviguaient seuls, sans sommation s'ils étaient protégés par des bâtiments de guerre.

Le 3 novembre 1914, donc, sous le prétexte que quelques navires de commerce avaient sauté sur des mines placées par les sous-marins allemands à l'entrée des ports de guerre anglais où, au regard des conventions internationales, ces navires de commerce n'avaient pas à se rendre, mais en réalité parce que les victimes de cette opération avaient été les cuirassés anglais Cressy, Hogue et Aboukir (23 septembre), les croiseurs Hawke (16 octobre) et Hermès (31 octobre), le transporteur de troupes Amiral Ganteaume (27 octobre), etc...

l'Amirauté anglaise proclama toute la mer du Nord zone d'opérations, donc « dangereuse » pour les navires de commerce. En même temps, elle rendait publique une liste de produits dits « de contrebande de guerre » sur laquelle elle avait fait figurer toute une série d'articles qui n'y figuraient pas dont le transport leur serait désormais interdit. Elle les informait, en outre, qu'ils seraient, désormais, plus rigoureusement contrôlés. Poursuivant dans cette voie, dans la seconde quinzaine de décembre, le gouvernement anglais annonça la création en Hollande du *Netherland Oversea Trust* qui était une sorte d'organisme de surveillance, sinon de contrôle, de tout le commerce extérieur du pays, qui laissait présager la mise en place d'un organisme semblable pour les pays scandinaves, ainsi que la suite l'a prouvé, et qui signifiait clairement qu'à l'avenir, le commerce maritime ne serait plus libre que dans la mesure où les Alliés s'en pourraient accommoder.

Avant de prendre des contre-mesures et contre l'avis de Tirpitz qui les réclamait d'urgence, le gouvernement et l'état-major allemands attendirent les effets de ces deux initiatives. Sagement, car poussée par ses industriels et ses banquiers ainsi menacés d'un manque à gagner, l'Amérique fit des représentations à Londres et à Paris (déc. 1914-janvier 1915). Sans accepter de revenir officiellement sur leur décision, Londres et Paris cependant impressionnés laissèrent entendre qu'ils fermeraient les yeux sur les navires de commerce américains mais avec les petits neutres dont il n'y avait à redouter de représailles économiques ni pendant, ni après la guerre, il ne parut nécessaire, ni à Londres, ni à Paris, de prendre les mêmes précautions politiques : la marchandise venant d'Amérique resta seulement « en danger » sur bateaux scandinaves ou allemands, entre les ports scandinaves où elle arrivait en transit et les ports allemands. Après un mois de cette pratique, l'effet fut sensible sur l'économie allemande et le point de vue de Tirpitz prévalut : le 4 février 1915, l'état-major de la marine allemande proclama que les eaux des îles britanniques et de la France[122] étaient zones de guerre, qu'à partir du 18 février, tout navire de commerce ennemi qui y serait rencontré serait détruit par les sous-

---

[122] Des îles britanniques et de la France seulement, pas de toute la Mer du Nord.

marins allemands, même s'il n'était pas possible d'écarter tout danger pour les équipages et les passagers et que « les bâtiments neutres couraient les mêmes dangers, les hasards de la guerre sur mer ne pouvant toujours éviter que des attaques ordonnées contre des navires ennemis ne tombassent parfois sur des navires neutres. »

Contre cette décision, l'Amérique protesta aussitôt, comme elle avait protesté contre celle des Alliés et les Allemands lui firent la même réponse que les Alliés leur avaient faite : en deux mois, leurs sous-marins coulèrent 111 navires de commerce déplaçant près de 300 000 tonnes et les résultats qu'ils obtenaient par cette tactique augmentant d'un mois sur l'autre, il ne faisait guère de doute qu'à la fin de l'année, ils auraient réussi à détruire au minimum 1 500 000 tonnes, ce qui sema la consternation chez les Alliés. Mais, le 7 m mai 1915, ils coulèrent par erreur à hauteur de l'Irlande, le Lusitania paquebot anglais de la *Cunard Line* qui rentrait d'Amérique en Angleterre et qui ne transportait que des passagers : 1 198 personnes périrent dans le naufrage, dont 118 citoyens américains et l'Amérique fit à l'Allemagne des représentations sévères à la suite desquelles, le 6 juin, le gouvernement allemand, s'excusant de l'erreur, promit qu'elle ne se renouvellerait plus et, le 22 août, qu'il était, quant à lui, disposé à ne faire la guerre aux navires de commerce que conformément au droit des gens tout en soulignant que les Alliés, dont les décisions de novembre et de décembre étaient à l'origine de ce genre de guerre, ne paraissaient pas être dans cette disposition d'esprit.

Dans cette disposition d'esprit, les Alliés ne l'étaient certes pas : le 1er mars 1945, pour répondre à la déclaration allemande du 4 février, ils déclarent que désormais, ils arrêteraient « toute cargaison soupçonnée d'être destinée aux Empires centraux et la séquestreraient si elle n'était pas susceptible d'être considérée de bonne prise. » En même temps, ils avaient pris toute une série de mesures destinées à empêcher aussi totalement que possible, l'Allemagne de recevoir du dehors les denrées dont elle ne pouvait se passer, notamment le développement du contrôle sur le trafic des pays neutres limitrophes de l'Allemagne et le contingentement des importations qu'ils étaient autorisés à recevoir pour les empêcher de la ravitailler.

L'Amérique leur communiqua-t-elle les réponses allemandes des 6 juin et 22 août 1915 à ses représentations consécutives au torpillage du Lusitania ? On a tout lieu de le penser. À la fin de 1915, toutefois, le gouvernement allemand eut, lui, tout lieu de penser que, si elles leur avaient été communiquées, les Alliés n'en avaient pas tenu compte et, comme ils continuaient à faire de leur décision du 1er mars 1915, une application de plus en plus rigoureuse dans la mer du Nord, le 24 février 1916, Tirpitz reçut autorisation de lancer « l'ordre général de reprise de la guerre de course aux navires de commerce » en maintenant « la formalité de l'avertissement sauf pour les transports de troupes et les bâtiments armés. » Il faut dire que le chancelier Bethmann-Hollweg, ni même le Kaiser Guillaume II, n'étaient très partisans de cet ordre qu'ils considéraient comme une manière de défi à l'Amérique, dernière puissance qui, dans le monde, restât malgré tout amie de l'Allemagne, que l'état- major de la marine le leur avait arraché et que, devant la réaction de la plupart des hommes politiques, ils finirent par le faire sentir à Tirpitz — lequel, le 14 mars, donna sa démission en arguant du fait qu'il « ne pouvait plus continuer à gérer un ministère où ses décisions étaient discutées ». Sur ces entrefaites, deux nouveaux navires de commerce furent à nouveau coulés sans avertissement, le Tubantia (16 mars), le Sussex (24 mars) et le secrétaire d'État américain Lansing ayant, le 18 avril, fait de nouvelles représentations, le 25 tous les sous-marins allemands en croisière reçurent ordre de rejoindre leurs ports d'attache.

Pour autant, les Alliés ne revinrent pas sur leur décision du 1er mars 1915, au contraire : le 2 juin 1916, prenant une nouvelle initiative, ils déclaraient « abrogée » leur déclaration de Londres du 22 août 1914 et « supprimée toute distinction entre la contrebande de guerre absolue et la contrebande conditionnelle », ce qui supprimait radicalement tout commerce des neutres avec l'Allemagne. Et pour être plus sûr d'arriver à ce but, ils instituaient dans tous les pays neutres des commissions interalliées chargées de déterminer leurs besoins. Ils s'étaient aperçus, par exemple, que la Suède qui importait 24 800 tonnes de coton en

1913, en avait importé 123 000 en 1915 et réexporté 76 000 en Allemagne. Le Danemark qui importait 370 tonnes de thé anglais en 1913, avait passé commande de 1 601 tonnes pour l'année 1916, ce qui était beaucoup plus grave puisque, dans ce cas, le thé était fourni aux Empires centraux par... l'Angleterre elle-même. Et tout à l'avenant. Les commissions interalliées eurent pour mission supplémentaire, ayant déterminé les besoins en fonction des importations de 1913, de veiller à ce que ce qui arrivait en Norvège, en Suède, au Danemark ou en Suisse (par Sète) ne fût pas réexporté en Allemagne ou en Autriche. À la fin de l'année 1916, la disette était réelle en Allemagne : la ration de farine y était tombée de 200 à 160[123] grammes par jour, on y manquait de tout, on réussissait à peine à s'y habiller, l'indice des prix était passé de 100 en 1913 à 212 en décembre 1916, etc.

Les petits neutres souffrirent beaucoup de cette décision des Alliés du 2 juin 1916 qu'ils furent cependant obligés d'accepter pour sauver au maximum leur vie économique : pour obtenir de l'Angleterre le charbon nécessaire à ses verreries que l'Allemagne — obligée de faire face aux besoins de toute l'Europe centrale, de son industrie de guerre et de la Suisse d'où lui venaient ses produits laitiers — ne pouvait lui livrer, et l'étain nécessaire à la fabrication des boîtes de ses usines de conserves de poisson, la Suède dut promettre de ne pas en donner à ceux de ses industriels qui continueraient à livrer soit du lait en bouteilles, soit des conserves à l'Allemagne. Ce fut la Suisse qui se trouva dans la situation la plus difficile : en date du 29 septembre 1916, elle avait passé avec l'Allemagne un accord d'échange de bétail et de produits laitiers contre 253 000 tonnes mensuelles de charbon dont les Alliés prirent prétexte pour lui demander de leur vendre, à eux aussi, les mêmes quantités de bétail et de produits laitiers. Et comme elle ne le pouvait, de toute évidence, pas, le gouvernement fédéral ayant décliné l'offre le 17 novembre, les Alliés rétorquèrent par le quasi-blocage de tout ce qui lui venait de l'extérieur par le port de Sète, commercialement franco-suisse par convention. En vertu de quoi, pour

---

[123] De 200 à 165 grammes en Autriche-Hongrie.

obtenir le déblocage du port de Sète, la Suisse fut bien obligée de revenir progressivement sur son accord commercial avec l'Allemagne.

La décision alliée du 2 juin 1916 ne fut pas non plus sans répercussions sur la vie économique en Amérique : le blocus des Empires centraux, c'était pratiquement le blocus de l'Amérique aussi. Mais cette fois, il n'était plus obtenu par la restriction de la liberté des mers : tout simplement, les petits neutres qui ne pouvaient plus rien réexporter vers les Empires centraux, n'achetaient plus rien en Amérique au-delà de leurs besoins propres. Juridiquement, il n'y avait pas de représentations diplomatiques possibles.

Entre temps, une évolution de l'opinion s'était produite en Amérique. En Europe, si la Bulgarie et la Turquie avaient décidé de se ranger aux côtés de l'Allemagne et de l'Autriche-Hongrie, aux côtés des Alliés s'étaient rangées successivement la Serbie et la Belgique dès le début, puis le Monténégro, la Roumanie, l'Italie et la Grèce. À la fin de 1916, d'autres pays des autres continents, progressivement convaincus qu'étant donnée la tournure prise sur mer par les événements, leurs intérêts leur commandaient d'embrasser la cause des Alliés, avaient aussi rejoint leur camp et les Empires centraux, la Bulgarie et la Turquie se trouvaient, soit en état de rupture des relations diplomatiques, soit en état de guerre à peu près avec le monde entier.

En Amérique, le président Wilson était toujours dans les mêmes dispositions d'esprit de justice et d'équité à l'égard des deux clans. Mais, dans l'opinion, la cause des Alliés avait fait des progrès duo à deux causes essentielles : d'une part, bien que le groupe des Américains d'origine germanique y fût le plus nombreux, il ne pouvait pas faire équilibre aux Latins, aux Slaves et aux Britanniques réunis qui, en cas de choix obligatoire, étaient naturellement enclins à embrasser la cause de leur pays d'origine ; d'autre part, ce choix ils le firent sous l'influence de la propagande de l'ancien président Théodore Roosevelt qui, depuis le début des hostilités n'avait cessé d'être orientée dans ce sens et qui, les industriels et les banquiers en étant progressivement arrivés, à la fin de 1916, à avoir rallié sa thèse en majorité sous la pression des difficultés économiques résultant pour eux du blocus des Empires centraux, n'avait pas non plus cessé de s'amplifier et de devenir de plus en plus efficace. À ces industriels et à ces banquiers, le contact de ces difficultés économiques avait, en outre, révélé une autre vérité : la façon dont les Empires centraux réussissaient à surmonter les embarras croissants qui résultaient pour eux de la quasi-paralysie de leurs échanges commerciaux extérieurs, disait quels concurrents ils seraient pour eux après la guerre sur les marchés mondiaux, dans le cas où ils en sortiraient victorieux. À la faveur de cette révélation, les industriels et les banquiers américains déjà en plus grand nombre favorables aux Alliés en raison de leurs origines, ne l'emportèrent que plus facilement dans leur milieu où ils obtinrent les mêmes résultats que, sur le plan politique, l'ancien président Théodore Roosevelt dans l'opinion.

Le président Wilson ne pouvait pas manquer d'être impressionné par cette évolution de l'opinion et des milieux d'affaires. Dans son désir de ne lui céder pas, il faillit être servi par les circonstances : en Autriche-Hongrie, l'empereur François-Joseph était mort le 21 novembre 1916 et, prenant sa succession, son neveu Charles-François n'eut rien de plus pressé que d'essayer d'ouvrir par l'intermédiaire de son beau-frère français, le prince Sixte de Bourbon, des négociations avec les Alliés dans le but de mettre fin à la guerre par un compromis ; en Allemagne, depuis l'échec de l'état-major à Verdun (février-juillet 1916), le chancelier Bethmann-Hollweg s'était peu à peu persuadé que les Empires centraux ne pourraient jamais dicter leurs conditions à leurs adversaires et qu'il était de leur intérêt de négocier alors qu'ils étaient encore, quoique sérieusement menacés, en position de force et, le 12 décembre 1916, au Reichstag, il avait fait un discours qui était une véritable offre de Paix ; en Italie, un mouvement se dessinait dans l'opinion en faveur de Giolitti qui n'avait pas réussi à empêcher l'intervention armée aux côtés des Alliés (16 mars 1915) et, au Vatican, on préparait une tentative de médiation du Saint-Siège ; en France, un mouvement se dessinait en faveur de la reprise des relations internationales ; enfin, en Angleterre même, les restrictions consécutives à l'application de la décision du 2 juin — l'insuffisance de la flotte de commerce à transporter ce que la France et l'Angleterre pouvaient continuer d'acheter en Amérique, avait amené l'institution des cartes d'alimentation, la réquisition des productions indigènes, etc... — provoquaient un mécontentement populaire qui ne pouvait manquer d'aller croissant...

Le 22 décembre, le président Wilson crut le moment venu d'une intervention médiatrice en Europe dont il pensait qu'elle pourrait ramener l'unité de vues dans l'opinion américaine et il demanda de faire connaître ses buts de guerre à chacune des deux coalitions adverses. Son espoir d'une réussite était tel que, le gouvernement allemand pressé par les difficultés qui résultaient pour lui de la déclaration alliée du 2 juin 1916 ayant, le 9 janvier 1917, annoncé « la reprise générale de la guerre sous- marine sans restriction pour le 1er février » son message au sénat du 21 janvier, n'en proposait pas moins une « Paix sans vainqueurs ni vaincus » et une Société des Nations fondée sur la justice internationale ainsi qu'on l'a vu (cf. p. 140). Mais, quelques jours après, la presse républicaine fit grand bruit autour d'une tentative de l'ambassade d'Allemagne à Washington de dresser les pays de l'Amérique latine contre les États-Unis : on n'a jamais su très exactement de quoi il était question mais il faut croire que ces bruits n'étaient pas sans fondement[124] puisque, le 3 février, le président Wilson proposa lui-même ainsi qu'on l'a vu par ailleurs, la rupture des relations diplomatiques avec les Empires centraux.

Puis, la décision allemande de reprise générale et sans restriction de la guerre de course sur mer du 9 janvier étant entrée en application, on apprit qu'en février les sous-marins allemands avaient coulé 540 944 tonnes de fret commercial. Et le 17 mars que trois navires de commerce américains avaient été envoyés par le fond. Enfin, au 1er avril, que le tonnage coulé par les sous-marins allemands avait atteint 578 253 tonnes...

Perdant tout espoir de ne pas arriver à ne pas transformer la rupture des relations diplomatiques avec les Empires centraux en déclaration

---

[124] Un télégramme du gouvernement allemand à son ministre à Mexico et lui enjoignant de préparer une attaque mexicaine contre les États-Unis avec lesquels le Mexique était en délicatesse.

de guerre, pris sous les feux conjugués d'une opinion publique au sein de laquelle une majorité importante la réclamait impérieusement, depuis le 17 mars et les milieux d'affaires effrayés par les premiers résultats de la reprise de la guerre sous-marine annonciateurs d'une concurrence germano-américaine très dure pour l'après-guerre si l'Allemagne l'emportait, le 2 avril 1917, le président Wilson la proposait lui-même à la Cour Suprême et au Congrès réunis en séance solennelle.

Les industriels et les banquiers américains avaient gagné.

L'intervention des États-Unis dans la guerre fut décisive et d'autant plus qu'en novembre 1917, libérant le front de l'Est, l'écroulement de la Russie avait permis aux Empires centraux de concentrer tous leurs efforts sur celui de l'Ouest. Dans l'immédiat, elle ne modifia cependant pas sensiblement l'équilibre des forces en présence : les États-Unis n'étaient pas prêts, il leur fallait mettre sur pied une armée de terre, construire une flotte de guerre, augmenter leur tonnage commercial pour pallier les défaillances de celui des franco-anglais sérieusement mis à mal par les sous-marins allemands, c'est-à-dire transformer toute leur économie et, de l'avis unanime de tous les spécialistes, tout cela prendrait un minimum d'une année. Pendant ce temps, les Empires centraux avaient le temps de gagner la guerre et, d'ailleurs, ils s'y employèrent de telle sorte que, dans le camp allié, on craignit souvent qu'ils n'y fussent arrivés, notamment au début de 1918.

Pendant toute l'année 1917, la guerre sur mer fut sauvage : de 578 253 tonnes en mars, le chiffre des destructions de navires de commerce alliés était passé à 874 756 en avril, pour se maintenir autour d'une moyenne mensuelle de 600 000 dans la suite et atteindre un total de six à sept millions pour toute l'année. Pratiquement, le blocus économique des Empires centraux était réalisé, mais celui des Puissances occidentales et celui de l'Amérique ne l'étaient pas moins. Dans tous les pays européens, neutres comme belligérants, le contingentement rendu nécessaire de toutes les denrées livrées au commerce de détail et organisé à un niveau voisin de la disette provoqua un mécontentement général dont les proportions atteignirent celles d'une crise morale des plus graves en novembre avec l'effondrement de la Russie. « Nous sommes en train de perdre la guerre » dit en l'accueillant à Londres en janvier 1918, l'amiral anglais Jellicoe à l'amiral américain Sims qui venait lui rendre visite pour mettre au point avec lui la navigation des bâtiments de commerce en convois protégés, seul moyen de limiter les dégâts des sous-marins allemands, bien qu'au regard des conventions internationales il autorisât par là-même, les attaques contre eux sans discrimination ni avertissement.

Le moral était très bas et d'autant plus que l'amiral Sims avait en outre pour mission d'informer l'état-major franco-britannique que, si la flotte américaine pouvait désormais être considérée comme étant en état de pourvoir aux besoins des économies de ses partenaires à condition que la *Home Fleet* le fût d'assurer la sécurité des convois, les premières divisions américaines équipées ne pourraient arriver en Europe que d'ici à 2 ou 3 mois : 70 000 hommes au 1er avril mais qui seraient devenus 450 000 au minimum au 1er juillet. Pour réconfortant que fût ce dernier chiffre, il ne rassura cependant pleinement ni les Français, ni les Anglais avant tout préoccupés par l'immédiat : quelles étaient les intentions de l'état-major allemand et surtout quelles seraient ses possibilités dans l'intervalle ?

L'état-major allemand qui voyait venir le danger pensait justement que s'il n'avait pas emporté la décision avant l'arrivée du gros des renforts américains, après il ne le pourrait plus et qu'alors la guerre serait irrémédiablement perdue pour les Empires centraux : « Le 21 mars 1918, à 4 heures du matin, écrit le Maréchal Foch dans La Seconde Bataille de la Marne (p. 108) un bruit de tonnerre éclate soudainement en France sur le front qui s'étend d'Arras à Noyon…

Un demi-million d'hommes, soit une cinquantaine de divisions s'étant, ce jour-là, rués sur les positions françaises, les culbutent et, en 10 jours réussissent à s'y enfoncer de 60 km sur un front de 80, faisant près de 100 000 prisonniers… Le 9 avril, les positions anglaises sont à leur tour culbutées sur la Lys… Le 27 juin, une offensive prononcée sur l'Aisne rompt le dispositif français au Chemin des Dames et amène les troupes allemandes jusque dans la région de Château-Thierry sur la Marne, à 65 km de Paris…

Du côté allié, la situation était désespérée. Mais, du côté allemand, l'économie épuisée par un tel effort, ne suffisait de nouveau plus aux besoins du front. Et quand, ayant dû souffler pendant un mois, Lüdendorff se trouva, le 15 juillet, en mesure de reprendre l'offensive, les 450 000 soldats américains étaient là et intégrés dans un dispositif qui, de la Meuse à la mer du Nord était prêt à passer à la contre-offensive dont la date, seule, restait à fixer.

Prononcée sur la Marne d'où Lüdendorff espérait poursuivre aux avantages en direction de Paris, l'offensive allemande était brisée net dès le troisième jour et ce fut, en quinze jours, un repli bien en-deçà des positions de départ avec abandon sur le terrain de 30 000 prisonniers, 6 000 canons, 300 mitrailleuses, 200 lance-mines, etc. Le 20 août, les troupes alliées atteignaient la ligne Arras-Soissons. Le 26 septembre, les Anglais regagnaient les positions perdues en avril. Et le 15 octobre, la ligne Hindenburg était enfoncée sur tout le front : le 19 octobre, l'objectif des troupes alliées est la ligne Sedan-Gand et, tandis que le 5 novembre, l'armée allemande entame un mouvement de retraite générale, le maréchal Foch lance, sans attendre, le mot d'ordre : « Au Rhin ! »

Entre temps et dès qu'il fut avéré que l'état-major allemand ne serait plus jamais en mesure de reprendre l'initiative des opérations, un conseil de la Couronne avait été convoqué au Grand Quartier Général à Spa, le 14 août.

> « À ce Conseil, écrit Lüdendorff, le Commandement militaire suprême fit comprendre sans équivoque possible aux dirigeants politiques de l'Empire, que la guerre ne pouvait plus être gagnée par les armes et que tout ce qu'on pouvait faire, était de tenir l'ennemi par une défensive stratégique. L'empereur en conclut qu'il fallait guetter le moment favorable pour se mettre d'accord avec les Alliés. »

Il n'y eut, malheureusement pour lui, plus de moment favorable. Le 13 septembre, tandis que l'état-major prenait la décision d'un repli général sur la ligne Hindenburg, l'empereur Charles faisait savoir que l'Autriche-Hongrie était décidée à demander la paix. Le 26, la Bulgarie déposait les armes...

Le 3 octobre, le Chancelier d'Empire d'alors, le prince Max de Bade[125] entrait en contact avec le président Wilson par l'intermédiaire du ministre de Suisse à Washington et, dès lors, les événements se précipitèrent.

Si le prince Max de Bade s'était adressé à Wilson de préférence au premier [ministre] britannique ou au premier [ministre] français, il avait ses raisons : d'une part, dans la conduite de la guerre, son influence était prépondérante, de l'autre, sur l'arrêt des hostilités et la paix qui suivrait, il avait prononcé, depuis son message au sénat du 21 janvier 1917 (une paix sans vainqueurs ni vaincus, une Société des Nations fondée sur la justice, etc.) un certain nombre de discours qui pouvaient être considérés comme autant de précisions encourageantes pour les Empires centraux amenés à résipiscence.

Le premier de ces discours fut un nouveau message au sénat, le 8 janvier 1918 : il contenait ses célèbres quatorze points. À cette date, les représentants des Soviets étaient au plein des négociations qu'ils avaient engagées à Brest-Litovsk avec ceux de l'Allemagne, de l'Autriche-Hongrie, de la Turquie et de la Bulgarie, négociations auxquelles ils avaient, le 20 novembre 1917, ouvert la voie par un texte qui était en même temps une Proclamation à l'usage du peuple russe et une Déclaration d'intention à celui des Empires centraux et à celui de leurs anciens alliés à qui, d'ailleurs, ils l'avaient adressé :

> « Nous demandons, disait ce texte, la conclusion aussi prompte
> « que possible d'un armistice qui s'étende à tous les fronts ; nous
> voulons ouvrir des négociations en vue d'une paix sans annexions
> ni indemnités, une paix qui soit susceptible d'assurer à tous les

---

[125] En juillet 1917, Hindenburg et Lüdendorff avaient obtenu de l'empereur le renvoi de Bethmann-Hollweg qu'ils jugeaient trop enclin à la négociation et dont ils avaient peur qu'il n'aboutît. À Bethmann-Hollweg succède un incapable : Michaelis qui fut bientôt remplacé par le comte Hertling. C'est au comte Hertling qu'avait succédé le prince Max de Bade le 29 septembre et, dans son cabinet figuraient des socialistes comme Scheidermann. Il s'agissait, pour la première fois en Allemagne, d'un cabinet appuyé sur une majorité parlementaire.

peuples une liberté entière de développement ».

Cette paix, c'était celle que le président Wilson avait définie dans son message au Sénat du 21 janvier 1917 : sans vainqueurs ni vaincus. Qu'il ait jugé nécessaire de la préciser avant que les négociations de Brest-Litovsk n'arrivassent à leur conclusion, se conçoit aisément. Il le dit donc en 14 points qui se peuvent résumer ainsi :

1. Des traités de paix conclus à la suite de discussions publiques sans aucune annexe secrète. Exclusion de la diplomatie secrète et des ententes particulières entre nations.
2. Liberté totale de la navigation en dehors des eaux territoriales en temps de guerre comme en temps de paix.
3. Suppression aussi complète que possible des barrières économiques, égalité de traitement accordée en matière de commerce, à toutes les nations consentant à la paix.
4. Garanties prises et données quant à la limitation des armements nationaux.
5. Règlement impartial de toutes les questions d'ordre colonial en tenant compte des intérêts des peuples indigènes.
6. Évacuation du territoire russe, répartition conforme au droit des peuples à disposer d'eux-mêmes des territoires ayant appartenu à l'empire russe.
7. Évacuation et restauration complète de la Belgique, reconnaissance de sa pleine et entière indépendance.
8. Évacuation du territoire français. Réparation du tort fait à la France en 1871 (Alsace-Lorraine).
9. Rajustement des frontières italiennes conformément au vœu des habitants et au principe des nationalités.
10. Aux peuples d'Autriche-Hongrie, possibilités de développement autonome assuré et une place accordée parmi les nations.
11. Évacuation de la Serbie, du Monténégro et de la Roumanie, accès à la mer assuré aux Serbes.
12. La partie turque de l'empire ottoman doit demeurer indépendante et souveraine sur son territoire, mais les autres nationalités jusqu'ici soumises à la domination turque doivent récupérer leur liberté et en obtenir la garantie. Le détroit des Dardanelles doit être ouvert en tout temps aux navires de toutes les

nations sous garantie internationale.

13. Constitution d'un État polonais indépendant auquel appartiendront les populations indiscutablement polonaises et qui auront libre accès à la mer. Son existence et son indépendance politique seront garanties par un traité international.

14. Création d'une Société des Nations dont les membres se garantiront mutuellement l'indépendance politique et l'intégrité territoriale.

Dans un second discours prononcé le 11 février 1918, il commente les dispositions déjà connues du traité de Brest-Litovsk et, en quatre points, il définit ce que, pratiquement, il entend par « droit des peuples à disposer d'eux-mêmes » :

1. L'idée fondamentale du traité qui mettra fin à la guerre est celle d'une justice égale pour tous, c'est-à-dire qu'il y aura lieu de chercher, dans chaque cas particulier, une solution qui, ne lésant personne, sera la plus susceptible d'assurer une paix définitive.

2. Peuples et provinces ne doivent plus passer d'une souveraineté à une autre comme des enjeux qu'on perd ou gagne dans une Partie de cartes, s'agit-il du grand jeu aujourd'hui pour toujours discrédité, de l'équilibre des pouvoirs intérieurs.

3. Tout règlement territorial doit avoir pour but l'intérêt et le bien des populations habitant le territoire dont on dispose, il ne doit pas être un compromis entre les États rivaux.

4. Satisfaction doit être donnée à toutes les aspirations nationales bien définies en prenant toutefois soin de ne pas introduire dans un État des éléments de discorde pouvant amener la rupture de la paix.

Dans la suite, le président Wilson prononça encore d'autres discours cours dans lesquels il rendait publiques ses conceptions de la paix : celui du 6 avril, anniversaire de l'entrée en guerre des États-Unis où il assure que son pays ne cherche à tirer aucun avantage matériel de la guerre ; celui du 4 juillet qui contient cette formule, souvent citée : « ce que nous cherchons à établir, c'est le règne de la loi fondée sur le consentement des gouvernés, soutenue par l'opinion éclairée de l'humanité » ; celui du 7 septembre qui, en cinq principes, résume tous les précédents :

1. La justice impartiale ne connaît pas de distinction entre ceux envers qui nous désirerions être justes et ceux envers qui nous ne le désirerions pas.

2. Aucun intérêt propre à une nation ou à un groupe de nations ne petit servir de base à un règlement quelconque qui négligerait l'intérêt commun à tous.

3. Il ne peut y avoir d'alliances, de traités ou d'accords particuliers entre des nations appartenant à la grande famille de la Société des Nations.

4. Il ne peut y avoir d'accords secrets entre membres de la Société des Nations.

5. Corollairement tous les traités internationaux doivent être rendus publics de manière à être connus du monde entier.

Par sa note du 3 octobre, le prince Max de Bade informait le président Wilson que le gouvernement était prêt à conclure la paix aux conditions fixées dans son message au congrès du 8 janvier et sollicitait un armistice. Le 7, le gouvernement austro-hongrois exprimait le même désir aux mêmes conditions.

Toute une correspondance suivit au cours de laquelle un certain nombre de détails ayant, de part et d'autre été précisés, le 23 octobre, le président Wilson informait les Empires centraux qu'il acceptait l'ouverture des pourparlers sous réserve que, d'une part, il ne fût pas question de négocier avec les Hohenzollern, de l'autre, qu'il s'agit d'une capitulation sans conditions mais ce qui précède dit assez ce que, sous la plume du président Wilson, pouvait signifier une capitulation sans conditions : une question de pure forme ou, tout au plus, une précaution contre la tentation que, la Convention d'armistice signée, l'état-major allemand mécontent — ce n'était pas exclu — pourrait avoir de recommencer les hostilités après les avoir interrompues. Il en donnait d'ailleurs expressément cette explication dans sa réponse.

Le même jour, sans attendre la réponse du gouvernement allemand, il communiquait toute la correspondance échangée aux franco-britanniques et les invitait « à fixer avec leurs conseillers militaires, les conditions d'un armistice, en cas qu'ils fussent d'avis d'en accorder un ». Datée du 27 octobre, la réponse allemande lui arriva le 23 : c'était une acceptation, le gouvernement du Prince Max de Bade attendait maintenant « les propositions d'armistice susceptibles de rendre possible une paix de justice conforme aux principes posés par le président ».

Datée du 4 novembre, la réponse des franco-britanniques était ainsi conçue :

> « Les gouvernements alliés ont examiné avec soin la correspondance échangée entre le président des États-Unis et le gouvernement allemand.
>
> Sous réserve des observations qui suivent, ils se déclarent disposés à conclure la paix avec le gouvernement allemand aux conditions posées dans l'Adresse du président au Congrès, le 8 janvier 1918 et selon les principes énoncés dans ses déclarations ultérieures. Ils doivent toutefois faire remarquer que l'art. 2 relatif à ce qu'on appelle couramment la liberté des mers, se prête à diverses interprétations dont certaines sont telles qu'ils ne pourraient pas les accepter. Ils doivent, en conséquence, se réserver une liberté d'action entière sur cette question, quand ils viendront siéger à la conférence de la Paix.
>
> D'autre part, lorsqu'il a formulé les conditions de paix dans son Adresse au Congrès, le 8 janvier 1918, le président a déclaré que les territoires doivent être, non seulement évacués mais restaurés. Les Alliés pensent qu'il ne faudrait laisser subsister aucun doute sur ce que serait cette condition. Ils comprennent par-là que l'Allemagne devra compenser tous les dommages subis par les populations civiles des nations alliées et par leurs propriétés, du fait de l'agression de l'Allemagne, soit sur terre, soit sur mer, soit en conséquence séquence d'opérations aériennes. »

La suite des évènements n'a plus guère d'importance ; le 5 novembre, Wilson fit envoyer par le ministre de Suisse un télégramme à Berlin qui invitait le gouvernement allemand à envoyer au maréchal Foch des représentants accrédités et habilités à traiter pour prendre connaissance des conditions de l'Armistice et, éventuellement, passer accord. Sur le champ, furent désignés : le député Erzberger, leader du parti du Centre et ministre, le comte Oberndorff, Ministre plénipotentiaire, le général von Winterfeldt, le capitaine de vaisseau Vanselon et un représentant de l'état-major, le général von Gundell qui avait mission de Hindenburg de se comporter en simple observateur et de ne prendre aucune part aux travaux, ni aucune responsabilité. Ils partirent le 6 novembre et arrivèrent à Rethondes le 8.

Entre temps, le 30 octobre, la Turquie avait déposé les armes et le 3 novembre, l'Autriche-Hongrie avait suivi son exemple. De graves évènements s'étaient déroulés en Allemagne. Respectant ses engagements, le prince Max de Bade avait envoyé le 1er novembre, le député prussien Drews au Grand Quartier Général à Spa où se trouvait l'empereur pour lui demander d'abdiquer volontairement et cette démarche n'avait d'abord eu aucun succès.

Le 3 novembre, 20 000 matelots appartenant aux escadres basées à Kiel s'étaient mutinés. Le 4, les équipages du *König*, du *Kronprinz Wilhelm*, du *Kurfürst*, du *Thuringen*, de l'*Heligoland* et du *Mackgraf*, avaient refusé d'appareiller et hissé le drapeau rouge sur leurs bâtiments et, le lendemain naissaient à Kiel, les premiers conseils d'ouvriers et de soldats. Le mouvement s'étant cependant rapidement étendu à toute l'Allemagne, le 8 novembre, l'empereur apprit à Spa où il résistait à toutes les pressions de toutes parts exercées sur lui pour obtenir son abdication volontaire, que le roi de Bavière et le roi de Würtemberg s'étaient enfuis devant les manifestations populaires organisées par ces conseils et leur avaient laissé le champ libre. Le 9 novembre, dans la matinée, il cédait enfin, mais seulement au titre d'empereur d'Allemagne, non à celui de roi de Prusse qu'il entendait garder[126] et, dans l'après-midi, sur le conseil de Hindenburg, se réfugiait en Hollande.

À Berlin, apprenant la nouvelle à midi, le prince Max de Bade avait aussitôt donné sa démission qu'il avait remise à Ebert, président des Conseils d'ouvriers et de soldats, en le chargeant de former le nouveau Cabinet. À la même heure, arrivant au Reichstag, le député-ministre

---

[126] Au titre de Roi de Prusse, il n'abdiqua que le 28 novembre, sur la pression de l'Angleterre qui, la Convention d'armistice ayant été signée et étant entrée en vigueur, menaçait de demander son extradition à la Hollande s'il n'y consentait pas.

Scheidemann avait, du perron, annoncé de lui-même, sans avoir consulté personne, la proclamation de la République devant un attroupement populaire. Mais à Berlin, comme partout, les Conseils d'ouvriers et de soldats sont sous l'influence des socialistes Kart Liebknecht et Rosa Luxembourg qui rêvent d'accomplir à l'échelle de l'Allemagne une révolution du type de celle que les bolchevicks ont accomplie en Russie et qui la font progresser à grands pas dans ce style, en exploitant très adroitement un mécontentement populaire qui croît sans cesse à la faveur de la disette. C'est un miracle que le socialiste modéré Ebert ait été choisi comme président d'un directoire de six membres démocratiquement élus par les délégués des Conseils d'ouvriers et de soldats avec mission de prendre au pouvoir le relais des institutions défaillantes.

À Rethondes, dans cette conjoncture voisine du chaos, sur un télégramme reçu de Berlin et ne portant d'autre signature que « *Reichskanzler* » suivi du mot « *Schluss* » qui signifie « fin » et que les Alliés prirent pour le nom du nouveau chancelier[127], le 11 novembre à 2 h 05, Erzberger qui ignore tout de ce qui se passe à Berlin, fait dire au maréchal Foch qu'il est prêt à entrer en séance pour conclure l'armistice. À 5 h 10, le document est signé et, à 11 heures, les hostilités sont, de part et d'autre, officiellement suspendues pour 36 jours avec possibilité de prolongation, sur toute l'étendue du front.

La délégation allemande n'avait pas manqué de trouver parfois excessives les conditions qui lui étaient proposées et, dans la mesure où il avait pu être tenu au courant, le directoire des six non plus : mais enfin, ils n'avaient pas le choix. Une de ces conditions prévoyait la remise aux Alliés des moyens maritimes et terrestres de communication

---

[127] Il n'y avait en effet, plus de chancelier en Allemagne. Ebert qui avait tout d'abord accepté le titre sur la proposition du Prince Max de Bade de lui succéder avait, aussitôt, été contraint d'y renoncer par le Directoire des six, motif pris que ce Directoire était une émanation du peuple, non du Parlement et que la forme du nouveau gouvernement n'étant pas encore constitutionnellement définie, il ne pouvait agir qu'au titre de Président, non de Chancelier. De crainte de provoquer la confusion et l'hésitation, voire le refus de traiter chez les Alliés, le Directoire avait cependant décidé de signer cette pièce officielle de l'ancien titre, sans mettre de nom, plutôt que d'un titre qui risquait de n'être pas compris et de tout compromettre.

et l'entretien des troupes d'occupation dans une zone prévue qui était toute la rive gauche du Rhin mais qui pouvait s'étendre à la rive droite en cas de non- exécution de la livraison prévue[128] : après un blocus économique de cinquante mois, elle ne pouvait manquer d'avoir pour effet, le blocus étant maintenu, de rendre désespérée la situation alimentaire de l'Allemagne, d'y compromettre la réorganisation de l'économie par paralysie totale des transports de matières premières du zones productrices (notamment la Ruhr) vers les zones de transformation et d'y provoquer un mécontentement général susceptible de faire le jeu des entreprises bolchevistes par le truchement de Karl Liebknecht et Rosa Luxembourg.

Ils signèrent néanmoins. Car, pour dures et excessives qu'ils les trouvassent sur certains points, dont surtout celui-là, ils croyaient que le moment venu de les inclure dans un traité de paix, ces conditions ne s'écarteraient pas des promesses contenues dans les déclarations du président Wilson, dont, par leur note du 4 novembre, les franco-britanniques leur avaient donné l'assurance qu'elles seraient respectées.

Convaincus qu'ils obtiendraient facilement satisfaction, les Allemands envoyèrent, le jour même de la signature, une lettre à Wilson pour lui demander d'intervenir dans le sens d'un adoucissement au moins en ce qui concernait cette affaire de livraison des moyens de transport en attirant particulièrement son attention sur ses effets à peu près certains.

Que le président Wilson soit intervenu ne paraît pas douteux bien que rien n'ait jamais été rendu public sur ce point : il en faudrait alors

---

[128] Cette livraison comprenait : 5 000 locomotives, 150 000 wagons et 5000 camions automobiles, les voies de communication de toute nature étant en outre mises à la disposition des Alliés, leurs frais d'entretien et d'approvisionnement restant à la charge de l'Allemagne (§ A. 7° ; abandon sur place et Intact de tout le matériel de navigation fluviale, de tous les navires de commerce, remorqueurs, chalands, etc. lors de l'évacuation de la côte belge (§ F. 9° ; même chose dans la Mer Noire (§ F. 101) ; maintien du blocus, les navires de commerce allemands restant sujets à capture (§ F. 7° : droit de réquisition illimité exercé par les armées alliées dans les territoires occupés, etc... Cette énumération ne comprend que le matériel utilisé pour les besoins économiques à l'exclusion des livraisons de matériel militaire qui faisaient, dans la convention d'armistice, l'objet d'autres dispositions.

conclure qu'il n'obtint pas satisfaction.

Toujours est-il que la condition n'ayant pu être remplie dans le délai prévu, il fallut le 13 décembre à Trèves, envisager la prolongation de l'armistice et que loin de faire droit à la demande allemande, l'acte de prolongation contenait une nouvelle clause, plus grave encore : « À partir de ce jour, le commandant en chef des armées alliées se réserve le droit d'occuper, quand il le jugera utile à titre de garantie additionnelle, la zone neutre établie sur la rive droite du Rhin, au nord de la tête de pont de Cologne et jusqu'à la frontière hollandaise. »

Le drame que nous avons vécu de 1939 à 1945 et que nous continuons à vivre, commençait.

CHAPITRE V – LES TRAITES DE VERSAILLES

La Conférence de la Paix se réunit à Paris le 18 janvier 1919. Y étaient représentés :

1. Par cinq délégués : les États-Unis, la France, la Grande - Bretagne, l'Italie et le Japon.

2. Par trois délégués : la Belgique, le Brésil et la Yougoslavie[129].

3. Par deux délégués : la Chine, le Portugal, la Roumanie, le Siam, la Tchécoslovaquie[130], la Pologne, le Hedjaz et la Grèce[131].

---

[129] En réalité, la Yougoslavie ne portait pas encore ce nom qu'elle ne prit officiellement que le 3 octobre 1929. À l'époque, elle portait celui de « Royaume des Serbes, des Croates et des Slovènes » né dans les circonstances suivantes : le 23 septembre 1918, un Conseil national de la Croatie s'était constitué à Zagreb qui, le 6 octobre suivant, dans une proclamation publique, demandait l'union avec la Serbie — dans le même temps, la diète bosniaque et l'Assemblée nationale du Monténégro se prononçaient dans le même sens et le 1er décembre le prince Alexandre de Serbie avait proclamé l'union de la Macédoine, de la Bosnie-Herzégovine, du Banat, de la Batchka, de la Barania, de la Syrmie, de la Slavonie, de la Dalmatie, de l'Istrie, de la Croatie et de la Slovénie, anciennes dépendances de l'Autriche-Hongrie, avec la Serbie et le Monténégro, dans un « Royaume des Serbes, Croates et Slovènes » ; c'est cet agglomérat hétéroclite qui avait été admis à siéger à la Conférence au titre d'État. Il y était représenté par des Serbes. On ne sait que plus tard ce que valait le Comité national comme expression de la volonté populaire En fait, les Croates n'étaient d'accord avec les Serbes que contre la double monarchie et plus particulièrement le gouvernement « Magyar » de Budapest mais pour rien d'autre. Entre les deux guerres, l'histoire de la Yougoslavie fut celle des Croates annexés et politiquement asservis par les Serbes. Tout cela se termina provisoirement en 1934 par l'assassinat à Marseille du roi Alexandre de Yougoslavie (et du ministre Barthou) par le Croate Kalemen réfugié en France.

[130] La situation juridique de la Tchécoslovaquie n'était pas plus claire que celle de la Yougoslavie : le 3 septembre 1918, un gouvernement provisoire tchécoslovaque avait été formé à Paris ; le 18 octobre un Comité national tchécoslovaque prenait le pouvoir à Prague et, le 14 novembre, sous le nom d'Assemblée nationale qu'il avait pris le 9, il avait proclamé la déchéance des Habsbourg et l'indépendance de la Tchéquie et de la Slovaquie dont les frontières n'étaient pas définies.

[131] La situation juridique de la Pologne était encore plus confuse que celle de la Yougoslavie et de la Tchécoslovaquie. En 1914, la Pologne qui était alors le Grand-Duché de Varsovie et faisait partie de la Russie, se partagea en deux courants d'opinion : l'un, le plus important, qui avait à sa tête le militant socialiste anti-russe Joseph Pildsuski se rangea aux côtés des Empires centraux auxquels il apporta l'appui d'une légion de volontaires polonais (sous le commandement de Pildsuski), l'autre composé des hésitants et des pro-russes, prit plus ou moins ouvertement et plus ou

4. Par un délégué : la Bolivie, Cuba, l'Équateur, le Guatemala, Haïti le Honduras, le Nicaragua, Panama, le Pérou, l'Uruguay et le Liberia.

5. Enfin bien que faisant partie de l'Empire britannique, le Canada, l'Australie, l'Afrique du Sud et l'Inde avaient chacun deux délégués et la Nouvelle-Zélande en avait un.

Au total, 32 États représentés par 70 délégués.

La Suisse, le Danemark, la Suède, la Norvège et l'Espagne n'étaient pas représentés, non plus que la Russie des Soviets.

La Russie des Soviets avait posé un problème en ce que, d'une part, elle était une ancienne alliée, de l'autre, elle était impliquée dans les

---

moins timidement le parti des Alliés. Le 9 août 1915, les troupes allemandes entrèrent à Varsovie. Le 5 novembre 1916, les Empires centraux reconnaissaient l'indépendance de la Pologne dont les frontières étaient à définir et y instituaient un Conseil d'État provisoire, puis, le 12 septembre 1917 un Conseil de régence. Dans son Adresse au Sénat du 8 janvier 1918, le président Wilson avait proclamé la nécessité d'une Pologne indépendante et, dans le même temps, le gouvernement bolcheviste de Moscou en avait fait autant. Le 14 novembre 1918, le Conseil de Régence s'était retiré en passant ses pouvoirs à Joseph Pildsuski. Mais le 2 octobre, les Alliés avaient reconnu officiellement un Conseil national qui s'était, dès 1915, constitué à Paris avec des éléments réputés représentatifs du courant polonais d'opinion favorable aux Alliés. On n'était sorti de cette situation ambiguë que par la constitution d'un gouvernement d'unité nationale sous la présidence de Paderewski (dont les tendances proalliées s'étaient manifestées pendant toute la guerre qu'il vécut hors de Pologne), mais Pildsuski restant à la fois chef provisoire de l'État et des armées. Les Allemands, les Tchécoslovaques et les Russes revendiquant chacun une part des territoires sur lesquels ce gouvernement désirait étendre son autorité, la Pologne était un État à créer de toutes pièces et ses représentants à la Conférence de la Paix ne représentaient qu'une infime partie de ce qu'elle devint plus tard officiellement (1923 seulement).

En bordure de la mer Rouge, le Hedjaz était un vilayet de l'empire ottoman auquel passant, le 24 octobre 1915, un accord avec le chef arabe Hussein, émir de la Mecque en rupture de ban avec le sultan, l'Angleterre avait reconnu l'indépendance confirmée par la France par les accords Sykes-Picot en mai 1916. Ce qu'il représentait alors, on ne sait pas bien. Dans la suite, en 1926, il est devenu une dépendance du Nedjed dont le sultan fut, en même temps, roi du Hedjaz, un vice-roi l'y représentant. En 1932, l'union du Hedjaz et du Nedjed constitua le royaume d'Arabie séoudite. À noter que les accords Sykes-Picot prévoyaient, en outre, pour après la guerre, un partage d'influence à peu près équitable entre la France et l'Angleterre, la première recevant la côte de la Syrie et un arrière-pays allant jusqu'au Tibre, la seconde St-Jean d'Acre et la partie de la Mésopotamie allant de Bagdad au golfe persique. Les deux puissances se partageaient, en outre, à égalité, les vastes régions situées entre la Syrie et la province de Bagdad.

décisions à prendre par la frontière qu'il faudrait tracer entre elle et le nouvel État polonais avec lequel elle était en guerre. Mais, son gouvernement n'étant reconnu par aucune des Puissances alliées et n'ayant chez elles aucune représentation diplomatique, les avis étaient partagés sur l'attitude qu'il y avait lieu d'adopter à son endroit : la France, par exemple, soutenait officiellement et militairement la Pologne (Expédition Weygand), les autres avaient des positions plus nuancées et suivaient plutôt Wilson désireux de rétablir des relations avec elle et de l'associer aux travaux de la Conférence. Le 22 janvier, sur la proposition de Wilson, les États-Unis, la France, la Grande-Bretagne, l'Italie et le Japon, invitèrent « ...tout groupe organisé pouvant exister dans les limites de la Russie d'Europe[132], la Finlande exceptée, ou en Sibérie et exerçant ou s'efforçant d'exercer un pouvoir politique ou militaire à envoyer des représentants (trois au plus) à l'Île des Princes, dans le voisinage de Constantinople, pour s'y rencontrer avec des délégués des Alliés et y régler aussi promptement et équitablement que possible le sort de l'ancien empire des Tsars ». Le gouvernement soviétique répondit le 4 février qu'il acceptait mais réservait un certain nombre de points qui n'avaient, selon lui, pas à être mis en discussion. On ne lui répondit pas. Wilson essaya encore d'envoyer Bullitt en Russie : sans succès. Le 26 mai 1919, les principaux membres dirigeants de la Conférence reconnurent le gouvernement Koltchak en Sibérie, celui de Denikine en Russie d'Europe et on n'en parla plus.

La Finlande, l'Estonie, la Lituanie, la Lettonie, la Ruthénie et la Géorgie qui avaient fait partie de l'ancien empire russe, et sur le sort desquelles la Conférence se proposait de se prononcer, n'avaient pas été invitées et ne réussirent pas à se faire admettre. Les Arméniens, les juifs sionistes, les Syriens, les Libanais, les habitants du Slesvig et ceux de l'Île d'Alland, les Allemands de Bohême hostiles à leur intégration dans la Tchécoslovaquie et qui avaient constitué un gouvernement provisoire non plus et pas davantage l'Égypte et l'Irlande. Mais le

---

[132] Euphémisme — ou périphrase — pour ne pas inviter officiellement le gouvernement russe, mais on ne doutait pas qu'il répondît.

Hedjaz l'était...

En somme, tout le monde était là, sauf les principaux intéressés du sort desquels on allait disposer, raison pour laquelle d'ailleurs, on les avait soigneusement tenus à l'écart. Dès le départ, la Conférence de la Paix, malgré les efforts du président Wilson, s'engageait dans une voie qui disait clairement qu'il ne serait tenu aucun compte du « Droit des peuples à disposer d'eux-mêmes », principe fondamental de ses quatorze points quant à la réorganisation politique et territoriale de L'Europe. Combattu sur ce point jusque par son secrétaire d'État aux affaires étrangères Lansing qui faisait avec lui partie de la délégation des États-Unis, il ne désarma pas, mais il ne lui fut plus jamais possible d'obtenir le moindre succès dans ce sens. La formule « sans vainqueurs ni vaincus » de son message au Sénat du 21 janvier 1917 permettait, d'autre part, d'espérer que les vaincus seraient plus étroitement associés aux débats, que la Conférence de la paix, par exemple fût une table ronde où un siège leur serait réservé : dans l'atmosphère de réconciliation générale née de la fraternisation des soldats des deux camps, de tranchée à tranchée, pendant la dernière année de la guerre c'était l'opinion de beaucoup de bons esprits. Mais il n'en fut jamais question et, conformément à la tradition, la paix qui devait sortir des débats ne pouvait être comme toutes les paix jusque-là, qu'une paix imposée à des vaincus par des vainqueurs, une sentence rendue par des juges contre des accusés absents, non une paix de justice puisqu'on avait exclu de la rendre fraternelle en n'envisageant pas de la discuter en commun.

Ainsi composée, cette assemblée apparut très vite comme ne comprenant à dessein que les cinq grandes puissances (États-Unis, Grande-Bretagne, France, Italie et Japon) leurs satellites et leurs futurs satellites, c'est-à-dire que des États ou des embryons d'États qui n'eussent ni le goût ni la possibilité de mettre leurs décisions en balance. De fait, il n'y eut jamais que très peu de séances plénières et celles qui eurent lieu ne furent jamais que de pure forme : tout était décidé en coulisse par un « Conseil des Dix » (le président des États-Unis et son secrétaire d'État Lansing, les chefs de gouvernements, Clemenceau pour la France, Lloyd George pour la Grande-Bretagne, Orlando pour l'Italie, Saïonji pour le Japon et leurs ministres des Affaires étrangères respectifs, Pichon, Balfour, Sonino et Meakino) ou même par un « Conseil des Quatre » (les chefs de gouvernement des États-Unis, de France, de Grande-Bretagne et d'Italie).

Il faut ajouter qu'au « Conseil des Dix » comme au « Conseil des Quatre », les vainqueurs se retrouvèrent face à face, préoccupés chacun par ses propres intérêts opposés à ceux de tous les autres et donc dans l'impossibilité d'entretenir entre eux des rapports beaucoup meilleurs que ceux qu'ils entretenaient globalement avec les vaincus : l'Angleterre et la France se heurtaient sur la frontière franco-allemande, le désarmement, le partage de l'Empire ottoman ; l'Italie se heurtait à l'Angleterre et à la France sur l'Afrique du Nord, le Moyen-Orient, l'Europe centrale ; et Wilson qui s'usait à faire l'arbitre ou à défendre ce que les autres appelaient ses chimères, indisposa progressivement à peu près tout le monde.

Le 18 janvier 1919, Clemenceau, chef du gouvernement français, avait été nommé président permanent de la Conférence : un humoriste a dit plus tard, que, de toutes les décisions prises, c'était la seule qui ne l'avait pas été à une unanimité qui ne fût pas seulement de façade et il n'était pas si loin de la vérité. De ses rapports avec Lloyd George, premier anglais, Clemenceau disait lui-même : « En de périlleux débats, jamais deux hommes ne parurent plus près de s'entredévorer. » Le premier italien, Orlando quitta même la Conférence en claquant les portes et il fallut toute l'autorité de Wilson pour l'y ramener après une absence de trois semaines.

Après la signature des traités de Paix avec l'Allemagne et l'Autriche, l'Angleterre considéra que tout était réglé et ne participa plus aux débats que du bout des lèvres. Les États-Unis refusèrent d'y prendre part à partir du 19 décembre[133], deux traités restant encore à signer. Enfin, en

---

[133] Le 10 septembre précédent, ils avaient retiré leur délégué au Conseil suprême interallié qui avait été nommé le 11 janvier 1919, pour, en veillant à l'exécution des conditions de l'armistice, étudier les mesures à prendre pour soulager les populations d'Europe en les ravitaillant au mieux dans le cadre du blocus de l'Allemagne maintenu et définir la politique à suivre par les Alliés en la matière.

janvier 1920, après l'échec de sa candidature à la présidence de la République en France, Clemenceau démissionna de tous les postes qu'il occupait pour rentrer dans la vie privée, la Conférence fut dissoute et le règlement des questions encore en suspens fut confié au Conseil suprême interallié qui fixa son siège à Londres à une conférence des ambassadeurs qui fixa le sien à Paris et à une commission des réparations chargée de déterminer le montant des indemnisations dues par l'Allemagne.

Fin peu glorieuse mais, quoique non sans peine, le Pacte de la Société des Nations si cher à Wilson, définitivement mis au point dès le 28 avril avait été contresigné par l'Allemagne avec le *Traité de Versailles* auquel il servait de Préambule (28 juin 1919), par l'Autriche avec le *Traité de St-Germain* (10 septembre 1919) et par la Bulgarie avec le *Traité de Neuilly* (27 novembre 1919). Avec la Hongrie, le *Traité de Trianon* ne put être signé que le 4 juin 1920 et seulement le 11 août suivant le *Traité de Sèvres* avec la Turquie.

Le président Wilson s'était montré intraitable sur deux de ses quatorze points : le Pacte de la Société des Nations (point 9) et le désarmement (point 11).

Du Pacte, il avait voulu qu'il fût élaboré en tout premier lieu : sans doute pensait-il qu'il lui serait plus facile de faire passer dans les traités sous forme de mesures les idées de justice qu'il contiendrait alors sous forme de principes que de les y faire admettre directement si, au contraire, on commençait par discuter ces traités. Sans doute aussi redoutait-il que si on discutait d'abord les traités, on se heurterait tant et tant et si âprement sur leur mise au point qu'après leur signature, la création d'une Société des Nations apparaîtrait comme une utopie ou une gageure et qu'il n'en pourrait plus être question. La suite a révélé que ce calcul n'était pas si mauvais. Le président Wilson avait aussi voulu que ce Pacte fît partie intégrante des traités de telle sorte qu'il fût proposé à la signature des vaincus en même temps que les traités et que, bien que tenus à l'écart de la Société des Nations jusqu'à exécution totale de leurs clauses les vaincus aient l'assurance qu'elle leur était ouverte, non — et ne serait-ce que momentanément — l'impression qu'ils en étaient à jamais exclus.

En matière de désarmement, s'il n'obtint dans le Pacte que la formule de « réduction » pour chaque nation au minimum compatible avec sa sécurité nationale, dans la cinquième partie du Traité de Versailles, relative aux clauses militaires, il réussit à faire figurer un court préambule qui définissait ce minimum par rapport à ce qui serait accordé à l'Allemagne et qui était ainsi conçu :

> « En vue de rendre possible la préparation d'une limitation générale des armements de toutes les nations, l'Allemagne s'engage à observer strictement les clauses militaires, navales et aériennes ci-après stipulées. »

Sans doute pensait-il que, s'il ne réussissait pas à faire triompher le « Droit des peuples à disposer d'eux-mêmes » dans toutes les clauses territoriales des traités, les réajustements imposés par le respect de la justice, se pourraient faire très pacifiquement quoiqu'à la longue au moyen de la révision prévue à l'art. 19 du Pacte, si l'Allemagne étant totalement désarmée, les autres nations l'étaient aussi.

Mais l'Allemagne ayant une fois rempli ses engagements, la France refusa de tenir ceux que le préambule de la cinquième partie du Traité de Versailles impliquait pour elle. L'Angleterre essaya en vain d'obtenir d'elle qu'elle s'engageât dans cette voie. L'Allemagne s'insurgea. L'Italie n'en fit qu'à sa tête, l'Angleterre aussi qui, en plus, soutint l'Allemagne contre la France et... ce fut à nouveau la course aux armements dont il faut reconnaître que l'initiative en incombe entièrement à la France (cf. raisons de l'attitude de la France, 1ère partie, pp. 75-76).

D'autre part, le Pacte de la Société des Nations n'était pas exactement ce que le président Wilson eût voulu qu'il fût : la rédaction qu'il en proposa fut considérablement amendée dans un sens restrictif. Il ne peut pas être question d'en donner en un chapitre de cette étude une analyse qui nécessiterait tout un volume. Le résumé qui suit et que j'emprunte à l'historien J. Isaac, me semble en donner pourtant une idée assez fidèle :

Le Préambule indiquait que le Pacte « destiné à développer la coopération entre les nations, et à leur garantir la paix et la sécurité » était fondé sur les principes suivants : acceptation de ne pas recourir à la guerre ; développement au grand jour des relations internationales fondées sur la justice et l'honneur ; observation rigoureuse des prescriptions du Droit international et respect scrupuleux des traités.

Composition de la Société : Étaient « membres originaires » tous les États signataires du Pacte, ainsi que les États restés neutres, qui donneraient leur adhésion dans un délai déterminé ; tout autre État, Dominion ou Colonie autonome pourrait en devenir membre à condition que son admission fût prononcée par les deux tiers de l'Assemblée, et qu'il eût donné des garanties effectives de sa bonne foi.

Fonctionnement : Le siège de la Société était établi à Genève. Son action s'exercerait : 1°) par une Assemblée des représentants de tous les membres de la Société, à raison d'une voix par membre ; 2°) par un Conseil de 9 membres, 5 membres permanents délégués des Grandes Puissances et 4 autres élus périodiquement par l'Assemblée ; 3°) par un Secrétariat permanent ; 4°) par une Cour permanente de Justice internationale ; 5°) par les Bureaux internationaux de tout ordre placés sous l'autorité de la Société.

Dispositions visant au maintien de la paix :

Le Conseil devait préparer la réduction des armements « au minimum compatible avec la sécurité nationale », réduction qui serait soumise « à l'examen et à la décision des divers gouvernements » (art 8)

Les membres de la Société s'engageaient mutuellement à respecter et à maintenir contre toute agression extérieure « leur intégrité territoriale et leur indépendance politique présente » (art. 10). Tous les différends entre membres de la Société seraient soumis à l'arbitrage ou à l'examen du Conseil. En aucun cas il ne serait recouru à la guerre avant l'expiration d'un délai de 3 mois suivant la sentence des arbitres ou le rapport du Conseil. Si le rapport du Conseil était pris à l'unanimité, tout État qui ne s'y conformerait pas et recourrait à la guerre, serait considéré comme en guerre avec tous les autres membres de la Société. En ce cas, ceux-ci devraient rompre avec lui toutes relations commerciales et financières et contribuer, dans la mesure recommandée par le Conseil, à la constitution de la force armée qui assurerait le respect du Pacte (art.

16). L'Assemblée pourrait, de temps à autre inviter les membres de la Société à procéder à un nouvel examen les traités devenus inapplicables, ainsi que des situations internationales dont le maintien risquerait de mettre en péril la paix du monde (art. 19).

ENGAGEMENTS ET MANDATS INTERNATIONAUX :

Les membres de la Société s'engageaient à ne pas contracter d'obligations incompatibles avec le Pacte et reconnaissaient comme abrogés tous les traités antérieurs de cette nature. Toutefois, les ententes régionales, telles que la doctrine de Monroe, étaient reconnues valables, Le Pacte prévoyait que certains territoires, libérés par la guerre mais habités par des peuples non encore en état de se diriger eux-mêmes, serait placés sous la tutelle des États les mieux qualifiés à cet effet, agissant comme mandataires et sous le contrôle de la Société des Nations.

Et là-dessus, Jules Isaac de conclure :

> Ainsi constituée, la S.D.N. restait bien en deçà des espoirs que les déclarations de Wilson avaient suscités. Le recours à la guerre n'était pas absolument interdit ; la limitation des armements n'était pas réellement obligatoire ; aucun moyen efficace n'était prévu pour assurer l'exécution des décisions prises à Genève.

C'est, en somme, ce que dirent les Allemands quand on leur en proposa la signature, ce que pensait Wilson désappointe, ce que d t à l'époque toute la gauche européenne quoiqu'en termes plus véhéments, et ce que dit aussi, en termes plus véhéments encore, une petite formation politique qui se cherchait en Allemagne et qui devint peu après la N.S.D.A.P. de Hitler.

Les clauses militaires du Traité de Versailles n'ayant été respectées que par l'Allemagne, en 1925 il fallut compléter le pacte de la S.D.N. par le Traité de Locarno[134] (France, Italie, Angleterre, Allemagne,

---

[134] Paraphé à Londres le 16 octobre 1925, ce traité comprenait deux groupes d'accords 1°) Un traité entre l'Allemagne, la Belgique, la France, l'Angleterre et l'Italie, dit Pacte rhénan (inviolabilité réciproque des frontières entre la France, la Belgique et l'Allemagne, maintien de la zone démilitarisée sur la rive droite du Rhin, non recours à la guerre, etc.) L'Angleterre et l'Italie n'interviennent qu'à titre de garants. – 2°) Des conventions d'arbitrage germano-belges, germano- françaises, germano-polonaises et

Belgique, Pologne et Tchécoslovaquie) puis, en 1928 par le Pacte de Paris (dit Briand-Kellog)[135].

Malgré ces deux dispositions complémentaires, la Société des Nations ne fut bientôt plus qu'une fiction : refusant d'en ratifier le Pacte en mars 1920 pour des raisons et dans des conditions qu'on trouvera plus loin, les États-Unis avaient refusé d'y adhérer ; en octobre 1933, l'Allemagne qui y avait été admise en 1926 la quitta en claquant les portes et l'Italie en fit autant au moment de l'affaire d'Éthiopie en 1935 ; en 1939, après la signature du Pacte germano-soviétique, la Russie qui y avait adhéré en 1934 en fut exclue ; en 1940, après son écroulement, il ne pouvait plus être question que la France en fît partie et, entre temps toutes les petites nations artificielles de l'Europe centrale avaient disparu de la carte. Tant et si bien qu'à partir de 1941, l'Angleterre en fût le seul membre permanent.

Au nombre des causes de cet effondrement figurent, c'est certain, la méconnaissance totale dans laquelle le texte du pacte de la Société des Nations tint les quatorze points du président Wilson en matière de recours à la guerre, comme de désarmement, et, avec ses conséquences en chaîne, le non-respect par la France des clauses militaires du Traité de Versailles mais aussi, ajoutées à des clauses financières draconiennes pour l'Allemagne, la crise économique et morale sans précédent qui résulta, pour toute l'Europe du milieu, du non-respect du droit des peuples à disposer d'eux-mêmes dans les clauses du Traité de Versailles lui-même et dans celles des quatre autres traités.

À l'Ouest, le droit des peuples à disposer d'eux-mêmes ne posa quasi pas de problème : l'Alsace et la Lorraine où dominait un fort courant autonomiste d'opinion furent rendues à la France, Eupen et Malmédy furent rattachés à la Belgique sans trop de douleur ; et le bassin houiller de la Sarre que la France revendiquait, reçut un statut spécial[136] qui le

---

germano-tchèques.
[135] Le Pacte Briand-Kellog est un engagement de non-recours à la guerre pour le règlement des différends internationaux. Il fut signé par presque tous les États du monde.
[136] Entre la France et l'Allemagne, le charbon de la Sarre fut, dès la fin du 18e siècle et tout au long du 19e, un sujet de dispute. Bien qu'il fût allemand par sa population,

plaçait directement sous le contrôle de la Société des Nations pour quinze années, au terme desquelles ses habitants seraient appelés à dire par plébiscite s'ils désiraient être rattachés à la France, retourner à l'Allemagne ou rester sous ce statut spécial. Les mines étaient en toute propriété données à la France et leur valeur lui devait être remboursée au cas où, au terme des quinze années, le territoire ne lui resterait pas, ce qui fut fait après que, le 13 janvier 1935, les Sarrois se furent prononcés à la presque unanimité pour le retour à l'Allemagne malgré que Hitler y fût au Pouvoir et qu'une propagande d'une rare intensité les eût engagés à se prononcer en sens contraire.

À l'Est, en Europe centrale, au Moyen-Orient (démembrement de l'empire ottoman) et aux colonies (partage des colonies de l'Allemagne) les choses furent beaucoup plus délicates. D'abord, il ne fut question du droit des peuples à disposer d'eux-mêmes ni à propos du partage des colonies allemandes, ni à propos du démembrement de l'Empire ottoman à l'exception, dans le second cas, du Hedjaz dont il a déjà été parlé (cf. p. 165 note 13) et où le droit des peuples à disposer d'eux-mêmes était devenu le... droit de l'émir Hussein à disposer de la Syrie avec l'appui secret de l'Angleterre et en violation des accords Sykes-Picot qu'elle avait passés avec la France. Le sort des territoires du Moyen-Orient détachés de l'empire ottoman et celui des colonies allemandes fut réglé par l'article 22 du pacte de la Société des Nations par une sorte de nouvelle forme de colonisation : le territoire sous mandat[137] confié à l'une ou l'autre des puissances alliées, Angleterre et

---

ce territoire fut annexé à la France par Napoléon au moment de la création, sous sa férule, de la Confédération germanique. Les traités de Vienne (1815) le rendirent à l'Allemagne, conformément au vœu de ses habitants. En 1919, les art. 49 et suivants du Traité de Versailles, tenant compte que, le placer sous souveraineté française heurterait par trop le sentiment populaire, le placèrent sous administration d'un Comité de 5 membres (1 Français, 1 Sarrois, 3 neutres) désigné par la Société des Nations. Qu'après quinze années de cette administration de sentiment nettement germanophobe sinon francophile, les Sarrois se soient prononcés pour le retour à l'Allemagne malgré Hitler qui leur était présenté comme un épouvantail, est significatif de la profondeur de leurs sentiments nationaux. Après la seconde guerre mondiale, on fit une nouvelle tentative dans le sens d'un rattachement au moins économique à la France en moins de 10 ans. Il y fallut renoncer.

[137] L'article 22 du Pacte distinguait :

France surtout, sans consultation des habitants. Mais le traité de Sèvres qui consignait toutes les dispositions relatives au Moyen-Orient où l'Angleterre s'était arrogée la part du lion était à peine signé que les difficultés commençaient entre la France et l'Angleterre d'abord, puis entre l'Angleterre et les États-Unis dès que ces derniers y eurent découvert le pétrole, enfin entre les trois puissances et la Russie des Soviets qui s'y insinua très tôt par le canal de la propagande et d'autant plus facilement que cette propagande soutenait les aspirations à l'indépendance des peuples arabes. Entre les deux guerres ! ce Moyen-Orient fut comme une chaudière maintenue en perpétuel état d'ébullition par quatre puissances qui y exercèrent des factions les unes contre les autres et les circonstances firent que, pratiquement, les dispositions du traité de Sèvres restèrent lettre morte en ce que si la Turquie y avait perdu toute influence, les puissances qui l'avaient dépouillée n'y purent asseoir la leur. Depuis la guerre de 1939-45, les luttes d'influence s'y poursuivent de plus belle entre Anglais,

---

1°) Le mandat A : Pays en principe indépendant et souverain mais incapable de se gouverner sans aide, sans conseil et sans protection. La puissance mandataire y tient compte de l'avis des habitants, — en principe aussi Dans cette catégorie : l'Asie antérieure, Syrie, Mésopotamie, Palestine dont les mandats sont partagés entre la France et l'Angleterre ;
2°) Le mandat B : Pays totalement incapable de se gouverner et de s'administrer convenablement La puissance mandataire s'y substitue d'autorité à la volonté populaire indigène. Dans cette catégorie : les anciennes colonies allemandes également partagées entre l'Angleterre et la France ;
3°) Le mandat C : Pays si arriérés, de population si clairsemée que toute organisation sociale y est inconcevable. Dans cette catégorie : Afrique du sud-ouest et certaines îles du Pacifique dont les Allemands sont, comme de partout, exclus et ce au profit de l'Australie, de la Belgique et de l'Angleterre. Le partage du Moyen-Orient fut difficile. Outre les accords cités de l'Angleterre avec l'émir de la Mecque et avec la France existaient : un accord franco-anglo-russe (mai 1915) ; un accord franco-russe (avril 1916) qui garantissait à la Russie Constantinople, les détroits, l'importante forteresse d'Erzeroum et le nord de Trébizonde ; un accord franco-anglo-italien (26 avril 1915) qui reconnaissait à l'Italie des droits égaux à ceux des autres puissances en Méditerranée orientale, la Province d'Adalia et Smyrne, le tout confirmé par un second accord en avril 1917 à St Jean de Maurienne. S'il n'y eut pas de problème du côté russe en raison de la situation particulière de la Russie, il y en eut de la part de l'Italie à l'endroit de laquelle les promesses faites furent reniées par les Traités et qui dut s'incliner après avoir tenté d'occuper de force le 5 mai 1919 Adalia et Marmaris. Smyrne fut octroyée à la Grèce qui ne put la garder.

Américains et Russes qui s'y rencontrent aujourd'hui avec Nasser...

En Europe... Ici et particulièrement en Europe septentrionale, centrale et balkanique, une multitude de groupes ethniques s'affirmèrent à la faveur de l'effondrement de la Russie (1917) et de celui de l'Autriche-Hongrie (1918). Intégrés de force soit à la Russie, soit à l'Autriche-Hongrie, ces groupes ethniques étaient caractérisés par deux grands courants : soit se constituer en États indépendants (Finlandais, Lettons, Lithuaniens, Esthoniens, Ukrainiens) soit s'agglutiner par affinités pour en constituer (Pologne, Tchécoslovaquie, Yougoslavie). Tant avait été adroite la politique de résistance à la poussée slave qui, de Charlemagne à Bismarck[138] fut de tradition germanique et entra dans l'histoire sous le nom de *Drang nach Osten*, qu'à l'intérieur des frontières de l'Allemagne aucun des groupes ethniques absorbés au long des siècles ne manifesta la moindre velléité d'indépendance, au contraire : à l'extérieur de ses frontières, un fort courant philo-allemand existait même. La Conférence de la Paix se trouvait là en présence d'un véritable puzzle et, à s'inspirer du Droit des Peuples à disposer d'eux-mêmes, elle n'eût pu qu'aboutir à une Allemagne d'une puissance considérable entourée d'une dizaine de petits états indépendants sous son influence, ce qui était le contraire du

---

[138] En l'an 800, les Slaves avaient atteint l'Elbe et l'Adriatique où une peuplade d'origine mongole, les Avares, était venue les rejoindre. Charlemagne les repoussa jusqu'à la Vistule et, pour stopper leur migration vers le sud-ouest il avait fondé sur le Moyen-Danube, un État placé sous sa protection, l'Ostmark (Marche orientale) qui devint l'Österreich (Royaume de l'Est) une fois germanisé. La résistance aux Slaves qui se transforma rapidement en poussée germanique s'exerça dans la suite de la Poméranie vers la Prusse, puis en direction de l'Ukraine. Les guerres napoléoniennes l'affaiblirent et Bismarck se tourna inconsidérément vers l'Ouest. Au XXe siècle l'Angleterre et la France empêchèrent successivement Guillaume II, la République de Weimar et Hitler de revenir à la tradition germanique du Drang nach osten. Note de l'AAARGH : Rassinier commet une grave erreur d'appréciation (qui serait bénigne s'ils ne faisaient pas des Slaves des monstres sanguinaires). Les Slaves ont été entraînés dans la confédération militaire des Avards, peuple d'Asie centrale qui a envahi l'Europe de l'Est au VIIIe siècle. Les Slaves n'ont jamais menacé personne, ce sont des populations d'agriculteurs extrêmement pacifiques, qui ne pratiquent guère que des guerres défensives. Penser que les pacifiques Germains auraient été contraints à la guerre au VIIIe par de sanguinaires Slaves, qui y auraient préalablement contraint les gentils Avars est une erreur d'interprétation monumentale.

but poursuivi. Elle ne s'en inspira donc qu'en de rares occasions, quand elle ne put faire autrement et en faussant au maximum le sens des scrutins par d'astucieux découpages des zones qu'elle consentit à soumettre à un plébiscite[139]. Le président Wilson allait de déconvenue en déconvenue.

Entre Slaves et Germains, la ligne de démarcation qui va presque en ligne droite de Petsamo (sur l'océan Arctique) à Lemberg (sud de l'actuelle Pologne) puis en sinuant à Trieste via Prague et Budapest, est jalonnée de groupes ethniques qui, au hasard des grandes migrations humaines, lesquelles se sont, en vagues successives, croisées, soit avec les populations autochtones qu'elles rencontraient sur leur route, soit avec celles qui tentaient de les repousser, soit même avec d'autres migrations humaines venues du Sud lorsqu'elles venaient du Nord ou inversement lorsqu'elles venaient du Sud, n'étaient au début du XXe siècle, ni des Slaves ni des Germains, mais des Finnois, des Estoniens, des Lettons, des Lituaniens, des Caréliens, des Polonais, des Ukrainiens, des Ruthènes, des Tchèques, des Slovaques, des Slovènes, des Magyars, des Serbes, des Croates, des Moldaves, des Bessarabiens etc. Au Nord y dominaient les éléments germains, au Sud les éléments slaves[140] et parfois même ottomans. Écartelés par leurs affinités originelles, revendiqués par les Germains et par les Slaves, tour à tour conquis, ravagés puis asservis, par les uns et par les autres, leurs

---

[139] Au Sleswig, par exemple, deux courants d'opinion existaient : un fort qui était philo-allemand, un faible qui était philo-danois. On fit deux zones et deux plébiscites eurent lieu : l'un le 10 février 1920, dans la première zone donna 83 000 voix à l'Allemagne, 18 000 au Danemark, l'autre le 14 mars dans la seconde donna 13 000 voix à l'Allemagne, 51 000 au Danemark. N'eût-on fait qu'une zone, le Sleswig se serait prononcé pour l'Allemagne par 96 000 voix contre 69 000 au Danemark et, en vertu du principe majoritaire-contestable, c'est vrai — le Sleswig eût été attribué à l'Allemagne. Mieux : dans la première zone, la conférence des ambassadeurs chargée d'interpréter les résultats du scrutin, enleva les communes à majorité danoise pour les donner au Danemark mais elle se garda d'enlever dans la seconde les communes à majorité allemande pour les donner à l'Allemagne. Le tracé de la frontière polono-allemande par ce procédé donna des résultats qui empoisonnèrent par l'injustice qu'ils constituaient toute la diplomatie internationale jusqu'à la seconde guerre mondiale à l'origine de laquelle ils figurent en bonne place au titre des causes.
[140] Littéralement, la Yougoslavie est le pays des Slaves du Sud.

réactions conjuguées ou contradictoires avaient fini par se sublimer dans des aspirations plus ou moins timides ou plus ou moins prononcées à l'indépendance.

Au Nord, la Conférence de la Paix n'eut pas à intervenir dans la fixation des frontières des pays baltes avec la Russie. Les choses se passèrent ainsi :

1. FINLANDE

Définitivement annexée à la Russie (1809) par le tsar Alexandre Ier, la Finlande qui avait été jusque-là et depuis le 7e siècle un sujet de dispute entre la Suède et la Russie comme entre la France et l'Allemagne la Lotharingie et qui avait depuis 1906 un Parlement élu au suffrage universel, quoique soumise à l'autorité du tsar, aspirait à l'indépendance. Les socialistes y étaient en majorité au Parlement depuis 1907. À la chute de Nicolas II, le parlement proclama l'indépendance du pays, ce qui ne fut pas du goût des Soviets lesquels entreprirent la reconquête. Mais Mannerheim, appuyé par l'Allemagne, finit par l'emporter sur eux dans une guerre qui dura de janvier à mai 1915. Élu en mai 1919, un nouveau parlement y proclama la République et, le 17 juillet, lui donna une constitution durant que siégeait la Conférence de la Paix dont le soutien lui était acquis. Avec les Soviets, la paix ne fut établie définitivement que le 14 octobre 1920 par le traité de Dorpat Mais c'était une paix précaire, on l'a bien vu en 1939...

2. ESTONIE.

Annexée à la Russie par la paix de Nystadt (1721) sous Pierre le Grand, après avoir tour à tour été conquise au long des siècles par les Danois, les Suédois, les Allemands, les Russes, l'Estonie était, à la veille de 1914, un pays fortement influencé par les barons baltes (200 familles seigneuriales qui possédaient 60 à 70 % des terres et qui quoique d'origine allemande y faisaient une politique russophile) le peuple ayant, par réaction une forte tendance à l'indépendance ou à la germanophilie. En 1914, l'Estonie se trouva donc en guerre, aux côtés de la Russie contre les Empires centraux. Le 12 avril 1917, le gouvernement provisoire russe y fit procéder à l'élection d'un *Conseil national* au suffrage universel qu'en novembre les Soviets ne reconnurent pas. Mais les barons baltes effrayés par le bolchevisme avaient tourné casaque et ce fut une guerre atroce des Estoniens contre l'armée rouge Le 24 février 1918, pendant les pourparlers de Brest-Litovsk qui avait consacré la renonciation de la Russie à la souveraineté sur l'Estonie, le Conseil national proclama l'indépendance et a neutralité du pays. Mais le 25 février, les troupes soviétiques se retirant, les troupes allemandes y entrèrent et l'occupèrent progressivement au grand soulagement des populations, Barons baltes et couches populaires. L'Armistice étant intervenu, l'Armée rouge reprit l'offensive mais elle se heurta cette fois aux troupes anglaises et finlandaises et dut y renoncer. Par un traité signé à Dorpat (2 février 1920) les Soviets reconnurent l'indépendance de l'Estonie et, en mai suivant, le *Conseil suprême interallié* siégeant à Londres la reconnut *de jure*.

3. LETTONIE.

La Lettonie faisait partie de l'empire russe depuis 1721 et, comme en Estonie, les barons baltes d'origine allemande y faisaient une politique russophile tandis que le peuple aspirait plutôt à l'indépendance, ou bien, comme en Estonie aussi, se montrait germanophile. Ici, l'influence allemande s'exerçait depuis le 12e siècle (chevaliers teutoniques, ordre des Porte-Glaive) et le courant pro-allemand dans les couches populaires était plus prononcé qu'en Estonie. Les Allemands entrèrent à Libau en mai 1915, et à Riga en août 1917. Le courant favorable à l'indépendance l'emporta pourtant au lendemain du traité de Brest-Litovsk qui accordait la Lettonie à l'Allemagne. Un *Conseil national* qui s'y était clandestinement constitué en novembre 1917 proclama au grand jour la république aussitôt après la signature de l'Armistice (novembre 1918). Les Soviets tentèrent de reconquérir le pays mais n'y réussirent pas : l'Armée rouge ayant été refoulée par les armées polono-lettones, ils conclurent avec le Conseil national un armistice reconnaissant l'indépendance de la Lettonie (22 mars 1920) puis un traité de Paix le 11 août. Le 26 janvier 1921, cette indépendance était à son tour reconnue *de jure* par les Grandes puissances qui l'admirent à la S.D.N. Le 21 septembre suivant.

4. LITHUANIE.

Au 14e siècle, la Lithuanie érigée en principauté s'étendait de la mer Baltique à Kiev qu'elle avait conquise après Minsk en refoulant les Tatars. Depuis le 13e siècle, elle était fortement imprégnée de la culture allemande qu'y avaient importée les chevaliers teutoniques. En 1795, elle avait été annexée contre son gré à la Russie qui, même « au fer et à la corde » sous Mouraviev (1863) ne réussit pas à la slaviser. Le 7 août 1915, les troupes allemandes entraient à Kaunas et y étaient accueillies avec joie par les habitants de la ville. En avril 1917, un comité se réunit à Wilno en vue de désigner une diète qui répudierait tout rapport avec la Russie et placerait le pays sous protectorat allemand. En juillet 1918, un Comité de cette Diète se mit au travail pour élaborer une constitution monarchique. La défaite des Empires centraux mina ces plans. Au lendemain de l'armistice, sous l'influence du notable Smetona, la Diète proclama la Lithuanie république indépendante. Cette indépendance fut reconnue par l'Angleterre en septembre 1919, par la France le 11 mai 1921 après l'avoir été par la Russie le 18 mars 1921 (Traité de Riga). C'est avec la Pologne que la Lithuanie eut des difficultés : à propos des régions de Susalki, Grodno, Bialystok et Wilno qu'elle lui disputait, la Pologne les disputant elle-même aux Russes. Entre la Lithuanie et la Pologne, la frontière ne put être tracée qu'en 1923, par la conférence des Ambassadeurs. Memel et son territoire qui avaient été détachés de l'Allemagne par le traité de Versailles le 18 juin 1919 sans consultation de la population vécut comme territoire autonome administré par la France jusqu'en 1923, date à laquelle la Lithuanie l'occupa de force : en mai 1924, une Convention de Paix en fit une sorte de territoire autonome administré par la Lithuanie, ce qui signifie qu'elle l'y rattacha dans la forme où Monaco l'est à la France et San Marin à l'Italie.

Dans ces quatre cas, le Droit des Peuples à disposer d'eux-mêmes se conquit les armes à la main et les mieux armés de ceux qui le revendiquaient disposèrent, à leur tour, des moins bien armés.

Au sud, il fut aisé de distraire la Thrace de la Bulgarie pour la donner à la Grèce, la Transylvanie, la Bukovine et une partie du Banat, de la

Hongrie pour les donner à la Roumanie[141]. Les difficultés commencèrent avec l'Albanie dont la Grèce voulait que fussent détachés à son profit les territoires d'Argyro-Castro et de Kortcha (Koritza), ce à quoi l'Italie à laquelle on avait garanti des intérêts dans cette région, s'opposa. Sans consultation des habitants, on donna Argyro Castro à la Grèce et en compensation Vallona sur l'Adriatique à l'Italie. Au retrait des troupes alliées en 1920, il s'ensuivit des conflits sanglants entre Albanais et Grecs, Albanais et Serbes, Albanais et Italiens. En fin de compte, en août 1920, les Italiens renoncèrent par traité avec les Albanais, aux avantages qui leur avaient été consentis dans cette région. Et l'Albanie resta en mauvais termes à la fois avec l'Italie, la Grèce et la Yougoslavie. Les deux ports austro-hongrois de Fiume et de Trieste furent attribués à l'Italie (également sans consultation des habitants, ce qui en fit, jusqu'à la guerre de 1939.45, une inépuisable source d'incidents entre l'Italie et la Yougoslavie).

Mais, par Fiume et Trieste nous arrivons au règlement du problème austro- hongrois et à la fixation entre eux d'abord, entre eux et

---

[141] Constituée en Royaume en 1881 par la réunion de la Moldavie et de la Valachie, à la suite d'une lutte séculaire qui fait penser à celle des Armagnacs et des Bourguignons en France, tantôt alliée des Russes contre le sultan, et tantôt des Austro-Hongrois contre les Slaves, la Roumanie était d'abord restée neutre en 1914 quoiqu'elle eût des accords avec les Empires centraux. Cédant aux instances des Alliés, le 17 août 1916 cependant, elle entra en guerre à leurs côtés mais, abandonnée à ses seules forces par les Russes, elle fut bientôt envahie par les armées de Falkenhayn et de Mackensen. En juillet 1917, Kornilov ayant enfoncé le front de Galicie des Empires centraux, elle reprit la lutte aux côtés des Russes. Puis les Russes s'effondrèrent : ayant signé la paix de Brest-Litovsk qui leur laissait les mains libres en Roumanie, les Soviets envahirent le pays et il fallut signer avec eux le traité de Bucarest (7 mai 1918) annulé par l'armistice du 11 novembre 1918. Le 1er décembre, le roi Ferdinand Ier rentrait à Bucarest. Il fallait récompenser la Roumanie : sous le prétexte que le même jour une Assemblée de notables de Transylvanie, du Banat et de la Crishana s'était déclarée Assemblée nationale et avait réclamé son rattachement à la Roumanie, on lui donna sans plébiscite les régions dont il ne faisait pas de doute qu'elles avaient plus d'affinités, au moins dans le peuple, avec la Hongrie. On lui donna aussi la Bessarabie et la Bukovine où un comité semblable s'était, le 9 avril 1918, prononcé dans le même sens. Sans plébiscite aussi. Enfin, toujours sans plébiscite, on lui donna aussi les 2/3 du Banat, l'autre allant à la Yougoslavie, cependant que depuis toujours le Banat où s'exerçait une forte influence latine, aspirait à l'indépendance quoique sans avoir jamais fait d'éclat. On lui donna enfin la Transylvanie où, dans une Assemblée tenue à Carlsberg le 1er décembre 1918, un Comité s'était prononcé en faveur de la Hongrie.

l'Allemagne ensuite, des frontières des peuples qui constituaient la double monarchie : c'est ici que le Droit des peuples à disposer d'eux-mêmes souffrit des plus graves atteintes et des plus lourdes conséquences.

L'Autriche-Hongrie était la clé de voûte de l'Europe centrale. Étroitement unis, les différents groupes ethniques qui la composaient avaient progressivement refoulé les Turcs jusqu'aux Carpathes après que le prince Eugen les eût stoppés un peu à la manière dont Charles Martel avait stoppé les Arabes à Poitiers en 732, c'est-à-dire, alors qu'ils arrivaient aux portes de Vienne, en les écrasant à Zentha en 1697.

Rempart de l'Europe contre l'invasion ottomane que, par une politique assez intelligente avec les Moldo-Valaches (Roumains) et les Bulgares, elle repoussait lentement mais sûrement vers l'Asie, ce qui lui permettait, d'autre part, de s'assurer un débouché sur la Méditerranée qu'elle avait fixé à Salonique, l'Autriche-Hongrie était aussi au Sud de l'Europe un rempart contre les Slaves, l'Allemagne l'étant au Nord. En ce qu'elle était conçue pour une germanisation progressive et pacifique de tous les groupes ethniques qu'elle englobait, son organisation politique se serait admirablement prêtée à cette double mission[142], n'eût

---

[142] L'Empire austro-hongrois était bicéphale et se composait d'après la loi fondamentale du 21 décembre 1867, de deux États que séparait la Leitha, affluent gauche du Danube : l'empire d'Autriche (cap. Vienne) et le royaume de la Hongrie (cap. Buda-Pest). Le premier contenait 17 royaumes ou pays ayant chacun à sa tête un représentant de l'empereur et jouissant d'une très large autonomie : Basse-Autriche, Haute-Autriche, Styrie, Carinthie, Carmola, Kustinland (Istrie et Trieste), Dalmatie, Tyrol, Vorarlberg, Salzbourg Bohême, Moravie, Silésie, Galicie et Bukovine. La Hongrie était divisée en 63 comittats et 25 villes libres royales. Comittats et villes libres formaient des municipes autonomes à la tête desquels se trouvait un Foispan (Préfet). Les deux états étaient indépendants l'un de l'autre sauf pour les affaires qui leur étaient communes : Affaires étrangères, guerre et finances. Un parlement à Vienne (Chambre des députés et chambre des seigneurs) un autre à Budapest (Chambre des députés et chambre des magnats). En Hongrie, la Croatie-Slavonie avait obtenu son autonomie (1868) sauf pour les affaires communes : une diète à Agram, 40 députés à La Chambre hongroise. Depuis 1908 la Bosnie et l'Herzégovine administrées par un Condominium austro-hongrois (les ministères communs) pour le compte du sultan jusque-là, faisaient partie de la Double-monarchie et y jouissaient d'un régime analogue à celui de Croatie-Slavonie, sauf que, si elles avaient une Diète et un gouvernement provincial le pouvoir suprême y était exercé par un gouverneur militaire pour le compte de l'empereur, ce qui lui donnait

été l'étroitesse d'esprit de ses hommes d'État au 20e siècle : le comte Berchtold, par exemple, ministre des affaires étrangères de Hongrie et le comte Tisza, président du conseil de Hongrie ont eu, au lendemain de l'assassinat de l'archiduc héritier et de son épouse à Sarajevo (28-6-1914) par l'étudiant Prinzip et son complice, des réactions élémentaires d'hommes de caste, non d'hommes d'État qu'âgé de 84 ans l'empereur François-Joseph n'était plus en état d'apprécier ou de contre-battre, même aidé par les plus sages conseils de l'empereur Guillaume II beaucoup plus réaliste et de son chancelier Bethmann- Hollweg[143].

L'effondrement de l'Autriche-Hongrie tient en quelques dates :

13 septembre 1918 : l'empereur Charles informe l'Allemagne qu'il est décidé à demander la Paix.

23 septembre 1918 : on a vu (note 10, p. 163) comment à partir d'un Conseil national dont l'initiative fut prise en Croatie la proclamation du « Royaume des Serbes, des Croates et des Slovènes » avait eu lieu le 1er décembre suivant.

16 octobre 1918 : l'empereur Charles lance un manifeste annonçant que l'Autriche devient un État fédéral, l'État hongrois restant ce qu'il était.

21 octobre 1918 : les 200 députés allemands du Reichsrat se

---

un caractère arbitraire et oppressif indiscutable. Au plan des nationalités ou groupes ethniques, l'Autriche était uniquement allemande, la Hongrie partagée entre divers courants d'origines raciales : Croates, Sorabes (Serbes), Slavons, Tchèques, Slovaques, Moraves, etc. le plus important étant représenté par les Magyars (Hongrois).

Pour l'ensemble — sauf pour la Bosnie et l'Herzégovine assujetties — ces 17 royaumes, 65 comittats et 25 villes libres s'étaient articulés entre eux par une sorte de système fédéraliste en somme assez souple et assez libéral. Outre les Bosniens et les Herzégoviens, quelques difficultés venaient aussi des Tchèques qui avaient assez mal supporté la loi fondamentale de 1867, des Slovaques à peine représentés au Parlement de Budapest, des Galiciens écartelés entre Magyars, Ruthènes et Allemands, des Croates toujours sur leurs gardes contre les Magyars, etc. Mais ces difficultés étaient bien plus créées par « la magyarisation » qui était la doctrine du gouvernement autoritaire et de caste de Budapest que par la Couronne impériale beaucoup plus libérale quoiqu'assez peu en prise sur les événements.

[143] On se souvient que Guillaume II et Bethmann-Hollweg ont vainement essayé de retenir l'Autriche-Hongrie et de la persuader que la réponse de la Serbie à l'ultimatum austro-hongrois du 23 juillet était satisfaisante. Le comte Tisza s'en fût accommodé mais le comte Berchtold réussit à vaincre ses scrupules.

réunissent, constatent la dissolution de l'ancien État autrichien, se constituent en Assemblée nationale provisoire qui, le 30, proclame une République englobant tous les territoires de langue allemande et faisant partie intégrante du Reich allemand[144].

28 octobre 1918 : un Comité national tchécoslovaque prend le pouvoir à Prague et y proclame la République. Pour respecter les formes le Comité national se déclare Assemblée nationale le 9 novembre et, le 14 cette assemblée proclame officiellement la déchéance des Habsbourg, dénonçant l'acte d'union de 1526, etc.[145]

1er novembre 1918 : à Budapest où une crise ministérielle s'était produite le 23 octobre, le nouveau ministère présidé par Karolyi

---

[144] La République ainsi conçue fut solennellement proclamée le 12 novembre. La veille, l'empereur Charles avait renoncé à toute participation aux affaires de l'État et s'était retiré en Hongrie sur laquelle il prétendait continuer à régner sous le nom de Charles IV. Les élections qui eurent lieu le 16 février 1919 consacrèrent la victoire du Parti socialiste. Le 4 mars, l'Assemblée se réunit mais sur les 255 sièges prévus, 157 seulement étaient occupés, les puissances alliées n'ayant pas admis les élections dans les territoires qu'elles avaient l'intention de distraire de la nouvelle Autriche. D'autre part, le vœu de ces 157 députés qui par la bouche de leur doyen d'âge, avait unanimement réclamé le rattachement au Reich allemand, ne fut pas exaucé, l'article 88 du traité de St-Germain (10-9-1919) déclarant inaliénable l'indépendance de l'Autriche et lui interdisant de s'incorporer directement ou indirectement à un autre État sans le consentement de la S.D.N. L'article 61 de la constitution de Weimar (11 août 1919) prévoyait parallèlement l'admission de représentants de l'Autriche dans le Bundesrat quand ce pays serait rattaché au Reich. Le 22-10-1319, on dit aux Allemands que cette disposition était contraire à l'article 88 du traité de Versailles et ils rétorquèrent qu'à leurs yeux, il n'était pas question de sa mise en application sans le consentement de la S.D.N. laquelle ne pouvait manquer de le donner par respect du Droit des peuples à disposer d'eux-mêmes qui était un de ses principes fondamentaux. On dut se contenter de cette déclaration : la constitution de Weimar ne fut pas modifiée.

[145] Les Tchèques et les Slovaques n'étaient entrés en guerre en 1914 qu'à contrecœur et, chez les uns et chez les autres : la levée des troupes avait donné lieu à des incidents sérieux. Réfugiés aux États-Unis, un certain nombre de leaders des partis politiques oppositionnels s'étaient réunis à Pittsburg le 30 mai 1918 et y avaient signé une convention fondant un État tchécoslovaque dans lequel les Slovaques auraient leur propre administration, leur propre parlement, leur propre langue, leur propre magistrature. Sur cette base (cf. p. 164 note 11) un gouvernement provisoire avait été constitué à Paris le 3 septembre 1918. En fait, les Tchèques envahirent la Slovaquie, s'y arrogèrent la primauté politique se contentant de créer « un ministère pour la Slovaquie » à Bratislava. À la conférence de la Paix, le nouvel État était représenté par des Tchèques et le droit des peuples à disposer d'eux-mêmes s'était transformé en droit des Tchèques à disposer des Slovaques.

annonça la fin du régime de 1867 (double monarchie). Un Conseil national d'origine populaire fit pression sur Karolyi pour qu'il rompît avec le Roi : le 13 novembre, ce dernier renonça à s'occuper des affaires de l'État et, le 16 novembre, le Comité national qui s'était décrété Assemblée nationale, proclama la République dont il confia la présidence à Karolyi[146].

Tous ces comités ou conseils nationaux, la Conférence de la Paix les considère comme autant d'expressions de la volonté populaire et, dans la plupart des cas crée les nouveaux États et répartit les territoires entre eux conformément aux décisions qu'en se donnant abusivement le titre et les qualités d'assemblées nationales, ils avaient prises. Ils n'étaient malheureusement que l'expression de minorités agissantes de caractère insurrectionnel dont, n'eussent été les circonstances créées par la guerre, les entreprises étaient vouées à l'échec en ce que les groupes ethniques ou sociaux qu'elles associaient n'avaient de commun entre eux que leur hostilité, soit à la double monarchie, soit aux tendances germanisantes ou magyarisantes. Disparu le ciment de l'association avec l'effondrement du système, l'association elle-même disparut aussitôt : l'histoire des Tchèques et des Slovaques, des Serbes et des Croates, des Galiciens ou des Silésiens et des Polonais entre les deux guerres en fut la cruelle illustration.

À Budapest même, la république proclamée le 16 novembre 1918, dut, le calme étant revenu, s'effacer devant la monarchie qui fut rétablie en mai 1921, la couronne restant provisoirement sans titulaire et le pouvoir exécutif étant, dans l'attente, confié à un Régent (Horthy). En Roumanie, où la superficie passe de 137 000 km^2 à 304 000 et la population de 7 à 17 millions d'habitants, la vie politique fut irrémédiablement déséquilibrée par l'association contre leur gré de groupes ethniques sans affinités dans un même État.

---

[146] Mais, en mars 1919, sous la direction de Bela Kun eut lieu une tentative de subversion dont le but était l'instauration d'un régime communiste et qui fit de la Hongrie la proie de la guerre civile jusqu'en juillet. Puis, à deux reprises, en mars 1920 et en octobre de la même année, le roi Charles IV, ex-Empereur d'Autriche-Hongrie tenta de reprendre le pouvoir. Entre temps, le traité de Trianon (4 juin 1920) avait enlevé les 2/3 de ses territoires à la Hongrie.

Des plébiscites, il y en eut quelques-uns en sus de ceux qui ont déjà été cités : pour attribuer la région de Klagenfurt à l'Autriche mais, pour autant le problème du Tyrol n'en fut pas réglé entre l'Italie et l'Autriche, pour attribuer le Burgenland partie à l'Autriche, partie à la Hongrie ; pour fixer les frontières occidentales de la Pologne trois autres semblant de plébiscites selon la méthode appliquée au Sleswig (cf. note p. 174) eurent encore lieu qui concernèrent les régions d'Allenstein, de Marienweder et de la Haute Silésie, et qui aboutirent à mais été possible autrement ni d'ériger Dantzig en ville libre, ni de donner 20 km de côtes à la Pologne, ni de créer le corridor polonais (qui séparait la Prusse orientale du reste de l'Allemagne et pour cette raison fut une des causes principales de la guerre de 1939- 45), ni de distraire Memel de la Prusse orientale. Pas davantage il n'eût été possible t'intégrer au nouvel État tchécoslovaque les quelques 3 à 4 millions d'Allemands de Bohême qui y constituaient plus tu 1/3 de la population et firent qu'écartelés entre ce 1/3 d'Allemands, 1/3 de Tchèques, 1/5 de Slovaques sans compter trois ou quatre autres tendances ethniques de moindre importance, ce nouvel État était pratiquement condamné à mort dès sa naissance. Mais, pour les hommes politiques des puissances alliées ou associées[147], la méthode eut ce qu'ils considérèrent comme l'inappréciable avantage de distraire de l'Allemagne 84 000 km^2 (près d'un sixième de sa superficie) de l'Autriche et de la Hongrie environ 1/3 de ce qu'aurait été la leur si le Droit des peuples à disposer d'eux-mêmes avait été correctement appliqué. Pour l'Europe elle créa la tragique et insurmontable difficulté consécutive au fait que cette répartition arbitraire de territoires correspondit à la répartition au petit bonheur la chance, sans les consulter et contre leur gré la suite ne l'a que trop prouvé de plus de 10 millions d'Allemands authentiques et d'Allemands autrichiens, entre la Pologne et la Tchécoslovaquie principalement. Au plan économique privant l'Allemagne des matières premières

---

[147] Les États-Unis, dès que le président Wilson eût saisi l'orientation des débats, ne voulurent plus être considérés comme puissance « alliée » mais seulement comme puissance « associée » (sous- entendu : par les autres puissances à leurs décisions), ce qui réservait pour eux la possibilité de s'y rallier ou non.

indispensables à sa vie industrielle et des ressources agricoles correspondantes au niveau de sa population, elle privait l'Autriche de ses débouchés maritimes et si elle enrichissait les nouveaux États de ce qu'elle prenait à l'un et à l'autre, elle ne leur offrait tout de même que l'insuffisante voie commerciale du Danube en vertu de quoi toute l'Europe centrale se trouvait condamnée soit à l'asphyxie économique, soit à faire acte d'allégeance aux puissances alliées et associées.

Or, ces dispositions aberrantes furent encore aggravées par les clauses financières des traités. À vrai dire, ces clauses financières, il ne fut pas possible de les inclure dans les traités en données chiffrées : on tomba aisément d'accord sur le fait que, pour en fixer exactement le montant, il fallait un délai beaucoup plus grand que celui qui séparait l'Armistice des dates prévues pour les signatures. Et on nomma une Commission des réparations qui serait chargée de ce travail et rendrait son arrêt dès qu'elle aurait terminé ses travaux[148], le délai qui lui était accordé pour les terminer ne devant pas aller au-delà du 1er mai 1921. D'ici là, l'Allemagne devrait verser en trois fois une somme de 20 milliards de marks-or pour permettre à la Belgique et aux régions dévastées d'entreprendre sans attendre l'œuvre de leur relèvement. Quant à ces réparations, les traités se borneraient à enregistrer les principes en fonction desquels en serait calculé le montant.

On se souvient que, sur ce point, les déclarations du président Wilson étaient très claires : une paix « sans victoire », c'est-à-dire « sans vainqueurs ni vaincus » (Adresse du 21 janvier 1917 au Sénat) et que sur cette base que la déclaration des Soviets en date du 20 février 1918, interprétant son message du 8 janvier 1918 (les quatorze points) traduisait « sans annexions ou indemnités » il avait personnellement

---

[148] La Commission des réparations rendit son arrêt le 24 janvier 1921 on a vu (1re partie) que l'Allemagne fut condamnée à verser 132 milliards de Marks-or aux Alliés à titre de réparation. On voulut en exiger 210 milliards, mais au terme de discussions qui durèrent jusqu'au 27 avril, c'est à ce montant qu'on s'arrêta en précisant qu'ils seraient versés en 42 annuités. Entre eux, les Alliés se le répartirent ainsi : 52 % à la France, 22 % à l'Angleterre, 10 % à la Belgique, 8 % à l'Italie et le reste (8 %) partagé entre la Yougoslavie (5 %), la Roumanie, le Japon, le Portugal et la Grèce. Les Alliés de l'Allemagne étaient condamnés à verser des sommes beaucoup moindres.

mené les pourparlers d'armistice avec les Empires centraux.

« Sans indemnités... ». Dans les quatorze points, relativement à l'évacuation des territoires occupés par l'Allemagne, le président Wilson avait précisé que ces territoires devaient, en outre, être restaurés, ce qui allait de soi. On a vu (cf. p. 159) qu'interprétant cette disposition, les Anglo-Français la précisèrent ainsi qu'il suit dans leur note du 4 novembre 1918 acceptant les pourparlers d'armistice avec les Empires centraux :

> « Les Alliés pensent qu'il ne faudrait laisser subsister aucun doute sur ce que signifie cette condition. Ils comprennent par-là que l'Allemagne devra compenser tous les dommages subis par les populations civiles des nations alliées et leurs propriétés du fait de l'agression par l'Allemagne des pays alliés, soit sur terre, soit sur mer, soit en conséquence d'opérations aériennes. »

C'était faire peser sur l'Allemagne le coût total de la guerre. Ce n'était pas ce qu'avait voulu le président Wilson et ce n'était plus une paix « sans indemnités ». Pour aller jusque-là, il fallait déclarer l'Allemagne seule responsable de tout ce qui était arrivé, ce qui ne résistait pas à l'examen et, d'autre part, n'étant plus une paix « sans indemnités » cette paix n'était plus une paix « sans vainqueurs ni vaincus » mais une paix conforme à la tradition de la guerre, des vainqueurs imposant, si déraisonnables qu'elles soient, leurs conditions à des vaincus. Autant on eût compris que la Belgique et le Nord de la France fussent remis en état par l'Allemagne, chacun pansant ses propres plaies pour le reste, autant on ne comprit pas, du moins dans toute la gauche européenne qui était à l'époque unanime sur ce point, cette rage des vainqueurs à s'acharner sur les vaincus. Pas davantage on ne le comprit en Amérique. Mais, en Angleterre, en France et en Italie, c'était la droite qui était au Pouvoir et, malgré tous les efforts du président Wilson, ce fut son point de vue qui l'emporta : l'article 231 du Traité de Versailles déclara que l'Allemagne était seule responsable de la guerre.

En vertu de quoi, vingt et un ans après, les Russes étaient, pour reprendre le mot de Peter Kleist, « à 50 km de Hambourg » où ils sont toujours en attendant mieux.

Les Russes, c'est-à-dire les Slaves, ce qui signifie que, 1200 ans après, l'Europe occidentale en est au point où elle en était lorsque Charlemagne hérita de son père la mission de résoudre ce problème.

Le 20 avril 1919, le gouvernement allemand fut invité à envoyer des représentants à Versailles pour y prendre connaissance des conditions auxquelles les puissances alliées et associées pourraient traiter. Nulle discussion orale n'étant admise, il répliqua qu'il jugeait l'envoi de plénipotentiaires inutile et que cela se pouvait aussi bien faire par correspondance : le bon sens même. Il fallut qu'ils vinssent...

Le 30 avril, ils arrivèrent. Le chef de leur délégation était le comte Brockdorff-Rantzau. Le 7 mai, le projet de traité leur était remis au cours d'une réunion plénière de la conférence de la Paix. Outre les dispositions qui ont déjà été signalées, elles en comprenaient quelques autres encore : la clause de la nation la plus favorisée reconnue aux puissances alliées et associées dans leurs relations commerciales ultérieures avec l'Allemagne, l'internationalisation de certaines voies ferrées d'intérêt européen et des grandes voies fluviales (Elbe, Oder, Danube, Rhin, Moselle, Canal de Kiel), le statut d'occupation temporaire de certaines zones de territoire allemand et la délimitation de ces zones, etc. Comme il a déjà été dit, le Pacte de la S.D.N. servait de préambule au traité. L'ensemble formait un volume de 436 pages : le 29 mai, les contre-propositions allemandes arrivaient au secrétariat de la conférence : elles étaient contenues dans un volume de 443 pages...

En mai 1919, l'Allemagne avait un gouvernement légal de type républicain. Des élections y avaient eu lieu le 19 janvier pour désigner une Constituante et c'était un miracle que, dans un climat social où le mécontentement général résultant des restrictions alimentaires et du chômage consécutif aux conditions de l'armistice (maintien du blocus, désorganisation des transports intérieurs, embargo sur les exportations comme sur les importations, etc.) avait fait pousser partout des conseils d'ouvriers et de soldats au sein desquels les tendances soviétisantes du socialisme allemand (Indépendants et Spartakistes) exerçaient une influence prépondérante, le Directoire des Six qui en était issu par voie d'élection ait eu d'abord l'idée, la possibilité ensuite de les organiser et d'y faire procéder à peu près correctement. Cette réussite que rien ne permettait d'espérer dans une telle conjoncture, on ne l'avait due qu'à la rencontre de deux facteurs purement subjectifs ne relevant que du hasard et qui avaient joué dans le même sens :

1. Le manque total de sens politique ou d'esprit de décision ou des deux[149] de Karl Liebknecht, Rosa Luxembourg, Ledebour, etc. leaders des tendances soviétisantes ;

2. L'esprit de décision et le manque total de scrupules politiques de Noske, socialiste de tendance parlementaire et commissaire à la Défense nationale, qui n'avait pas hésité à s'appuyer sur l'armée pour noyer dans le sang les tentatives insurrectionnelles des tendances soviétisantes[150].

---

[149] Très probablement des deux, le manque d'esprit de décision étant généralement facteur de l'absence de sens politique. D'abord majoritaires dans les conseils d'ouvriers et de soldats, ils s'étaient laissés évincer du Directoire des Six où ils avaient été remplacés par des socialistes de tendance parlementaire. Ensuite, persuadés qu'ils y remporteraient aisément la majorité, ils avaient accepté le principe des élections sans se rendre compte que, si la classe ouvrière représentait le nombre, les conseils d'ouvriers et de soldats sur lesquels ils avaient la haute main, n'en représentaient malgré tout que la minorité agissante et que, d'autre part, ils donnaient la parole à la noblesse, à la grande et à la petite bourgeoisie résolument hostiles à leurs vues mais condamnés à se taire — voire à se terrer — avec la méthode des Conseils d'ouvriers et de soldats, qui ne pouvaient manquer de la prendre avec celle des élections. Enfin, parce qu'ils s'étaient ralliés aux élections, le 6 janvier 1919, alors qu'ils avaient rassemblé au Tiergarten une énorme foule en armes et qui n'attendait d'eux qu'un mot pour les porter au pouvoir dans un élan irrésistible, ils ne dirent pas ce mot. « Si la foule avait eu des chefs déterminés et lucides à la place de hâbleurs, ce jour-là, à midi, elle aurait été maîtresse de Berlin » a écrit Noske plus tard (*Von Kiel bis Kapp*).

[150] Prenant son poste, Noske avait dit : « D'accord, il faut que l'un d'entre nous soit un Bluthund littéralement « un chien sanguinaire » mais au sens exact « un bourreau » avec la nuance péjorative qui s'est attachée plus tard à l'expression « le boucher d'Albacète » qui désigna le communiste Marty pendant la guerre d'Espagne Dans toutes les langues du monde, on traduisit : « D'accord, il faut que l'un d'entre nous soit un boucher. » De quoi, dans son livre *Le III Reich* W. L. Shirer s'autorise sans doute pour, traçant le portrait de Noske, dire qu'il était boucher de sa profession Or, il était bûcheron : un de ces autodidactes de la fin du XIXe siècle qui, sans moyens matériels et à force de persévérance avaient réussi à atteindre un niveau intellectuel très supérieur à celui de beaucoup de ces doctrinaires que leurs origines plus aisées destinaient à devenir des intellectuels authentiques mais ne furent que des ratés. Ceci

Voici quels avaient été les résultats de ces élections, le calme étant à peine revenu :

	Suffrages	Élus
Sociaux-démocrates (Ebert)	11 500 000	163
Centre catholique (Erzberger)	6 000 000	88
Démocrates	5 600 000	75
Conservateurs	3 200 000	42
Indépendants et Spartakistes	2 300 000	22
Parti national	2 300 000	22
Isolés, divers	800 000	9
Total	31 700 000	421

N'ayant obtenu que si peu d'audience (à peine plus de 5 % seulement du corps électoral) il avait alors bien fallu que Spartakistes et Indépendants reconnussent la légalité de la Constituante ou, à tout le moins, qu'elle représentait beaucoup plus la volonté populaire que les « Conseils d'ouvriers et de soldats. Ils y entraient au surplus décapités, leurs leaders les plus écoutés ayant été, soit condamnés à de lourdes peines qu'ils purgeaient en prison, soit assassinés (Karl Liebknecht, Rosa Luxembourg, etc) au cours de la lutte impitoyable qui leur avait été livrée par Noske. Mais les sociaux-démocrates dont les leaders étaient Ebert et Scheidemann n'étaient pas beaucoup moins déçus qu'eux : loin d'avoir atteint la majorité absolue qu'ils espéraient emporter haut la main, ils se trouvaient condamnés à un gouvernement de coalition dans lequel il leur fallut faire une place au centre catholique et aux Démocrates

C'est à ce gouvernement présidé par Scheidemann, Hermann Muller y tenant le poste de ministre des affaires étrangères, Noske celui de

---

doit être dit même si, comme c'est mon cas, on n'a aucune sympathie pour Noske Il faut profiter de l'occasion pour dire aussi que tous les renseignements ou à peu près qu'on trouve dans le livre de W. L. Shirer sont aussi exacts que celui-là Autre exemple à la p. 371 (Tome II de l'édition française) de son livre, on peut lire que : « Le 1er janvier 1943, à l'état-major général, le seigneur de la Guerre (Hitler) pris d'un accès de colère frénétique, avait ordonné le désarmement de la flotte allemande de haute mer » et que « les bâtiments seraient « démolis et envoyés à la ferraille ». Sans autre commentaire.

Ministre de la Reichswehr (armée) et Ebert étant président du Reich[151] depuis le 11 février que le projet de traité avait été soumis. Or, au début de mai, il se trouvait aux prises avec les pires difficultés. Les Alliés avaient mis l'embargo sur toute la production industrielle de l'Allemagne en garantie du paiement de l'indemnité qu'elle serait condamnée à leur verser, ne lui laissant, pour la même raison qu'une faculté très limitée d'utiliser ses propres matières premières. Ils ne permettaient, d'autre part, qu'à un contingent très limité aussi de produits alimentaires et de matières premières de nécessité urgente d'entrer en Allemagne contre des transferts d'or de la Reichsbank, sous le contrôle d'un Conseil suprême de secours et d'assistance présidé par Herbert Hoover[152]. Une situation étrange s'était créée dans laquelle il n'était possible de remettre la classe ouvrière au travail ni où il y en avait parce qu'on ne pouvait pas la nourrir correctement, ni où elle aurait voulu s'y remettre pour être nourrie parce que les usines ne pouvaient pas être alimentées en matières premières... Exploitant le

---

[151] La constitution n'était pas encore promulguée : elle ne le sera que le 11 août suivant. Le mot République n'y figure pas, le Dr Preuss jurisconsulte qui fut chargé d'en rédiger le projet l'a formellement déconseillé et a eu gain de cause devant le Reichstag « Il s'attache à ce mot Reich, a-t-il dit, des traditions plusieurs fois séculaires et tout le désir d'unification nationale du peuple allemand morcelé. Renoncer à ce mot qui exprime une unité durement conquise et réalisée à la suite de tant d'épreuves et de déceptions, serait blesser inutilement et sans raison des sentiments profond ment enracinés dans l'âme populaire ». On a beaucoup parlé de la république de Weimar : c'est le Reich de Weimar qu'il eût fallu dire. On dut attendre la fin de la seconde guerre mondiale pour que le mot république apparût dans les institutions politiques de l'Allemagne et ceci est plus lourd de signification qu'on ne le pense, la formule territoriale du peuple allemand restant toujours juridiquement à définir.

[152] À la fin d'avril seulement — 8 jours avant que ne fussent remises les conditions de Paix à ses délégués ! — le Conseil suprême autorisa pour la première fois la sortie de 29 millions de Marks-or en paiement de vivres venant des neutres. En mai, juste comme ses délégués partaient pour Versailles, l'Allemagne reçut autorisation d'entrer en possession des matières premières qu'elle avait payées antérieurement. Et ce ne fut qu'en octobre qu'elle fut autorisée à une nouvelle exportation d'or en échange de 74 875 tonnes de vivres venant des pays scandinaves et de 130 909 tonnes de froment d'Argentine. Il s'agit ici encore d'un échec du président Wilson qui était pour la levée du blocus dès la signature de l'Armistice et qui ne cessa de combattre pour le retour à la normalisation des relations commerciales internationales tout au long de la Conférence. Jusqu'à la levée du blocus en octobre, la Reichsbank dut exporter plus d'un milliard de marks-or, rien que pour obtenir des vivres au compte-gouttes.

mécontentement qui résultait de cette situation, Indépendants et Spartakistes avaient réussi dès la mi-février, à faire renaître de ses cendres un mouvement insurrectionnel qu'à partir de la mi-mars soutint et encouragea la prise du Pouvoir en Hongrie par Bela Kun il avait fallu reconquérir une seconde fois Berlin, les armes à la main, puis Magdebourg et Brunschwig, puis Munich. Le 7 mai, on était en train de mettre en place le dispositif d'attaque qui permettrait de reconquérir Dresde et Leipzig…

Qu'à la lecture des conditions de Paix des Alliés, tous les hommes politiques allemands, à quelque parti qu'ils appartinssent, aient eu le sentiment qu'elles n'avaient d'autre but que de reconduire en le légitimant un état de choses qui leur avait valu tant d'aléas depuis l'armistice et les condamnait, pour l'avenir, soit à reconquérir éternellement par les armes un peuple éternellement poussé à la révolte et à l'insurrection par les conditions économiques insupportables qu'on leur proposait de lui imposer, soit à ouvrir toutes grandes les portes au bolchevisme, rien n'était plus naturel parce que rien n'était plus vrai.

Un vent de panique s'était mis à souffler sur les milieux politiques : c'était la fin de l'Allemagne, le triomphe du bolchevisme, telle était l'opinion commune. Sauf chez les Indépendants et Spartakistes où l'on pensait que signer ou ne pas signer était sans importance puisqu'aussi bien la Révolution triompherait sous peu qui balaierait le traité, et au centre catholique où l'on était du même avis parce que les clauses du traité étant inapplicables, il serait à peine signé, que les Alliés seraient contraints de faire des concessions, le pessimisme était partout. L'extrême-droite parlait de la levée en masse pour reprendre la guerre à l'Est…

Walter Rathenau, esprit modéré s'il en fût, et qui ne croyait pas à la possibilité d'obtenir des adoucissements mais était d'avis qu'il fallait quand même essayer, écriait froidement le 9 mai dans *Die Zukunft* :

> « Si on ne les obtient pas, il faudra que le comte Brockdorff-Rantzau présente aux gouvernements ennemis le décret de dissolution de l'Assemblée, ainsi que la démission collective du président du Reich et des ministres, et qu'il invite les Alliés à prendre

le pouvoir en Allemagne et à assumer sans délai tous les droits souverains de l'État allemand. Ainsi incomberait à l'ennemi la responsabilité de la paix, de l'administration et de toutes les actions de l'Allemagne et ils auraient, devant le monde, devant l'histoire et devant leurs propres peuples le devoir de se charger du destin de 60 millions d'individus. Ce serait là un fait sans précédent, la chute inouïe d'un État, mais en même temps un parti compatible avec l'honneur et la conscience. Pour le reste, il faudrait s'en remettre aux lois imprescriptibles de l'humanité et à l'évolution des événements. »

Le 12 mai, Scheidemann qui ne pense pas qu'une main puisse « sans flétrir s'engager et avec elle l'Allemagne, dans de pareilles chaînes » obtient aisément au Reichstag une écrasante majorité contre la signature du traité. Et c'est ainsi qu'encouragé par ce vote, le Cabinet du Reich décida de soumettre ses contre-propositions aux puissances alliées et associées.

La lettre d'envoi disait :

« Par l'échange de notes survenu entre le Président Wilson et le gouvernement allemand au cours du mois d'octobre 1918, un engagement a été pris, un *factum de contrahendo*, valable au point de vue du Droit international. En vertu de cet engagement, l'Allemagne a déposé les armes le 11 novembre 1918 sur la base des 14 points définis par le président Wilson dans son message au Congrès « américain du 8 janvier 1918 et dans ses proclamations subséquentes, notamment son discours du 27 septembre 1918.

Selon les principes énoncés dans ces divers discours, la Paix devait être conclue sur la base du libre droit des peuples à disposer d'eux-mêmes et les traités devaient être discutés par tous, sans discrimination entre vainqueurs et vaincus. Imposer à l'Allemagne un traité différent des principes admis de part et d'autre, équivaudrait donc à une violation du pacte conclu antérieurement à l'armistice. Or, il n'y a, pour ainsi dire pas une seule clause qui soit conforme aux principes préalablement convenus. »

C'était indiscutable.

Le 16 juin 1919, les Alliés répondirent en gros qu'un pacte avait bien été conclu avant l'armistice, mais que ce pacte ne reposait pas uniquement sur les 14 points de Wilson contenus dans son Adresse au Congrès du 8 janvier 1918 et sur les principes contenus dans son discours du 27 septembre 1918, mais sur ces 14 points sensiblement modifiés par les Alliés dans leur mémorandum du 4 novembre porté en temps utile à la connaissance des Allemands.

Ce n'était vrai que sur un seul point : l'indemnisation des dommages causés par l'Allemagne. Pour tout le reste, c'était faux.

En conclusion, la réponse aux contre-propositions des Allemands était négative sauf sur quelques insignifiants points de détail, et donnait à leur gouvernement un délai de 5 jours pour accepter le projet de traité

Mais il n'est pas indifférent de savoir ce que contenaient les contre-propositions allemandes :

1. *Responsabilités*. La thèse soutenue était que l'Allemagne menacée par plusieurs puissances à la fois n'avait fait que se défendre « qu'en conséquence, on ne la pouvait rendre responsable de la guerre. C'était assez faible. Mais, cette thèse eût- elle soutenu que tous les gouvernements de l'époque avaient leur part de responsabilité, elle eût été très forte.

2. *Réparations*. Ici la thèse était qu'en vertu de la convention d'armistice, l'Allemagne n'était tenue qu'à payer les frais de restauration de la Belgique, car seule la violation de la neutralité belge pouvait être considérée comme une atteinte au Droit des gens. Toutefois, elle consentait aussi à supporter les frais de restauration du Nord de la France, cette région ayant été envahie et occupée par des armées allemandes venues en Belgique. C'était très raisonnable. Appuyé sur la Convention d'armistice ce point de vue était cependant très faible mais l'eût-il été sur la responsabilité collective de tous les États impliqués dans le drame qu'il eût aussi été très fort. Et, s'il l'avait été sur l'obligation dans laquelle l'Allemagne s'était trouvée de signer le couteau sur la gorge, il était moralement indiscutable.

3. *Clauses territoriales*. Il n'y avait ici pas de question, les Allemands étaient entièrement fondés à prétendre que le Droit des peuples à disposer d'eux-mêmes n'avait en aucun cas été respecté. Et ils ne l'étaient pas moins lorsqu'ils prétendaient que, privés de territoires

vitaux pour leurs industries, cette clause ajoutée à la remise de leur marine de commerce, de la plus grande partie de leurs moyens de transport et à l'indemnité non encore fixée mais vraisemblablement astronomique qu'on leur demanderait par ailleurs de payer au titre des réparations, ils étaient condamnés à l'asphyxie économique et à un effondrement qui risquait de livrer l'Europe occidentale au bolchevisme.

4. *Désarmement.* Sur ce point, à partir du moment où il était admis que celui de l'Allemagne était envisagé comme un prélude au désarmement général, les contre-propositions admettaient que l'Allemagne désarmât la première. Elles protestaient cependant contre le fait que les effectifs de l'armée allemande fussent fixés à un niveau trop bas pour qu'elle pût contribuer efficacement à préserver l'Europe du danger bolchevique.

5. *Garanties.* Le gouvernement allemand considérait l'occupation de son territoire national comme inutile puisqu'il était hors d'état d'entreprendre une nouvelle guerre, comme coûteuse et contraire aux intérêts mêmes des puissances alliées en ce que les charges qu'elle ferait peser sur l'Allemagne ne pourraient que compromettre les échéances des réparations et, enfin comme nuisible au retour à la bonne entente en ce qu'elle entraverait sûrement la pacification des esprits.

6. *Punition des coupables.* Les articles 227 à 230 inclus du projet de traité stipulaient que l'ex-empereur Guillaume II considéré comme ayant commis un crime de guerre contre l'humanité au titre de principal responsable de la guerre et un certain nombre d'Allemands qui avaient, pendant la guerre attenté au droit des gens, commis des vols ou des actes de cruauté, seraient, le premier traduit devant une Cour internationale de justice, les seconds devant des Conseils de guerre alliés pour y être jugés. La contre-proposition était la suivante : tout ce que l'Allemagne pouvait accepter, c'était la constitution d'une Cour internationale où elle-même serait représentée au même titre que les autres puissances et qui aurait compétence pour connaître de tous les attentats au Droit des gens commis pendant la guerre, y compris ceux dont les Allemands auraient à se plaindre.

La réponse des Alliés ne fit pas non plus droit à cette contre-proposition bien qu'elle eût à la fois le Droit et la Morale pour elle.

Disons tout de suite que cette clause ne fut jamais appliquée. À l'exception des clauses territoriales, les autres non plus, bien sûr, puisqu'elles n'étaient pratiquement pas applicables. Mais les autres, on essaya de les appliquer tandis que celle-ci, on n'essaya même pas : en 1919, le monde n'était pas mûr encore pour Nuremberg.

Le gouvernement allemand protestait encore contre quelques autres dispositions du projet de traité : le statut de la S.D.N. qu'il ne voulait pas signer sous prétexte qu'il n'en était pas membre et qu'il n'avait pris aucune part à sa rédaction ; l'internationalisation des voies navigables et ferroviaires de l'Allemagne qu'il considérait comme une atteinte à la souveraineté et à l'indépendance puisque la mesure n'était pas réciproque ; de nombreuses dispositions de droit privé comme le pillage, le vol, les dettes individuelles, etc.

Ces questions étant sans grand intérêt pour la thèse soutenue dans cette étude, il n'en sera pas fait état ici.

Communiquée sur place le 1S juin à la délégation allemande, la réponse des Alliés parvint au gouvernement allemand le 17 : ce fut un tollé de protestations indignées. À Erzberger seul et au Centre catholique dont il est le leader, la thèse de la non signature paraît une absurdité et, comme il s'emploie avec acharnement à faire admettre dans les couloirs du Reichstag que, si odieuses que soient les conditions des Alliés, il n'y a pas d'autre solution que de se résigner à les accepter, que ce n'est qu'une question de pure forme puisqu'elles ne pourront jamais être appliquées pour l'essentiel, son point de vue gagne du terrain. Le chancelier Scheidemann le sent bien et, pour sortir de l'impasse, il a recours à un artifice : le 20 juin, le Cabinet du Reich se prononce à l'unanimité contre la signature et démissionne.

Le lendemain 21 juin, un nouveau gouvernement présidé par Bauer se constitue qui, le 22, obtient au Reichstag la signature du traité par 237 voix contre 138 et 5 abstentions aux conditions suivantes :

« Le gouvernement du Reich allemand est prêt à signer le traité de paix, sans toutefois reconnaître par-là que le peuple allemand soit l'auteur responsable de la guerre et prendre l'engagement de livrer les personnes visées, par les articles 227 à 230. »

Les Alliés n'acceptèrent pas davantage cette formule.

Le comte Brockdorff-Rantzau avait refusé de continuer à rester le chef de la délégation allemande à Versailles sous prétexte que sa conception de l'honneur ne lui permettait pas de donner sa signature même et surtout « pour la forme » et il avait été aussitôt remplacé par un certain Haniel dont l'histoire ne semble avoir retenu le nom à aucun autre titre : le 23 juin, à 4 h. 40, celui-ci annonçait en accord avec le gouvernement allemand que « l'Allemagne se pliera à toutes les exigences de ses ennemis : quelques-unes des clauses du traité n'y ont été introduites que pour humilier le peuple allemand.

« Nous nous inclinons devant la violence qui nous est faite parce qu'après tout ce que nous avons souffert, nous n'avons plus aucun moyen de riposter. Mais cet abus de la force ne peut entacher l'honneur du peuple allemand ».

Le même jour, à l'aube, dans la base de Scapa Flow[153] où la flotte allemande de guerre est prisonnière, l'escadre britannique de garde commandée par l'amiral Freemande, quitte la rade et se dirige vers le large pour effectuer des exercices de tir. L'amiral allemand Reuter profite de cette circonstance inespérée pour faire ouvrir secrètement les vannes, les écoutilles et les tubes lance-torpilles de tous les bâtiments. Puis il fait baisser le pavillon allemand à tous les mâts...

« Soudain, nous dit Benoist-Méchin qui, à mes yeux, est l'auteur du raccourci le plus saisissant de l'incident, un vacarme assourdissant s'élève. Les cloches d'alarme sonnent, les sirènes mugissent, les hommes mettent les embarcations à l'eau. Et, devant les Anglais stupéfaits, le bateau-amiral Friedrich der Grosse commence à s'enfoncer lentement dans les flots. À 12 h. 16, l'énorme coque d'acier se soulève et coule à pic.

---

[153] Aux îles Orcades, au Nord de l'Ecosse.

L'escadre anglaise abandonne les manœuvres et revient à toute vapeur vers la rade. Mais il est trop tard. L'un après l'autre, les cuirassés *König Albert, Kronprinz Wilhelm, Kaiser, Prinz-Regent Luitpold*, sombrent dans un bouillonnement d'écume. Puis c'est le tour des croiseurs de bataille Moltke, Seydlitz, von der Tann et de tous les autres navires : 5 croiseurs, 10 vaisseaux de ligne, 47 torpilleurs, 70 bâtiments en tout. À 17 heures, l'océan se referme sur le dernier survivant, le croiseur Hindenburg.

L'orgueilleuse flotte allemande repose au fond des mers. »

Le traité fut signé à Versailles le 28 juin. Signèrent au nom de l'Allemagne les ministres Hermann Muller et Bell. La pièce était jouée. Ce qu'il advint des acteurs ? Le président Wilson rentra en Amérique ulcéré. Là-bas, les Républicains ses adversaires qui l'avaient entraîné dans la guerre n'en avaient pas pour autant cessé leurs campagnes contre lui : ils l'accusaient avant, de méconnaître les intérêts des États-Unis en restant à l'écart du conflit ; après, ils l'accusèrent de mal s'y conduire, de restreindre par trop la liberté du commerce et de l'industrie qu'il leur avait fallu abandonner aux nécessités de la guerre à laquelle ils l'avaient contraint, de lever des impôts trop lourds, de fabriquer des armements en trop grande quantité, etc... Sur ces thèmes d'une rare mauvaise foi, quoique d'une démagogie des plus adroites, ils étaient le 5 novembre 1918 moins d'une semaine avant l'armistice ! sortis vainqueurs aux élections pour le renouvellement du Congrès dont le mandat était arrivé à expiration à cette date. En janvier 1919, lorsque le président Wilson dont le mandat n'arrivait à expiration qu'en novembre suivant annonça son départ pour l'Europe où il avait décidé de prendre part à la Conférence de ta Paix, les Républicains redevenus isolationnistes crièrent que c'était contraire aux usages de l'Union, que cette affaire ne les intéressait plus, etc... et réussirent à émouvoir une importante fraction du Parti démocrate.

À son retour, Wilson fut donc assez fraîchement accueilli : son secrétaire d'État Lansing lui porta le coup fatal en déclarant que pendant toute la durée de la Conférence, il s'était « trouvé dans l'obligation morale de combattre presque toutes les initiatives du président ». Le malaise de celui-ci était d'autant plus grand qu'aucune des initiatives en question ou si peu n'avait été retenue. Utilisant les déclarations de Lansing, la presse aux mains des industriels et des banquiers américains auxquels le Traité de Versailles n'apportait rien dans l'immédiat, fit une campagne ardente et serrée à la fois contre le traité et le Pacte de la S.D.N.

Finalement, le 17 novembre 1919, les décisions de Versailles n'obtinrent au Congrès que 55 voix contre 49 : la majorité des deux tiers étant requise pour l'adoption, le Traité de Versailles et le Pacte de la S.D.N. étaient repoussés. Aux élections présidentielles qui suivirent, Harding, candidat des Républicains, l'emportait par plus de 16 millions de voix contre 9 millions à Cox, candidat des Démocrates... Malade, soudain frappé (septembre 1919) d'un malaise qui se révéla bientôt comme étant le prélude d'une maladie mortelle, il n'avait pu défendre lui-même l'attitude qu'il avait adoptée à Versailles et qui servait de plateforme à la politique extérieure des Démocrates et profondément déçu, le président Wilson se retira définitivement de la vie publique et mourut inconsolé peu de temps après (1924). Entre temps, il avait tout de même eu la satisfaction, si amère qu'elle soit, de voir son successeur signer avec l'Allemagne (25 août 1921) un traité de paix séparée qui consacrait en grande partie le triomphe de ses principes.

En Allemagne, cependant, ses craintes n'avaient pas tardé à trouver des justifications en abondance. À la levée du blocus (octobre 1919, cf. page 187) le dénuement était général : la demi-famine qui accablait les habitants des centres ouvriers lui survivait. Les grèves atteignaient à l'entrée de l'hiver un niveau jusqu'alors inconnu, le chômage frappait plus d'un million de travailleurs, la Reichsbank s'épuisait à acheter des vivres à l'étranger, le budget national se grevait lourdement d'impôts. Privée d'une importante partie de ses charbonnages (Sarre) de ses minerais de fer (Silésie) de sa flotte de commerce et de ses chemins de fer en grande partie par les stipulations du traité, dotée seulement d'un équipement industriel épuisé, de la guerre l'Allemagne héritait en outre de finances dans un état lamentable de délabrement. De 1914 à l'armistice, la dette consolidée y était passée de 5 à 96 milliards de marks-or, la dette flottante de 1/2 milliard à 49, la circulation fiduciaire de 5 milliards 1/2 à 29...

Après le Traité de Versailles, l'inflation ne cessa de croître sans améliorer la situation matérielle des populations : 34 milliards de billets en circulation en janvier 1919, 51 milliards en janvier 1920... Le Mark ne cesse en conséquence de se déprécier : de 4 marks 20 en août 1914, 4,86 en mai 1915, 5,52 en mai 1916, 6,01 à l'armistice, le dollar passait à 14,01 en juin 1919 ; en octobre 1919 il était à 26,83 ; à 47 en décembre et à 84 en mars 1920...

Dans l'opinion allemande, le Traité de Versailles est rendu à juste titre responsable de l'aggravation sans cesse croissante de la situation économique et, à travers lui, ceux qui l'ont signé, c'est-à-dire la coalition gouvernementale des partis moyens. Le 6 juin 1920, elle reçoit le premier désaveu de son comportement politique depuis l'armistice, à l'occasion des élections au Reichstag dont voici les résultats comparés à ceux de 1919 :

	1920	1919	+ OU -
Sociaux-démocrates	5 900 000	11 500 000	-5 600 000
Centre catholique[154]	5 700 000	6 000 000	-300 000
Démocrates	2 200 000	5 600 000	-3 400 000
Indépendants et Spartakistes	5 000 000	2 300 000	+2 700 000
Conservateurs	3 700 000	3 200 000	+500 000
Parti national	3 600 000	2 300 000	+1 300 000

Telle fut la première manifestation en Allemagne du mécontentement provoqué par les conséquences économiques du Traité de Versailles et qui ne cessa ensuite de porter l'opinion vers les extrêmes le communisme, d'une part, le national-socialisme de l'autre.

---

[154] Le centre catholique n'avait perdu que 300 000 voix mais, par contre, il s'était scindé en deux parties, les catholiques bavarois l'ayant quitté pour former le Parti populaire bavarois qui avait recueilli 2 200 000 suffrages sur un programme monarchiste à l'intérieur et, à l'extérieur, résolument hostile au traité de Versailles et à ceux qui l'avaient signé. Les résultats donnés ici sont ceux qui ont été globalement obtenus par les deux tendances réunies par la statistique mais tout à fait artificiellement, car elles n'avaient plus rien de commun entre elles que la religion.

On sait la suite.

Et l'Europe ?

Sur ce que la guerre coûta aux Alliés européens, les chiffres les plus pessimistes ont été publiés. Déduction faite des dépenses qu'il leur eût tout de même fallu faire s'il n'y avait pas eu la guerre, l'historien français Pierre Renouvin a retenu ceux qu'a donnés un économiste américain dont il ne cite pas le nom et qui, après examen des différents comptes nationaux les a évalués ainsi en francs de l'époque : 220 milliards pour l'Angleterre, 125 pour la France, 60 pour l'Italie. Pour y faire face, l'Angleterre aurait dû emprunter à l'extérieur environ 32 milliards de francs de l'époque, la France 33 milliards, l'Italie 20 milliards. Sur ces emprunts, étaient dus aux États-Unis 21 milliards par l'Angleterre, 14 milliards 1/2 par la France et 8 milliards par l'Italie. Pour transposer ces sommes en francs actuels, il suffira au lecteur de leur appliquer le coefficient de dévaluation 400 (multiplier par 400).

Tandis que l'Angleterre, la France et l'Italie s'étaient ainsi endettées, que leurs réserves d'or s'étaient épuisées, que leur balance commerciale était devenue incroyablement déficitaire et que leur équipement industriel usé ne leur permettait pas d'en envisager le rétablissement avant longtemps, les États-Unis atteignaient un extraordinaire niveau de prospérité : l'excédent de leurs exportations sur leurs importations qui était de 691 milliards de dollars en 1913, passait à 4 milliards de dollars en 1919 ; leur réserve d'or était passée de 2 930 millions de dollars à 4 283 ; après la guerre comme pendant, ils furent les principaux fournisseurs de l'Europe et cette situation qui se caractérisait déjà pour eux par une créance (cf. ci-dessus) globale de 8 750millions de dollars, ne cessa de s'améliorer[155].

---

[155] On a vu que les neutres européens n'avaient connu qu'une prospérité relative et passagère. Il n'en fut pas de même de l'Argentine, du Brésil et de l'Espagne. La première s'est enrichie par ses exportations de viande et de blé. Le second exportait, en 1917, dix fois plus de sucre qu'en 1912. L'Espagne dont les exportations représentaient sur les importations un déficit de 248 millions de pesetas en 1913, accuse en 1919 un excédent d'exportations de 417 millions de pesetas. Quant au Japon, il a considérablement développé ses industries textiles et métallurgiques sans améliorer de beaucoup sa balance commerciale, étant donné les prix très bas qu'il pratique, d'une part, et, de l'autre, sa population extraordinairement prolifique.

Pour autant, ils ne renoncèrent pas à présenter la note à leurs débiteurs européens. La situation était donc la suivante : une Europe ruinée, condamnée à ruiner l'Allemagne pour rembourser l'Amérique.

En réalité, les choses ne se passèrent pas tout à fait ainsi. Mais ce n'est plus la question. Que des assouplissements soient intervenus dans la suite quant à l'exécution des clauses financières du Traité de Versailles, entre l'Allemagne et ses ex-ennemis européens, d'une part, et quant au remboursement des dettes interalliées à l'Amérique de l'autre, il n'en est pas moins vrai que ces assouplissements sont intervenus trop tard et surtout trop parcimonieusement pour éviter l'effondrement financier de l'Allemagne de 1921 à 1923 et son effondrement politique en 1933. Au reste, à elles seules, les clauses territoriales suffisaient à y provoquer, peut-être à échéance différée mais tout aussi sûrement, cette double catastrophe. Qu'ensuite et en fonction des obstacles dressés sur ses pas par les clauses inadmissibles du Traité de Versailles qui subsistaient encore en 1933, le désir de relèvement de l'Allemagne ait abouti à la guerre de 1939-45, tout cela est expliqué dans la première partie de cet ouvrage.

Mais, si le Traité de Versailles est à l'origine de cette guerre de 1939-45, qui niera que les responsabilités soient à réexaminer et à refaire les treize procès de Nuremberg sans oublier le quatorzième qui eut lieu à Jérusalem ?

Chapitre VI – Le problème

Entre les deux guerres, le point de vue qu'on vient de lire fut longtemps celui du socialisme international. En termes approchant, Jean Longuet, petit-fils de Karl Marx, l'avait exposé à la tribune de l'Assemblée nationale, le 18 septembre 1919 dans un discours qui fit date et par lequel il lui demandait de ne pas le ratifier. Le thème de ce discours était un passage d'une étude célèbre qu'Ernest Renan avait publiée au temps où il faisait autorité sous le titre : « Qu'est-ce qu'une nation ? » et que voici :

> « Une nation est une grande solidarité constituée par le sentiment des sacrifices qu'on a faits et de ceux qu'on est disposé à faire encore. Elle suppose un passé, elle se résume pourtant dans le présent par un fait intangible : le consentement, le désir clairement exprimé de continuer la vie commune. L'existence d'une nation est un plébiscite de tous les jours, comme l'existence de l'individu est une affirmation perpétuelle de vie. Oh ! je le sais, cela est moins métaphysique que le droit divin, moins brutal que le prétendu droit historique. Dans l'ordre d'idées que je vous soumets, une nation n'a pas plus qu'un roi le droit de dire à une province : « Tu m'appartiens, je te prends ! » Une province, pour nous ce sont ses habitants ; si quelqu'un en cette affaire a le droit d'être consulté, c'est l'habitant. Une nation n'a jamais un véritable intérêt à retenir un pays malgré lui. Le vœu des nations est, en définitive, le seul critérium légitime, celui auquel il faut en revenir. »

Et pour bien montrer que « le prétendu droit historique » de Renan sur lequel se voulaient fonder les partisans de la ratification au nom desquels M. Barthou rapportait, était une construction de l'esprit, il [Longuet] enchaînait sur l'exemple même de la France :

> « J'ai lu avec un grand intérêt, dans sa langue châtiée et élégante, le rapport de M. Barthou. Mais j'y trouve à chaque instant, cette vieille connaissance des droits historiques, cette vieille théorie du droit du plus fort, qui s'affirme en particulier dans sa conception de

la frontière du Rhin et de l'unité allemande. Je voudrais y opposer l'enseignement fécond d'un ouvrage que nous aurions tous intérêt à consulter : c'est l'étude des origines diplomatiques de la guerre franco-allemande faite, dans sa langue admirable, avec cette élévation de pensée et de cœur qui fait que jamais on ne le remplacera ici, par notre grand ami Jaurès. Dans son Histoire de la Guerre de 1870, Jaurès marque fortement que les prétentions d'un certain nombre de nos diplomates et de nos hommes d'État sur la rive gauche du Rhin furent à l'origine de toute la victoire bismarckienne, et l'ont servie constamment en Allemagne, ont par conséquent contribué à déclencher le conflit. Jaurès analyse et critique les différentes démarches, les tractations faites en 1866 par notre ambassadeur à Berlin, M. Bénédetti, réclamant la rive gauche du Rhin : Cologne, Mayence. Bonn. Et lorsqu'il n'obtenait pas satisfaction de Bismarck, lui proposant un autre Traité dans lequel il s'agissait de mettre la main sur la Belgique, avec le concours de l'armée prussienne. »

Tandis que « le désir clairement exprimé de continuer la vie commune » qui était d'une autre valeur, était au surplus abondamment fourni en références dont il citait les exemples les plus significatifs :

LA NOTE DU 30 NOVEMBRE 1918 ADRESSÉE AU PRÉSIDENT WILSON PAR LE COMITÉ EXÉCUTIF DE L'ASSEMBLÉE NATIONALE PROVISOIRE AUTRICHIENNE :
On ne peut inaugurer l'ère de la démocratie en Europe centrale, en assujettissant par la force des armes, un peuple de trois millions et demi d'êtres humains à un peuple de soixante-trois millions habitants. On ne saurait établir une paix durable en Europe en créant un irrédentisme allemand dont les appels qui s'adresseraient constamment à Berlin et à Vienne, mettraient la paix en péril.

LA PROTESTATION DES SYNDICATS DU PAYS DES SUDÈTES EN DATE DU 4 MARS 1918 :
Le pays des Sudètes, empêché par les mesures de violence de l'État tchécoslovaque d'exercer son droit de vote, adresse à l'Assemblée nationale de l'Autriche allemande, ses saluts fraternels et cordiaux à l'occasion de sa première réunion. En signe de protestation contre l'interdiction des élections, la grève générale est

déclenchée aujourd'hui 4 mars dans toute la Bohême allemande et dans le pays des Sudètes.

Conscients des indissolubles liens qui nous unissent à la communauté ethnique allemande, nous sommes aujourd'hui, nous, Autrichiens-allemands, en pensée et de cœur au milieu de vous. Ne nous oubliez pas. Du plus profond de notre âme, nous aspirons au jour où nous serons délivrés de l'insupportable joug que fait peser sur nous la domination étrangère.

LE DISCOURS D'OTTO BAUER A L'ASSEMBLÉE NATIONALE AUTRICHIENNE LE 7 JUIN 1919 :

Si la Bohême allemande et le pays des Sudètes allemands sont livrés à la Tchécoslovaquie, non seulement trois millions et demi d'Allemands seront dépouillés de leur droit de libre disposition, non seulement l'Autriche allemande perdra ses charbonnages, presque toute son industrie textile, ses verreries et ses fabriques de porcelaine, non seulement notre capacité de production, notre patrimoine national, notre capacité économique et fiscale subiront une réduction de plus de 50 %, mais en même temps, il sera créé en pleine Europe, un État qui deviendra le théâtre des plus farouches luttes de nationalités, le foyer de l'irrédentisme allemand, hongrois et polonais, une source d'hostilité constante entre nations limitrophes, un danger permanent pour la paix. Nous sommes impuissants à l'empêcher mais, une fois encore, à la dernière minute, nous lançons un cri d'avertissement.

UN EXTRAIT DU DISCOURS DU CHANCELIER Karl RENNER, LE 15 JUIN 1919 A ST-GERMAIN-EN-LAYE :

Les puissances créeraient par-là (en incorporer de force les Allemands des Sudètes à la Tchécoslovaquie), au centre de l'Europe, un foyer de guerre civile dont le brasier pourrait devenir, pour le monde et son essor social, bien plus dangereux encore que ne le fut la fermentation continuelle dans les Balkans. (Chancelier Karl Renner, 15 juin 1919. À St-Germain-en-Laye où il représentait l'Autriche).

LA RÉSOLUTION ADOPTÉE PAR LE CONSEIL NATIONAL DU PARTI SOCIALISTE FRANÇAIS LES 13 ET 14 JUILLET 1919 :

Ce traité qui est né de l'abus le plus scandaleux qui ait jamais été fait de la diplomatie secrète, qui viole ouvertement le droit des peuples à disposer d'eux-mêmes, qui réduit en esclavage des nations entières, qui multiplie les nouveaux risques de guerre, qui s'accompagne enfin de mesures de violence contre tous les mouvements de libération, non seulement en Russie et en Hongrie, mais dans tous les pays de l'ancien empire habsbourgeois, dans tout l'Orient et en Allemagne, ne peut, à aucun titre, recevoir un suffrage socialiste...

Ainsi, ils (les gouvernements alliés) ont abouti à étendre à toute l'Europe, la situation d'instabilité, de rivalité qui existait dans les Balkans et qui a été l'une des causes du conflit mondial...

La limitation des réparations aux dommages matériels de la guerre était la condition même d'une aide rapide et efficace pour les populations éprouvées, auxquelles un nationalisme incohérent a fait tort, en poussant jusqu'à l'absurde le chiffre de ses réclamations...

Dans l'ordre économique, le Parti socialiste constate que l'esprit de désordre et de lutte pour le profit a exclusivement dirigé les chefs des États capitalistes alliés...

Devant le Pays, devant l'Internationale, devant l'Histoire, il affirme que le traité de Versailles doit subir, non pas seulement une révision partielle, à laquelle d'ailleurs, le cas échéant, il apporterait son concours, mais une transformation complète.

LA RÉSOLUTION ADOPTÉE LE 6 SEPTEMBRE 1919 APRÈS LA SIGNATURE DU TRAITÉ PAR L'ASSEMBLÉE NATIONALE AUTRICHIENNE :

L'Assemblée nationale proteste solennellement, par devant le monde entier, contre les dispositions du traité de paix qui, sous le prétexte de protéger l'indépendance de l'Autriche allemande, prive le peuple autrichien-allemand de son droit de disposer de lui-même, lui refuse de voir réalisé son ardent désir de réunion avec la terre maternelle de l'Allemagne, désir constituant une nécessité vitale, économique, intellectuelle et politique. L'Assemblée nationale exprime l'espoir que, aussitôt que la paix aura dissipé l'esprit d'animosité et de rancune nationale, provoqué par la guerre, on ne continuera pas, grâce à l'intervention de la S.D.N. à refuser au peuple allemand le droit à son unité et à sa liberté nationales, droit accordé à tous les autres peuples.

C'est avec la plus douloureuse amertume que l'Assemblée nationale proteste contre l'arrêt des puissances alliées et associées, arrêt malheureusement irrévocable, en vertu duquel 3 millions et demi d'Allemands des Sudètes sont violemment séparés des Allemands des Alpes, ayant formé avec eux, depuis des siècles, une unité politique et économique. Par ledit arrêt, ils sont privés de leur liberté nationale et soumis à la domination étrangère d'un peuple qui, dans ce même traité de paix, se reconnaît leur ennemi.

Dépourvue de tout pouvoir pour détourner ce désastre et pour épargner à l'Europe les troubles inévitables devant découler de cette offense aux droits les plus sacrés d'une nation, l'Assemblée nationale de l'Autriche allemande charge, par devant l'Histoire, de la responsabilité de cette décision, la conscience des puissances qui, défiant nos avis les plus sérieux, la mettent à exécution.

Enfin, Jean Longuet concluait :

> Nous ne pouvons pas admettre qu'on nous présente ce traité comme la conclusion logique d'une guerre dont on a dit qu'elle était ta guerre du droit. Ce n'est pas la paix du droit qu'on nous apporte, c'est une paix de force, une paix de violence qui rappelle toutes celles que, dans le passé, à travers les siècles, ont terminé les conflits qui ont jeté les peuples les uns contre les autres...
> Je crois surtout qu'on n'a pas assez insisté sur cette idée que, de même que la France avait donné pour tous le sang de ses enfants, il fallait demander en retour, au point de vue économique, qu'on fît peser les charges également sur toutes les nations...
> Nous sommes indignés (Jean Longuet cite ici la revue anglaise *La Nation*) qu'un homme ait pu devenir plus riche et qu'un autre ait été ruiné par la guerre. Il est aussi inique que des nations soient devenues plus riches et d'autres plus pauvres, à la suite de la guerre, parmi les Alliés. Il n'est pas douteux qu'à l'heure actuelle nous sommes en présence de cette situation que, tandis que la France et l'Italie sortent de la lutte dans une situation financière désespérée... et c'est une revue anglaise qui écrit cela ! L'Angleterre en sort debout, forte, et l'Amérique prospère et riche. Avec un sentiment de loyauté et d'efforts de tous dans le même but, nous aurions dû éviter un sentiment aussi inique...
> Je crois que si l'on avait moins porté l'effort sur les revendications territoriales, si l'on s'était davantage préoccupé de mettre en commun les charges et d'obtenir de l'Angleterre et de l'Amérique qu'elles prissent leur large part des charges d'une victoire dont elles avaient tant bénéficié, on aurait pu obtenir une paix qui, tant du point de vue français que du point de vue humain, eût été meilleure, plus juste et plus durable.

En 1938, cependant, la résolution adoptée par le Parti socialiste français à son Congrès de Royan, disait :

> Le Socialisme français veut la paix, même avec les impérialismes totalitaires, mais il n'est pas disposé à s'incliner devant toutes leurs entreprises. S'il était réduit à cette extrémité, qu'il essaierait de prévenir par tous les moyens, il saurait défendre l'indépendance nationale et l'indépendance de toutes les nations couvertes par la signature de la France.

La signature de la France en question était celle qu'elle avait donnée à Versailles ou dans la suite en faveur du respect du traité... Autrement dit, les socialistes français étaient prêts à partir en guerre pour défendre ce traité contre lequel ils s'étaient, vingt années auparavant, avec tant de vigueur et tant de pertinence.

C'est là qu'ont commencé mes démêlés avec le Parti socialiste : la guerre, Nuremberg... Après Nuremberg, je continuai à soutenir notre point de vue commun de 1919 et ce fut la rupture.

Je fus vengé par Churchill qui, dans ses mémoires, écrivait en 1952 :

> Les clauses économiques du traité de Versailles étaient vexatoires et si sottement conçues qu'elles en devenaient manifestement inopérantes. L'Allemagne était condamnée à payer des réparations s'élevant à un chiffre fabuleux. Ces décisions imposées à l'Allemagne exprimaient la colère des vainqueurs et la conviction de leurs peuples qu'aucun pays, qu'aucune nation vaincue ne pourrait jamais payer un tribut assez lourd pour couvrir les dépenses d'une guerre moderne. Les masses restaient plongées dans l'ignorance des réalités économiques les plus élémentaires et leurs chefs, ne pensant qu'aux élections, n'osant pas les détromper. Les journaux, selon leur habitude, se faisaient l'écho fidèle ou amplifié des opinions dominantes. Peu de voix s'élevèrent pour expliquer que le paiement de réparations ne peut être effectué que par des services ou par le transport matériel de marchandises par chemins de fer à travers les frontières terrestres, ou par bateaux sur la mer ; ou pour faire remarquer que lesdites marchandises ne manqueraient pas de provoquer, à leur arrivée dans les pays importateurs, un désordre de la production industrielle locale, sauf dans les sociétés de caractère

très primitif ou rigoureusement contrôlées... Et il ne se trouva personne en haut lieu, d'assez influent, d'assez préservé de la bêtise générale, pour dire aux électeurs ces vérités essentielles dans leur brutalité ; et s'il s'en était trouvé un, personne ne l'aurait cru ! Les Alliés triomphants continuaient à prétendre qu'ils presseraient l'Allemagne « jusqu'à ce que les pépins crissent ». Or, tout cela eut un effet puissant et désastreux sur la prospérité du monde et sur l'attitude de la race germanique. (Tome I, page 6.)

Et :

La seconde tragédie capitale de cette époque fut le complet démembrement de l'Empire austro-hongrois par les traités de St-Germain et de Trianon. Pendant des siècles, cette vivante réincarnation du Saint Empire romain et germanique avait apporté, dans le cadre d'une vie commune, des avantages, tant d'un point de vue d'économie que de sécurité, à de nombreux peuples dont aucun n'avait, en notre temps, la puissance ou la vitalité de résister par lui-même à la pression d'une Allemagne ou d'une Russie ressuscitées... Il n'est pas une des nations, pas une des provinces ayant constitué l'empire des Habsbourg, à qui le recouvrement de l'indépendance n'ait fait connaître les tortures que les poètes et les théologiens de jadis réservaient aux damnés. Vienne, la noble capitale, le foyer d'une culture et d'une tradition longuement défendue, le point de rencontre de tant de routes, de cours d'eau et de voies ferrées, Vienne fut laissée en proie à la famine, comme un grand marché vide dans une région appauvrie, dont presque tous les habitants sont partis. (Tome I, pages 8 et 9.)

Il est peu probable que si M. Churchill avait dit cela en 1919, on l'eût écouté : à l'époque, il n'était tout de même qu'une personne de seconde zone. Mais il n'est pas douteux que s'il l'avait dit en 1945, il n'y aurait pas eu de procès de Nuremberg.

C'était, d'abord, ce que je voulais dire.

En 1932, avec le petit groupe de syndicalistes non conformistes (anarcho-syndicalistes) de la tendance dite La Révolution prolétarienne, je participai à une entreprise d'édition et de vulgarisation en France, sous le titre *Précis de géographie économique*, d'un recueil de conférences prononcées devant les collèges ouvriers de son pays par l'économiste anglais J.F. Horrabin. Il nous était apparu que jamais le problème à résoudre n'avait mieux été posé et jamais mieux mis en évidence le manque de discernement, l'absence totale de perspectives historiques, la médiocrité en somme, des responsables du Traité de Versailles. Pour tout dire, nous y avions trouvé les raisons essentielles de toutes les guerres depuis la guerre de Cent ans, jusques et y compris celle que nous sentions venir. On m'excusera si, au risque d'être accusé d'un abus des citations j'en donne, associés les uns aux autres et sous-titrés par moi, les extraits qui me paraissent le mieux résumer une thèse qui, trente ans après, a conservé toute son actualité :

I - Histoire de l'empire des mers

Pendant des milliers d'années, l'Histoire eut pour axe la Mer Méditerranée. Les pays qui entourent cette mer faisaient alors les progrès les plus considérables dans les domaines technique, économique et social. Aussi longtemps qu'il en fut ainsi, la situation géographique de la Grande-Bretagne fut un désavantage pour ses habitants. Située au-delà des lisières du monde du commerce, très éloignée des routes principales et des centres, elle n'avait pas de place dans le monde connu. Elle resta dans cet état jusqu'à l'arrivée des Phéniciens, puis des Romains. Et lorsque la puissance romaine s'évanouit, la Grande-Bretagne se retrouva pour un autre bail de mille ans, parmi les pays perdus. Mais un moment vint où le commerce des cités méditerranéennes s'étendit vers le Nord par la vallée du Rhin, et où les marchands de la Ligue hanséatique firent de la Mer du Nord et de la Baltique une nouvelle Méditerranée. La Grande-Bretagne, quoique toujours fort loin, se trouva alors en contact plus étroit avec le reste du monde. Elle fut le terminus Nord-Ouest des grandes routes commerciales qui traversaient le continent à partir de la Méditerranée. Mais elle n'était toujours qu'un terminus, elle n'était pas une base pour elle-même. Finalement vint la conquête de l'Atlantique et la découverte du nouveau monde qui est à l'ouest de cet Océan. Alors, les pays du nord-ouest de l'Europe, les pays qui avaient des côtes atlantiques et des côtes méditerranéennes se trouvèrent dans la plus désirable des positions, face aux côtes du nouveau continent.

C'est alors, et seulement alors que la position de la Grande-Bretagne tourne à son avantage. Et c'est de cette époque que date le commencement de la suprématie britannique en Europe et finalement dans le monde. Jusque-là, l'Angleterre s'était trouvée dans une ruelle écartée. Maintenant, elle occupait le plus bel emplacement sur la rue principale.

Les découvertes maritimes déplacèrent les centres de l'Europe. Elles les enlevèrent aux mers fermées pour les porter sur les rives de l'Atlantique. Venise et Gênes firent place à Bristol et à Lagos. L'actif mais étroit commerce de la Baltique qui, du XIIe au XVIe siècle fit la richesse et la prééminence historique des villes hanséatiques, perdit sa relative importance lorsque l'Atlantique devint le champ maritime de l'histoire. La prééminence se déplaça vers l'Ouest, passa de Lubek et Stralsund à Amsterdam et à Bristol.

L'histoire des trois siècles suivants est l'histoire de la lutte pour la suprématie de ces pays du nord-ouest européen. Déjà, deux siècles avant la fin du chapitre méditerranéen, on trouve un traité commercial portugais, signé en 1291, qui révèle un commerce d'une certaine importance le long des côtes de l'Atlantique. Mais l'Espagne et le Portugal arrivaient bonnes premières dans les grandes découvertes. Et quelques semaines après que Colomb fut revenu de son premier voyage, le pape promulguait une bulle allouant l'hémisphère occidental à l'Espagne et l'oriental au Portugal. C'était envoyer coucher dehors les nations nordiques, surtout la Hollande et l'Angleterre. Les navigateurs de ces deux pays se mirent alors, pendant plusieurs années, à chercher des passages vers les Indes par le Nord-Ouest et le Nord-Est, par le Nord de l'Amérique et le Nord de la Sibérie. L'une et l'autre voies se révélèrent impraticables. Les deux pays ne pouvaient donc prendre leur part de la richesse des Indes et de l'Amérique qu'en rompant avec l'édit papal. Aussi, dès avant le milieu du XVIe siècle, avaient-ils tous deux rompu avec le Pape et tourné au protestantisme. Le pouvoir du Pape était considérable. Mais il ne pouvait pas plus modifier les conditions géographiques que l'emprise de ces conditions sur le cerveau des hommes. À la fin du siècle, les Anglais avaient détruit l'Armada de Philippe d'Espagne. Et les Hollandais, après avoir secoué le joug espagnol, s'établissaient dans les Indes Orientales et Occidentales, en différentes régions arrachées aux Espagnols et aux Portugais. Le pouvoir du pape, seigneur de la Méditerranée, s'évanouissait comme déclinait l'importance de la Méditerranée elle-même.

Le siècle suivant voit la grande rivalité des bourgeoisies anglaise et hollandaise pour la maîtrise des routes océaniques, rivalité dans laquelle un troisième pays du nord-ouest de l'Europe, la France, intervenait, tantôt d'un côté, tantôt de l'autre. Pour réaliser à quel point les quatre coins de la terre étaient à ce moment liés — oui liés, littéralement enchaînés — aux États du nord-ouest de l'Europe, il suffira de lire ce simple passage, avec un atlas à portée de la main.

Au zénith de leur pouvoir, quelques années après, c'est-à-dire vers le milieu du XVIIe siècle, les Hollandais régnaient dans les Antilles. Ils avaient des établissements au Brésil et en Guyane... Ils possédaient des stations commerciales sur les côtes de Guinée. Ils avaient des établissements à Cape Town (le Cap de Bonne-Espérance) sur la route des Indes. Ils possédaient les îles de Ceylan et de Maurice (ainsi nommées du nom du prince hollandais Maurice de Nassau). Ils tenaient enfin les clefs de l'Amérique du Nord par leur ville de New Amsterdam (aujourd'hui New-York) (Fairgrive, p. 151).

Mais au commencement du XVIIIe siècle, la Grande-Bretagne avait pris la place de la Hollande comme roulier des mers et comme maîtresse des points cruciaux des grandes routes océaniques mondiales. Selon l'orgueilleuse déclaration d'un écrivain, « l'Angleterre se trouva au sortir des guerres, en mesure d'étendre son commerce maritime avec une vigueur accrue. Elle était prête à continuer, tout autour de toutes les mers, l'œuvre que les Grecs, les Phéniciens et les Vénitiens avaient réalisé le long des côtes de la Méditerranée ». Mais, notons-le ceci n'était pas dû aux bienfaits d'une Providence tirant les Anglais d'une argile supérieure à celle des Français et des Hollandais. Cela résultait en premier lieu de l'avantageuse position géographique de la Grande-Bretagne sur les routes atlantiques ; en second lieu, du fait qu'elle avait, bien plus que ses rivaux, une agriculture et une industrie constituant un substantiel appui pour ses expéditions maritimes. La révolution industrielle avait en effet commencé dès avant la fin du siècle. Et dès lors, ses ressources naturelles de fer et de charbon lui furent une cause durable de préséance sur les autres nations. Elles assurèrent définitivement les bases de sa suprématie mondiale au XIXe siècle.

II - Histoire de l'Angleterre

Le groupe britannique comprend l'empire britannique proprement dit et quelques états dépendants. La première observation fondamentale à faire au sujet de ce groupe est qu'il ne constitue pas une unité géographique comme le sont plus ou moins tous les autres groupes Les dominions et dépendances britanniques sont éparpillés sur toutes les mers. Leur seul lien est l'océan. L'empire britannique est ainsi basé sur la puissance navale. Et dans un monde de rivalités impérialistes, il ne pourra demeurer une unité qu'à la condition de conserver la suprématie maritime.

C'est avec l'ouverture des routes océaniques, au XVIe siècle, que l'Angleterre commença à devenir une puissance mondiale... au cours du siècle suivant, elle parvint à s'assurer le monopole des transports commerciaux du monde entier. En chaque partie du monde, elle se mit à établir des comptoirs commerciaux et des ports d'escale. Son but était alors de garantir ses routes commerciales, ses longues lignes maritimes le long desquelles ses navires marchands s'avançaient avec leurs cargaisons. Elle n'avait aucun besoin d'extension territoriale : au contraire... Au XVIIIe siècle, de nombreux membres du monde commercial anglais considéraient que deux petites îles des Petites Antilles, étaient plus importantes que le grand Canada. Ceci venait de ce qu'aux jours de la navigation à voile, ces îles des Antilles commandaient la grande route allant d'Europe aux ports américains.

Poussé par les vents alizés, on commençait par faire route du Sud-Ouest jusqu'aux Antilles et, de là, on longeait les côtes, soit vers le nord, soit vers le sud. C'est pourquoi la Jamaïque, les Bermudes et les Barbades furent parmi les premières acquisitions britanniques. Et le cap de Bonne-Espérance, sur une autre route, n'avait d'importance que parce qu'il commandait la route des Indes. Si l'Angleterre acquit, à cette époque, des territoires de quelque étendue, ce fut surtout dans des régions où elle avait besoin de points d'appuis, contre sa rivale la France, comme aux Indes et au Canada, et où pour assurer sa position, elle devait prendre possession de larges espaces. Avec ses colonies nord-américaines — et celles-ci étaient plutôt que des colonies proprement dites, des lieux d'exil pour citoyens indésirables — importantes, car elle en tirait ses matériaux de construction navale, ces territoires enlevés à la France étaient pratiquement les seules possessions territoriales de la Grande-Bretagne à la fin du XIXe siècle.

C'est sur cet ensemble de comptoirs et de ports d'escale, que se développa, au XIXe siècle, l'Empire britannique. De 1800 à 1850, la surface tripla. Et, en 1919, après la grande guerre, il avait de nouveau triplé, atteignant 13 millions 700 000 milles carrés, habités par 475 millions d'humains, plus du quart des terres émergées et de la population du monde. La base de cet énorme accroissement est la grande maîtrise maritime que donna à l'homme l'avènement du navire à vapeur. Les États-Unis et la Russie sont essentiellement des états de voie ferrée. Mais l'empire britannique d'aujourd'hui est, selon le mot de Wells, un empire de bateaux à vapeur. Cependant l'éloignement et l'extrême éparpillement des diverses parties de l'empire amènent une formidable complication dans ses questions intérieures, tant sociales que religieuses, politiques ou commerciales. De plus, un événement ne peut guère se produire en quelque partie du globe sans réagir plus ou moins directement sur quelque intérêt britannique. Et le sort du groupe tout entier dépend de la puissance navale et de la liberté des mers. Tel est son talon d'Achille.

En vérité, la puissance dominante du groupe est, encore aujourd'hui, la Grande-Bretagne.

Après la Révolution industrielle, l'Angleterre ne se contente pas de transporter les marchandises du monde entier. Elle fut elle-même le premier vendeur du monde. Ses navires transportèrent sur les mers son charbon et ses produits manufacturés. Non seulement elle avait de grandes réserves de charbon, mais celles-ci avaient l'avantage d'être situées tout près de la côte. Et, avant l'ère du transport terrestre, cela lui donna une large avance sur les pays à mines continentales. Le zénith de sa puissance est au XIXe siècle. Alors, ses capitalistes, sûrs de la solide possession de ses ressources, de sa flotte, de sa maîtrise de la mer, ne réclamaient que le libre-échange comme condition de l'universelle suprématie britannique.

La population de la Grande-Bretagne se trouvait concentrée dans les régions minières et industrielles. Et elle devint ainsi de plus en plus dépendante des pays d'outre-mer pour son approvisionnement alimentaire. Six pour cent de la population britannique s'occupent de travaux agricoles, alors que la proportion est de quarante pour cent en France et soixante-douze en Russie. Les habitants des îles Britanniques sont serrés en grandes agglomérations. Et leur bien-être est construit avec du charbon, du fer, de l'acier et la liberté des mers »[156] (d'après Bowmann, *The New World*).

On peut, d'après Bowmann faire une classification correcte des diverses parties de l'empire britannique. Ce sont :

1°) Les six « Dominions » à gouvernement autonome : Canada, Australie, Sud- Afrique, Nouvelle-Zélande, Irlande et Terre-Neuve. Ce sont tous des États capitalistes. Et leurs intérêts ne sont pas forcément identiques à ceux de la « mère- patrie ». Sauf en Afrique du Sud, les indigènes sont en minorité. Capitalistes et salariés sont également blancs.

2°) Les « Possessions » comme les Indes, le Soudan, l'Est et l'Ouest africains, la Mésopotamie. Certaines sont appelées « Protectorats », d'autres « Dépendances », d'autres « Territoires sous mandat ». L'Angleterre y gouverne des races indigènes à différents stades de

---

[156] Il pourrait ajouter aujourd'hui : de pétrole.

civilisation. Aux Indes, cependant, le procès d'industrialisation est allé fort loin et a permis le développement d'une classe capitaliste indépendante. C'est ce groupe qui constitue l'empire à proprement parler[157].

3°) Des « bases navales » et des « clefs stratégiques », telles que Gibraltar, Aden, Singapour et Hong-Kong. À ces parties du groupe britannique il faut ajouter, bien qu'ils ne soient pas politiquement intégrés à l'Empire, certains états indépendants, comme le Portugal et les colonies portugaises. Également l'Argentine. Quant aux Indes néerlandaises, elles sont unies à la Grande-Bretagne par la combinaison Royal-Deutsch-Shell, et leurs points de commandes stratégiques sont Singapour et l'Australie, tous deux britanniques. De même la Norvège et le Danemark sont étroitement unis à la Grande-Bretagne par des intérêts navals, comme par leur situation géographique. La Grèce, enfin, a soutenu les intérêts britanniques en Méditerranée et a reçu, en retour, toutes sortes de traitements de faveur.

Les Dominions britanniques sont largement dispersés. Mais il est une vaste région où se trouvent concentrés les principaux intérêts britanniques : c'est l'océan Indien et la grande route qui l'unit à l'Europe.

Il y a quatre siècles, l'océan Indien était un lac portugais. Maintenant, c'est un lac britannique. Les acquisitions territoriales d'après la guerre ont formé le cercle des possessions britanniques autour de ses rives : toute la côte orientale de l'Afrique est maintenant britannique sauf en deux régions, dont l'une est portugaise. Ensuite viennent Aden, sentinelle à la porte de la mer Rouge, puis l'Arabie, le golfe Persique qui conduit en Mésopotamie. Ensuite, c'est l'Inde elle-même, joyau sans prix, parmi toutes les autres possessions, puis la Birmanie et les établissements des détroits, qui conduisent à Hong-Kong et en Indonésie, et enfin en Australie.

Voici donc, tout autour d'un océan, un groupe de territoires qui constituerait à lui seul un empire de premier ordre pour une puissance

---

[157] Depuis 1933, date à laquelle ceci a été écrit, l'Inde a conquis son indépendance politique.

industrielle, étant donné sa richesse en matières premières et son pouvoir d'absorption de produits industriels. Les avantages que constitue cette concentration des intérêts britanniques sont chose évidente tant au point de vue de la sécurité navale qu'à d'autres points de vue. D'autre part, cette concentration est encouragée par la rivalité croissante de l'Amérique dans les sphères atlantique et pacifique. Dans l'océan Indien, au moins, l'Angleterre possède un monopole de fait. Cependant, il est un désavantage évident : c'est la situation de ces territoires à des milliers de milles marins de l'Angleterre, centre industriel et financier du groupe. Le seul lien entre eux est une longue route maritime, dont la maîtrise est d'importance vitale pour l'Angleterre.

Cette voie maritime passe par la Méditerranée, Suez et la mer Rouge. Après quatre siècles d'éclipse, grâce au développement technique qui permet à l'homme de couper l'isthme de Suez, la Méditerranée vient au premier plan de la scène du monde. Et quiconque a saisi l'importance de cette route comprend aisément les grandes lignes directrices de la politique internationale de l'Angleterre. C'est cette route que menaçait le projet allemand d'un chemin de fer Berlin-Bagdad. Ce chemin de fer aurait été une route terrestre joignant le Nord-Ouest de l'Europe aux rives de l'Océan Indien. Aussi, après la guerre, le « règlement » de l'Europe fût-il en partie dicté par le désir de l'Angleterre de chasser un tel projet de la sphère des possibilités politiques. (De là l'agrandissement de la Grèce et le découpage de l'Autriche et de la Turquie en multiples petits états). Tout autant que le pétrole de Perse et de Mésopotamie, c'est le désir de sauvegarder cette route qui fait l'intérêt vital de la Grande-Bretagne, dans toutes les questions du Proche-Orient. Directement ou non, les pays en bordure de cette route doivent être amenés et maintenus sous le contrôle britannique. Qui occupera Constantinople ? C'est une question d'intérêt britannique, puisque Constantinople est l'une des portes de la Méditerranée et que « la voie britannique » passe par cette mer. Et surtout, une indépendance réelle de l'Égypte est chose hors de question, car l'Égypte commande Suez, clef de la route. Et si la Grande-Bretagne permettait à quelque puissance de s'établir en Égypte, ce serait comme si les États-Unis laissaient le Japon s'établir sur une rive du canal de Panama. Dans le monde moderne, les peuples qui aspirent à l'indépendance devraient prendre soin de ne pas vivre en des régions qui commandent les grandes routes commerciales.

III - Le monde après 1919

Les réalités politiques du monde d'après-guerre ne sont pas les États nationaux, mais des groupes d'États dont chacun est dominé par une grande puissance industrielle et qui comprennent chacun un plus ou moins grand nombre de colonies ou de petits États vassaux, dont certains sont indépendants « *de jure* » mais qui, au point de vue économique, c'est-à-dire « *de facto* », sont tous également dépendants de la grande puissance.

Et chacun des grands groupes cherche à se suffire à soi-même, c'est-à-dire à s'assurer la jouissance, directe ou non :

1·) De quantités suffisantes de toutes les matières premières essentielles : charbon, fer, cuivre, pétrole, caoutchouc, coton, blé, etc. ;

2·) De « débouchés commerciaux et de territoires non développés » propres à l'exportation des capitaux ;

3·) Des voies maritimes et terrestres nécessaires au transport et à la répartition des matières premières et des produits.

Nous rappelant que le partage (du monde) n'est pas terminé et qu'il y a encore diverses contrées mineures, nominalement indépendantes, non encore définitivement incorporées à l'un des groupes ; nous rappelant que les limites de chacun des groupes ne sont pas toujours parfaitement nettes et qu'il y a sur leurs lisières un certain nombre de « no man's land », nous pouvons évaluer à cinq le nombre des groupes. Ce sont :

- Le groupe américain ;
- l'empire britannique ;
- le groupe extrême-oriental (Chine et Japon) ;
- le groupe russe ;
- le groupe français (avec l'Europe centrale et l'Afrique du Nord)

Le gouvernement réel de chacun de ces groupes d'États, la Russie exceptée, est un groupe de capitalistes[158].

Ce n'est pas constamment le même groupe, mais c'est à tout moment un groupe de capitalistes qui possède l'influence sur toute la machine gouvernementale, y compris les politiciens qui sont nominalement à la tête des affaires. Ainsi quand nous disons Washington ou le gouvernement des États-Unis nous désignons en réalité la Standard Oil Cy ou le groupe Pierpont Morgan, ou quelque autre partie de Wall Street qui se trouve au moment considéré suffisamment forte ou suffisamment intéressée à une gestion donnée pour dicter la politique de l'Amérique. Ainsi, quand nous parlons de sa politique étrangère, au lieu de dire la France, nous devrions dire le Comité des Forges. Quant au gouvernement britannique, il est, suivant le temps, soit la Royal-Dutch-Shell, soit les grands maîtres de forge, soit les cinq grandes banques et les financiers.

IV - LA RIVALITÉ FRANCO-ALLEMANDE

La base de la puissance de l'Allemagne était en ses grandes réserves de fer et de charbon. Or, le traité de paix céda le fer à la France, au moins pour la plus grande part. Et le besoin incessant de la politique française après la paix fut de s'assurer le contrôle du charbon indispensable au traitement du minerai de fer. Avant la guerre, les grandes mines de Lorraine se trouvaient partagées entre la France et l'Allemagne. L'Allemagne tirait de sa part lorraine, les 75 % de sa production de fer. Elles sont maintenant entièrement françaises. « La France contrôle maintenant le minerai de fer le meilleur marché qui soit en Europe ou qui soit utilisé en Europe. »

Le fait capital de la France de l'après-guerre est que le groupe capitaliste le plus puissant y est le groupe de l'industrie lourde. Ainsi que l'ont répété des écrivains sans nombre, la France d'avant la guerre était surtout une nation de petits propriétaires paysans. Elle se suffisait pratiquement à elle-même, excepté pour le charbon. Pour les Affaires

---

[158] En Russie, c'est un groupe de bureaucrates, préfiguration des « directeurs » de J. Burnham.

étrangères, elle était surtout une nation prêteuse d'argent. Sous forme d'emprunts, elle répandait sur les gouvernements étrangers comme celui du tsar, les économies de ses paysans et de sa petite bourgeoisie. Mais, la nouvelle France, comme la nouvelle Allemagne, est bâtie sur le fondement plus moderne du fer et de l'acier. La politique de la France est aujourd'hui dirigée par les maîtres du fer et de l'acier, par le Comité des Forges et les financiers qui sont derrière. Ces hommes se sont emparés des rênes du pouvoir. L'acquisition de la Lorraine, leur en donna les moyens et l'occasion fut la nécessaire reconstruction du système économique français après l'ébranlement et la dislocation de la guerre. Leur instrument est le militarisme français. Et la passion française de la « sécurité » est le sentiment sur lequel ils se fondent pour obtenir que le peuple soutienne leur principale revendication : l'affaiblissement permanent de l'Allemagne.

Le développement industriel de la France, au sens le plus moderne est une chose qui ne date que d'hier. Il a été retardé par le manque de charbon. Le développement industriel de la France dépendait de la même cause que celui de l'Allemagne. Il a commencé au même moment que ce dernier, au milieu du XIXe siècle. Comme lui, il date du début de la construction des voies ferrées. Mais alors que l'Allemagne e avait beaucoup de charbon, la France en avait peu. Et, à l'exception des gisements du Nord-Est, près de la frontière belge, le peu qu'avait la France était divisé en petites mines répandues en diverses parties du pays.

Ces conditions ne permettaient pas le développement d'une industrie étroitement groupée, basée sur l'utilisation lourde du charbon. Mais elles devaient pousser à un éparpillement des manufactures locales, jamais très grandes, surtout dans les industries où l'on n'use que de petites quantités de combustible. Et c'est ce qui arriva effectivement. La France devint le meilleur exemple de pays à industrie largement éparse, alors que l'Angleterre, l'Allemagne et l'Amérique étaient des pays à industrie hautement concentrée, groupée autour des mines de charbon. (D'après Eckel).

Dans la partie de la Lorraine qui lui fut laissée en 1871, la France possédait de larges réserves de fer. Elle extrayait le minerai en quantités toujours croissantes. Mais elle devait l'exporter, n'ayant pas de coke pour le traiter elle-même. En 1913, elle était le plus grand exportateur de minerai de fer du monde. De sorte que, pour l'industrie de base des temps modernes, elle était vis-à-vis de l'Angleterre, de l'Amérique et de l'Allemagne, comme une simple colonie une simple source de matières premières.

Mais le traité de paix de 1919 fit plus que doubler les réserves de minerai de fer de la France. Allait-elle donc continuer à être un simple exportateur de matières premières ^ Ou ses capitalistes allaient-ils s'engager dans une voie plus profitable, traiter et manufacturer eux-mêmes le fer ? La réponse à cette question dépendait entièrement de la quantité de charbon que la France pourrait contrôler. Et c'est ce facteur qui provoqua la montée d'une vague de pur et simple impérialisme sur le sol européen. Ce furent la saisie de territoires et l'exploitation — au moins la tentative d'exploitation — de leurs ressources sans aucune considération de la volonté de leurs habitants. Le Traité de Versailles avait donné à la France les mines de charbon de la Sarre. Mais la Sarre ne produisait que 15 % du coke qu'employait l'Allemagne pour traiter les minerais de Lorraine. C'est de la Ruhr que venait le gros de ce coke, environ les deux tiers. Et voici la considération vitale qui poussait les maîtres des forges français à saisir ce territoire. C'est qu'il faut plusieurs tonnes de charbon pour traiter une seule tonne de minerai. Il est donc plus économique d'amener le fer au contact du charbon que le charbon au contact du fer. Ainsi d'une part, le fer de Lorraine était presque sans utilité en dehors du coke de la Ruhr, les deux régions sont reliées par des moyens de transport nombreux et bon marché, par voie et par canal. La frontière politique qui les séparait était un anachronisme.

Pour envahir la Ruhr, la France donna comme excuse le désir qu'elle avait de faire pression sur l'Allemagne pour l'amener à payer ses dettes des « Réparations ». Mais l'occupation avait évidemment besoin d'une base plus permanente. D'où le projet d'une République rhénane. État tampon « indépendant » qui devait comprendre les régions les plus hautement industrialisées de l'Allemagne, et qui aurait été, à la vérité, aussi indépendant de la France que la République de Panama peut l'être des États-Unis d'Amérique. Maîtres du minerai de Lorraine et du coke de la Ruhr, les maîtres de Forges français devaient ainsi apparaître comme les véritables vainqueurs de la grande guerre. Mais ce plan ne put être réalisé. L'Angleterre et l'Amérique derniers alliés de la France, n'étaient pas décidés à voir une si large part des dépouilles de la victoire aller aux maîtres de l'industrie lourde française. Ils intervinrent et imposèrent à l'Allemagne un joug économique connu sous le nom de plan Dawes et de plan Young. Ces plans devaient leur assurer, tout aussi bien qu'à la France, le paiement d'un tribut, ce qui entraînait dans une certaine mesure l'encouragement de l'industrie allemande. Dès lors, la politique française fut d'exiger que l'Allemagne paie jusqu'au dernier gramme de sa « livre de chair » et de l'empêcher par mille manières de se développer librement et pleinement comme un État indépendant.

[...]

Pour maintenir l'Allemagne en état de faiblesse, il fallait entre autres choses l'entourer d'États hostiles et unis eux-mêmes à la France par des liens économiques et politiques aussi étroits que possible. Sur la frontière est de l'Allemagne, il y a la Pologne occupant de larges surfaces du territoire allemand d'avant-guerre. Elle devint très rapidement une sphère d'influence française. La France conclut des traités avec la Tchécoslovaquie en 1924, avec la Roumanie en 1927, et avec la Yougoslavie la même année. Elle combattit amèrement la proposition d'unir l'Autriche à l'Allemagne, et ses financiers ont, depuis lors, fait de l'Autriche un État à peu près vassal. La barrière autour de l'Allemagne est ainsi complète et une chaîne d'alliances assure la domination de la France sur la plus grande part de l'Europe centrale, de la Baltique à l'Adriatique.

Et J.-F. Horrabin ajoute ceci, qui était prophétique à l'époque :

La Belgique aussi fait partie du groupe français. Par ses réserves de charbon, elle en est une part fort importante. Aussi longtemps que l'Europe consista en une demi-douzaine de puissances rivales, approximativement égales, la Belgique s'assura une sorte d'indépendance en se consacrant à la neutralité permanente. Mais, lorsque, comme aujourd'hui, le développement économique a conduit à l'hégémonie une seule puissance, un État comme la Belgique est obligé de devenir satellite de cette puissance, surtout quand elle est son plus proche voisin.

L'Empire des mers... Si J.-F. Horrabin reprenait aujourd'hui son raisonnement, il aurait seulement à montrer que :

1°) L'Océan Atlantique et le Pacifique sont appelés à jouer prochainement, alternativement ou conjointement, le rôle que la Méditerranée a joué jusqu'au 15e siècle ;

2°) Les centres nerveux de cet empire sont en train de se déplacer de Londres et de Tokyo (il ne faut pas négliger que le Japon est l'Angleterre de l'Extrême- Orient) vers Washington ;

3°) L'Amérique est arrivée à un stade de développement économique et à un potentiel de rayonnement qui la désignent pour prendre le relais de l'Angleterre ;

4°) Le pôle des réactions continentales est en passe de ne plus être ni Paris, ni Berlin, mais Moscou et là est le danger pour l'Europe.

5·) L'empire médian n'est plus européen, mais indo-africain et il se constituera en brisant l'étreinte du colonialisme dont le temps est révolu. Avec la Chine, il sera l'objet des convoitises des deux compétiteurs et il est appelé à osciller plus ou moins partiellement de l'un à l'autre. Dans la conjoncture actuelle, le mouvement des peuples colonisés arrivant aux notions d'État, de Nation et de Patrie dont il est le théâtre et que contrarient stupidement les métropoles bénéficiaires du colonialisme, incline dangereusement cet empire médian vers Moscou.

Double problème donc : celui de l'empire médian du monde et celui de l'empire médian d'Europe, l'antique Mitteleuropa. Et il semble bien que si nous voulons résoudre le premier en évitant un troisième conflit mondial, il faut d'abord et de toute urgence résoudre d'abord le second : l'Europe.

Ici, on me permettra encore de citer un texte emprunté à un autre historien, français celui-ci, Léon Émery qui publiait entre les deux guerres les célèbres *Feuilles libres* périodique pacifiste dont les thèses, quoique plus axées sur l'histoire que sur l'économie politique rejoignaient celles de J.-F. Horrabin[159]. Voici ce que, dans *Les Cahiers Libres* (n° du 1er octobre 1951) périodique qui a pris sous sa direction la suite de *Feuilles Libres* depuis la fin de la guerre, disait Léon Émery :

> Il semble que l'Europe, depuis plusieurs siècles, ait tendance à se définir par une division tripartite. À l'Ouest, sur les rivages atlantiques, il faut qu'existe une puissance maritime formant liaison avec les autres continents ; à son contact et plus à l'Est, on voit se former, mourir, renaître, un empire continental qui cherche son équilibre du Tibre à la Flandre, de la Seine à l'Elbe ; enfin, et plus à l'Est encore il se heurte à un vaste et confus État eurasiatique qui, en toute rigueur ne fait pas partie de l'Europe, puisqu'il ne participa point à ses diverses expériences culturelles et ignore, en ses profondeurs, l'essentiel de nos traditions.
>
> L'Histoire, familière entre toutes, de Napoléon Ier, permet ici d'abréger. On sait comment il constitua un empire composite où les états satellites, assimilés par la conquête, formaient ceinture autour de la France et comment il fut enfin vaincu par la double résistance de la mer britannique et de la steppe russe. Plus près de nous, l'empire bismarckien, habilement construit au prix de guerres limitées, et qui se flattait de transférer de Paris à Berlin le centre de gravité de l'Europe put durer et même s'arroger un rôle arbitral tant qu'il évita soigneusement de se heurter à la Russie et à l'Angleterre, mais, dès que l'Allemagne wilhelmienne voulut se lancer à son tour dans la grande compétition navale et coloniale, elle fit ressurgir la conjonction qui avait détruit l'œuvre napoléonienne et, à son tour, succomba. La tentative de Hitler donne au retour des événements un caractère fatidique vraiment hallucinant. Sa signification historique vient, en effet, de ce que Hitler voulut interjeter appel contre les décisions du sort qu'il s'obstinait à expliquer, non par des causes profondes, mais par la trahison et l'impéritie. Il voulut réaliser un miracle de la volonté, violenter les hommes, les choses et le rythme du temps ; il créa, lui aussi, par l'intrigue, la diplomatie et la conquête, un empire médian qui, pour quelques mois, s'étendit de l'Atlantique à la Volga. Mais, après avoir juré qu'il ne retomberait pas dans les erreurs de ses devanciers, il ne put éviter d'être pris et

---

[159] Publie aujourd'hui *Les Cahiers Libres*, 16, rue Jeanne-d'Arc, à Nîmes (Gard).

broyé entre les deux mâchoires de l'étau. Assistons-nous donc à une tragédie eschylienne ?

Les causes profondes dont parle Léon Émery, sont celles que met en évidence J.-F. Horrabin.

Et cette tragédie eschylienne qu'il ramène à l'échelle de l'Europe est, à l'échelle du monde, celle des migrations humaines et du déplacement des centres de la Civilisation. C'est le problème éternellement évoqué et toujours obscur, des invasions qui se faisaient jadis en ordre dispersé et qui se font maintenant en ordre concerté, à partir de bases d'appui qui sont des États ou des groupes d'États solidement organisés, suivant une technique minutieusement mise au point.

Ainsi arraché aux sentiers battus par le dieu Mars et circonscrit par les deux textes juxtaposés de J.-F. Horrabin et L. Émery qui se complètent si harmonieusement, le problème de l'Europe au XXIe siècle se ramène à la recherche d'une structure économique et une politique des migrations humaines susceptibles de neutraliser la grande migration slave aujourd'hui, et demain peut-être, la grande migration jaune qui déjà se dessine et menace.

Par quoi l'on voit que la solution du vrai problème se situe assez loin et très au-dessus, aussi bien, des petites combinaisons de Versailles que de la macabre parodie de justice de Nuremberg.

APPENDICE I : REQUÊTE COLLECTIVE PRÉSENTÉE PAR LA DÉFENSE LE 19 NOVEMBRE 1945[160]

Les deux effroyables guerres mondiales, ces conflits gigantesques qui ont violé la paix entre États et soulevé le monde, ont eu pour conséquence, la constance, chez les peuples torturés, que la réalisation d'un ordre réel entre États n'est pas possible tant que l'un d'eux, en vertu de sa souveraineté, a le droit de déclencher une guerre à tout moment et à tout propos. Pendant les dix dernières années, l'opinion publique mondiale repoussa avec de plus en plus d'énergie l'idée selon laquelle la décision de déclencher une guerre dépassait la notion de bien et de mal. Elle distingue entre les guerres justes et injustes, et exige que la communauté des États demande à celui qui entreprend une guerre injuste de rendre des comptes et lui dénie, s'il est victorieux, les fruits de son outrage. Bien plus, on réclame que, non seulement, l'État coupable soit condamné, et sa responsabilité démontrée mais encore que les hommes responsables du déclenchement d'une guerre injuste soient jugés et condamnés par un Tribunal International. Eu égard à ces considérations, on va, de nos jours, plus avant que ne l'ont jamais fait les juristes les plus sévères du début du Moyen-Âge. Cette pensée est le fondement du premier des trois points de l'Acte d'accusation soulevés dans ce Procès, en l'espèce l'accusation du chef de crimes contre la Paix. L'humanité insiste pour que cette idée soit, dans l'avenir, plus qu'une exigence : une règle viable du Droit International.

Ce n'est pas encore de nos jours, cependant, une règle vivante du Droit International.

Cette idée n'a été réalisée, ni dans le statut de la Société des Nations

---

[160] Le Tribunal a rejeté cette requête le 21 novembre 1945, motif pris de ce que, dans la mesure où elle mettait en question la compétence du Tribunal, elle se trouvait en contradiction avec l'article 3 du Statut.

organisation mondiale contre la guerre, ni dans le pacte Briand-Kellog, pas plus que dans l'un quelconque des traités conclus après 1918 au cours de cette première vague d'efforts dont le but était de bannir la guerre d'agression. Mais jusqu'au tout dernier moment, la ligne de conduite de la Société des Nations est restée sans équivoque à cet égard. À plusieurs reprises, la Société des Nations eut à décider de la légalité ou de l'illégitimité de l'emploi de la force par l'un de ses membres. Mais, si elle a toujours condamné ce recours à la force comme une faute de l'État à l'encontre du Droit international, jamais elle n'a eu la pensée d'en rendre responsables les hommes d'État, généraux et industriels de cet État qui avait recouru à la force, et encore moins, de les traduire devant une juridiction répressive internationale. Et lorsque fut établie l'été dernier, à San Francisco, la nouvelle organisation pour la paix mondiale, aucun principe juridique ne fut élaboré, aux termes duquel un tribunal international infligerait dans l'avenir, un châtiment aux hommes responsables du déclenchement d'une guerre injuste.

Le Procès ne peut donc pas, autant que puissent être punis les crimes contre la Paix, invoquer un droit international en vigueur : c'est bien plutôt une procédure fondée sur un droit pénal nouveau sur une règle répressive instituée après le crime. Cela répugne au principe de jurisprudence sacré aux yeux du monde civilisé, et dont la violation partielle par l'Allemagne hitlérienne a été fort blâmée, à l'intérieur comme à l'extérieur du Reich. C'est celui-ci : seul peut être puni celui qui contrevient à une règle répressive préexistant à l'acte. Cette maxime appartient aux grands principes fondamentaux du système politique des Signataires du Statut de ce Tribunal : l'Angleterre, depuis le Moyen-Âge, les États-Unis depuis leur création, la France depuis sa grande Révolution, et l'Union Soviétique. Et, lorsque récemment le Conseil de Contrôle pour l'Allemagne prit la décision d'assurer le retour à une juste application du droit pénal en Allemagne, il décréta en premier lieu la restauration de la maxime « Nul ne sera puni sans une règle pénale en vigueur au moment de l'accomplissement de l'acte ». Cette maxime n'est pas précisément une règle d'opportunité, mais elle découle de la reconnaissance du fait que tout accusé peut se considérer comme injustement traité s'il est puni par un droit postérieur à la commission de ses actes.

Les avocats de tous les accusés présents négligeraient leur devoir s'ils acceptaient silencieusement l'abandon du Droit international en vigueur et le retrait d'un principe universellement reconnu par la jurisprudence criminelle moderne, et étouffaient les scrupules exprimés ouvertement aujourd'hui, et cela, même en dehors des frontières de l'Allemagne. D'autant plus que la Défense est unanimement convaincue que ce Procès pourra servir hautement au progrès de l'Ordre mondial, à condition qu'il ne s'éloigne pas du Droit international en vigueur. Là, en particulier, où l'accusation vise des faits qui, lorsqu'ils ont été accomplis, n'étaient pas punissables, le Tribunal devrait se borner à en faire une mention générale et à constater ensuite ce qui a été commis : la Défense, en véritable auxiliaire du Tribunal, lui apportera sa collaboration la plus totale. Sous le poids de ces déclarations du Tribunal, les États de la communauté internationale, d'un commun accord, institueraient alors un droit nouveau, selon lequel celui qui, dans m'avenir, se rendrait coupable du déclenchement d'une guerre injuste, serait menacé d'un châtiment par le Tribunal international.

Les avocats estiment aussi que d'autres principes de caractère pénal contenus dans le Statut sont en contradiction avec la maxime « Nulla pœna sine lege ».

Enfin, les avocats considèrent de leur devoir de mettre en lumière une autre particularité de ce Procès qui s'écarte des principes communément reconnus, par la jurisprudence pénale moderne. Les juges ont été exclusivement désignés par les États ayant formé l'un des partis belligérants. Celui-ci est tout en un : créateur du Statut du Tribunal et des règles de droit, procureur et juge. La conviction juridique commune voulait qu'il n'en fût pas ainsi. De même, Les États-Unis d'Amérique, en tant que champions de l'institution d'une juridiction et d'un arbitrage internationaux, ont toujours réclamé que des neutres, amenés par des représentants des parties en cause, occupassent le siège des juges. Ce principe a été réalisé d'une façon exemplaire par la Cour permanente de Justice Internationale de La Haye.

En considération des difficultés soulevées par la complexité de ces questions de droit, la Défense dépose la requête :

Que le Tribunal pourrait puiser dans les avis émanant de spécialistes universellement réputés en matière de droit international les bases juridiques de ce Procès fondé sur le Statut du Tribunal.

Au nom des avocats de tous les accusés présents :

Signé Dr STAHMER

APPENDICE II : LE DOCUMENT GERSTEIN

(PS. 1553. R.F. 3503 Refusé à Nuremberg)

« Le troisième camp d'extermination dont il a été question (à l'audience du 6 juin du procès Eichmann), celui de Belzec, entre Lublin et Lemberg, n'a laissé qu'un seul survivant au lendemain de la guerre, lequel est mort depuis. Le ministère public s'appuie sur une série de dépositions faites devant les officiers alliés par Kurt Gerstein, lieutenant[161] du service de santé des Waffen SS, qui se pendit ensuite dans une prison militaire de Paris. Gerstein avait été chargé par Eichmann d'étudier des poisons plus rapides. »

(« *Le Figaro* », 7 juin 1961).

Dans les tout premiers jours de mai 1945 (à ma connaissance la date exacte n'a jamais été donnée) les troupes françaises entrant dans Rottweil (Wurtemberg) firent prisonnier un certain Kurt Gerstein : il portait l'uniforme des SS. à tête de mort et, sur l'uniforme, l'épaulette d'*Obersturmführer* (commandant). Sans doute est-ce la raison l'affirmer serait cependant téméraire pour laquelle, au lieu de le traiter comme le commun des autres officiers, on l'achemina sur Paris où il fut « bouclé » au Cherche-Midi. Un matin de juillet qui suivit, on le trouva mort dans sa cellule : il s'était suicidé pendant la nuit. Quel matin ? On ne l'a non plus jamais dit (à ma connaissance toujours) et pas davantage par quel moyen il s'était donné la mort.

Sur le moment d'ailleurs, cet événement ne semble avoir été rendu public par personne.

C'est seulement le 30 janvier 1946 que quelques indiscrets de marque commencèrent à en parler. Le premier et le plus notoire de ces indiscrets fut M. Dubost, procureur français près le Tribunal de Nuremberg : dans les archives de la délégation américaine, il avait

---

[161] Erreur du journaliste sur le grade

découvert un certain nombre de factures de Cyclon B fourni aux camps de concentration d'Auschwitz et d'Orianenburg par la Degesch Gesellschaft de Frankfurt/M annexées à un récit en français portant la signature de Kurt Gerstein et daté de Rottweill le 4 mai 1945.

D'où il faut déjà conclure que les Français qui avaient trouvé l'homme, s'ils avaient flairé qu'il s'agissait d'un personnage important, n'avaient pas trouvé les documents, c'est-à-dire que, contrairement à un usage assez courant cependant, l'un ne portait pas les autres. Comment les Américains les ont trouvés, on ne l'a jamais su et, maintenant, on ne le saura vraisemblablement jamais plus. Les Américains, d'ailleurs, ne s'étaient pas aperçus, eux, de l'importance de ces documents et ils ne les avaient pas jugés dignes d'être produits comme preuve contre les accusés devant le Tribunal.

Heureusement, M. Dubost était là : le 30 janvier 1946, il les sortit de sa serviette et les déposa sous la référence PS 1553 - RF 350.

Et voici ce qui arriva...

Mais d'abord, qui était Kurt Gerstein ?

À cette première question, la lecture des quarante-deux volumes du compte rendu du Procès de Nuremberg ne permet pas de répondre : pour des raisons que le lecteur ne tardera pas à comprendre, le Tribunal, en effet, n'a voulu entendre parler ni de Kurt Gerstein ni de son récit : de la liasse de documents produits par M. Dubost, il n'a retenu que deux factures à la date du 30 avril 1944, de chacune 555 kg de Cyclon B, l'une pour Auschwitz, l'autre pour Orianenburg.

Le lendemain, 31 janvier 1946, cependant, les journaux du monde entier reproduisaient sans sourciller et chacun à sa manière, le récit de Kurt Gerstein, dont la lecture avait été refusée à l'audience et dans une forme telle que personne ne pouvait douter de son authenticité et de son admission comme preuve par le Tribunal.

C'est de cette « offensive de presse » que date l'exploitation qu'ont faite de ce document depuis quinze ans gagne sa vie comme on peut ! ces historiens éminents sortis de l'École Normale Supérieure de la Rue de la Libération *sic* (Fondateur : le père Loriquet) que sont M. Poliakov (*Le Bréviaire de la Haine* : quel joli titre !) et quelques autres comme les

Allemands (bons teints, bien sûr !) H. Krauschnik (*Documentation sur l'extermination par les gaz*), J.-J. Heydecker et J. Leeb (*Le Procès de Nuremberg*), Gerhardt Schoenberner (*L'Étoile jaune*), etc., etc. (On m'excusera, je n'ai lu que ceux-là et on ne peut pas tout lire, surtout dans ce genre de littérature !) qui font actuellement leurs choux-gras du Procès Eichmann. Après une année de publicité autour de ce dernier procès on les voit, en effet, tous les uns après les autres, remonter au premier plan de l'actualité comme la lie sur les fonds de tonneaux difficilement, il est vrai, car nous ne sommes plus en 1946 et l'opinion est heureusement un peu plus difficile. Bref...

Autant que l'on puisse déduire des écrits de ces brillants historiens, Kurt Gerstein était un ingénieur-chimiste. En 1938, il eut maille à partir avec la Gestapo et fut interné au camp de concentration de Welzheim. Comment il réussit à en sortir, on ne le sait pas. Toujours est-il qu'en 1941, on le retrouve dans la SS. (où il s'est engagé, dit-il, pour saboter de l'intérieur l'œuvre d'extermination !) et, en 1942, dans les Waffen-SS. avec le grade d'*Obersturmführer*, à la « section hygiène » (*Abt. der Entwesung und der Entseuchung*) du service sanitaire central (*Hauptamt des Sanitätdienste*). En cette qualité, il était chargé de recevoir les commandes de Cyclon B utilisé comme désinfectant par la Reichswehr depuis 1924, puis par la Wehrmacht qui n'avaient pas la chance de connaître le D D.T. Ces commandes, il les transmettait avec ordre de livrer à la Degesch Gesellschaft de Frankfurt/M. ou à sa filiale, la Testa de Hambourg. Et naturellement, il recevait les factures...

Les faits qu'il raconte — qu'on trouve dans le récit qui lui est attribué, serait plus exact —[162] se situent en 1942.

Le 8 juin de cette année-là donc, il reçut dans son bureau le SS. Sturmführer Gunther qui lui dit avoir un besoin urgent de 100 kg de Cyclon B pour les conduire dans un lieu que seul le chauffeur du camion devait connaître.

---

[162] Ce récit n'a été trouvé par M. Dubost, dans les circonstances que j'ai dites qu'APRÈS la mort de Gerstein. Et ce qui est plus troublant encore, il est écrit en français à Rottwell (Allemagne) par un Allemand : l'eût-il écrit en français au Cherche-Midi qu'à la rigueur on le pourrait admettre. Mais en Allemagne !... Un francophile sûrement, cet Obersturmführer S.S. à tête de mort !...

Quelques semaines après, le chauffeur du camion en question se présente accompagné de Gunther : on charge les 100 kg de Cyclon B, on embarque Gerstein et on part pour Prague d'abord, pour Lublin ensuite où l'on arrive le 17 août. Le même jour, on rencontre le *Gruppenführer* (général) Globocnick chargé de l'extermination des juifs dans le Warthegau et qui n'a encore trouvé d'autre moyen de conduire sa tâche à bien que le gaz d'échappement des moteurs Diesel (!!) qu'il fait arriver dans des chambres spécialement aménagées à cet effet.

Naturellement, le *Gruppenführer* qui a le sens de la logique commence par raconter. Dans sa région, il existe trois installations pour exterminer les juifs au gaz de Diesel : Belzec, d'abord (sur la route de Lublin à Lwow) avec une capacité de 15.000 personnes par jour ; Sobibor (il ne sait pas exactement où ça se trouve !) avec une capacité de 20 000 personnes par jour ; Treblinka (à 120 km au N.-N. E. de Varsovie, sans indication de capacité d'après M. Poliakov, mais MM. Heydecker et Leeb précisent : 20 000 personnes par jour, car ce singulier document ne parle pas le même langage aux uns et aux autres !) Une quatrième installation, Maïdanek, est en préparation, mais aucune indication n'est donnée par personne, ni sur sa situation, ni sur la capacité prévue). Pour être complet sur ce point, il faut dire que, dans *L'Étoile jaune* (édition allemande) de M. Gerhardt Schoenberner, cette partie du document n'est pas reproduite : sans doute s'agit-il encore d'une autre méthode historique (!) Citant cependant ces quatre localités, M. Gerhardt Schoenberner met sous la plume de Gerstein une capacité totale de 9 000 personnes par jour pour les quatre installations (!).

Du *Bréviaire de la Haine* de M. Poliakov et de la *Documentation sur l'Extermination par les gaz* de M. Krauschnick, on déduit encore que le Führer était à Lublin l'avant-veille, 15 août, avec Himmler et qu'ils ont « ordonné d'accélérer toute l'action ». Mais cette partie du document n'est reproduite, ni dans *L'Étoile Jaune* de Schoenberner, ni dans *Le Procès de Nuremberg* de MM. Heydecker et Leeb.

Enfin, Globocnick met toujours d'après ces deux auteurs seulement

Kurt Gerstein au courant de sa mission : améliorer le service des chambres à gaz, notamment au moyen d'un gaz plus toxique et d'un usage moins compliqué.

Puis on se quitte après avoir décidé d'aller sur place, à Belzec, le lendemain. Et après avoir dit ce qu'on lui a raconté, Gerstein raconte ce qu'il a vu...

En arrivant à Belzec le 18 août, M. Kurt Gerstein a commencé par visiter le camp sous la conduite d'une personne que Globocnick met à sa disposition. M. Poliakov n'a pas pu lire le nom de cette personne. Mais, en s'appliquant un peu, il a cru déceler « Wirth » : plus heureux que lui, M. Schoenberner a pu lire clairement « SS. Hauptsturmführer Obermeyer de Pirmasens », le malheur étant seulement que, quand il parle du SS. Wirth, qui est une autre personne que celle dont parle M. Poliakov, il lui colle le grade de « Hauptmann » qui... n'a jamais existé dans la S.S. !...

Quoiqu'il en soit, au cours de cette visite, il a vu les chambres à gaz opérant au gaz d'échappement de Diesel et il les a mesurées : 5x5 = 25 m^2 de superficie, 1,90 m de hauteur = 45 m^3, calcule-t-il : on ne dira rien pour les 2,5 m^3 d'erreur. MM. Krauschnick, Heydecker, Leeb et Schoenberner n'ont d'ailleurs rien dit non plus. Plus soucieux de la vraisemblance, M. Poliakov a corrigé le document (comme on a l'honneur de vous le dire !) : 93 m^2 de superficie, a-t-il évalué (*Bréviaire de la Haine*, p. 223, deuxième édition. Je n'ai pas lu la première !) sans autres indications et c'était plus prudent.

Mais, comme il a eu raison de corriger le document ! Dans la suite, Kurt Gerstein raconte, en effet, que, le lendemain 19 août, il a vu les chambres à gaz quatre, disent les uns, dix protestent les autres en action :

Au petit jour, un train de juifs de 6 700 personnes — 6 000 a lu M. Poliakov — hommes, femmes, enfants, contenues dans 45 wagons (entre 148 et 150 personnes par wagon donc, et pour ceux qui connaissent les wagons polonais de marchandises, la bonne mesure) arrive de Lemberg en gare de Belzec située en bordure même du camp...

200 Ukrainiens, cravache de cuir à la main, se ruent sur les portières,

les arrachent (!) et font descendre tout le monde sous la protection d'autres Ukrainiens, fusil chargé à la main... Le « Hauptmann de la SS » Wirth dirige la manœuvre, assisté de quelques-uns de ses SS... Se déshabiller complètement, se faire couper les cheveux après avoir remis les valeurs et en route pour les chambres à gaz.

« Les chambres s'emplissent. Bien se serrer, a ordonné le « Hauptmann » Wirth. Mes gens se tiennent sur la pointe des pieds : 700 à 800 sur 25 m^2 en 45 m^3. Le S.S. bourre autant qu'il peut. Les portes se ferment », dit M. Schoenberner dans *L'Étoile jaune* ; mais, au style près, les autres disent la même chose, à l'exception de Poliakov qui tient à ses 93 m^2 de superficie.

Où tout le monde est d'accord, par contre, c'est sur la durée de l'opération mesurée par Gerstein, chronomètre en main : d'abord les 700 à 800 personnes entassées dans les chambres à gaz ont dû attendre 2 heures et 49 minutes que le moteur Diesel consente à se mettre en marche, après quoi il a fallu encore 32 minutes pour que tout le monde soit mort. Chronomètre en mains, je le répète.

C'est cette histoire macabrement rocambolesque que M. Dubost pas n'importe qui : un procureur et sans doute réputé puisqu'il a été choisi parmi tous ses pairs pour représenter la France à Nuremberg a voulu faire admettre par le Tribunal International le 30 janvier 1946.

Le Tribunal n'a pas marché : rendons à César... En précisant toutefois que, pour qu'il n'ait pas marché, il fallait que ce soit un peu gros, car, en d'autres circonstances, il a avalé, apparemment sans sourciller, bien d'autres couleuvres de cette taille.

Il n'empêche que, le lendemain 31 janvier 1946, la presse mondiale a présenté l'histoire à dormir debout et à pleurer en dormant de ce Kurt Gerstein comme un document authentique et indiscutable.

Aujourd'hui encore quinze ans après ! des hommes qui prétendent au titre d'historien osent encore la présenter comme authentique et indiscutable dans des livres et n'en perdent pas pour autant l'estime et la faveur de la presse mondiale.

Et il en a encore été fait état au Procès Eichmann.

Il est vrai qu'il ne faut s'étonner de rien. À ce procès Eichmann, les juges ont accepté pour vrais à longueur de journée, des récits de gens qui ont vu de leurs yeux vu en action les chambres à gaz de Bergen-Belsen desquelles il n'est pas jusqu'à l'*Institut für Zeitgeschichte* de Munich, parangon du résistantialisme mondial qui n'ait convenu qu'elles... n'avaient jamais existé.

Comme s'il n'y avait pas assez de ce qui s'est réellement produit pour accabler le nazisme.

Tous les jours, avec des tremolos dans la plume, la grande presse s'étonne de la renaissance du nazisme, du racisme et de l'antisémitisme entre lesquels d'ailleurs elle ne fait pas de différence. Ce qui m'étonne, moi, c'est que les tripatouillages de textes des Poliakov et Cie n'aient jusqu'à ce jour, pas réussi à donner plus de virulence encore, au moins au racisme et à l'antisémitisme antijuifs.

Car ils n'ont rien négligé pour.

APPENDICE III :
LE DOCUMENT KASZTNER

Au paragraphe D du chapitre II de cet ouvrage (Crimes contre l'humanité) il a été question du document Kasztner (Rapport du Dr Rezso Kasztner, président du Comité pour le salut des juifs de Budapest de 1942 à 1945) qui raconte dans ses moindres détails la déportation des juifs hongrois (1944) et qui fut utilisé par l'avocat du *Standartenführer* (colonel) Kurt Becher pour sa défense à l'un des treize procès de Nuremberg. Grâce à ce rapport, qui l'innocentait, ce Kurt Becher qui semble bien avoir été le supérieur direct d'Eichmann (lequel n'était que lieutenant-colonel), le grand maître et le grand responsable devant Himmler des opérations de déportation en Hongrie fut acquitté.

Sioniste convaincu, le Dr Kasztner s'installa en Israël au lendemain de la guerre et il y devint rapidement un membre influent du Mapaï, parti de M. Ben Gourion. En 1954, au titre de président du Comité de Budapest sous l'occupation allemande, il fut accusé par un autre Hongrois qui était, lui aussi venu s'établir en Israël où il exerçait la profession de journaliste au service du parti religieux conservateur, (que toutes les autres formations politiques d'Israël traitent de fasciste et accusent d'avoir des accointances avec les partis néofascistes) de s'être vendu au nazisme pour sauver sa famille grâce au convoi de Bergen-Belsen (on était donc sauvé quand on était envoyé à Bergen-Belsen ? Mais alors, les chambres à gaz ?) de s'être fait pourvoyeur de la Gestapo avec laquelle, au surplus, il partageait les biens des Juifs pillés avant d'être déportés, etc., etc. Et, parce que son rapport sur l'activité du Comité de Budapest avait été produit à décharge en faveur de Becher et avait effectivement permis son acquittement, le journaliste en question accusait en outre Kasztner d'avoir été partisan de la dénazification d'un « criminel de guerre avec qui il avait fait des affaires ».

Kasztner attaqua son accusateur en diffamation. Le Procès se déroula à Jérusalem en 1955 et il prit des dimensions inattendues : 73 séances, 2 000 pages de débats le pays en émoi, une lutte des partis à couteaux tirés, les bases mêmes de l'État en tremblèrent Le jugement reconnut que toutes les accusations du journaliste étaient fondées à l'exception d'une seule (association avec les nazis en vue du pillage des victimes) et il l'acquitta. C'était la condamnation de Kasztner et le parti de M Ben Gourion auquel il appartenait en entra dans les voies de la déconsidération : aux élections législatives qui suivirent, il perdit un nombre appréciable de voix et de sièges, bien qu'il gardât encore la majorité absolue.

Il fallait donc renverser la situation pour celles qui suivraient : Kasztner fit appel et le procès vint en cassation devant le tribunal suprême le 20 janvier 1957 Il fut la répétition du premier en pis... Influencé ou non par le gouvernement de M Ben Gourion contre lequel un courant d'opinion hostile nourri par les débats s'amplifiait en se précisant, le Tribunal suprême laissa tout de suite percer sa conviction qu'il était nécessaire de condamner le journaliste pour parer au danger de mise en minorité à terme de M. Ben Gourion, et l'opinion ne s'émut que davantage de cette attitude. Le 5 mars 1957, deux mois après l'ouverture du procès, les débats menaçant de traîner longtemps encore et de mettre dans l'État un désordre annonciateur de catastrophes, en sortant de la 44e audience, sur les marches mêmes du palais de Justice, Kasztner fut grièvement blessé par un terroriste dont la main avait été armée par les violences de langage et peut-être aussi l'aide matérielle de l'extrême-droite, de la droite et de l'extrême-gauche tacitement associées contre Ben Gourion. Il mourut quelques jours après.

Le procès se termina ainsi au grand soulagement de tout le monde : l'assassin de Kasztner ne fut pas autrement inquiété. En août 1958, Kasztner fut réhabilité par un jugement qui ne condamnait pas son accusateur. Et dans une atmosphère sinon d'unité nationale retrouvée, du moins purgée par ce « jugement de Salomon » de ses miasmes les plus empoisonnés, on ne parla plus de l'affaire. Dans le but de ne pas ressusciter la discorde, on tomba de part et d'autre aisément d'accord, sur la nécessité qu'il y avait dans l'intérêt de l'État de ne pas rendre public le *Rapport Kasztner*, c'est-à-dire de ne le pas mettre en librairie.

Vint le procès Eichmann : pour innocenter Becher, Kasztner avait fait retomber sur celui-ci toutes les responsabilités de la déportation et de ses horreurs en Hongrie. Il devenait alors un témoin principal : en accord avec le gouvernement israélien, ses ayants-droits publièrent donc son rapport, chez Kindler à Munich, avec une préface du professeur Carlo Schmid, député socialiste au Bundestag. Il ne fallait rien négliger pour justifier aux yeux de l'opinion mondiale la condamnation d'Eichmann. Mais, tel qu'il était, le *Rapport Kasztner* pouvait être utilisé par un avocat habile pour innocenter Eichmann en ce qu'il semait le doute expressément sur la version officielle relative au traitement des juifs dans les camps de concentration et, notamment, sur la matérialité des exterminations par les gaz mises au compte du camp d'Auschwitz. Il fallait donc le modifier quelque peu : on ne recula pas devant le procédé.

En comparant l'édition Kindler avec l'original dont j'ai réussi, en employant des ruses de Sioux, à prendre connaissance, j'ai relevé de nombreuses sollicitations par falsification ou suppression des textes et j'en ai cité deux à titre d'exemples :

1. La suppression d'une lettre écrite le 24 mai 1944 par 6 juifs déportés au camp de Theresienstadt et dont les assertions relatives au traitement des internés ne concordent, ni avec tout ce qui a été dit jusqu'ici sur ce camp par ceux qui en étaient revenus, ni avec ce que certains « témoins » à charge sont encore venus déclarer à la barre du Tribunal de Jérusalem, au cours du procès Eichmann ;

2. La falsification d'un passage relatif aux chambres à gaz d'Auschwitz dont j'ai cité la version originale et la version rendue publique : on trouvera ci-après, les photocopies de l'une et de l'autre ;

Les deux documents originaux étant naturellement rédigés en langue allemande, on trouvera, en regard, leur traduction en langue française.

Lettre d'un groupe de juifs internés au camp de Therensienstadt

THERESIENSTADT 23 mai 1944

Lieber Chaver,

mit herslichem Dank beetätigen wir Ihr Schreiben von 8.ds.Ets. Mit grosser Freude benutzen vir die Gelegenheit, Ihnenn zu entworten und Sie zu bitten, allen Freunden Grüsse zu bestellen und dafür zu danken, dass sie sich unserer annehesn. Wir dürfen davon ausgeben, da Sie auch dessen in Ihren Brief Erwähnung tun, dass die zahlreichen Sendungen aus Lissabon und Istanbu ein Werk unserer Freunde sind. Auch die Freunde sus Wien, die hier mit uns zusammenleben, haben Sendungen aus den genannten Orten erhalten. Wann unsere Verpflegsituation auch durcaus geordnet ist und zu keinerlei Serge Anlass gibt, so freuen und doch diese Sendungen inner wieder, weil wir sir als ein Zeichen Ihrer Freundschaft anschen.

In Theresuenstadr ist eine richtige jüdische Stadt entstanden, in der alle Arbeiten von Juden besorgtr werden, von der Strassenreinigung angefangen bis zu einem modernen Gesundheitswesen mit Krankenhaäusern und einem durchorganisierten ärztlichen Betreuungsdienst mit einem grossen Stab von Pflegepersonal, von sämstlichen technischen Arbeiten bis zur Verpflegung in den Gemeinschaftsküchen, von der eigenen Polizei und Feuerwehr bis zu einen besonderen Gerichts, Post und Verkehrwesen, von einer Bank mit eigenem Siedlungsgeld und von Verkaufsläden für Lebensmittel, Kleidung und Hausrat bis zur Freiseeitgestaltung, in deren Rahmen regelmässig Vorträge, Theteraufführungen und Konzerte stattfinden ? Die Kinder, denen besondere Sorge gilt, sind in Kinder und Jugendheimen, die nicht arbeitsfähingen Alten in Alters und Siechenheimen unter Atrzliher Aufsicht und Pflegeuntergebracht. Die Arbeitsf ahigen sçind vor allem für den inneren Dienst singesetzt. Aus allen Gebieten sind bervorragende Fachkräfte zusallengekommen. Dies kommt nicht nur der hier zu leistenden Facharbeit auf technischen, hygienischen und administrativen Gebiets zugute, auch in der Freizeit hat sich dadurch ein reiches kulturelles Leben auf jüdischen und allgemeinem Gebiet entwickeln können. Eine Bibliothek mit nahezu 50.000 Bänden mit mehreren Lesezimmern, ein Kaffeehaus mit ständingen Musikdarbietungen dienen der Serstreuung, insbesonders für die älteren Lenschen. Zentralbad und Zentralwäscherei förderne die allgemeine Hygiene, auf die naturgemäss besonderer Wert gelegt wird. So kann man sich hier, wenn man die äussere und innere Unstellung und Einordung vollzogen hat, durchaus wohlfühlen. Eine Ansicht der Stadt ersehen Sie auf dem Briekopf.

Der Gesundheitszustand ist als durchaus günstig anzusehen, was neben der klimatischen Lage von Theresienstadt in erster Linie der hingebenden, unverdrossenen Arbeit unserer Aerzte, der ausreichnden Versorgung mit Lebensmitteln und mit Medikamenten zu danken ist. Zuwendungen, die wir erhalten, stehen uns in Rahmen der Jüdischen Selbstverwaltung zur Verfügung und können zusätzlichen Verwendunszwecken zugeführt werden. So haben wir jetzt von Ihrer Zuwendung Kenntnis arhalten und danken Ihnen und den Freunden herzlichst dafür.

Auch wir wären froh, wenn wir häufiger die Möglichkeit hätten, von Ihnen Nachricht zu erhalten. Wir denken oft an die Freunde, die uns durch Sie haben grüssen lassen. Auch unsere Gedanken bewegen sich oft um Möglischkeiten einer Alijah; mit besonderen Interesse haben wir aus Ihren Zeilen entnommen, dass aych Ihre Bemühungen einer wenn auch noch so bescheidenen Lösung dieses Problems gelten.

Wir danken Ihnen für Ihr freundschaftliches Gedenken und sinf froh darüber, dass wir Ihrer Verbundenheit gewiss sein dürfen? Lassen Sie bald wieder von sich hören.
Mit herzlichem Schalom
Ihre
Dr. Franz Kahn, Dr. Erich Munk
Dr. Paul Eppstein, Ing. Otto Zucker
Dr. Erich Oesterreicher, Gert Körbel

1 Texte français de la lettre qui figure dans le document Kasztner et qui ne figure pas dans le livre publié par Kindler de Munich (original ci-dessus).

Theresienstadt, le 23 mai 1944.

Cher Chawer,

C'est avec nos remerciements cordiaux que nous vous accusons réception de votre lettre du 8 courant. Avec une grande joie, nous profitons de cette occasion que nous avons de vous écrire pour vous prier de saluer et de remercier tous les amis qui s'occupent de nous. Nous notons que, comme vous nous le dites dans votre lettre, les envois qui viennent de Lisbonne et Istanbul sont aussi l'œuvre de nos amis. Des mêmes endroits, les amis de Vienne qui vivent avec nous ont aussi reçu des envois. S'il est vrai que notre situation soit bien organisée et ne laisse en aucune façon à désirer, il ne l'est pas moins que ces envois nous réjouissent chaque fois autant, car ils sont pour nous un symbole de votre amitié.

Dans le camp de Theresienstadt, une véritable ville juive a été créée dans laquelle tous les travaux sont accomplis par des juifs, depuis le nettoyage des rues jusqu'à la mise sur pied d'un ensemble sanitaire moderne avec maisons de malades et un service de soins médicaux parfaitement organisé, comprenant un personnel hospitalier important ; depuis les travaux techniques les plus divers jusqu'à la préparation des repas dans les cuisines de la communauté ; depuis une police et des pompiers particuliers jusqu'à des services spéciaux judiciaires, postaux et de circulation ; depuis une banque avec une monnaie spéciale à la colonie et des magasins d'alimentation, d'habillement et d'articles ménagers jusqu'à l'organisation des heures de loisirs dans le cadre desquelles sont régulièrement données conférences, séances théâtrales et concerts. Les enfants dont nous prenons particulièrement soin vivent dans des homes d'enfants et de jeunesse, les vieux qui ne peuvent plus travailler, dans des hospices confiés à la surveillance et aux soins de médecins. Ceux qui peuvent travailler sont avant tout affectés au service intérieur. Dans tous les secteurs de la vie, nous avons réuni de remarquables concours professionnels. Et ceci n'est pas seulement à l'avantage des travaux de spécialistes qui sont ici à accomplir au point de vue technique, hygiénique et administratif, mais encore à celui de la vie culturelle qui est riche du point de vue juif comme des autres. Une bibliothèque d'environ 50 000 volumes avec plusieurs salles de lectures, un café avec musique permanente pour les plus vieux. Un bain central et une laverie urbaine répondent aux besoins de l'hygiène générale à laquelle nous attribuons « une grande importance. Vous pouvez voir une vue de la ville en tête de cette lettre.

L'état de santé général est tout à fait satisfaisant, ce dont nous devons remercier en tout premier lieu et outre la situation climatique de Theresienstadt, le dévouement de nos médecins que rien ne rebute et qui assurent parfaitement notre ravitaillement en denrées alimentaires et en médicaments. Avec les envois que nous recevons de nos amis et ce qui est mis à la disposition de la direction autonome juive du camp, nous sommes parfaitement soignés du point de vue alimentaire et sanitaire. Ayant pris connaissance de l'arrivée de votre envoi, nous vous en remercions donc, vous et les amis, de tout cœur. Nous serions aussi heureux de recevoir plus souvent des nouvelles de vous. Nous pensons souvent aux amis qui, par votre entremise, nous témoignent qu'ils pensent à nous. Nos prières, souvent aussi, ont pour objet la possibilité d'un Alijah. C'est avec un intérêt particulier que nous avons appris que vos efforts tendaient aussi vers une solution, si modeste soit-elle, de ce problème.

Nous vous remercions pour vos amicales pensées et sommes heureux que nos relations aient pu être rétablies. Donnez-nous de nouveau de vos nouvelles.

Avec un salut cordial,

Vos Dr Franz Kahn, Dr Erich Munk, Dr Paul Eppstein, Ing. Otto Zucker, Dr Etich Oesterreicher, Gert Rorbel.

LE DOCUMENT FALSIFIÉ

1. LE DOCUMENT ORIGINAL

a) Photocopie du passage relatif aux chambres à gaz tel qu'il figure à l'original page 30 :

« Meldungen aus Bratislava bestatigten auch diese Befürchtungen. Die dortige Waadah leitete uns die Meldungen ihres Nachrich tendientes weiter. Demgemsess war die SS im Begriffe die Gaskammern und Krematorien in Auschwitz *die seit dem Herfst 1943 aussen Gebrauch waren*, auszubessern und zu renovieren... »

b) Traduction du passage relatif aux chambres à gaz tel qu'il figure à l'original (Photocopie ci-dessus).

« Des nouvelles venues de Bratislava confirmèrent aussi nos

craintes. Notre comité de là-bas[163] continuait à nous adresser les informations de son service des nouvelles. Il résultait de celles-ci que la S.S. était en train de remettre en état et de perfectionner les chambres à gaz et les fours crématoires d'Auschwitz qui étaient hors service depuis l'automne 1943. On augmentait le nombre des gardiens, etc. »

2. Le document publié

a) Photocopie du même passage, tel qu'il a été rendu public, p. 82 du document Kasztner publié par Kindler de Munich, avec une préface du professeur Carlo Schmid, député socialiste au Bundestat.

« deln. Meldungen aus Preßburg bestätigten diese Beturchtungen. Das dortige Komitee leitete uns die Meldungen seines Nachrichtendienstes weiter. Demgemaß war die SS im Begriff, die Gaskammern und Krematorien in Auschwitz auszubessern und zu renovieren. Die Zahl der Mannschaften surde erhöht, und einer der Scharführer soll sidl die Außerung geleistet haben : « Bald essen wir feine ungarische Salami. Er dachte hierbei offenkundig an die mitgebrachten Lebensmittel der Juden. »

b) Traduction de la version Kindler (Photocopie ci-dessus) :

« Des nouvelles venues de Presbourg (Bratislava) confirmèrent nos craintes. Notre comité de là-bas continuait à nous adresser les informations de son service des nouvelles. Il résultait de celles-ci que la SS. était en train de remettre en état et de perfectionner les chambres à gaz et les fours crématoires. On augmentait le nombre des gardiens, etc... ».

Le passage souligné dans la traduction de l'original (« qui étaient hors service depuis l'automne 1943 ») p. 235, a été supprimé : le maintenir eût été avouer huit mois de non-fonctionnement des chambres à gaz d'Auschwitz, ce qui est loin de la thèse du Centre de

---

[163] Dont le nom était « Waadah ».

documentation juive et lui eût porté un coup très rude sinon fatal.

APPENDICE IV : GERMANY MUST PERISH !
PAR THEODORE N. KAUFMAN[164]

De ce livre, dont il est question page 109, il suffit que nous donnions ci- dessous la carte de l'Europe telle que son auteur, un juif américain, la concevait, l'Allemagne une fois vaincue et, dans les pages qui suivent, les passages les plus significatifs (photocopies de l'original de la thèse dont le lecteur trouvera l'essentiel à la page ci-dessus indiquée de cet ouvrage et la traduction en regard des photocopies) pour que le lecteur comprenne à quel point, porté à la connaissance de tous les Allemands par la radio et la presse du Dr Joseph Göbbels, il a pu les dresser contre les juifs. [Nous ne reproduisons pas la carte qui est une carte de l'Europe du centre-nord d'où l'Allemagne a disparu, son territoire étant partagé entre la France, la Pologne, la Tchéquie et la Hollande.

Il faut pourtant préciser encore que le dénommé Théodore N. Kaufman n'a pas été traduit devant le Tribunal de Nuremberg.

[Fac-similé des pages 87, 88 et 89 de l'édition originale]

...byword of science, as the best means of ridding the human race of its misfits : the degenerate, the insane, the hereditary criminal.

Sterilization is not to be confused with castration. It is a safe and simple operation, quite harmless and painless, neither mutilating nor unsexing the patient. Its effects are most often less distressing than vaccination and no more serious than a tooth extraction. Too, the operation is extremely rapid requiring no more than ten minutes to complete. The patient may resume his work immediately afterwards. Even in the case of the female, the operation, though taking longer to perform, is as safe and simple. Performed thousands of times, no records indicate cases of complication or death. When one realizes that such health measures as vaccination and serum treatments are

---

[164] Fac-similés des pages 87, 88 et 89 de l'édition originale américaine (1941) et des pages correspondantes de l'édition française. Nous avons ajouté sa notice de l'ouvrage au catalogue électronique de l'université de New York, à la date du 24 mai 1999.

considered as direct benefits to the community, certainly sterilization of the German people cannot but be considered a great health measure promoted by humanity to immunize itself forever against the virus of Germanism.

The population of Germany, excluding conquered and annexed territories, is about 70 000 000, almost equally divided between male and female. To achieve the purpose of Germane extinction it would be necessary to only [p. 87 de l'original américain] sterilize some 48 000 000 a figure which excludes, because of their limited power to procreate, males over 60 years of age, and females over 45.

Concerning the males subject to sterilization the army groups, sas organized units, would be the easiest and quickest to deal with. Taking 20 000 surgeons as an arbitrarynumber and on the assumption that each will perform a minimum of 25 operations daily, it would take no more than one month, at the maximum, to complete their sterilization. Naturally, the more doctors available, and man more than the 20 000 we mention would be available considering all the nations to be drawn upon, the less time would be required. The balance of the male civilian population of Germany could be teated within three months. Inasmuch as sterilization of women sneeds somewhat more time, it may be computed that the entire female population of Germany could be sterilized within a period of three years or less; complete sterilization of both sexes, and not only one, is to be considered necessary in view of the present German doctrine that so much as one drop of true German blood constitutes a German.

Of course, after complete sterilization, there will cease to be a birth rate in Germany. At the normal death rate of 2 % per annum, German life will diminish at the rate [p. 88 de l'édition américaine] of 1 500 000 yearly. Accordingly in the span of two generations that which cost millions of lives and centuries of useless effort, namely, the elimination of Germanism and its carriers will have been an accomplished fact. By virtue of its loss of self-perpetuation, German Will will have atrophied and German power reduced to negligible importance.

Reviewing the foregoing case of sterilization, we find that several factors resulting from it firmly establish its advocacy.

Firstly, no physical pain will be imposed upon the inhabitants of Germany through its application, a decidedly more humane treatment than they will have deserved. As a matter of fact, it is not inconceivable that after Germany's defeat, the long-suffering peoples of Europe may demand a far less humane revenge than that of mere sterilization. Secondly, execution of the plan would in no way disorganize the present population nor would it cause any sudden mass upheavals and dislocations. The consequent gradual disappearance of the Germans from Europe will leave no more negative effect upon that continent than did the gradual disappearance of the Indians upon this. [...]

Traduction française (fac-similé de la traduction publiée en France)

Stérilisation ne doit pas être confondu avec castration. C'est une opération sans danger et fort simple, anodine et sans douleur, sans mutilation ni assexuation du patient. Elle n'est pas plus dolosive qu'une vaccination, pas plus grave qu'une extraction de dent. De plus, elle est extrêmement rapide, ne requérant que quelques minutes pour être menée à terme. Le patient peut être remis au travail immédiatement après. Même dans le cas des femmes bien que l'enlèvement soit plus long, l'opération est anodine et simple. Sur des milliers d'opérations dans le temps, on n'a jamais enregistré de cas de complication ni de mort. Quand on comprend que des mesures sanitaires telles que la vaccination et la sérothérapie sont considérées comme bénéfices directs pour la population, la stérilisation du peuple allemand favorisée par la population [le texte original dit humanité] elle-même pour s'immuniser elle-même à perpétuité contre le virus du germanisme ne peut être tenue comme une mesure de santé représentant un travail considérable.

La population de l'Allemagne, à l'exclusion des territoires conquis ou annexés est d'environ 70 000 000 d'âmes presqu'également réparties entre mâles et femelles. Pour mener à bien le projet d'élimination totale de la race germanique, il serait nécessaire de stériliser seulement quelque 48 000 000 de personnes, chiffre qui exclut, en raison de leur pouvoir limité de procréation, les hommes au-dessus de 60 ans et les femmes au-dessus de 45.

À propos de la stérilisation des hommes, les formations militaires organisées en unités s'en occuperaient de la manière la plus simple et la plus expéditive. Si l'on prend, par exemple, 20 000 médecins, en supposant que chacun fasse seulement 25 opérations par jour, l'opération pourrait être terminée dans un délai maximum d'un mois. Naturellement, on peut trouver bien plus de médecins que les 20 000 ci-dessus mentionnés si toutes les nations veulent bien participer à l'opération et on aurait besoin de beaucoup moins de temps. Le reste de la population mâle pourrait être traité en 3 mois. Attendu que la stérilisation des femmes prendrait un peu plus de temps, on peut estimer que toutes les femmes allemandes pourraient être stérilisées en trois mois, peut-être moins. Cette stérilisation complète des deux sexes et non d'un seul doit être considérée comme nécessaire en conséquence de l'actuelle doctrine germanique selon laquelle une seule goutte de sang allemand est un allemand potentiel.

Bien entendu, après cette stérilisation complète, le taux des naissances en Allemagne sera nul. Avec un taux de mortalité de 2 % la population allemande sera diminuée de 1 500 000 par an. En conséquence, en l'espace de deux générations qui pourraient coûter au monde des millions de vies et des siècles d'efforts, l'élimination du Germanisme et de ses porteurs sera un fait accompli. Dans l'immédiat, en raison de l'impossibilité de se perpétuer la volonté germanique sera atrophiée et la puissance allemande réduite à quantité négligeable.

APPENDICE V : MÉDECIN À AUSCHWITZ[165]

À propos de « Médecin à Auschwitz » publié par la revue *Quick* de Munich en janvier 1961 et que vient de republier en France l'Éditeur Julliard qui l'avait déjà publié en 1951 dans la revue *Les Temps Modernes* de M. Jean-Paul Sartre, j'ai écrit à l'Éditeur Julliard.

On trouvera ma lettre et sa réponse dans les pages qui suivent.

Le 16 novembre 1961.

Monsieur René JULLIARD, Directeur des Éditions Julliard 30, rue de l'Université PARIS (7e).

Monsieur le Directeur,

Je viens d'achever la lecture de « *Médecin à Auschwitz* » du Dr Miklos Nyiszli sorti de vos presses le mois dernier et dont, sous le titre « SS. Dr Obersturmführer Mengele », j'avais déjà lu de larges extraits dans les numéros de mars et avril 1951 de la Revue « *Les Temps Modernes* ».

À l'époque, au double titre d'historien et de déporté, pensant qu'à publier des récits qui étaient manifestement en contradiction avec la matérialité des faits en ce qui concerne le comportement politique du nazisme, on ne pouvait, si on était à plusieurs reprises pris en flagrant délit, que semer le doute dans l'opinion et progressivement la convaincre que le nazisme était une fable, je me suis insurgé contre la tendance des éditeurs à publier n'importe quel récit de n'importe qui sur les camps de concentration. Son récit étant, d'après ce que « Les Temps Modernes » en avaient publié, plein d'invraisemblances et de contradictions et l'introduction de M. Tibère Kremer y ajoutant encore, j'ai donc écrit au Dr. Nyiszli sous le couvert des « Temps Modernes ». Par l'intermédiaire de M. Tibère Kremer, 11, rue des Moulins à Toulouse, j'en ai reçu une lettre que je tiens à votre

---

[165] Correspondance avec Julliard, éditeur français du livre de Nyiszli-Kremer.

disposition et qui est en contradiction avec le texte que vous venez de publier. Ex. : M. Tibère Kremer, dans son introduction de 1951, parlait de 6 000 000 de juifs de telle sorte que toute la presse a répercuté l'information en les portant au compte des chambres à gaz d'Auschwitz. Le Dr. Nyiszli, lui, dit 2 500 000 et c'est le chiffre retenu par le Tribunal de Cracovie qui a condamné Hoess, directeur du camp à la pendaison, le 4 avril 1947. Autre exemple : arrivé fin mai à Auschwitz et parlant de 20 000 juifs exterminés chaque jour dans les chambres à gaz + 5 000 dans les foyers de plein vent, Nyiszli précisait que cela durait depuis QUATRE ans et on retrouve cette précision dans votre livre p. 50. Or, s'il y a eu des chambres à gaz à Auschwitz, les documents produits à Nuremberg établissent :

Qu'elles ont été commandées à la Maison Topf à Erfurt le 8 août 1942, mais sous la dénomination « Leichenkeller » et « Badeanstalt ».

Mises en place au camp en février-mars 1943.

Et le Rapport du Dr Kasztner établit, de son côté — ce rapport a été retenu à Nuremberg — qu'elles n'ont pas fonctionné de « l'automne 1943 à mai 1944 ».

Etc... Je pourrais allonger la liste, mais étant donné le temps que cela me prendrait, je ne le ferai que si cela vous intéresse.

Ce sur quoi j'attire par contre votre attention, c'est sur la version allemande de « Médecin à Auschwitz » parue en feuilleton dans l'illustré munichois « *Quick* » en livraisons à partir du 15 janvier 1961 Cette version est en contradiction formelle avec la traduction de M. Tibère Kremer à peu près sur tout. J'ai noté 31 contradictions sans compter celles qui relèvent de la défaillance de syntaxe, ni celles qui se trouvent dans le texte lui-même. Exemple de contradiction absolue : dans le texte allemand, les crématoires incinèrent quotidiennement 10 000 personnes et dans le texte français, 20 000. Exemple de contradiction d'auteur : on tond les morts à une page, mais vingt pages plus loin on dit que la récupération des cheveux se fait avant l'envoi à la chambre à gaz. En sus, il y a les corrections que M. Kremer a faites sur sa première version : un tireur au pistolet qui fait mouche à 40/50 m. dans la première version ne fait plus mouche qu'à 20 ou 30 m. dans la seconde, un institut qui est le plus célèbre du IIIe Reich dans la première est le plus célèbre du monde dans la seconde, etc. De deux choses l'une : ou bien il s'agit d'un document qu'on rend public et il doit être le même en 1951 et en 1961, dans sa version allemande et dans sa version française, ou bien il s'agit d'un document apocryphe. Comment voulez-vous que, nous autres historiens, nous sortions honorablement de cette affaire, si nous sommes amenés à en parler ? Automatiquement, on nous dira qu'il s'agit d'un document apocryphe. Et, comme la description des lieux ne concorde ni en allemand, ni en français avec la description officielle déduite des documents produits à Nuremberg, si on nous dit que ce Nyiszli n'a jamais mis les pieds à Auschwitz, on aura beaucoup de raisons de nous le dire.

Exemple : les chambres à gaz, nous dit Miklos Nyiszli ont 200 m. de long et le document produit à Nuremberg nous dit qu'elles ont, soit 210 m^2, soit 400 m^2, soit 580 m^2 de superficie ; cela fait des largeurs respectives de 1 m 05, 2 m ou 2 m 90 et cela ne tient pas. Cela tient d'autant moins que 3 000 personnes y entrent en y circulant aisément, qu'il y a des colonnes au milieu et des bancs de chaque côté. Autre exemple : dans la version française, il y a 500 m. d'un point à un autre, dans la version allemande, 3 km ou vice-versa. Etc.

Quand cette version allemande a été publiée par *Quick*, j'ai voulu écrire à M. Tibère Kremer : la lettre m'est revenue avec la mention « n'habite plus à l'adresse indiquée ». J'ai écrit à Quick : on m'a répondu qu'on ne pouvait pas transmettre au Dr Nyiszli parce qu'il était mort (!).

Peut-être pouvez-vous transmettre ces observations à M. Tibère Kremer dont vous devez savoir l'adresse puisque vous tenez de lui la traduction que vous publiez.

Il ne me reste plus qu'à vous demander de bien vouloir ne pas vous méprendre sur le sens de ces remarques que je me permets de vous adresser. Les documents historiques ont droit au respect et on n'en doit pas publier à la légère des versions qu'on ne peut garantir. En l'occurrence, depuis quinze ans, mes travaux l'impliquant, je recherche l'original de celui-ci et jamais personne n'a pu me dire où on le pouvait consulter. Les historiens les plus qualifiés du monde en ignorent tout. Les versions qui en sont rendues publiques sont divergentes et se contredisent d'une page à l'autre. L'auteur parle de lieux qu'il n'a visiblement jamais visités sans quoi il ne donnerait pas 200 m de long à une salle qui n'aurait, si c'était vrai, que 1 m 05 de large ou, au plus 2 m 00, etc. Toutes choses qui portent à conclure qu'il s'agit bien d'un document apocryphe.

Si donc il vous était possible de me donner assez de certitudes pour me permettre d'écrire la mention « document authentique » sur la fiche du Dr Nyiszli dans les références de mes travaux, je vous en serais particulièrement reconnaissant.

Veuillez agréer, Monsieur le Directeur, l'expression de mes sentiments distingués.

Paul RASSINIER.

LA RÉPONSE DE JULLIARD

8 Décembre 1961.

Monsieur Paul RASSINIER,

36, rue Bapst, ASNIERES (Seine).

Monsieur,

Je vous remercie bien vivement de m'avoir fait parvenir la copie dactylographiée de votre lettre du 16 novembre.

Je la transmets aujourd'hui même à M. Tibère Kremer, traducteur du livre du Docteur Miklos Nyiszli « Médecin à Auschwitz » afin qu'il vous réponde.

Je puis cependant vous dire qu'il est vrai que le Docteur Nyiszli est mort, mais sa femme est toujours de ce monde. J'ai d'ailleurs montré son livre à plusieurs déportés qui m'en ont confirmé l'authenticité.

Je vous prie de trouver ici, Monsieur, l'assurance de mes sentiments très distingués.

Pierre JAVET.

J'attends toujours la réponse de M Tibère Kremer.

Il est vraisemblable que je ne la recevrai jamais. D'abord, en date du 24 octobre 1951, M. Tibère Kremer m'a transmis une réponse du Dr Nyiszli à ma lettre à laquelle je fais allusion dans celle que j'écris à M. Julliard. Ensuite, les recherches auxquelles je continue à procéder relativement à ce singulier témoin m'ont valu, de New York où le livre traduit par M. Richard Seaver a été publié en 1951 avec une préface du professeur Bruno Bettelheim, une information selon laquelle le Dr

Nyiszli était mort bien avant que son témoignage ne fût publié pour la première fois.

Si c'était vrai, ce témoin mort un de plus aurait cette particularité qu'il m'aurait écrit lui-même après sa mort.

Et on comprendrait alors le silence de M. Tibère Kremer.

Sans autre commentaire.

DÉJÀ PARUS

Omnia Veritas Ltd présente :

LES ŒUVRES DE PAUL RASSINIER

Le drame des Juifs européens & Les responsables de la 2ème Guerre Mondiale

Que la vérité historique éclate assez tôt, avec assez d'ampleur et avec assez de force pour renverser le cours actuel des événements serait, la grâce que je nous souhaite.

Je n'avais pas trouvé d'historiens — du moins qui fussent dignes de ce nom

Omnia Veritas Ltd présente :

LES ŒUVRES DE PAUL RASSINIER

Le mensonge d'Ulysse & Ulysse trahi par les siens

Le Mensonge d'Ulysse fut en effet l'occasion d'une violente campagne de presse dont le départ fut donné à la Tribune même de l'Assemblée Nationale...

J'avais pensé que, sur un sujet aussi délicat, il convenait d'administrer la vérité à petites doses

Omnia Veritas Ltd présente :

Pierre-Antoine Cousteau
Lucien Rebatet

Dialogues de "vaincus"

«Pour peu qu'on décortique un peu le système, on retrouve toujours la vieille loi de la jungle, c'est-à-dire le droit du plus fort.»

Le Droit et la Justice sont des constructions métaphysiques

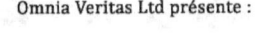

www.ingramcontent.com/pod-product-compliance
Lightning Source LLC
Chambersburg PA
CBHW070602230426
43670CB00010B/1383